U0505908

独一无二的战争

A War
Like
No Other

雅典人和斯巴达人怎样打伯罗奔尼撒战争

How the Athenians and Spartans Fought the Peloponnesian War

[美] 维克托·戴维斯·汉森 著
时殷弘 译

上海人民出版社

译者序

走向“修昔底德陷阱”的曲折渐进之路

时殷弘

在当今世界，由于众所周知的现实原因，伯罗奔尼撒战争的来源和巨大影响以“修昔底德陷阱”探究，跻身于国际政治和大国关系讨论的最热议题之列，关系到尤其包括中美两国在内的一流和准一流大国的根本对外政策方向和国家命运。然而，目前国内外关于这个重大问题的讨论和探究(包括这个概念的提出者、哈佛大学教授格雷厄姆·艾利森的)大都从理论和现实出发，几乎普遍缺乏起码程度以上的古典史依据，或者说缺乏两方面的具体的历史说明：第一，雅典帝国和斯巴达如何在一个政治/战略史过程中真实地步入“修昔底德陷阱”；第二，它们在此“陷阱”中如何拼搏，以至于分别败亡和重伤。

雅典与斯巴达滑入“修昔底德陷阱”经历了约15年时间。它们在大致打成平手的所谓第一次伯罗奔尼撒战争(前462年至446年)末尾订立“三十年和平”协议，该协议的主要内涵为：雅典同意放弃事实上已在战争中失去的它的陆权帝国，交换斯巴达正式承认雅典海权帝国(或曰海上和近海帝国)；双方确认希腊世界已分为各自为首的两大集团，承诺维持这分野的绝对稳定，为此规定各自集团的成员不得改换门庭、另行站队；两强之间的争端交由仲裁解决。[1]可以说，“三十年和平”协议意味着雅典与斯巴达缔造了新型大国关系。

此后长时间内，虽有渐增的战略猜疑和间或的势力越轨，特别是雅典方面的势力越轨，但在10余年里雅典与斯巴达始终彼此大致尊重，而且其间各自国内的瞄准对方的主战派从未兴起，至多只有战略预防派。就雅典政治领导伯里克利在这期间的对外政策根本目标，用卡根的话说，是“与波斯和斯巴达两者维持和平，捍卫雅典的尊严，并且牢牢控制帝国”，[2]尽管这些目标之间有潜在的严重内在紧张。

然而，对两强之间的战略空间的争夺，特别是雅典最后对斯巴达的盟友或“亲戚”和“意欲皈依者”的严厉惩戒和残酷打击，导致两强开始迅速滑向和滑入“修昔底德陷阱”，继而又深陷其中。这个过程广义地说经历了近10年，其间雅典愈益扩展帝国实力，施行愈益严酷的帝国统治，斯巴达则在深恨雅典的主要盟国科林斯及底比斯的煽惑和敦促下，愈益恐惧和嫉恨雅典。不仅如此，两大集团内的次级成员彼此间冲突，迫使主要成员站在自己的盟友一边进行武力干涉，从而引发或加剧对方盟友的深仇大恨。这方面影响最大的就是前433年雅典舰队为科尔基拉逼退科林斯舰队。就此，雅典并非轻率从事，而是在两难之中经过犹豫、艰难考虑才最终决定：“和平诚可贵，安全价更高。”鉴于科林斯决心摧垮和支配科尔基拉，以制海权为生存保障的雅典决不能由此让希腊世界的第二和第三大舰队合二为一，因而必须与科尔基拉结盟以援救该城邦，也因此只能与科林斯为敌。[3]犹如第一次世界大战以前，两强度过了一个又一个紧张状态甚或危机，但终究没有度过最后一个。滑入谷底之后就不可能逆转，因为大国决不“投降”，大国进入大国间的大冲突后总是奋战到底。任何武器或可想象的处置败方的威慑效应是可疑的，看看古代吧！[4]

导致大冲突的诸种动能启动之后就不易消除：首先，两强各自内部的竞争、冲突动能，它们各自内部不同的立场产生的冲突实际上即相互增强；其次，两强恶性互动中的升级效应，因为虽然它们都不想打大仗，但同时也不想牺牲它们各自界定的、往往是被夸大了的紧要利益和民族尊严；最后，“第三者”的至关重大的促进竞争和冲突作用，其殊难消除是因为两强都有空间上广泛的利益，甚至广泛的紧要利益，而“第三者”广而言之可以说是两强间广泛、复杂和多样化的战略外围，或曰“争夺天地”。

经济上的合作互惠或互相依赖的缓冲作用有其限度；而且，它们本身也会产生重大矛盾、猜疑和战略“纠葛”，有其经济/战略协同关系造就的战略竞争性和对立性。经济优势的存在势必导致对战略优势的追求，经济劣势的生成则难免引发对丧失战略优势的恐惧。与之相比，历史证明大国间战略利益对立和“民族荣誉”的作用是决定性的。

挑战者对衰落中的现状者这能动过程有个屡见不鲜的基本逻辑：挑战者一次又一次地从有限推进得益，因而倾向于缺乏足够的减小最终冲突动能的意愿；与此同时，衰落中的现状者为避免摊牌，一次又一次地收缩和退让，因而最终很可能会认为无可再退，以致决心一搏。挑战者倾向于漠视或轻视“胜利的顶点”，[5]现状者则倾向于漠视或延宕规定“退缩的底线”。

所谓“最终(谈判)解决”往往有其事后来看的幻象；这最终解决往往后来证明是暂时的休战。请见雅典—斯巴达之间的“三十年和平”；汉帝国—匈奴帝国间的“七十年和平”；英德两国间在1905年以前的多项协调；日美历史性冲突途中的1922年华盛顿会议协议；1938年德意英法慕尼黑协定，等等。这所谓最终解决只是大体固定了一时的现状，但未取消那殊难取消的、国内外变动着的竞争和冲突动能。

可以避免跌入“修昔底德陷阱”，但只是在一个“时间点”以前而不能过晚。这“时间点”概念系由卡根教授提出，旨在精致地质疑修昔底德的“伯罗奔尼撒战争不可避免”论。卡根在其《伯罗奔尼撒战争的爆发》一书开头写道：“当修昔底德提出伯罗奔尼撒战争不可避免时，他当然是对的。这就是说，在武力冲突爆发以前的某个时间点上，已无法改变导向战争的进程。”然而他接着强调，“让我们不要忘记，别的时候，人们可以在若干可能性中间自由选择，从而或好或坏地影响他们的命运”。[6]

公元前433年至432年被卡根实际上认作这“时间点”，因为其时雅典颁布整个雅典帝国对斯巴达的盟邦梅加拉施行禁运和抵制的《梅加拉禁令》，并且暴烈地镇压帝国附庸波提狄亚的反叛，而这些据卡根考察都是针对斯巴达的主要盟友大邦科林斯的。[7]《梅加拉禁令》在古典时代就被大多数著作家认为是伯罗奔尼撒战争爆发的一个主要原因，而大多数现代研究者虽然没有走得这么远，但一般的共识是它在引发战争方面起了重大作用。用卡根的话说，“它吓坏了许多斯巴达人，急剧地改变了斯巴达内部的政治形势……使得斯巴达的战争派掌了权，从而使一场全面战争变得更加可能”[8]。暴烈地镇压波提狄亚的反叛的性质与颁布《梅加拉禁令》一样，且其根本后果也一样。这两大事件加在一起，被雅典的敌人用来指控雅典已变得喜好侵略，醉心称霸，从而成希腊众邦自由和斯巴达安全的严重威胁。此时离斯巴达宣战不到一年，离战争实际开始不到两年。总之，可以避免跌入“修昔底德陷阱”，但只是在一个“时间点”以前，不能过晚。

过晚的根本证明是在最后关头，即经表决而宣战的前 432 年 7 月斯巴达公民大会上。表决之前，即使有斯巴达主和派领导人、斯巴达王阿尔奇丹——“以明智和审慎著称的一个人”——做了非常精彩的演讲，力图在和平避战方向上打动公民大会，仍无济于事。[9]可以责怪斯巴达公众的非理性激情、粗糙理解、过头猜疑、过头恐惧和一厢情愿，连同盟友科林斯的蓄意煽动，它们战胜了(如同它们在历史上经常战胜)理智、精细、分寸感、审慎甚而传统。然而，反过来说，鉴于雅典的帝国专横甚而横暴，鉴于波提狄亚事件和《梅加拉禁令》必然造成或加固的雅典凶猛残忍印象，这很难使斯巴达公众不加剧对雅典的疑惧和敌意。雅典和斯巴达的主和派都未(而且很难)做出在这方面能使他们放心的、信服的论辩。

就世界史更一般更广泛地说，逆转“修昔底德陷阱”之旅大为不易，因为以下七项政治和心理机能使然。(1)对抗加剧愤懑，愤懑转过来激化对抗；或者，(2)缓解引发幻想，幻想则继以失望，失望又召回愤懑，愤懑则重生对抗。还有(3)国内政治需要总是强劲有力，而至少从短期看，对外的强硬张扬态势经常比温和审慎态势更有利于国内政治地位和威望。不仅如此，(4)对外的强硬张扬态势籍以时日，会强有力地助长既在政府内也在政府外的以强硬张扬为不变立场和既得利益的舆论动能，它们转过来会限制政治领导的认识调整和战略变通余地。还有(5)对在冲突中失败的恐惧总是有助于规避冲突，但预计胜利而非失败、预计能将冲突保持为严格有限而非失控升级经常支配冲突前的战略盘算，何况(6)盘算者往往担心“黄雀在后”，即温和慎重会被指责为胆怯，而胆怯会被国内的实在和潜在对手用作权力变换的难以抗拒的论辩理由。或者(7)一方的温和审慎往往得不到国外对方的及时呼应，即遭遇“错配”(mismatch)窘境，从而无法经久维持温和审慎。总之，如何逆转趋近“修昔底德陷阱”的趋势而逐步和经久地远离之，是个政治、战略甚或文化意义上的头等难题。

注释

1. Donald Kagan, *The Outbreak of the Peloponnesian War*（Ithaca and London：Cornell University Press，1969），pp.125—127.

2. Ibid.，pp.106—107.

3. Ibid.，Chapter 14.

4. 在此仅举中外两例。外例即雅典毁灭抵抗征服的弥罗斯城邦一事：成年男子统统被杀，妇女儿童被卖为奴隶，那经修昔底德史书记述而2 500年来脍炙人口。中国之例为刘宋孝武帝刘骏459年经极残忍内战，消灭多少被迫据广陵城（在今江苏扬州市西北）叛乱的竟陵王刘诞，陷城后“悉诛城内男丁，以女口为军赏”。见《宋书·孝武本纪》。这样的结果大致皆可被守城抵抗者预料，但不足以使其不战而降，亦即毁灭的威胁不足以威慑殊死一战。

5. Carl von Clausewitz，*On War*，Edited and translated by Michael Howard and Peter Paret，Princeton，N.J.：Princeton University Press，1984，pp. 566—573.

6. Kagan, *The Outbreak of the Peloponnesian War*，p.3.

7. Ibid.，Chapters 15，16.

8. Ibid.，p.269.

9. Ibid.，pp.300—304.

序　言

公元前404年4月，斯巴达海军将领莱山得终于率领他的巨型舰 XIII
队——被塞满约3万名兴高采烈的水兵的战舰集群——驶入在比雷埃夫斯的为人忌恨的雅典港口，以便结束伯罗奔尼撒战争。上一年9月，在小亚细亚岸外水域，雅典的帝国舰队一举毁于伊哥斯波塔米（“山羊河”）战役，于是曾经辉煌的雅典城现在全无招架之力。行将到来的甚至更糟。它很快就遭到包围，城池破碎，难民满目，饥馑横生，迫近揭竿而起。30年以前，当一位气盛轻敌、决意挑战的伯里克利对他的民主城邦许诺胜利时，这么一个结局看来完全不可想象。然而那时，既未有8万雅典人死于瘟疫，也未有500艘战舰被击沉在西西里和爱琴海上。

斯巴达两王，阿基斯和波桑尼阿斯，已在城墙外扎营，统领成千上万坚韧顽强的伯罗奔尼撒步兵，而伯罗奔尼撒是科林斯地峡南面的大半岛，构成希腊南部。在大规模的城墙后面，雅典民众仍暂且安全，但城内数以万计的难民食粮净尽，本地出产的和外面输入的皆被断绝，只能听天由命。帝国海陆贡赋这往昔的生命线一去不返。为结束这愈益恶化的普遍饥荒，雅典最终认输，同意拆毁其一度威名远扬的舰队和防御工事所剩残余的绝大部分，并且大抵废弃自我吹嘘的民主制的残破遗存。于是，成千上万公民任凭斯巴达发落，仰仗其仁慈活命；或许有10万居民聚集在街道上，惊恐万分，害怕自己可能惨遭同样的命运——他们曾经给予整个爱琴海地区许多其他希腊人的结局。

从事征服的莱山得全不虚耗时间，从速实施投降规定，极其致命地摧毁大部分长墙，亦即两条防御工事线，那从雅典到它在比雷埃夫斯的
港口延伸4英里，并且象征雅典民主城邦执意信奉海权和海洋帝国： XIV
“伯罗奔尼撒人伴着长笛乐女的乐声，兴高采烈地推倒长墙，心想这一天是希腊人自由的开端。”* 解放是斯巴达人曾许诺给希腊人的前景，

* 文内所有未经指明出处的引语皆引自修昔底德的《伯罗奔尼撒战争史》。

在很久以前，当战争爆发时他们警告过雅典人——如修昔底德所说——“要给希腊人自主权”。现在，这些土头土脑的武士看来信守了承诺。于是，以伯里克利雅典的全然败北和彻底受辱，斯巴达的占领结束了 27 年有余的冲突。此事难以置信，究竟如何发生？[1]

本书并不经过战略解释去回答这个问题，没有在战略上说明这场冲突的各不同战役。它更不是一项政治研究，没有探索导致斯巴达人对雅典作战的种种原因。一些优秀的英语历史著述涵盖了这些论题，著者为乔治·格罗特、乔治·格伦迪、B. W. 亨德森、唐纳德·卡根、约翰·拉赞比、安东·鲍威尔、杰弗里·德斯特·克罗伊克斯等人。因而，无需又一部传统的伯罗奔尼撒战争史。

相反，雅典人究竟**怎样**在陆上、城里、海上和希腊乡间旷野与斯巴达人作战？对在这可怕的战争中杀人和丧命的那些人来说，这场梦魇究竟如何？就此，有多少希腊人打仗？有多少人丧命？甚或，这一切究竟怎样进行？关于这些，一向极少著述。因此，在一番导向伯罗奔尼撒战争诸大事件的简短引言之后，我的目的是将约 2 400 年前的这场三十载拼斗有血有肉地还原为某种很通人情、很有人性的事情，从而使这场战争能变得不止是一场的争斗。

从“伯罗奔尼撒战争”这古怪的标签，谁想象到血腥的内争？相反，大多数人想象某种事情，类似于“希波战争”、“马其顿战争”或“达西亚战争”，全都是针对外族进行的激烈的古代冲突。然而，公元前 431 年至公元前 404 年间丧命的绝大多数是希腊人。金钱被耗费，城镇遭洗劫，农田遭蹂躏：这些灾难同样大多是希腊人的祸殃。这场古代内部冲突当今被称作“伯罗奔尼撒战争”，因为西方人在某些方面持雅典中心主义。人人都将雅典等同于希腊。还有，虽然现代人熟悉斯巴达，但他们几乎全未听说诸如科林斯、叙拉古或底比斯之类邦国，那是雅典的其他可怕敌人。它们对这三十载拼斗的认知截然不同，将它当作“雅典战争”，旨在摧毁这民主制城邦及其帝国。

XV 大多数后来的著作家，无论是古代的还是现代的，都采取了伯里克利的看法，即一场“针对伯罗奔尼撒人的战争”，其历史由于雅典人修昔底德的撰写而闻名。然而，关于战斗的实际性质，伯罗奔尼撒“战争”并非真的只在公开冲突方面针对伯罗奔尼撒人，而是涉及希腊语世界里的差不多每个人——连同它以外从色雷斯到波斯的许多人。这场争斗更像在北爱尔兰的似乎无有穷尽的杀戮，法国人和美国人在越南的难以解脱的挣扎，中东的无休无止的混乱，或者20世纪90年代的巴尔干危机，而不是像第二次世界大战中较为常规的会战那样有着清晰分明的敌人、战区、战线和结果。

就我们的论题而言，或许“古希腊大内战”之类的用语将是个较好的名称。除去波斯包税人的最终介入，雅典和斯巴达及其各自的盟邦都说希腊语，崇拜同一些神，以同样的方式种田和打仗。虽然从未有过一个成功的泛希腊民族国家，但各城邦的希腊人仍觉得自己是个单一族裔。按照作战和死亡的人口百分比，他们的27年冲突是早先成文史上最恐怖的内战之一：常规会战、恐怖主义、革命、暗杀和大规模屠杀，全都在一种复杂得令人困惑的敌友变动组合中一举展开。

聚焦于冲突经验的做法可以追溯到修昔底德式。他的史书远不是对战争中所有事件的逐年全面叙述，如他看似打算的那样；相反，修昔底德(约前460—前395年)是我们关于伯罗奔尼撒战争的知识的主要来源，他提供了一幅幅典型快照，构成了他在人类杀戮经历方面的全部叙事的基础。

例如，他对围攻弹丸小城普拉提亚做了详述，这使它能够成为史书里**所有**围城战的一个样板，它们随后便有理由被几笔带过。以一种类似的方式，伯里克利的首次葬礼演说被全篇记述，那是概说雅典本质的一个林肯般机会。然而，别的约20篇雅典悼词从未被述及。就后来无处不在的内争而言，科西拉岛上的狂暴杀戮是其象征性标志；门丁尼亚战役的种种细节起了一个指南作用，助人了解先前在第力安和后来在西西里的步兵交战。从公元前431年至公元前425年，大规模撤离阿蒂卡共有五次，但仅有第一次被多少予以详述。

修昔底德提供了许多强烈的例解性场景，展现防御土墙上男男女女的殊死拼搏，持矛士兵的奋力戳刺，还有海上战舰的猛烈撞击。因此，他肯定不是冷冰冰的写实主义者和详尽无遗的细节编纂者，如有时被认为的那样，而是一位人文主义者和故事讲说人，从不忘记他的历史的真正要素是人，而不是无生命的政治力和经济力。因而，关于成千 XVI

上万希腊人怎样战斗和死亡的这番故事，大多取自他本人的史书，并且依照它的精神风貌。

尽管如此，由于以这么一种不同方式讲述这场战争，我就不那么有机会去保持编年史的连续性，甚或去反思战争背后较大的、不断演化的政治和战略思维。斯巴达人在战争第一年和最后一年砍倒橄榄树；雅典在前 431 年和前 405 年从事海上对陆袭击。一场围城战开启了战争，而雅典在斯巴达的封锁下脱身离去。或者如修昔底德所说，围城、种族清洗、大规模杀戮、会战、干旱、饥荒和瘟疫“伴随这场战争，全都同时落到人们头上”[2]。

本书各章大多不是按照年度事件去组织，而是按照冲突经验去编排：“火焰”（蹂躏农田），“疫病”（瘟疫），“恐怖”（政变和非常规战），“盔甲”（重装步兵战），“城墙”（围城战），“马匹”（西西里远征）和“战舰”（三列桨战舰作战）。这几章的主题还与一种松散的渐次进展的战争叙事相交织，同样伴有一项领会，即每章都凭借那取自全部 27 年冲突的例解。

没有任何别的争斗能像伯罗奔尼撒战争那般，为当今提供那样的军事教益。当然，它是一种巴尔干样式的大混乱，但也是一场涉及两大超级强国的大冲突，同时又是一场恐怖战争，在古希腊第三世界的肮脏暴烈的战争，将民主制强塞进有时大不情愿的国家的强迫性战争，连同在国外作战受挫导致的国内动乱和文化剧变。前国务卿乔治·马歇尔、越南战争的抨击者，还有所谓反恐战争的当代反对者和支持者之流，都已一概回头寻找他们自己的修昔底德，并且求教于在那么久以前打了那场最可怕战争的人。

有时，我利用了我在农事和现今希腊风景方面的个人体验，同时还提供比较，即比之于其他时代包括我们当代的冲突。如此偏离经典学术规矩可能令专业历史学家烦恼，可是读者会赏识这些往往很不客气的提醒，提醒人往昔的男男女女毕竟不是那么有别于我们。战争全然是人的事情，有其超越时空的共性。有时，我们能够领悟遥远的往昔，靠的是再现以后的战争，在其中士兵往往面对同样的恐惧和刺激，军官则同样与战略、后勤和战术的恒久两难相拼争。

为避免混淆，凡广为人知的希腊人名和地名，每逢可能都一概使用其拉丁化写法。某些别的术语被直接从希腊文音译过来，如果这样的 XVII
拼写较好地反映出这些词语大概如何发音，而且眼下被现代英语读者较广泛地得知。

涉及修昔底德的史书时，仅指明其篇次和节次；涉及其他古代史家（例如第奥多鲁斯、希罗多德和波利比阿）时，仅注明人名，倘若他们是仅仅一部带题著作的作者。出自希腊语和拉丁语的译文由我自己翻译，虽然遇上难译的段落我还求教于别人的译作。尾注中列举的著作见于“所引著作”部分，作为进一步研习的一个指南，而且也是为了感谢取自他人的理念和思想，它们源于一个世纪以上的古典学研究。书末附有关于著名人物和术语的用语汇编，为的是便于查询令人困惑的一堆希腊名称和希腊惯用语。第一章末尾有个战争大事年表。第五章里关于第力安战役的某些叙述系从先前的一篇文章改编过来，那是我发表在《军事史季刊》的。

兰多姆出版社的罗伯特·鲁米斯，连同我的写作经纪人格伦·哈特利和林恩·丘，强烈地支持我的提议，即对斯巴达与雅典之间的搏斗做一番新的说明；他们也同样相信，现代读者仍会有兴趣了解悠远往昔的战争怎样被打赢或输掉。我为本书的起源感谢所有这三位——且再度感谢罗伯特·鲁米斯，他在手稿被提交后做了大量工作。我的妻子卡拉——她通读了全部手稿——和我们的女儿波利帮助制作了本书文本。卡拉还就爱奥尼亚战争中的损失编纂了一批非常可贵的统计数字。与我们的另两个孩子威廉和苏珊娜一起，她们以在我们的农庄上承担日常杂务襄助了我，使我能够写作本书。

一如既往，我的两位密友约翰·希思教授和布鲁斯·桑顿教授阅读了手稿，使我免却了若干错误。唐纳德·卡根关于古代战争及其现代世界影响的多部著作历来是一大灵感源泉。我还感谢巴里·斯特劳斯和保罗·卡特利奇，他们关于公元前4世纪早期的著作依然是个基础，评估战后雅典的一切尝试都基于其上。霍诺拉·查普曼，我在加利福尼亚州立大学弗雷斯诺分校的另一位古典学前同事，也阅读了手稿形式的初稿，并且提供了可贵想法。埃文·皮冯卡，圣克拉拉大学的一名古典学毕业生，帮助核对了古希腊和古罗马引文。萨比纳·鲁宾逊，普林斯顿大学和哥本哈根大学的一名古典学研究生，依据古代文本编纂了伯罗奔尼撒战争的战斗死亡数。辛西娅·奥利芬特在研究地图方面提供了协助。

XVIII 斯坦福大学胡佛研究所——我现在是那里的一名高级研究员——给予了一笔赠款，以资助撰稿。我感谢该所主任约翰·雷西安的长期帮助，并且特别感谢马丁和伊莉耶·安德森夫妇、菲尔德基金会和斯图亚特家族基金会的支持，使我有可能在该研究所工作。此外，希尔斯代尔学院院长拉里·阿尔恩和蔼地给了我一个月的讲授任期；2004 年 9 月，我作为年度同僚，在希尔斯代尔学院那个令人愉悦的环境中，写就了本书的最后一页。

维·戴·汉森

2004 年 9 月 25 日

目录

地图列表

第一章

恐　惧

为何斯巴达与雅典打仗(前 480 年至前 431 年)

我们的伯罗奔尼撒战争 3

伯罗奔尼达战争的爆发距今久远，已有 2 436 年。然而，雅典和斯巴达仍在我们的脑海中，将来也不会消逝。它们的经久性看似古怪。毕竟，古希腊的各交战方仅是城邦，在人口和规模上小于俄亥俄州的代顿或新泽西州的特伦顿。希腊主陆本身不大于亚拉巴马州，而且在古典时代与波斯之类的帝国接壤，后者囊括近 100 万平方英里，拥有或许 7 000 万臣民。与所有希腊城邦加起来的全部男性人口相比，仅拿破仑的军队到 1800 年就已拥有更多的兵员。在我们当代，几天里死于卢旺达或柬埔寨的人，多过在公元前 5 世纪丧命于 27 年内战的希腊人。

希腊人自己也不是特别能残杀的武士，至少根据后来的历史标准衡量。工业化时代以前的初级木器和铁器，而非火药和钢制品，是他们共有的毁伤性武器。甚至打那场战争的兵士本身，身高也非远超过 5.5 英尺，体重则非远重于 130 磅。他们往往是不起眼的中年人，在当今身材高大、体重 200 磅的美国大兵身边会显得纯属小孩似的。

然而，尽管古人那么稀少、矮小和遥远，他们在伯罗奔尼撒战争期间的拼搏甚至在这新千年里看去也不显得那么古旧。例如，在 2001 年

9月11日以后的几个星期里，美国人突然担忧他们的城市里会有战时
的病患爆发。2001年10月和11月，5人死亡，此外还有约24人受感
4 染，原因在于炭疽孢子，那显然由未知的恐怖分子蓄意引入。2003年
春季，鉴于洲际飞行普遍廉价，发生于中国的一种神秘的传染性呼吸疾
病有扩散到世界各地的危险。随后在华盛顿和北京出现的惊恐——时
逢全球紧张——令人想起了古代的战时瘟疫，例如公元前430年至公元
前426年那场在雅典扫灭了成千上万人的神秘的大灾。与此相似，大
致在同时，西西里、弥罗斯和密卡利苏斯都在我们当代的媒体里被提
起，正值世界再度见证巨型舰队开赴天涯海角，目睹依凭武力强加民
主，并且读到众多学童被恐怖主义匪帮杀害的报道。

然而，甚至在“9·11事件”以前，伯罗奔尼撒战争也不只是古代史。题目有如下述的学术书籍周而复始地出现：《战争与民主：朝鲜战争与伯罗奔尼撒战争比较研究》，或《霸权竞争：从修昔底德到核时代》。在美国陆战学院，修昔底德史书一向是指定读物，历时许久。而且，一批国务家，诸如伍德罗·威尔逊、乔治·克列孟梭和埃莱夫塞里奥斯·韦尼泽洛斯，要么讲授过希腊史，要么撰述过希腊史，其中对修昔底德战争史述的使用赫然耸现、夺目昭彰。更晚近时，被称为新保守派（“新保守分子”）的有争议的思想家们一度在美国战略思维方面甚有影响，而他们刻意常阅的读本同样是修昔底德史书。[1]

关于这场特定的古代冲突，是什么导致它在我们当今的战争期间被人想起？为何这场冲突的据想的教训被既精明又笨拙地应用于20世纪我们自己的大多数争斗？苏联——或果真希特勒的德国？——据想有如寡头制的斯巴达，力图摧垮一个民主的、航海的美国。难道冷战不是毕竟类似地将世界分裂为两大武装联盟，各由超级大国统领，它们一度团结起来打击共同敌人，只是后来才反目为仇、两极对抗几十年？西西里远征是不是个先声，预示加利波利、越南或任何对外民主大征伐或帝国大征伐？或者，在叙拉古的灾难是否像修昔底德古怪地断定的那样，表明当国内民众不支持在国外的部队时会发生什么？修昔底德首先构设了依然萦绕我们的问题，因而我们自然返回他那看似无可怀疑的最初结论。

战争的悲哀

究竟为何这场战争——小小雅典与小小斯巴达之间相当朦胧的古代
战争——依然那么栩栩如生，以种种方式被引用和滥用，那是别的古代 5
冲突例如希波战争(前 490 年，前 480—前 479 年)和亚历山大大帝远征(前 334—前 323 年)未有的？ 许多引人的原因浮上心头。

首先，它是一场残忍的和异常经久的拼斗。 薛西斯国王与其庞大的波斯军队被击溃而退出希腊，耗时约两年；亚历山大摧毁以后的波斯帝国，耗时只及斯巴达用以击败雅典的三分之一。 持续 27 年，或曰古典希腊那传奇式的公元前 5 世纪的近乎三分之一，伯罗奔尼撒战争有如第二次布匿战争、三十年战争或百年战争，是一场可怕地跨越数代人的大混乱。 战争第一年出生的人往往在它结束以前已殒命沙场。

因而，这场大灾吞噬了纵贯几代人的整个整个家族。 这场残杀令我们想起第一次世界大战后摇摇欲坠的英帝国，帝国和贵族的亡殁，不受质疑的爱国主义的终结，全都不可分离地与吞噬了英国精英的堑壕缠结在一起。 从伯罗奔尼撒战争幸存下来的希腊人很少，不管其财富和家族联系如何。 或如战后挽歌所云，雅典诸“望族”差不多全被扫灭。[2]

以高贵的阿克梅奥尼德家族最著名的一支为例。 伯里克利，雅典的精神领导和政治领袖，仅第三个战季即公元前 429 年便在雅典死于瘟疫。 他的一位也是六十开外的姐妹一年前已死于同样的传染病，连同他的儿子帕拉卢斯和桑西普斯。 这两个年轻人都不满 30 岁。

后来，一名年轻得多的私生子小伯里克利被选举为雅典将军。 阿吉纽塞海战大胜部分地归功于他，在他父亲死后约 23 年。 然而，在紧随这海战之后一番可耻的寻找替罪羊的狂乱之中，小伯里克利随后被一个雅典陪审团处死。 还有，伯里克利的一位侄子，32 岁的富有才华勃勃向上的希波克拉底，在第力安战役(前 424 年)前线阵亡。 前后三十年，瘟疫、政治阴谋、普遍狂野和敌方长矛多少扫灭了雅典最强有力者的全家。

这场战争还始于希腊伟大“黄金时代”（前 479 年至前 404 年）的鼎盛时期。可是，相伴的灾难永久结束了以击败波斯人（前 479 年）肇始的此等伟大希望。直到今天，雅典的投降（前 404 年）和公元前 5 世纪“黄金时代”的终结仍是象征性地彼此关联的事件。它们还与同时期审判和处死苏格拉底（前 399 年）约莫相联，而苏格拉底是此世界的最后且最著名的牺牲品：曾经精彩奇妙，随后却在几十年里似乎坠入疯狂。包括喜剧诗人阿里斯托芬在内的同时代人，相信随伯罗奔尼撒战争结
6 束，以埃斯库罗斯、索福克勒斯和欧里庇得斯为标志的阿蒂卡悲剧丧失了它的辉煌。

的确，这场战争的表演者和观剧者乃是希腊文明巨子——亚西比得、阿里斯托芬、欧里庇得斯、伯里克利、苏格拉底、索福克勒斯、修昔底德等人，其中许多正是因为参战而兴旺发达、身败名裂或命归黄泉。最伟大的古典文学作品中有许多，例如阿里斯托芬的《阿卡奈人》、欧里庇得斯的《特洛伊妇女》、柏拉图的《会饮篇》和索福克勒斯的《俄狄浦斯王》，要么是谈论这场战争的种种问题，要么将这冲突用作戏剧性背景，给我们留下了一个令人压抑的可能性，即战争而非和平促进了希腊创造性天才的最大爆发，在一种萎靡的溃塌以前的狂野迸发。大多数希腊人经雅典的双眼去看这血腥的争斗，其著作家享有对报道、赞颂和谴责这场战争的近乎垄断权，惊诧文化复兴的全部理想竟在短短三十年里灰飞烟灭。因而，在科林斯地峡北面，战争很快就被普遍称为“伯罗奔尼撒战争”，即针对居住在希腊半岛南部的那些可怕超人的冲突，而不像土头土脑的伯罗奔尼撒人见的那样是一场“雅典战争”，在其中斯巴达人领导一场针对帝国主义者的拼搏。

伯罗奔尼撒战争令两个希腊国家彼此厮杀，它们在差不多每个方面都截然相反。雅典有 300 艘战舰、30 万以上居民人口、一个工事筑防港口、一大片广袤的乡村、约 200 个缴付贡金的境外属国和充裕的铸币。斯巴达被陆地包围。往南约 160 英里，它依靠一支仅 1 万名步兵的军队——其中不足一半是正式公民——去对 25 万多名下等人和农奴实施统治，并且对邻近各邦行使一种霸权，同时毫无海权传统或世界主义文化传统。

无论对错，这场战争被设定为两国各自相反的价值观念的最终裁决

者。哪个将证明是更具生命力的意识形态：是文化和政治上的自由主义，还是粗鲁顽固、狭窄偏颇的保守主义？一个开放性的社会是从它的开明宽宏中收获军事好处，还是屈从于一种恣肆放纵，那在一个严格管制的、军国主义的寡头制国家全非所知。还有，这是一场双方要么无法、要么不会在常规的会战中彼此面对的不对称战争，在这战争中究竟哪个最能应变？是“大鲸”雅典帝国的战舰，还是“大象”斯巴达的笨重陆军？

修昔底德

接着，还有修昔底德本人的问题。希腊的这位杰出史家不只是一部现存的、关于斯巴达和雅典的伟大军事史书的撰书人——分析性的和
全面系统的写作者，他还是一位才华横溢的哲学家，试图赋予往往朦胧 7
不清的战争事件以一种超越他那个时代的价值。用他本人自夸的话说，他的史述将证明“垂诸永远”，比实际的战争本身更重要。[3]

恰恰因为修昔底德的漫长史述的这说教性质——依据一个信念即人性跨越时空绝不改变、因而可以预见来作预言——雅典与斯巴达的冲突被设想为一番教训，用于任何时代的任何战争中任何人可以碰到的事情。一个中心主题乃权势的使用和滥用，连同它如何潜伏在人们声言的理想主义和据称的意识形态后面。人们说的话，外交家做的演讲，国家投身于战争的理由：“借以言辞”（*logos*）的这一切很可能是掩饰而非阐明他们将“借以行动”（*ergon*）去做的。修昔底德教导我们心持怀疑，期望我们在当代的战争不可避免地爆发时去看国家私利，而非公开表述的怨愤。

然而，修昔底德仍不是一位抽象的理论家，而是他写的那场战争中的主要行为者之一。他几乎死于瘟疫，并且与成千成万寻求避难所的其他雅典人一起入城囿闭，以图躲开入侵的伯罗奔尼撒人。他作为雅典的一位将军，在就北部盟邦城市安菲玻里的争夺中，与机警的斯巴达将领伯拉西达作战时败北。为此挫败，他在自己过了35岁的年纪上，遭远在国内的愤怒的人民不公平地流放（前423年），其领导人后来在他

自己的史书里显赫昭彰。有如恺撒和拿破仑的战记，修昔底德的著述与他作为实干家的往昔生活密不可分地交织在一起——而且他有时同样以第三人称提到自己，作为他笔下的一个人物。

作为对这不义的驱逐的回应，这位史家在战争的约20年时间里，始终作为某种嵌入其境的报道者周游希腊世界。修昔底德同样渴望倾听故事的另一方即伯罗奔尼撒和维奥蒂亚的老兵，他随后公允的论说极吸引人。这部史书还充满许多异乎寻常的例子，例解足智多谋的希腊人怎样将自己非凡的精力和才能转用于相互残杀，从制作一种烧死落入圈套的士兵的火炮，到从舰船上将成千被俘的桨手抛入海中。

然而，尽管他有亲身实地勘察和第一手生动细节，对一个现代读者来说，修昔底德史书依然可能难读：难懂的词汇、听来古怪的人名地名、往往冗长乏味的入侵盘点和征伐罗列——还有漫长的、有时被扭曲的演讲，它们那奇特的语法和句法甚至对他的同代读者来说也近于无法读懂。虽然后来有一种做法成了时髦，即示意修昔底德是我们的首位
8 “后现代”史家，他的被先验地构想出来的理论要求他发明“事实”，以利建构“客观性”，然而他的思想太复杂，不是这么一种简单的虚构可以说明的。

相反，令现代读者印象更深的是修昔底德力求客观，是这位史家如何竭尽全力去采访战斗者、查阅成文条约和观看石刻记录。修昔底德是这么一位观察家：他在各个不同时间表达了对民主帝国主义者伯里克利的赞颂；然而，他也显然喜爱斯巴达的煽动叛乱者伯拉西达(后者更辉煌的仕途经历结束了他自己的仕途)。他雄辩有加，对公元前411年的雅典右翼政变与其行为古怪的魁首安替芬大加褒绘——即使他赞誉民主制的战时复原力。而且，虽然是一位水兵统领，但修昔底德仍然更倾心于步兵。他的史书是一部文学和哲学经典，因而我们所知的这场战争不同于后来更大更血腥的冲突。[4]

雅典有如美利坚

古雅典是面透镜，人们现在往往透过它去观看当代美利坚，既作为

一个文化中心，也作为一个难以预料的帝国权力，能够任意专断地将民主制强加于朋友和敌人。托马斯·潘恩很久以前就讲明了这项类同：“雅典曾是什么的微型缩影，美利坚则将是它的庞然巨形。”有如古代雅典人，当今美国人往往据说相信“他们至善至美，无瑕可击”，且在国外能“成就一切，遑论难易”。[5]虽然美国人给世界提供了一种彻底平等主义的大众文化，而且晚近已以一种非常雅典式的基调，力图铲除寡头制，施加民主制——在格林纳达、巴拿马、塞尔维亚、阿富汗和伊拉克，然而并不那么打动世人，无论其是敌是友还是中立者。他们理所当然地害怕美国的权势，忧惧美国的意图，同时我们的历届政府却以自信和骄傲的雅典人的方式，要他们对我们的德性和无私感到放心。在任何时代，军事权势和关于将据想的文明带给他人的理想主义都是导致频繁冲突的一帖药方——没有哪个古代国家比公元前 5 世纪的帝国雅典更经常地发动战争。

对古代世界第一个民主制国家的嫉妒、恐惧和正当怨愤有那么大的回报，以致得胜了的伯罗奔尼撒人竟**载歌载乐、欢呼雀跃地观看**拆毁雅典长墙，那是延伸到海洋的防御工事，象征穷人的权势和他们将民主制散布到遍及爱琴海世界的意愿。同样，像色诺芬写的，大多数希腊人断定雅典的失败“标志希腊自由的开端”——全未暗示得胜了的斯巴达 9
将立即动手在真空中创设它自己的海外帝国。[6]被蒙蔽了的美国理想主义者相信世界希望分享我们的民主文化，他们或可想想伯罗奔尼撒战争爆发时，“人们的总的好意分明倒向斯巴达人”，“大多数希腊人对雅典人持有深深的敌意”。

雅典的财富和宽宏本身还鼓励了国内外的异见和苛评。雅典人的贬损者预期从他们那里得到一种程度高得多的公正，远超过自己任何时候会从斯巴达人那里得到的。直到公元前 4 世纪，斯巴达赢得战争之后作为希腊世界唯一的超级强国招致类似的猜忌和嫉羡，希腊人才会最终不再怀疑帝国雅典。[7]

对雅典人来说，这悖论是个恼人的体验。而且，它或许预示了后来一代代强有力的西方自由帝国主义共和国面对的两难，这些国家遭到非凡的训斥，要它们言行一致，所作所为必须符合其理想主义的和高度乌托邦式的浮言虚辞。恰如各国指责雅典却偏爱造访雅典卫城，而非平淡无奇地崇奉美尼劳斯的斯巴达国家神坛，西方冷战的贬损者严厉谴责其现实主义对外政策，但通常偏爱接受牛津、索邦或加州大学伯克利分校的客座教授席位，而不是在莫斯科、哈瓦那或开罗的一个教职。[8]

斯巴达在行将到来的与雅典的战争中依靠着这些自相矛盾：其余希腊世界将用一种行为标准去衡量雅典，但永不会用该标准来衡量不自由的斯巴达的。一个依凭共同同意的生活富裕的雅典，其享有特权的公民对一场持久战的痛苦和牺牲的容忍度低得多，远低于在斯巴达的、其社会基于不断备战和酷似座座兵营的军国主义者。而且，朝三暮四的公民大会将以一种在寡头制的斯巴达从未听说过的方式，表决赞成继而投票拒绝种种军事行动。

因此，许多人正是在这历史循环的背景下，仔细读了修昔底德史书。我们的领导人和学究们渴望从雅典人的错误和成功学得教益。他们把握不定，雅典的命运是否将是我们自己的命运，或者美国人能否比得上雅典人的文明和影响，同时避免他们的狂傲。或许，伯罗奔尼撒战争与美国人关联，从未像当前这样紧密。我们有如雅典人，无比强大，但不安全；声称酷爱和平，但几乎总是身处某种冲突；往往更渴望被人喜欢甚于被人敬畏，并且为自己的艺术和文学感到骄傲，即使我们更擅长战争。

10

好战争与坏战争

“一场独一无二的战争”，一场“巨大的、比它以前任何战争都更值得讲述的”冲突。多年之后，久经沙场的修昔底德在述及早有所料的、雅典与斯巴达之间的开战时如此写道。[9]这场残暴的战争看来毁掉了伟人们早先已树立起来的一切。修昔底德显然困惑不解，先前曾给了人那么多的希腊文明，竟那么快地开始自我毁灭。对许多希腊人来说，讲希腊语的人们彼此间的这场厮杀甚至根本不宜称作“战争”（*polemos*）。相反，它是某种肮脏得多的东西——“争掐”（*stasis*），更像瘟疫和饥荒，而非决绝果断的武士们的一场高尚的战斗。

在一场好“战争”中，高尚的希腊城邦针对外部蛮族，就自由和独立自主之类理念打几场戏剧性的海上和陆上会战。然而，“争掐”意味着全无明确终止的内战、恐怖主义、谋杀和处决。这样的杀戮涉及搞浑平民与战斗者间的区别。伯罗奔尼撒战争有某些传统要素，但它仍更经常的是一种可怕的新颖经历，即希腊人大杀希腊人，其规模令先前所有和后来多数内部争斗统统相形见绌。[10]

一开头，修昔底德就认为这场冲突将是一场大灾难性的“争掐”，相当于古希腊世界的一场世界大战。“史上最大震荡(*kinesis*)”，他冷静地补充道，是为他就这可怕的内战做的许多大灾变宣告之一，它吞噬了他本人的成年生活。打过一场可怕的内战的美国人能够认同这一评价。甚至当今，在谈论大众征召和工业化武装起来的 20 世纪重大战争——第一次世界大战、第二次世界大战、朝鲜战争和越南战争——这类残杀的时候，历史学家们仍然带一个保留语去评价它们的可怕残杀，那就是“美国内战除外”。

2 500 年以后，大多数人还同意修昔底德的另一项断言：这场“动乱”阻绝了希腊本来可有的许多成就。[11]设想一下：两支庞大的舰队前后相继驶往西西里，兵员总共多达 4 万，组织和补给这舰队的花费，可让雅典再多建造四座帕特农神殿。将 300 艘三列桨战舰投入海上的月开支，足够演出 1 000 部悲剧，等于埃斯库罗斯、索福克勒斯和欧里庇得斯在其全部生涯中上演的所有剧作的三倍。美国人大受内战创伤，3 200万总人口中有约 60 万联邦和邦联军人死于战斗和疾病，或曰每 50
人中有 1 人丧命。可是，在两年略多时间里，仅西西里远征的死亡数 11
就更糟[11](雅典帝国每 25 人中有 1 人丧命)——而这场远征很难说涉及了雅典的国家利益。[12]

大多数战争结束时，景况面目全非。例如，夏伊洛会战(1862 年 4 月 6 日至 8 日)以前，尤利塞斯·格兰特以为一场大会战就将摧垮南方。两天激战之后，他认识到联邦要摧毁一个顽强的邦联而非仅仅击败一支南方军队，就需要征战几年，牺牲数以千计的性命，并且耗费数以百万计的美元。同样，公元前 431 年春天发兵开进阿蒂卡的斯巴达人趾高气扬，以为一两年老式的农田蹂躏可以激起一场常规的大会战或令雅典人经受饥荒，从而获得最后的胜利。然而，斯巴达连续 7 年在阿蒂卡未遂和 8 万雅典人死于瘟疫之后，没有哪一方更接近胜利。还要再过严酷得多的20载春秋。

伯罗奔尼撒战争即使没有彻底毁灭雅典，也肯定毁掉了帝国主义的雅典文化观念。然而，它未给胜者带来经久的安全或财富；斯巴达作为一个帝国权力奢望者，很快就败得甚至更惨。这场冲突令其他数百个不结盟的希腊城邦有时困惑莫名、含糊暧昧，但更经常的是遭到入侵、洗劫和剥夺。早先，希腊人团结起来战胜了波斯国王薛西斯(前480年至前479年)，标志着欢欣鼓舞的“黄金时代”的开启。然而，这个古典世纪始于如此伟大的前景，依凭雅典和斯巴达的反波斯同盟，最终却坠入内战的自我毁灭。

先前在马拉松战役(前490年)和萨拉米海战(前480年)，大流士国王和他的儿子薛西斯只能希望有大屠戮。半个世纪以后，此类屠戮已由伯里克利、克里昂、亚西比得、伯拉西达、吉利普斯和莱山得之类希腊将领予以实现(令爱琴海对面的波斯各省总督开心不已)。现在，希腊人往往在一年里杀的自己人比波斯人先前在十年里杀的还要多。公元前406年，在阿吉纽塞群岛外的单独一场海战及其血腥的结局中，丧命的希腊人多过**所有那些在著名的马拉松、温泉关、萨拉米和普拉塔亚战役中被波斯人杀死的总数。**西西里远征索走的希腊人命，多过公元前5世纪里每一场重装步兵会战的丧命总和。在这个意义上，伯罗奔尼撒战争实现了波斯人的梦想。战争结束时，位于小亚细亚西部的希腊爱奥尼亚在事实上重新成为波斯的一个省份。接下来半个世纪的雅典文献到处提及或暗示瘟疫、屠杀、军事失败和民族投降带来的无法治愈的创伤。

12 伯里克利雅典，唯一强得足以挑战波斯国王在爱琴海霸权的希腊人帝国，现在身败力竭。地平线上浮现出了一些暴徒般的希腊和马其顿专制君主，随时准备在“团结”起来“报复”波斯人的口号下结束希腊自由，给过去经共同同意的政府制造的自我残杀提供一剂民族主义解药。

伯罗奔尼撒战争还是西方强国彼此攻击、互相争掐的首个大例。它们都立意于理性主义、公民武装和宪政政府，这不仅导致了高级的文化，也导致了致命的军队，它们能摆开对抗阵局，从事互相摧毁。因而，雅典对斯巴达之争起到了警钟作用——比罗马内战、冷港会战、索姆河战役和德累斯顿轰炸早多个世纪——告诫在西方战争方式被放纵来打击西方自己时能够发生什么。用现代样式说，伯罗奔尼撒战争更像第一次世界大战，而非第二次世界大战：使双方分裂的问题同样较为复杂，交战双方本身不那么容易识别谁善谁恶，成千成万人被杀引起的震惊同样新颖得古怪，标志一种与往昔经验的全然割裂。

战 争 根 源?

修昔底德强烈地感到，斯巴达人所以在公元前 431 年春季入侵雅典乡村，是因为“他们害怕雅典人，怕他们可能变得更加强大，将希腊大部分视为已经臣属于他们”。这项评判很难说正确，因为严格地说雅典确未控制“希腊大部分”，但尽管如此，这一评判在他的史书里仍是主题性的。换言之，以一项突入阿蒂卡的先发制人的打击，斯巴达人开启了实战。是他们，而不是雅典人，对公元前 5 世纪的现状不悦。在另一处，修昔底德承认，这么一种对在和平时期慢慢地被压倒的忧惧“迫使斯巴达人投入战争”[13]。

“迫使”？当然，看来总是有更直接的其他借口去开战，使得冲突成为或许无法避免的。总是有这样的借口。然而说到底，修昔底德至少事后觉得，两强之间有那么大的根本歧异——虽然它们对当时的雅典人和斯巴达人来说或许并非总是明白可鉴——以致较紧迫的（和较次要的）分歧**必定**最终导致一场大灾难性的对抗。

尽管双方都声称自己被迫投入冲突，但按照修昔底德的宿命主义思
维方式，假如斯巴达未以科林斯和梅加拉对雅典的怨艾为借口开战，那 13
么伯里克利的帝国文化的活力——宏伟壮丽的建筑、戏剧、思想热忱、巨型舰队、激进的民主政府、增多的人口和扩展中的海外帝国——终将遍布它在希腊南部的势力区。*

斯巴达人可能会与雅典帝国主义共处。他们在公元前 5 世纪的早

* 科林斯因雅典没有支持自己与前殖民地科西拉（现代的科孚岛）的争执而气愤不已，而且害怕自己的舰队将完全不敌想象中的雅典—科西拉同盟。梅加拉这关键的城邦有其战略位置，即横在出自伯罗奔尼撒的主路上，位于科林斯与雅典正中间，并且遭受雅典的某种贸易禁运，目的是挫抑它的亲斯巴达情感。

些时候一直是这么做的。然而，一旦雅典开始将其权势贪欲与一种支持境外民主的激进意识形态结合起来，斯巴达就理所当然地断定威胁超过了单纯的武装竞争，并且很可能感染每一处希腊人的情感和思想。他们的担忧实属正当。事实上，雅典民主不仅是改变人信仰的和扩张性的，而且引人注目的内聚和稳定。即使战时和战后即公元前 411 年和公元前 403 年的短暂革命，也表明了不只是无地穷人而是各类雅典人中对民众政府的支持程度。

斯巴达人还目睹了公元前 5 世纪 50 年代期间雅典激励的民主在整个爱琴海和小亚细亚的广泛传播。他们限制了雅典对苏里伊的影响，后者意大利南部的一个据称泛希腊的殖民地。他们的领导人还因萨摩斯岛上亲斯巴达的寡头在公元前 440 年被击垮而义愤填膺。斯巴达的精英咬牙切齿，因为波提狄亚之类执拗的城邦不仅遭到围攻，而且面对雅典三列桨战舰强加和维护的长期激进的民主政府。这些据称的雅典权势的显示实际上有多大威胁性，这并不重要；斯巴达确信它们代表一种系统的和危险的新侵略。爱奥尼亚雅典人与多里安斯巴达人之间内在的族裔差别和语言歧异或可缓解，但行动中的民主帝国主义全然是另一种挑战。

这新的雅典全球村将刺激斯巴达的朋友们，使之认为一个土头土脑的步兵城镇无法望其项背。同样，爱琴海各处较富裕的铁杆亲斯巴达分子必定会觉得，他们正在自己的社会里丧失影响力，将它输给一个暴发的下等阶级。不事农庄、不骑马或不去体育馆的穷人喜欢雅典舰队提供的安全，同时对缴纳贡金的责任不以为意，而贡金大都落到他们本邦的富人和土地贵族肩上。然而，在所有讲求实际的谋算后面
14 有一个不容否认的事实，那就是雅典在不断成长——国王阿基达马斯相信战争爆发时它是希腊世界最大的城市——与此同时斯巴达却在萎缩。[14]

“雅典主义”是西方世界的首个全球化范例。在希腊语中，有个说雅典扩张主义的特殊词汇：*attikizô*，“阿蒂卡化”，或曰变得像雅典人，或加入雅典人。[15]那个时代的人接受一个现实，即雅典每逢所能，皆力图在境外抬高普通民众。相反，当雅典转而从事“现实政治”——例如进攻叙拉古的同样基于共同同意的政府——而无必要的民主革命热

忧时，它往往失败。[16]

斯巴达人是绝顶的寡头制原教旨主义者，仇恨“人民权力”及其代表的危险。他们的武士公民警惕追求熙熙攘攘的好生活的欲望，甚至在他们自身的严厉的精英们中间，这种欲望也迅速增长、难以抑制。[17]虽然先前在公元前6世纪和公元前5世纪，他们在希腊人中间显赫无比，但到伯罗奔尼撒战争的时候，斯巴达人已经感觉到自己的影响力衰减。它的影响力事实上差不多完全基于重装步兵，而不是基于一个不停攫取的超级民主对手的战舰、人口增长和金钱——用伯里克利本人的话说，该竞争者已经统治“更多希腊人，多过任何其他希腊国家”[18]。

为了避免与斯巴达的战争，雅典被要求停止它的帝国主义式的过度伸展，而且在基本上解散帝国：终止围攻波提狄亚之类城邦，让邻近的城邦例如厄基那和梅加拉决定它们自己的事务。简言之，“让希腊人独立”。然而，这一切将意味着雅典不再是伯里克利式的雅典；相反，它将退回它在前一个世纪的农业社会的简朴状态，那时它没有战舰，没有长墙，没有贡金收益，没有宏伟壮丽的神庙，也没有丰盛奢华的戏剧性的节日喜庆，而是个宽厚温和的共同体，与别的希腊大城邦无甚差别。[19]

历史重负

战争是否不可避免？它的暴力和死亡逻辑是否压倒了斯巴达和雅典的个别领导人为管控危机可能去做或不做的？有一个想法困扰我们，那就是斯巴达在公元前431年毁坏和平方面的过错并非那么大，以致它或雅典在任何既定环境中都出乎理性地负有罪责。宁可说，由于恐惧、强烈妒忌和某些憎恨，斯巴达在其自身行为方面易变不定，倾向于接受一切狂野无度的驱策，那使得人们去做并不总是符合他们自身利益或普遍利益的事情。[20]

在围绕冲突爆发的差不多所有不同的辩论中，雅典的敌人都一样经 15
常地援引那些冲击政治和族裔断层线的根本怨愤——雅典人鲁莽胡来的性格、无法阻挡的帝国扩展、与生俱来的雅典傲慢，有如它们经常列举常规的和更具体的、要求立即矫正的违法行为。或许，关于雅典，有着什么去激发科林斯、底比斯和斯巴达之类敌对城邦的某种憎恨，那是演绎式的和反经验的，完全与根深蒂固的厌憎感合为一体。[*][21]

敌人憎恨雅典，既因为它做了什么，也同样多的因为它是什么。早在公元前 446 年，雅典就已放弃对第一次伯罗奔尼撒战争中的无所不包的要求权，并且小心翼翼，不给斯巴达人提供任何具体的开战理由。或许，这种自相矛盾的状况由修昔底德的一番令人着迷的叙述得到了最佳概括，它述及的是公元前 432 年年末斯巴达人就翌年春季入侵阿蒂卡的提议进行辩论。雅典使节和斯巴达国王阿基达马斯都提出了冷静和颇有道理的解释，说明为何在那特定时期与雅典打仗是个坏主意，然后愚钝的斯巴达监察官塞内拉伊达迈步上前作回应。[**]他就斯巴达的自豪和权势喊出了几句口号。斯巴达军事大会接着立即表决，决定开战。他们似乎受激情而非理性驱策(就像雅典人后来表决入侵西西里)：“雅典人的长篇演讲我根本不懂……因此，拉栖第梦人，为战争投票吧，像斯巴达的光荣要求的那样，而且不让雅典变得太强大。”[22]

反观雅典，那里整个一代人一向沐浴着伯里克利式的灿烂辉煌，在其中成长。它同样极端害怕必不可免的代际衰落，一种在自由、富裕和经历着社会文化变迁的西方社会的精英们中间共有的忧惧。[23]许多人觉得，假如当代雅典人不能勇敢地面对斯巴达的恐吓，那么他们就将背弃更坚韧顽强的“马拉松人”——米泰雅德、提米斯托克利和亚里斯泰德之类人物——留下的传统，这些人曾在马拉松(前 490 年)和萨拉米(前 480 年)鏖战，传下来一个安全和繁荣的帝国。也许，这些传奇式的一万名重装步兵中间，有一小群依然活着，现在 80 岁开外。他们是
16 阿里斯托芬喜剧中的常见英雄，“昔日英勇”的体现者，与较渺小、较懦弱的一代人形成对照，后者会不相信自己的重装步兵有勇有力去阿蒂卡迎战斯巴达人。

---

* 所谓第一次伯罗奔尼撒战争(前 461 年至前 446 年)，其间雅典更经常地与科林斯和底比斯而非斯巴达对抗，终之以不分胜负的僵局，连同雅典与斯巴达之间的一项被预想持续三十年的和约。

** 在斯巴达，一位监察官乃五名被选出的“监督者”之一；他们的任务是督察其他公共官员的行为，最重要的是审查斯巴达两王的军政活动。

然而，尽管雅典人几乎全无能力在战场上布置一支一万名杰出的重装步兵组成的军队，其素质恰如60年前在马拉松滩头上势如破竹击败波斯人的，但是他们总共拥有的帝国军力——战舰、财政资金和人力——仍大过所有希腊潜敌的总和。雅典所以较强，恰恰是因为它业已演进，超出了将国家安全仅付托于勇猛强悍的农民重装步兵。毕竟，这些活着的过时物是一种单面兵力，在一小块平坦的战场上置人死地，在这以外却不相干。

尽管如此，往昔的荣光这个负担仍压在亚西比得一辈人肩上，正如第二次世界大战"最伟大一代"的种种成就仍压在我们自己的肩上，特别在他的监护人伯里克利那样的长辈不断就帝国责任训诫雅典年轻人的时候。斯巴达人同样心怀此类忧惧，生怕与他们那粗野的、舍身堵住温泉关山口的拉栖第梦祖辈们相比变得懦弱。因此，科林斯人在会战前夕告诫伯罗奔尼撒人："经贫困赢得的一切决不应当经富足而被毁灭。"[24]

意外的后果

这战争本身将证明是个天大的荒唐。无论是一位苏格拉底，还是一位伯里克利，都无法预料到它的进程或最后结局。斯巴达拥有希腊世界里最令人畏惧的步兵，然而赢得战争的最后几场大会战的却是它新建的海军。民主制的雅典派遣差不多4万名盟军将士去送死和被俘，以图夺取遥远的叙拉古——希腊世界的最大民主国。与此同时，它在希腊的数以千计的旧敌由此放胆，从在德塞利亚*的基地出发，在它城墙外不足13英里劫掠它的财产而不受惩罚。亚西比得不时证明是雅典、斯巴达和波斯的救星——也是它们的共同的灾星。

雅典开始战争时，钱财在它宏伟壮丽的帕特农神殿中堆积如山。那里有多得惊人的约6 000塔兰特白银铸币和500塔兰特其他贵金属，

---

* 阿蒂卡境内臭名昭著的斯巴达要塞，从公元前413年到公元前404年用作劫自阿蒂卡的赃物的结算和交换场所；见"用语汇编"和本章末的大事年表。

17 以当今价值计总共相当于30亿美元。战争耗尽了它，雅典一贫如洗，剩下一座满是孤儿寡妇和残疾人的城市——还有它那无处不在的石刻阵亡名单上的成千成万人名。

雅典战时国库甚至无力让普罗皮利亚最后一排石柱的刻槽得以完工，那是通往雅典卫城的仍未建成的诸座神庙的巨型门道。它远更无力找到钱财，去建完一批坐落在阿蒂卡内地的拉姆诺斯和托里科斯的乡村神庙。伯里克利有个宏伟的梦想，要造就一座大理石的帝国都市，但为圆此梦所需的资金大多付之东流，化作约500艘三列桨战舰，先是沉入西西里海岸外，后来沉入爱琴海。

斯巴达将希腊最可怕的军队投入战场。然而，它的大多数敌人不是倒在它的多里安长矛下，而是丧命于疾病、围城战或游击战式的杀戮。它的大战略即蹂躏阿蒂卡的庄稼，开战一周之内就证明是个巨大的失败。然而一年之内，伯罗奔尼撒人在敌方农村的逗留不经意地给瘟疫准备了条件，而瘟疫几乎毁了雅典。

没有任何政府像斯巴达的“盖鲁西亚”（*gerousia*）那么工于算计或头脑冷静——或那么盲目不明。它是个统治国家的元老院，组成它的老人几乎全然昧于境外文明，因而不愿核准拉哥尼亚溪谷以外的鲁莽行动。*没有任何政府像雅典公民大会那么轻率和危险，其中有许多游历过爱琴海地区的领导人。然而，后者能在瞬间的冲动中，根据最轻薄的指控，要求处死一个人、或灭绝海外被夺占了的城市。

哲学家苏格拉底怀疑民主雅典的狂傲和妄自尊大，特别是后来的西西里伟业幻想。然而，这些担忧不足以阻止他在大腹便便的中年，为他的事业英勇战斗。像他在生前最后一次演讲中提醒被激怒了的听众即指控者的，在雅典最困难的交战中间，有三场——波提狄亚、第力安和安菲玻里——他在其中勇敢鏖战。[25]修昔底德运用这场战争看似毫无意义的广泛寓意，去探究他自己的阴郁的人性观。然而，尽管根据煽动家们编造出来的指控，修昔底德遭到流放，但与他为国效力时做了的相比，没有哪个雅典人更不犹豫地战斗过，而且未曾愤世嫉俗。

---

* 关于和斯巴达相联的各个不同的地区名和族裔名，见“术语和地名汇编”内的“斯巴达”条。

欧里庇得斯，自行其是的剧作家，认为他的国人之残暴处死密提林人和可怜的弥罗斯人乃犯罪行为，而且是一则就冲突的愚蛮所作的道德
说明。然而，甚至欧里庇得斯也恨斯巴达人，而且看来他希望这战争 18
干脆结束，也同样强烈希望这个敌人输掉。惯做叛徒的亚西比得不时帮助雅典、斯巴达和波斯去赢得战争，即使精疲力竭的雅典人拒绝了这个臭名昭著的变节者在伊哥斯波塔米提出的最后正确劝告，那本可能使他们在这冲突的最后一场大战中免于失败。

阿里斯托芬，才华横溢的喜剧作家，论辩说无休无止的战争使农民破产，使男性领袖愚笨，使将军们嗜血，使穷人过分冒失，使武器贩子发财；但尽管如此，他仍相信雅典人对处多于错处。爱国主义，既以其崇高方式亦以其低劣形态，终究压倒了苏格拉底式的虚言，即凡希腊人皆为世界公民。就像苏格拉底本人被记录在柏拉图后来的《普罗塔哥拉》篇内的言论那样，投身战争是一桩“高尚的”事情（*kalon*）。[26]

在政治悖论和哲学佯谬后面，在希腊世界最伟大一代人的虚伪后面，仍有着成千成万普通希腊人。他们是本书的主体，由于无常之士的图谋、变动不定的联盟和自相矛盾的原因而惨遭屠戮，历时近三十年。与雅典同斯巴达之间这三十载内部厮杀相比，没有哪一场古代战争——包括先前薛西斯之进袭希腊、后来亚历山大大帝之宏伟入侵、汉尼拔之跃入意大利——更强烈地吸引人，但又更自相矛盾。

想想吧：陆上强国对海上强国，多里安人的僵硬刻板对爱奥尼亚人的宽宏开明；寡头制对民主制，习以为常的匮乏对大事炫耀的富有；土里土气的农家村庄倾覆雄伟壮丽的帝国都市；一个兵营国家号称为境外的希腊自主权而战，与此同时一种文雅的帝国主义却杀戮无辜。

公元前431年时，没有哪个人预见到这样的大残杀。谁相信仅在短短两年内，威严的伯里克利竟会落到浑身覆脓疱，手抓护身符，在瘟疫高烧中咳嗽连连，气息奄奄？百万富翁尼西阿斯从未想象，20年后他竟会在800英里外的西西里乞求饶命，然后被人切断咽喉。英俊潇洒的亚西比得，雅典一时间的头号风流人物，也未预想到所有的人里偏偏是他在小亚细亚的一个偏僻小村里被刺客谋杀。战争开始时被认为明智的每一件事，战争终了时将被证明实属愚蠢。

希望和梦想

不令人惊奇，雅典和斯巴达最终一战，至公元前431年拼杀到底。
19 或许，奇怪的反倒是它们竟未早早这么做。确实，从公元前461年到公元前446年(第一次伯罗奔尼撒战争)，这两强曾断断续续地交战，虽然这较早的冲突大多在它们各自的代理人即维奥蒂亚人、梅加拉人、科林斯人、亚哥斯人和帖撒利人之间进行。尽管如此，自从它们为打退波斯(前480年至前479年)而结成的短暂的同盟后，这两国间一直罕有真正的密切关系。不超过一小撮雅典精英和将军曾经访问过斯巴达。除了少数使节，几乎全无斯巴达人曾经凝视过雅典卫城。诚然，雅典和斯巴达是希腊城邦国家。它们使用共同的语言，在宗教事务上相像。可是，在根本的政治、社会和文化问题上，它们依然彼此截然相反。

到公元前431年，凭各自的方式，这两个城邦中的每一个都已在军事上强大，恰恰因为它唾弃了老旧的希腊农业传统，该传统前此一直节制了通常的战争状况：作一个小时左右的残忍拼搏，以此限定颇不情愿的农夫——负有在家收割庄稼责任的农夫——之间的战争。敏锐的战前观察家开始懂得，当希洛农奴和单层甲板大帆船意味着其中每一国的士兵极少必要在家务农时，为何既不会有天然制约，也不会有任何一方的轻易胜利。

例如，伯里克利本人在打仗前夕说道：“战争不可避免。”[27]在波斯半个世纪前的灾难性失败之后，不大可能想象它或许会再度入侵一个分裂的希腊。相反，有一种广泛的不安，即这将是一场新的、无拘无束的内斗。科林斯人正确地告诫斯巴达人，要抛弃其战争的“老式”战略——由攻袭农庄以图激发会战构成——转而寻找新办法去摧毁像雅典这样一个城市。[28]

当公元前431年春季斯巴达人违背信誓旦旦的三十年和约入侵阿蒂卡时，两大对手间的冲突正式开始。他们跨越边界，仅在他们的盟邦底比斯突然发兵之后80天，后者不加警告地试图同样先发制人，袭击邻近的维奥蒂亚城市普拉提亚，约50英里以外的一个雅典的受保护邦。

双方都宣称有种种具体的怨愤。斯巴达的盟邦科林斯，位于地峡的富裕的希腊城市，痛感雅典先前以好战姿态进行了干涉、在一系列争端中援助科西拉这敌对岛邦反对它。附近的小邦梅加拉在雅典的贸易禁运下愤懑不已，请求斯巴达支持。邻近的厄基那岛——从雅典卫城眺望轻易可见，伯里克利曾将它称作“比雷埃夫斯的眼中刺”——宣称雅典干预其内政，期盼斯巴达维护其主权。反过来，雅典人声称伯罗
奔尼撒人鼓励了纳贡盟邦、北部城市波提狄亚变卦造反。紧邻雅典北 20
侧居住的维奥蒂亚人希望消灭前哨城邦普拉提亚，它将对雅典帝国主义的传统恐惧带到了他们门前——等等，等等。[29]

当然，雅典对梅加拉的禁运，过去雅典在附近厄基那岛的干预，就一个拥有“很大舰队”的强有力的科西拉岛忠于哪方进行的竞争，还有梅加拉或维奥蒂亚边界上的争议领土，这些都不是小事。[30]然而，依旧是怨愤的**意象**，包括恐惧和名誉问题，更经常地驱使斯巴达在它能够的时候动手，特别是在雅典和斯巴达两国的“太不熟悉战争以致欢迎它”的世代中间。[31]雅典显然认为，久而久之，它的文化确实能要么漠视斯巴达，要么必要时压倒斯巴达，甚至不用短期内以任何真的方式显示它能令斯巴达大吃苦头，倘若它胆敢派遣数以千计的重装步兵侵入阿蒂卡。伯里克利本人的目的相反却是“生存”。[32]然而，要遏阻斯巴达不因恐惧而动手，规划仅仅不输是个短期内糟糕的办法；所有斯巴达人都相信，他们能够近乎不受惩罚地跨越阿蒂卡边界。

伯里克利认为，不那么有必要投身任何直接的争吵，那可能危及帝国，或危及它上次与斯巴达兵戎相见往后的15年和平，在这段停战期内，它达到了一个史无前例的富庶和安全程度。雅典人显然觉得，斯巴达人将领会到无法打赢，从而不去尝试打赢。此乃愚蠢地按照长期威慑思维，而非直接思考怎样警告敌人：越界入侵等于自招毁灭。伯里克利决心接受第一次打击，而且因此没有提出任何可信的反威胁，因为就如何发动一场可能将底比斯或斯巴达踢出战争的进攻行动，他事实上从未有过清楚的战略。

伯里克利骨子里是一位海军将领。战争以前，他对若干顽固不从的近海城邦进行了成功的围攻战，还打了若干海战。因而，他从未指挥过一场持久的步兵战役，甚至未率领过一支重装步兵军队投入对阵激战。他显然将雅典的海军优势设想为一个不受拘束的袭击工具，而不是

21

斯巴达帝国与雅典帝国：
伯罗奔尼撒联盟和斯巴达的其他盟友
0 英里 100
0 千米 100
爱琴海
安布累喜阿
安那克托里安
琉卡斯
奥蓬提安
洛克里
福基斯
优卑亚
奥佐利安
洛克里
维奥蒂亚
底比斯
科林斯地峡
阿黑亚
佩伦内
梅加拉
阿蒂卡
锡基翁
雅典
科林斯
伊利斯
门丁尼亚
阿卡迪亚
亚哥斯
提耶亚
伯罗奔尼撒
斯巴达
美塞尼亚
拉哥尼亚
地中海
克里特海

将一支大军送到敌人背后去的运输手段。斯巴达和底比斯决然无动于衷。双方成千上万人行将丧命，因为他们的领导人将他们送入战争，但就怎样在战场上击败敌人和摧毁其力量，双方都没有实际计划。

虚幻的斯巴达舰队

斯巴达人也有自己的软肋。举一则现代比较，就能例解它的两难
困境的某些涵义：事情像在一个没有核武器的世界上，老朽的苏联于20 22
世纪90年代以前某个时候先知先觉，认识到它无力与民主和资本主义的美国巨型战车竞争，后者自由行进，无坚不摧。于是，苏联的强硬派会觉得，必须赶在其盟友(以及全世界)对未来也持有这种悲观主义估量、从而废弃对苏联帝国的忠诚以前，派遣300个师侵入欧洲。

斯巴达人能将在开阔战场上战无不胜的重装步兵投入战斗。他们那粗犷坚韧的务农盟友维奥蒂亚甚至能聚集更多的重装步兵——必要的话或许达7 000人至12 000人——完全像斯巴达职业军人一样强劲可怕。而且，斯巴达领导下的伯罗奔尼撒诸邦联盟能够短时期内涌出一支60 000人的巨型大军，它可将任何敌人一举扫出战场。希腊中部的最佳骑兵是维奥蒂亚骑兵，他们站在斯巴达一边。

由于所有这些原因，被大为打动的修昔底德强调斯巴达本身“拥有五分之二伯罗奔尼撒人，对其全体行使控制，而且此外还有许多盟邦”[33]。即使斯巴达及其盟友无法赢得这场对海洋帝国的战争，它们也至少确信这样的“硬权势”将排除雅典军队占领斯巴达卫城的可能性。

然而，斯巴达及其联盟的实力在某些方面是虚幻的妄想。战争爆发时，伯罗奔尼撒盟军无法经海上被投送。它也肯定得不到实际经济力的维持。斯巴达开战时没有资金，极少战舰，而且几乎全无骑兵或轻装部队。在由神话般的祖先利库古斯创建的兵营式极权主义体制下，重要的是公民美德，而非经济效率或个人主动性。

例如，粗铁条而非铸币用作货币，恰恰因为在这么一个古怪的美德世界里，它们无法以寻常通货(因而是腐败性通货)的那种便利被人使

用。第三方的造船工匠或待雇桨手，不会怀着以一堆金属烤肉扦作为劳作报偿的期待而群聚斯巴达。斯巴达人已在战争前夕受到盟友的警告，将战争预想为重装步兵会战的极端守旧方式乃是自杀方式。唠叨不息的科林斯人继续敦促他们外出征战，去帮助爱琴海周边的朋友们抵抗雅典帝国主义。

当伯里克利断言“伯罗奔尼撒人既无公帑亦无私钱”时，他大概说对了。肯定没有帝国贡金涌入斯巴达卫城，而且斯巴达殖民地寥寥无几。如果雅典选择不打一场对阵激战，斯巴达就既无资金也无物资储备，以便将一支军队多少长久地保持在战场上。它更谈不上有知识或意愿去进行一场由袭击、劫掠和经久围攻构成的非常规低烈度战争。[34]

23 开战以前，与之相隔一代时，斯巴达人压抑了他们的高傲感，请雅典围城战工兵帮助他们猛攻揭竿而起的希洛人的要塞。如果说斯巴达人曾为控制受自己奴役的民族而需要雅典人，那么当雅典不免使用其钱财和专长去煽动而非制服希洛人造反时，将会发生什么？[35]

科林斯和几个别的斯巴达盟邦的舰队合起来，只略多于100艘战舰，不到现役的雅典帝国舰队规模的一半。伯罗奔尼撒人的这些三列桨战舰所以存在，仅因为科林斯人为了与其敌手科西拉的舰队匹敌，近来异常急速地致力于海军建造，然而可怜的累积资金很难保证，即便这支100艘战舰的舰队能用多久。披挂全副铠甲的武士栖息在颠簸摇晃的甲板上，由买来的划桨手提供行进动力：这不符合斯巴达的武德理念。

技穷情急之下，斯巴达竟荒诞地提议它的盟友们建造一支有约500艘三列桨战舰的巨型舰队。对一个除了基赛阿姆——此港离本城约30英里——便绝无港口的城邦国家来说，这一建议无异于白日做梦。战争规划者们想象，令人憎恨的波斯人或可提供资金去建造三列桨战舰，并且引诱新盟邦去封堵雅典人。只有斯巴达能够首先显示出某种成功——例如赢得一场重装步兵会战胜利或实质性地损害帝国的内聚力——这种策略才会奏效。

这些都是宏大的抱负，不很适合一个昧于域外、陆地环封的国家。战争爆发时，只有科林斯、科西拉和雅典这三个城邦才有规模可观的舰队，而且其中两个与斯巴达人为敌。[36]因而，某些伯罗奔尼撒人认识到，最终他们将不得不持一种多面战略：在海上击败雅典人，而且瓦解其帝国，与此同时找到一种方式，将雅典城永久切离其周边地区。为了实现这些目的，他们需要更多和分布更广的盟友，无论是希腊人还是波斯人，另外还需要创新性的思考者。直到那时，他们不得不接受一个苦涩的事实，那就是在一场斯巴达与雅典帝国之间的单面较量中，金钱、人力、各种不同军事资产以及军事领导经验全都有利于雅典。确实，二十年后，甚至在雅典的西西里惨败(前 413 年)之后，当希腊世界普遍预言雅典即将崩溃时，斯巴达仍发觉难以组织起一支伯罗奔尼撒舰队——它的盟友们依然那么不愿和那么惧怕挑战雅典的长期海上优势。[37]

斯巴达的谋算

战争在公元前 431 年爆发时，斯巴达的将领们依旧没有想象力。两位世袭的国王依法是军队统帅，往往受监察官们打搅，其中某些作为
督察人伴随国王外出征战。在斯巴达，战略仅仅反映了一个分团伙集 24
体用膳的等级制封闭社会的思维，反映了不被质疑的前提假定，这些假定由一种残忍的、从男孩们 7 岁时被纳入军事生活开始的教导方式不断灌输。见过商业城市真实运转的斯巴达国务家简直绝无仅有，因而他们既对国际关系和敌方人口规模幼稚无知，又非同寻常地易于腐败和受贿。

伯罗奔尼撒较大和较自豪的城邦，例如门丁尼亚和伊利斯，不满粗野蛮横的斯巴达领导权，并在逐渐使它们自己的政体开明化。按照伯罗奔尼撒传统的战争方式，收获时节便是战役爆点：步兵将成熟的干谷焚烧或消耗殆尽，防御者则力图将它撤运转移；而且，身兼农夫的武士们全都忧念不已，想着身后自己家里有收割之事要照料，那远比作战重要。雅典人曾经(前 460 年至前 446 年)控制了经梅加拉到阿蒂卡的通道；然而，现在他们非如此。于是，在斯巴达人想来，有可能以一种在第一次伯罗奔尼撒战争期间难以实现的方式，进军突入阿

蒂卡。

在周围的拉哥尼亚和美塞尼亚领地内，有近25万名久经苦难的契据奴仆(所谓希洛人)，在强制之下耕作田地，以供给斯巴达军士集体用膳。由于兵营生活的性质，加上在被占领的美塞尼亚近乎连续不断的操练和治安行动，斯巴达男性武士难得在家。于是，该城人口不断下降，恰在被压迫的希洛人人数增长之时。如果说8 000名真正的男性斯巴达军人曾与波斯鏖战，那么到50年后的伯罗奔尼撒战争时，这样的人已不到此数一半。结果是这么一个兵营国家：几乎根本无法凑齐8 000到10 000名不同身份的重装步兵，与此同时坐在一个由数以万计的男性农奴构成的火山口上(“一场等着爆发的灾难”)，后者据称——据他们自己坦言——渴望“生吞活剥他们的主子”[38]。

在斯巴达那复杂的金字塔形社会里，希洛人及其怀抱的美塞尼亚重获自由的梦想并非仅有的断层线。在其近郊，还有两万至三万名成年男性拉哥尼亚“边民”(*perioikoi*)(“住在周围的那些人”)，即附近享有自由但政治地位附属低下的村民，他们有时恰如希洛人一样厌恨斯巴达霸权。

即使假如不需忧烦去控制泰格图斯山背面的广袤的美塞尼亚与其25万希洛人，斯巴达也像许多当代西方社会那样处于经久的人口危机之中，完全依赖农奴的体力劳动。战争前夕，阿基达马斯国王徒劳无
25 功地试图提醒其公民，他们正在思量对一个“人口在希腊首屈一指”的国家开战。已发展成为希腊世界最佳步兵的军队，依其本性是一支国内警察部队，或者也许是——你愿意说的话——武装党卫军，其初始的存在理由为挫败国内造反，连同搜出据称的政治异见分子。

最后，大多数希洛人所以不稳定，不是像别处的动产奴隶那样仅因为地位低下。相反，他们的激情出自一种美塞尼亚被占家园的民族主义意识。他们是一整个部族，在被剥夺状态中多少类似于现当代的库尔德人，尽管没有国土，却明白他们曾是个自由民族，曾拥有超过他们的征服者的领土和人口。[39]

冲突开始时，斯巴达的战略甚为简单，恰如事实证明它幼稚可笑：“入侵阿蒂卡”——心存疑虑时一贯的巴甫洛夫式反应。阿基达马斯国王将率一支庞大的盟军进入阿蒂卡，激使雅典人会战。[40]如果敌人不

走出城墙冒险迎战，阿基达马斯就将彻底蹂躏阿蒂卡农业，造成饥馑或至少羞辱，以便使这傲慢和雅致的城市屈膝就范。在他的史书里，修昔底德在史书中反复重申，斯巴达人诧异于他们简单依靠蹂躏农村的做法竟未奏效。毕竟，雅典人在无法制止敌人长驱直入、兵临卫城的时候，怎么能自称是个强大的帝国？[41]

在约两百年的成功后，斯巴达看不到有任何理由要改变自己的战略，即使雅典已经演变成一个尽管敌人兵临城下它也能生存的城市。确实，斯巴达人似乎不明白雅典的规模或农村防御。他们甚至更少懂得雅典的海洋经济和它在理论上的一种能力，即进口食物，以便弥补该城在外面乡村失掉的三分之一或一半补给。甚至更幼稚的是，斯巴达人以为倘若他们蹂躏阿蒂卡，那么雅典帝国的海外属邦就会受到鼓舞，起而反叛，尽管事实上如果一支愤怒的雅典报复性舰队驶入的话，斯巴达全无实在的办法派遣战舰去援助它们。

虽然雅典实际的谷物自给程度不为人知，但有一点理应是普通常识：在一场危机中，将足够的追加食物输入该城确有保障，特别是因为雅典有钱支付这增大了的成本。后来，斯巴达人在德塞利亚就近扎营于城墙外(前413年至前404年)，而且雅典人每年很长时间无法使用他们的土地，然而即使那时，阿基斯国王也哀叹说，只要谷物运输船照旧驶入比雷埃夫斯，他的军队就无法令该城屈膝就范。[42]

太多的斯巴达人还忘记了一件事：在公元前480年薛西斯入侵期 26
间，亦即建造长墙以前许久，雅典在提米斯托克利领导下不仅完全撤离其农田，甚至还放弃其城市本身，但他们还是挺了过来。伯里克利后来提醒他的已经远为富裕、远为众多的全邦公民，不要忘记这个事实。如果一个较弱的雅典在公元前480年能够战胜经陆上和海上抵达的25万波斯人，并且经受住卫城被焚，那么半个世纪以后，有大得多的资产，成熟了的雅典一定能再次挺过农田的暂时丢失，丢失给一支只及它的昔日敌人四分之一规模的兵力。[43]

在最后时刻，甚至阿基达马斯也终于像是理解了用旧方式打新战争的两难。入侵前夕，他徒劳地警告他的跟随者们：雅典有充裕的“公帑、私财、舰船、骑兵、武器”以及盟邦、贡金和非常众多的人口。只有在有足够的伯罗奔尼撒“金钱和战舰”的时候，才能与之对抗。雅典的边地不大于斯巴达的。可是，关键的区别在于，不同于伯罗奔尼撒人，雅典有充裕的办法在它的令人印象深刻的当地收获之外加上进口食物，后者来自爱琴海诸岛、小亚细亚、黑海地区和埃及之类的遥远地方。[44]

雅典的逻辑

长墙，公元前 461 年至公元前 456 年建造，将雅典城连接到比雷埃夫斯港，乃希腊战略史上最革命性的事态发展。这道防御工事一举提供了免疫力，使雅典免受一种时代悠久的战术的危害，即攻袭农业，经焚烧干燥的粮食作物去激起对阵激战，或导致饥荒。依凭长墙，伯里克利大大弘扬了提米斯托克利的成就。他抓住了一点，那就是依凭适当的工事筑防生命线，在一个占优势的敌人大开杀戒以前，需要撤出的只是乡村而非城市本身。这或许是个极富才华的办法，但也极端无情和极具分裂性，因为它将数以千计的公民的财产和生计丢弃给敌人。

雅典明白，它的防御墙不仅给城市提供了更大的防御选择余地，也有巩固墙内的全体民主选民的功效。因此，它后来开始在亚哥斯和帕特拉之类希腊城邦鼓吹长墙概念。[45]有害的后果不仅落到被留在城墙外的保守的雅典乡巴佬头上。斯巴达及其盟友后来也抱怨说，建造这么
27 漫长的防御工事改变了希腊的战略演算法，使得一国不公平地免于传统的对阵激战，因而长墙本来决不应被允许。毫不奇怪，战争结束时，他们雇了长笛乐手去欢显它们的毁灭。[46]

雅典的银铸“猫头鹰”是爱琴海世界的通用货币。* 战争开始时，雅典获年度贡金 600 塔兰特，此外还有经采矿业、贸易、海外租金和商业带来的约 400 塔兰特内部收入。到公元前 431 年，在雅典卫城的神庙财库中，有约 6 000 塔兰特储备。这堆钱相当于 3 600 万人劳作一天的价值，或相当于雅典和阿蒂卡的 30 万居民平均每人 100 德拉克马以

---

* 这些雅典银币值 4 德拉克马(按照当代美国货币计算为 300 余美元)，铸有戴头盔的雅典娜，反面铸有她的图符猫头鹰。

上，理论上足以建造 6 000 艘三列桨战舰！[47]以当今的购买力计，这国库类似于一个有约 30 万居民的美国中等城市拥有约 30 亿美元现金储备基金。就此而言，雅典人的才华，与其说表现为悲剧、喜剧和帕特农神殿，毋宁说反映为巨量钱财。

波斯人在公元前 479 年撤走后，一个希腊防御联盟历经半个世纪，隐然恶变为一个雅典帝国，由近 200 个城邦构成，700 名帝国官员营运。归因于 50 年的海军建设、贡金缴纳和属邦整合，雅典在战争爆发时远比它历史上任何时候都强大。为维持这么一个帝国，雅典在公元前 5 世纪每四年就有三年打仗，实属一番不断动员的显赫纪录，甚至在现代也无与伦比。[48]

在伯罗奔尼撒战争以前几十年的大部分时间里，雅典人口每年增长 2%以上。而且，不同于斯巴达，雅典精巧地造就了一个更内聚的社会，其批评者抱怨说在这么一种粗俗的文化中，肉眼看去奴隶、外邦人和公民近乎全都一样，无法分辨——与斯巴达的更为乌托邦的努力截然相反，后者要在规模较小和数目较固定不变的公民群体中间造就一个美德共和国。[49]

雅典步兵包括前线和后备驻防两种重装步兵，有近 3 万人，其核心成分不逊于任何作战军队一样好，除了斯巴达人和维奥蒂亚人。然而，犹如维多利亚时代的英国军队几乎全不是为了在欧洲堑壕里与德意志帝国师团作战而被构设出来，同样，雅典方阵从不意在面对任何像斯巴达重装步兵那样的兵力，而是完全有能力作为一支舰载部队用于镇压顽固不化的纳贡盟邦。此外，还有远离阿蒂卡的帝国人力后备，安然 29
免受斯巴达的地面侵犯——亦即阿基达马斯国王担忧的“别地大量人众”，对此他的军队鞭长莫及。[50]

诚然，伯罗奔尼撒各邦能够聚集起一个由各支自主的希腊人军队组成的大同盟，它们中间有科林斯、伊利斯和底比斯之类真正的强邦。然而，雅典人在这样的联盟战争中保持两项真正的优势。第一，雅典拥有意识形态上更热烈的朋友。它不仅领导爱琴海地区的民主臣民，而且领导许多被逐被弃者，例如在维奥蒂亚的普拉提亚人、散布于希腊各地的美塞尼亚流亡人和爱争好斗的科西拉人，他们除了与雅典结盟外，全都有在底比斯、斯巴达和科林斯的死对头。

斯巴达帝国与雅典帝国：
雅典的属邦和盟友
黑海
拜占庭
色雷斯诸邦
赫勒斯滂
科西拉
贴撒利
莱斯博斯
爱奥尼亚海
爱琴海
阿卡那尼亚
优卑亚
纳夫帕克托
希俄斯
塞法伦尼亚
雅典
安德罗斯岛
萨摩斯
爱奥尼亚
科林斯
迈锡尼
阿蒂卡
萨辛修斯
伯罗奔尼撒
奥林匹亚
厄基那
提洛
亚哥斯
基克拉季斯
卡利阿
斯巴达
弥罗斯
塞拉
罗得斯
克里特海
锡多亚尼
克里特岛
波利赫纳
戈尔蒂斯
雅典帝国或盟友
伯罗奔尼撒联盟或斯巴达盟友
0 英里 100
0 千米 100

第二，雅典是个真正的霸主，而不像斯巴达那样是一个自愿者联盟中的领头羊。因而，雅典人能以一种在伯罗奔尼撒人中间不可能的单边方式去制定战略。这场战争的又一则讽刺之处是，寡头制的斯巴达在对联盟成员的态度上，要比在与其帝国臣民和盟邦的关系中的民主雅典更民主。[51]

战争前夕，伯里克利向雅典公民大会勾勒了一种保守的消耗战略。他提倡一个“制胜”或更确切地说“生存”计划，指靠敌人无法杀戮或饿倒雅典人。为了打赢，斯巴达确实需要一支舰队。尽管有它关于创建一支500艘战舰组成的巨型舰队的一切大话，但无外来金钱和长期训练，至少十年它简直绝无可能与雅典海军匹敌。相反，面对为入侵雅典而安排一支巨型军队的无法持续的开支，斯巴达寡头很快将认识到战争之徒劳无功。这一耗竭计划——敌人将累倒自己、无法踏入雅典长墙或瓦解雅典帝国——依靠时间和耐心去不知不觉地造就其效。[52]

如果说雅典当下的战略丝毫未阻止战争，那么它的终极逻辑至少可以实现一种如下的僵局，那转过来将被认为是胜利：(1)在斯巴达每年的入侵期间，将农村人口和步兵撤到城墙以内，住上一个月左右；(2)用骑兵巡逻和农村驻防去保持士气高昂、缓解损失和保卫乡村；(3)发动在爱琴海的海军巡逻，以便保证属邦及时缴纳贡金，谷物运输船得到保护；(4)派出载有陆战队的三列桨战舰，去骚扰和封锁远在其远征军后方的伯罗奔尼撒人，同时围困和攻打反叛的属邦；(5)寻求间或的机会，在附近的梅加拉或维奥蒂亚灭掉亲斯巴达盟邦，办法是煽动民主革命，甚或入侵斯巴达人无法或不会轻易部署的地方；(6)不惜一切代 30
价，避免开支浩大的境外远征，避免与斯巴达方阵的对阵激战。

伯里克利示意，做这一切，雅典城关于希腊人平等和雅典爱琴海世界繁荣昌盛的信条就可以得到更大的反响。假如一个人穷，他就可能宁愿做民主雅典帝国的臣属，而不愿做一个自主的农业寡头制城邦的无表决权公民。窍门在于用行动去支持这样的理想主义，因为各邦希望做的与它们能够做的是完全不同的两回事，一向取决于任何既定时刻究竟是斯巴达方阵还是雅典三列桨战舰离得较近。[53]

伯里克利对打成平局那么有信心，以至于他显然预想一场不超过三四个战季的战争。到那时，斯巴达已在阿蒂卡受挫丧气，并且对它神圣的海岸平原屡遭攻击气急败坏，因而定将求和。也许，又一场消耗战——有如持续了15年(前461年至前446年)的第一次伯罗奔尼撒战争——将导致又一个僵局，那同样将使雅典权势再度勃发，欢享又一阵不受阻碍的增长。[54]

叙述战争

那么，一个人应当怎样叙述如此复杂的一番故事？同时代史家修昔底德力求给这场战争提供一个军事和政治框架，选择以编年史传统去叙述一个个事件。他记载了从公元前431年至公元前411年逐年的战事。然而，在公元前411年，他那不完整的史书戛然而止，断在中途。最后七年半由他的后继者色诺芬续写，一直写到公元前404年至公元前403年间的战争结束。

修昔底德是一位才华横溢的叙事者。然而，他的史书不易领会，无论是希腊语的还是英语的。除了书中的演讲，他也不总是写得栩栩如生。他的最伟大时刻，是在他转到刻画典型的恐怖状态的时候：在科西拉的煎熬，对普拉提亚的封锁，门丁尼亚战役，还有在密卡利苏斯的狂热屠杀。写伯罗奔尼撒战争的大多数真正有才华的19世纪现代叙事史学家——朱利乌斯·贝洛赫、赫尔曼·本森、格奥尔格·布索特、乔治·格罗特和唐纳德·卡根*——遵循了修昔底德的按照战季讲述一场战争的观念。他们像这位伟大史家讲述伯罗奔尼撒战争的一个个事件那样，按照大致同样的编年顺序讲述之。此乃传统史书的最合逻辑的方法，但它也显现出种种弊端，因为伯罗奔尼撒战争不仅在雅典与斯巴达之间进行，而且也由多个其他强邦——科林斯、底比斯、亚哥斯、叙拉古和波斯——去打，它们有时自行其是地作战，不与两个主要交战者中的任一个协调。

31 然而，甚至在他对事件的相当整齐的逐年展示中，修昔底德本人有时也大幅度来回摆荡，从在希腊主陆和爱琴海的战斗摆荡到西西里和小亚细亚，这里有一句说到一次亚哥斯远征，那里突然又冒出一段写西西里内斗。他难得在近乎同时的作战行动之间确立战术或战略联系。这

* 唐纳德·卡根于1932年出生，并非19世纪的历史学家，因而此处有误。——译者注

不是因为他昧于战争的主要情节，而是往往全无主要情节：斯巴达人、雅典人、西西里人、亚哥斯人、科林斯人等等打一系列往往互不关联和混淆不清的会战，接着似乎一连几个月甚至几年根本不怎么打。地方性的敌对城邦，例如亚哥斯与埃皮道鲁斯之类，可以突然就彼此争执的牧场开战，但往往号称此类短暂和有限的冲突是那更大的、持续进行的意识形态战争的组成部分。

编年史式地展示事件还有别的弊端。确实，修昔底德的同代人如他显然是的那样，吃不准是否根本上真有一场线条分明、连续不绝的“伯罗奔尼撒战争”，从公元前 431 年开始，结束于公元前 404 年雅典战败。某些希腊人认为，这场战争在公元前 433 年开始，当时科林斯在海上进攻科西拉；或始于普拉提亚遭底比斯人攻袭之际，即公元前 431 年 3 月，而非始于公元前 431 年 5 月，其时斯巴达士兵抵达阿蒂卡。几位古代史家，例如提奥彭普斯和克拉蒂帕斯，怀疑这场战争真的在公元前 404 年随莱山得摧毁长墙而结束了。相反，在他们看来，也许它直到雅典在尼达斯击败斯巴达舰队（前 394 年）才终止，于是两大交战者终于撇开了它们约一个世纪的竞斗。

无论如何，下面是这场战争的简要的梗概。它提供了一个得到广泛接受的事件大纲，给读者一个政治和战略的来龙去脉，此后有时令人混淆的战斗经历就发生在这背景之中。[55]

第一阶段：阿基达马斯战争（前 431 年至前 421 年）

章次：火焰、疫病、恐怖、盔甲、城墙

公元前 431 年 底比斯人攻袭普拉提亚（3 月）
春季撤离阿蒂卡，伯罗奔尼撒人首次入侵（5 月）
雅典战舰袭击伯罗奔尼撒（7 月）
雅典人首次入侵梅加拉（9 月）

公元前 430 年 第二次入侵阿蒂卡（5 月至 6 月）
雅典爆发大瘟疫（6 月）
被围困的波提狄亚举城投降雅典（冬季）

公元前 429 年 伯罗奔尼撒人前来围攻普拉提亚（5 月） 32
福米奥的舰队在科林斯湾击败伯罗奔尼撒人（夏季）

雅典从海上攻袭希腊西北部(夏季)
伯里克利去世(9 月)

公元前 428 年 第三次入侵阿蒂卡(5 月至 6 月)
250 艘雅典战舰部署在爱琴海和西面(夏季)
雅典人围攻莱斯博斯岛上的密提林(6 月)

公元前 427 年 第四次入侵阿蒂卡(5 月至 6 月)
密提林人投降，雅典就其命运作内部辩论(7 月)
普拉提亚死硬派投降，该城被毁(8 月)

公元前 426 年 瘟疫再度流行雅典(5 月至 6 月)
德摩斯梯尼在埃托利亚和安非罗基亚从事战役(6 月)
雅典首次远征西西里(冬季)

公元前 425 年 雅典占领皮洛斯(5 月)
伯罗奔尼撒人第五次也是最后一次逐年入侵阿蒂卡(5 月至 6 月)
斯巴达兵士在斯法克特里亚投降(8 月)
雅典袭击科林斯外围地区，同时进行索利基亚战役(9 月)

公元前 424 年 维奥蒂亚人在第力安击败雅典人(11 月)
伯拉西达夺占安菲玻里(12 月)
雅典人终止首次西西里远征，驾舰返乡(冬季)

公元前 423 年 雅典出兵进攻门德、锡翁尼和托罗内(4 月)
维奥蒂亚人夷平特斯皮埃城墙(夏季)
伯拉西达活跃于希腊西北部(夏季)

公元前 422 年 克里昂和伯拉西达在安菲玻里阵亡(10 月)
雅典与斯巴达和谈(冬季)

33 **第二阶段:尼西阿斯和约时期**

章次:恐怖、盔甲、城墙

公元前 421 年 雅典从皮洛斯撤走美塞尼亚人(冬季)
维奥蒂亚、科林斯和亚哥斯讨论诸种不同的结盟

（夏季）

公元前 420 年　亚西比得极力主张雅典、亚哥斯和门丁尼亚结成反斯巴达同盟（7 月）

伊利斯禁止斯巴达人参加奥林匹克运动会（夏季）

公元前 419 年　亚西比得以小部队进兵突入伯罗奔尼撒北部（夏季）

亚哥斯与埃皮道鲁斯重开边界战争（夏季）

公元前 418 年　斯巴达在门丁尼亚得胜（8 月）

亚哥斯和门丁尼亚返回斯巴达同盟（11 月）

公元前 417 年　亚哥斯内争，民主派失败（冬季）

雅典舰队活跃于希腊北部（夏季）

公元前 416 年　雅典进攻弥罗斯（5 月）

辩论是否要派遣一支庞大的舰队去西西里（冬季）

第三阶段：西西里战争（前 415 年至前 413 年）

章次：马匹、战舰

公元前 415 年　亚西比得、尼西阿斯和拉马胡斯率舰驶往叙拉古（6 月）

亚西比得被召回，拉马胡斯殒命，西西里战事陷入僵局（9 月）

公元前 414 年　吉利普斯随同各支伯罗奔尼撒救援兵力抵达（8 月）

德摩斯梯尼麾下第二支庞大的雅典舰队准备起航（冬季）

斯巴达人抵达雅典平原上的德塞利亚（冬季）

公元前 413 年　色雷斯雇佣军攻袭密卡利苏斯（春季） 34

雅典人在厄庇波利战败，亦败于大港（7 月至 9 月）

德摩斯梯尼和尼西阿斯遭处决（9 月）

第四阶段：德塞利亚和爱奥尼亚战争（前 413 年至前 404 年）

章次：战舰、极点

公元前 412 年　雅典人建造一支新舰队（春季）

波斯与斯巴达结成军事同盟（夏季）

	在爱琴海的雅典盟邦揭竿反叛(6月至7月)
公元前411年	在雅典发生寡头革命(6月)
	斯巴达海军将领门达鲁斯派遣舰队进入爱琴海(9月)
	雅典海军在塞诺西马大胜(9月)
公元前410年	雅典在塞西卡斯打赢海战(3月)
	寡头革命归于失败，亚西比得恢复名誉(夏季)
	斯巴达在小亚细亚确立驻防基地(冬季)
公元前408年	雅典人试图收复拜占庭(冬季)
公元前407年	居鲁士抵达任小亚细亚总督，向斯巴达提供更多援助(春季)
	亚西比得被罢免(春季)
公元前406年	斯巴达海军将领卡利克拉提达斯在爱琴海击败雅典人(6月)
	雅典在阿吉纽塞得胜，继之以审判获胜的将领(8月)
	雅典拒绝斯巴达的媾和提议(8月至9月)
公元前405年	雅典在伊哥斯波塔米败北，舰队被歼(9月)
	莱山得准备驶往雅典(11月)
公元前404年	从海上持续封锁雅典(冬季)
	莱山得驶入比雷埃夫斯，雅典投降(4月)
	三十僭主登台统治(夏季)

第二章

火 焰

对农地的战争(前 431 年至前 425 年)

毁掉一棵树 35

斯巴达人于公元前 432 年秋季投票决定打仗，但等了约 6 个月才开始打仗。在这虚假战争期间，他们的农邦盟友底比斯人首先攻袭小城普拉提亚，恰逢诸多不同使节穿梭于雅典与斯巴达之间。然而一旦开春，传统入侵的有利条件来临，成千上万斯巴达人便认识到他们不得不要么迈步出兵，要么赔礼道歉，为其底比斯盟友鲁莽的抢先行动致歉。

斯巴达的想法是引领伯罗奔尼撒联盟，入侵阿蒂卡，毁坏农田，并且希望雅典人出来激战。倘若做不到，那么该战略就指望收获时节丧失粮食将在雅典引发代价高昂的供应短缺，与此同时斯巴达兵临长墙、令伟大的帝国都城威风扫地，这些景象将鼓励雅典骚动不安的属邦群起反叛。倘若这也做不到，那么斯巴达人至少还能说他们在阿蒂卡，而雅典人不在拉哥尼亚。

然而，多年生植物的外皮比人的皮肤坚韧。毁掉果树林和葡萄园比令人们丧命要难，伯罗奔尼撒人在公元前 431 年 5 月下旬越界进入阿蒂卡时很快领教到这一点。阿蒂卡拥有的一株株橄榄树和葡萄藤多过古典希腊拥有的居民。约 500 万到 1 000 万株橄榄树和甚至更多的葡萄藤点缀着 1 000 平方英里原野。 雅典城的数千英亩阿蒂卡谷物地之外，还要加上分布在整个爱琴海地区、俄罗斯南部和小亚细亚各处的多得多的农田，那里的收成离雅典只有几周海运之遥。 那么，斯巴达人在怎么想?

36 部分地为求得这个问题的答案，几年前我试图在我自己的农庄砍倒一些老胡桃树。 即使斧头未砍裂，要砍倒单单一棵树有时也费了我几个钟头时间。 此后用橘树、李树、桃树、橄榄树和杏树树干来试，也非容易得多。 甚至在春季里我已经用链锯夷平了一整片李树小园林以后，大约一个月内，就从残树桩长出了大吸根。 假如一个人想要恢复果树林，那么新的栽培品种可被嫁接到新长出的野根上。 杏树、桃树、杏仁树和柿子树证明坚韧顽强。 橄榄树最难根除。 试图焚烧它们甚而更难。 活着的果树(例如葡萄藤)不易燃烧——至少不易燃得够久够烈以致烧死。 甚至在我点燃周围的干燥灌木丛以后，虽然树叶焚毁，树皮烧黑，但没有造成任何经久损害。

修昔底德注意到，斯巴达人于公元前 427 年第四次入侵阿蒂卡时，需要重新砍掉那些在他们几年前首次蹂躏之后“已经重新勃勃生长的”树木和葡萄藤：这种更生现象在别处的农业攻袭中也有充分记录。 军队进入阿蒂卡很难，但更难的是认识到其毁坏工作需要在四年之内重做。 有谁试图履行任何这样的摧毁任务——即使没有敌方骑兵奔来反攻——便很快懂得，一位古希腊作者用套话叙述部队“蹂躏土地”(*dêountes*/*temnontes tên gên*)时，他大概实际上指“他们攻袭但无法轻易毁坏土地”之类事情。[1]

可是等一下：难道希腊人不是靠面包生活、而非仅靠酒和油？ 因而，难道斯巴达人不是在轻而易举地焚烧他们未就地吃掉的、雅典城所有至关紧要的谷物？ 毕竟，对在阿蒂卡的斯巴达人来说，焚烧成熟中的粮食作物当远比砍倒树木和葡萄藤容易。 眺望数千英亩随风摇曳的小麦秆茎，一个人可能以为一块余火未尽的煤炭能使整个任务变得容易得可笑。 然而，由于种种原因，甚至焚烧谷类也不总是那么容易。 如果焚烧一块干熟的大麦田，那么有时小火仅仅烧掉一点儿庄稼，接着就悄然熄灭，而非预期中的骤然烈火熊熊、炽热如同地狱。 麦秆往往比它们看去的要青绿——且相隔距离大于人眼瞧见的。

何时和**怎样**焚烧一片谷田看来导致差别：熊熊大火与零星小火之别。其他因素包括空气状况、成熟程度和谷田湿度。焚烧树木和葡萄藤这样的多年生植物也是如此。当代气恼的种植者们有时租用500加仑丙烷喷火机，以便保证他们的灌木桩不会过早破土生枝乃至繁茂如初。而且，甚至看似干了的死果树桩，有时也不可能燃烧。

甚至在不穿戴盔甲或不躲避箭矢和标枪的时候，焚烧农作物也是一 37
种精巧复杂的技艺。在此，有着伯罗奔尼撒战争以前几十年里传统希腊陆战方式的许多悖论之一：这战术经常基于料想的而非真实的损害。毕竟，果树和葡萄藤是多年生作物，它们受的损害不只包含一年庄稼的损失，而且包含一辈子投入的损失，对敏感的农夫来说有着有害的明显心理含意。

农业财产所有者特别是果树和葡萄藤所有者的这种多疑症，促使同时代某位匿名的雅典复旧派说道："那些务农的、雅典人中间的富裕者更有可能挺身而出迎战敌人，与此同时普通人却明白他们自己的东西全不会被烧掉或砍倒，因而高枕无忧，不得敌人欢心。"[2]喜剧作家阿里斯托芬也就在一个工事筑防的雅典兴起的奇怪的爱国主义谋算说道：一国神圣土地的最显要监护者——重装步兵——最有可能规避冲突，而得过且过的穷光蛋却最急于迎战本国的敌人。

在一片农业原野上，蹂躏庄稼不仅是对城邦的经济生计的潜在威胁，也是对城邦的精神和宗教生活的公然冒犯。当然，如果一国被陆地围闭且无卫墙，如果一个共同体麻痹大意全无准备，同时敌人在恰当的时机前来，那么整个谷物收成可能被轻易地付之一炬。这么一场浩劫肯定能导致迫在眉睫的饥馑——而且它有时确实如此。然而，在古代世界更常有的是，这种近乎完美的方案将要求具备太多的假设条件。因而，无论是在阿蒂卡的斯巴达人，还是在西西里的雅典人，都从未完全毁坏其对手的农业原野。[3]

人用水泥和钢材去铺设道路和建造工厂，但这全不具有橄榄树在地中海地区各民族中间所具有的那种美感、悠久感和神秘感。橄榄树是一种在炎热气候里的常青树；它拥有巨大的更生能力；它能在差不多任何地方生长，同时无需不断的照料或大量的水和肥料；它异常长寿；它的果实可供每一种用途，从燃料到食用油再到食物：这一切结合起来，给这树笼罩了一种近乎宗教般的敬畏感，去和它的无可置疑的功用性匹配，既在当今，也在往昔。这威严解释了为何围绕生长在雅典卫城的据想摧毁不了的橄榄树有种种神话，为何戏剧将这树赞颂为阿蒂卡本身的象征。换言之，橄榄树是个大利可图的打击目标，充满象征资本。

38 土地和士兵

斯巴达以外的重装步兵起初大多是农夫——且像大多数别的古希腊公民那样为之感到自豪；如阿里斯托芬提醒我们的，“农夫做此，别无他人”[4]。在一个往往需要九个人种田养活十个人的前工业化世界里，农业是一切社会、经济和文化生活的关键。种地定义了一个人的精神存在，从培植祖传的树木果园，到监护被尊崇的乡村神祠，还有保存他父亲的祖屋，那是他希望接下去传给他儿子的。

尽管宏伟壮丽的帕特农神殿、精致优雅的雅典交际酒会或斯巴达专业杀手的第一流方阵形象夺目，然而大多数希腊人是食物生产者。于是在许多方面，战争恰由这个事实规定。农业是伯罗奔尼撒战争的真正场景，是给战斗者提供能量的食物由来，是大多数参战者的乡里家园，而且确实常乃战斗本身焦点所在。

希腊乡下人不是十足的万物有灵论者，不太相信自己的树木和牲畜皆系神灵。然而，他们认为在自己的乡村中有一些较小的神祇在保护河流、水泉、树木和神祠。这样的神秘的内在普遍性是个原因，说明为何农业不止是食物生产技艺。雅典哲人、史家兼武士色诺芬将“最佳生活”概括为务农生活，赋予人“最大程度的伟大和美”。在道德价值和实际意义上，农业使“那些种地的人勇敢，成为最佳公民，极忠诚于城邦”。士兵们撤离其农地时，痛苦不仅来自害怕经济损失；毋宁说，挑衅意在伤害自豪感，引发世代耻辱，就像它同等程度地意在造成物质损害那样。[5]

当阿里斯托芬的剧中人被描绘成斯巴达人侵期间囿于雅典而不得出城时，他们叹息说希望返回他们的祖传农庄，看看他们已经种植的一棵棵树木和葡萄藤，并且参拜神圣的神祠。这些情节并非一位喜剧诗人的离奇臆造。在撤离期间，阿里斯托芬已逐渐熟悉两万阿蒂卡农民中间某些人的生活，而这两万农民拥有和耕作雅典周围20万英亩土地的很大部分。他们是强悍的庄稼人，构成传统军队的核心，这支军队于公元前5世纪就在马拉松击败了波斯人，在伊诺斐塔会战中压垮了可怕的维奥蒂亚人，并且在普拉提亚和美塞尼亚与斯巴达人并肩作战。刺激这些“极忠城”的农村民兵出来厮杀的最好办法是攻袭这些象征物， 39
它们标示了身为一名自由的有地公民是什么意思，而即使在公元前431年，在一个海上帝国雅典，也仍有成千上万这样强壮勇敢的农夫公民。

无论斯巴达的战略如何不切实际，阿基达马斯国王和他的将军们至少认识到所涉的精神上的利害关系。希腊大剧作家——索福克勒斯、欧里庇得斯和阿里斯托芬——都在不同时候夸耀过阿蒂卡的神圣不可侵犯，或哀叹过它因敌方蹂躏而遭受的苦难祸殃。[6]他们在战争期间的痛苦反映了一个悠久的希腊传统：在公元前700年至公元前450年的大多数希腊内部的陆战中，几棵祖传橄榄树遭一柄斧头砍伐这景象，足以引得怒不可遏的重装步兵——他是树的主人——投入战斗。财产所有人之间可以就想象的而非真实的怨尤开战，就几棵留有伤疤的树干而非成千上万英亩被夷毁的果树林开战。一名现代造访者，当他在阿蒂卡与维奥蒂亚或者亚哥斯与斯巴达之间崎岖多岩的边界上，审视那里的矮树丛和灌木林的时候，可能诧异为何那么复杂精致的社会竟发起一场战争，争执如此看似毫无价值的土地归谁所有。

因此，当复旧的斯巴达人公元前431年晚春持有下述意念抵达阿蒂卡时，他们并非全然胡思乱想：雅典人一旦领教了火和剑，就将自杀式地排起方阵、出城而来。诚然，斯巴达方阵本身令人恐惧，似乎会吓跑任何潜在对手。可是，在近75%的重装步兵会战场合，防御性的希腊军队击败了入侵者，从而自信有本土战场之利——财产所有者在捍卫自己神圣土地时拥有很强的心理优势。

蹂躏农地已被广泛公认为一种战术，以致它被制度化在农地租约与和平条约的条款中。对农田的毁坏深深扎根于大众文化，而且是伦理讨论的一大主题。流行俗语引申了攻袭多年生农作物这差不多每年都有的经历，形式为夸耀“地里蝉鸣如歌”，或威胁倘若要求得不到满足就“将谷田变成牧羊道”。[7]换言之，在一个由未经工事筑防的诸多村庄构成的农村社会里，战争逻辑的颇大部分多个世纪以来一向固定不变。显然在伯罗奔尼撒极少有人认识到，随着希腊处在西方文明史上首次真正的军事革命的前夜，所有规则都行将消逝不见。

只有一个准警察国家，没有现钱，没有城墙，没有活跃的智识生活，没有社会地位上升观念，也没有人口跨境移徙，才能幼稚地设想用一种范围狭隘的、对刚愎的伯罗奔尼撒农村邻邦来说管用的战术，竟能
40 扳倒希腊文明史上最伟大的国家。甚至比这还糟糕：在整个公元前5世纪，从头到尾，雅典建造了希腊世界最大规模的城防工事体系，正是为了保障大宗粮食进口，且部分地为了造就免受农业战争方式荼毒的能力。修昔底德史书内有些讲得不充分的段落，在其中最不充分的一段里，科林斯人告诫其斯巴达盟友说："你们的战法，与雅典人的那些相比，老旧过时。"[8]

事实上，大多数保守的希腊人也持有斯巴达人的幼稚——认为入侵者处于两头有利的局面。他们肯定会杀死雅典兵士或者饿毙其家庭。斯巴达人及其盟友实际抵达阿蒂卡以前，例如修昔底德就写道，他们设想"如果他们蹂躏其领土，那么几年里"就能击败雅典。中立的观察家们同意这乐观判断："要是斯巴达人入侵阿蒂卡，某些人认为雅典能挺过一年；其他人认为能挺过两年；然而，无人认为能长过三年。"修昔底德没有告诉我们这"某些人"是谁；他们很可能是他的亲寡头制的雅典朋友和在斯巴达的贵族消息来源，这些人——不像史家本人——从未相当地把握一个激进民主的雅典的革命性质和适应能力。只是在后来，在战争久久地打了十年之后，斯巴达将领伯拉西达才反思这么一种老旧和过分简单的观念是多么错误。战争爆发后多年，他向战场上的部队承认了这一点，说："那时我们就战争怀抱的想法错了，那时我们以为我们将能够迅速摧垮雅典人。"[9]

大多数斯巴达人忘记了早先的事情：在公元前480年9月薛西斯麾下波斯人的巨大规模入侵面前，雅典人撤离和放弃了阿蒂卡乡村。相反，他们怀抱一个想法：雅典人的反应将像在此前10年那样，即以对待公元前490年大流士最初登陆马拉松——离城东北约26英里——的方式行事。在波斯对希腊的那首次入侵期间，数以千计的雅典农夫穿戴上他们的盔甲，奔出去捍卫雅典的土地和威望——赢得了一举拯救雅典

的“马拉松斗士”这恒久的英名。

入侵者还从较近的一个例子获取了信心：15 年前，第一次伯罗奔
尼撒战争期间，在面对公元前 446 年斯巴达的入侵时，雅典人见到一位
斯巴达王和他的军队恰好在边界上折回，从而既使他们的部队、也使他
们的农庄在最后一刻大松了口气。[10]据此，在公元前 431 年 5 月，较年
老的雅典人大有理由认为，斯巴达人可能再度被哄骗或买通，在仪式性
地显示武力之后退兵回国，像他们先前那样。战争前夕，急性子的科 41
林斯人大有信心地敦促斯巴达人“毫不拖延地”入侵[11]。

斯巴达人预想战役耗时一两个战季：焚烧一些粮食作物，砍倒一些葡萄藤和树木，等待一万名阿蒂卡农民涌出来会战，然后见证得到成千上万其他盟友支援的斯巴达专业步兵迅速了事。毕竟，16 年前维奥蒂亚人将雅典人逐出了他们的领土，并在科罗尼亚战役(前 447 年)中一举摧毁雅典军队，从而完全结束战争。没有谁预料雅典防御者们将酷似维奥蒂亚人先前在科罗尼亚那么战斗，但许多人认为他们至少将会出战。

因为斯巴达部队在雅典城墙附近英勇无畏，爱琴海地区的雅典盟邦将壮起胆色并迅速反叛。雅典城然后会乞求和平。斯巴达将指定条件：或许希腊属邦自由脱离雅典帝国，“第三世界”国家的中立得到保障。雅典还将作出进一步让步：拱手交出边界要塞，削减舰队，或与斯巴达结盟。随着威望、荣誉和地位问题在战场上被解决得一清二楚，众邦俱可体面班师。某些希腊人可能赞赏斯巴达过去为扳倒雅典暴政做的种种努力，连同斯巴达军队 50 年前在普拉提亚会战中的勇敢，当时它完全制止了波斯人；于是，他们可能觉得它眼下那惊人的、使各城邦摆脱雅典压迫的解放者地位多少可信无疑。

这僵硬不灵的战略是一连串可悲的估算中间的第一个，甚至伯罗奔尼撒入侵兵力的统帅也终于在进军开始前认识到这一点。“雅典人在其帝国有大量其他土地，能够经海上输入他们想要的东西”，斯巴达国王阿基达马斯在一项类似格雷勋爵所谓“明灯即将熄灭”的演讲中警告道。他不祥地补充说：“让我们不要沉溺于一个希望，即如果我们仅蹂躏他们的乡村，战争就将结束。相反，我担心我们要将这场战争当作一项遗产留给我们的孩子；雅典人少有可能会证明是其土地的奴隶，

或者会变得像门外汉似的因战争而惊骇不已。”[12]

雅典人一开始就认识到，尽管是偶然地认识到，他们只会以一种方式输掉战争，那就是27年后莱山得终于成就了的事情，其时他驶入比雷埃夫斯，并且最终高坐在雅典卫城上。雅典人做了一个安排，将1 000塔兰特巨量金钱——以当今美元计约4.8亿美元——放在一边，作
42 为紧急防御储备金，用以在斯巴达派舰队扑向比雷埃夫斯的情况下征集更多部队和建造更多战舰。事实上在公元前429年，受挫的斯巴达人正是试图作这样的入侵，而且他们的大胆的海上袭击者在被逐离萨拉米和返回科林斯之前，近乎成功地接近这个港口。[13]

伯里克利阴影

作为一个激进民主国家的民众领袖，伯里克利明白或许他的四分之一投票者——他的核心性的较穷选民——很少或全无土地。一半雅典公民在舰队划桨，或在他的公共工程计划里劳作，以造就他那宏伟壮丽的帝国都城。就像愤懑的哲学家和精英们抱怨的，较穷的第四等级公民不会亲身直接遭受对农田的攻袭，因为他们没有农田。* 许多城市居民都不认识几个阿蒂卡农夫。或许他们难得在城里见到他们。作为从事巡逻和保护海上航道的有给付的划桨手，他们反倒能大为获利。从牺牲农业这国内的自私政治谋算中，还浮现出了集体捍卫雅典海洋帝国的最佳方式。

然而，伯里克利并非纯然玩世不恭，或急于在战时沿政治界线分裂他自己的人民。他在斯巴达公元前431年首次入侵前夕还把握了它的战略的另两个根本缺陷。第一，对数万蛰居僻壤的乡巴佬来说，要抛下自己的农田收成，从不止150英里之遥的地方往前行军，途中就地取食，且在几天里毁坏约20万英亩作物，殊非易事——特别在雅典的乡村驻防和骑兵巡逻令入侵者中间的小股部队和散兵游勇成为易捕猎物的

---

* 第四等级(thetes［*thêtes*］)是在雅典和别处经人口普查划定的诸等级中最穷的——大多是无地的工薪领取者，战时在舰队里划桨，或作为散兵和轻装部队士兵伴随重装步兵。

时候。后来，雅典人认为，假如他们能够仅将维奥蒂亚人——他们给来自伯罗奔尼撒的蹂躏者提供骑兵支持——踢出战争，入侵就将全然停止。骑手显然与骑手相战，令雅典骑兵无缘踏倒易受伤害的蹂躏者。

斯巴达人还以那么大的数量前来，以致他们的军队看上去太可怕，达不到它的激发会战目的，同时规模也差不多大得无法为之供食。[14]仅给在阿蒂卡的这么多万人提供补给，就是个后勤梦魇，而且全都取决于他们能够多快地搞到雅典谷物，趁它成熟之际，且在田里尚未被收割或被运入雅典之时。现代研究已表明，在五次入侵期间，伯罗奔尼撒人 43
会消费掉的谷物总量等于阿蒂卡整个一年的小麦和大麦收成。到公元前 431 年 6 月，可能已总共有 40 万伯罗奔尼撒人和雅典人要么在阿蒂卡乡间，要么在雅典城墙里面：一群数量巨大、大多毫无名声的徒众，孤注一掷的参战百姓，在我们的古代史料里几乎完全不配提起。[15]

伯里克利就面对一支伯罗奔尼撒民族大军有多危险作了警告：即使雅典人赢得对数量如此巨大的重装步兵的一场对阵激战，这样的戏剧性胜利仍不会决定战争胜负。在对阵激战中迎对这么一支军队是一桩想来“非常可怕的事”，在其中甚至奇迹般的胜利也可能几乎毫无战略效应。难以知道伯里克利究竟是害怕伯罗奔尼撒联军的十足规模，还是害怕斯巴达人本身在场，他们大概仅构成总兵力的 10%，或者说约 4 000至 6 000 名重装步兵。后来于公元前 406 年时，阿基斯国王率领一支差不多 3 万人的军队直抵雅典城下。可是，斯巴达人只是在一个漆黑的夜里行军，而且不愿在离城一箭之遥以内战斗。反过来，雅典方阵不愿远离墙垒上弓箭手的保护性支持去迎战他们。[16]

当斯巴达人试图在阿蒂卡砍倒橄榄树时，雅典海军陆战队和轻装部队虽然数量少得多，却能被载运到伯罗奔尼撒沿岸城镇，以袭击和劫掠的方式施行骚扰。多年前在斯巴达与雅典之间早先的会战中，这样的战术已被使用过。事实上，战争头十年里，雅典人一直在整个伯罗奔尼撒海岸到处袭击。他们突袭小村庄，那里聚集着易受伤害的谷物收成。伯里克利麾下的袭击者们造成了如此的恐怖和破坏，以致流传一种民间说法，说雅典人在伯罗奔尼撒造成了更大的农业损害，大于伯罗奔尼撒人在阿蒂卡造成的。[17]正是许久以后，公元前 414 年夏季对拉哥尼亚海岸地区的此种蹂躏性远征令斯巴达人大怒，以致他们重开战争。

他们宣称，在一个和解时期里，如此放肆妄为、攻袭他们神圣的土地，乃是侮辱他们的自尊心，从而促使他们正式废除尼西阿斯和约的规定，最终重开对雅典的全面战争。[18]

很快，雅典人将利用斯巴达对希洛人的恐惧。如果说斯巴达自己的伯罗奔尼撒盟友关心收成，从而限制了他们能撇离其庄稼的时间，那么斯巴达人忧虑的就不是未予看管的农田，而是未予看管的农田劳作
44 者。他们担心不断，总是怕邻近的族裔诸如亚哥斯人和阿卡迪亚人正在等着煽动希洛人反叛，以便促成他们自己的独立抱负。[19]

由于所有这些原因，雅典的领导人已经使农夫之外的每个人都相信，斯巴达人不会严重损害雅典核心地区——而且断断不会迫使雅典国家要么出城拼搏，要么屈膝投降。甚至意欲造反的雅典属邦，虽然过去一向认为入侵阿蒂卡可使它们能够揭竿而起、反叛一个分心他顾的雅典，但终究也变得同意这看法。在寻求斯巴达支持其公元前 427 年造反方面，经斯巴达四次入侵之后，莱斯博斯岛上的密提林人最终无可奈何，说“战争不会在阿蒂卡赢得”，却要在海上进行和打赢，而不是靠焚烧和砍毁庄稼。[20]

此类海战胜利的设想在斯巴达用了二十年时间才逐渐形成。眼下，伯里克利认识到，击败这些多里安复旧者的关键是让每个人躲在城墙内——就成千上万头脑发热的阿蒂卡农夫而言绝非易事。他此外还必须保障贸易通道的安全，同时保证雅典三列桨战舰时时警觉，去发现海外反叛的种种迹象。以后，在伯罗奔尼撒的诸如亚哥斯和门丁尼亚之类态度暧昧的城邦可以前来投到雅典人一边，从而依凭近敌去包围斯巴达。还可以再度入侵维奥蒂亚并将其塑造成一个民主盟友，像公元前 457 年至公元前 447 年间发生过的那样。

然而，这一切全在未来。眼下，在公元前 431 年春季，伯里克利面对更直接的难题，那就是对付地平线上 6 万之众的敌方大军。因而，他提醒他的公民们，树木和葡萄藤——不像人——砍倒后能够复生。他向牢骚不断的同胞们宣称：“假如我想我能说服你们，我就会让你们出去，用你们自己的双手废掉它们。”[21]

可是，他当然无法说服阿蒂卡自耕农。阿基达马斯抵达前几个月，雅典人观看了欧里庇得斯的一出戏剧《美狄亚》，其中他们的乡村

被誉为“未经荒芜的圣地”——这夸耀对大多数雅典人来说是多么惬意的一个反映。确实，希腊语中有个特殊词汇 *aporthêtos*（“未经劫掠的”），反映了这种对如下土地的差不多宗教般的自豪：它由于重装步兵公民的勇气和实力，一向未被敌人触碰过。在此背景下，斯巴达在公元前 431 年至前 425 年未能在阿蒂卡赢得战争或让步是否证明一点，即在一场像伯罗奔尼撒战争那样多面和经久的冲突中，蹂躏农业的战略不再有多大用处？

不很见得。在后来的战争中，在科西拉、阿坎苏斯、门德和弥罗斯之类地方，蹂躏农田这种复旧做法依然继续下去，以便引发抵抗、内 45
争、投降或饥馑。可是，与雅典这特例不同，这些地方都没有与一个有墙保护的港口相联的广泛防御工事，也没有储备资金、进口食物的安全供给、一个帝国和舰队，以及一个相对团结的民主人口。[22]此外，希腊人将开始认识到蹂躏农田是个有其自身独特价值的经济战战术，而非对阵激战的触发剂。

大　赌　博

如果说，阿基达马斯国王及其伯罗奔尼撒军队完全低估了蹂躏阿蒂卡这一战术的问题和雅典反制措施的性质，那么伯里克利本人同样未能把握他自己的消耗战略的三个致命缺陷。首先，他假定一个为 10 万城里人建造的城市可以容纳更多人口——约 10 万至 15 万乡村难民——生活一个月或更久，而不遇上住房、用水和在春末暑夏的地中海炎热气候中维持卫生等难题。他错了。成千上万难民将没有长久居所。他们将很快使城里的喷泉、厕所和阴沟负载过重。不仅如此，撤离者将愈益怒火中烧，愤懑于被迫抛离自己的家园，而且不久就难以与城里人畅然相处，其中大多数他们先前从未见过，大概也不喜欢。

在一个还没有关于细菌的知识和恰当处置方法的时代，伯里克利计划将希腊世界最壮观的城市转变成一个规模巨大、邋遢肮脏的难民营。此乃激进政策，无论是希波战争还是第一次伯罗奔尼撒战争期间都未被尝试过。任何在现代雅典度过夏季的人都知道，每逢下午，炎热降临该城，空气纹丝不同——全城像是躺在一个盆地里，被埃加莱奥斯、帕尔内斯、彭泰利科和伊美图斯诸山组成的山脉四周围闭，而且在其近郊即无大河，亦无海岸。[23]

后来，身心疲累的伯里克利对疲惫不堪且怒不可遏的公民大会承认："瘟疫比我们预见的更大更严重。"在此有更悲剧性的讽刺意味：早先建造长墙（前 461 年至前 456 年）符合提米斯托克利的想法，即确保将来雅典能避免对阵激战，留在城里，从而不需全民逃往附近诸岛。事实上，早在公元前 480 年痛苦地撤离雅典，将人口疏散在附近的厄基那、萨拉米和特罗伊岑，这种做法减小了过分拥挤和瘟疫流行的可能性。也许，伯里克利需要的与其说是一位军事战略家，毋宁说是一位
46 公共卫生专家。与此同时，他显得愚蠢，有如阿基达马斯显得聪明。一场偶然的恶性传染病证明，前者的战略洞察是灾难性的——后者的陈腐观念却颇具灵感。[24]

其次，伯里克利搞赌博：雅典人曾经出城奔赴马拉松，击败了三倍于己的庞大军队，并且曾在萨拉米——那里可以近眺雅典卫城——击沉了占有数量优势的波斯舰队，这样的人民，眼下在成千上万敌人大摇大摆前来挑战其武勇武技的时候，竟能袖手旁观而不损害其民族精神。当然，农夫们很快会变得愤懑不已，因为他们的家园横遭蹂躏。然而，大部分人民也将心怀苦涩，忍受一个甚至更令人作呕的想法，即他们的人竟然全都不敢出城几英里迎战敌人。

战争从不只是一场关于具体事物的奋斗。相反，正如伟大统帅——从底比斯的伊帕米浓达到拿破仑——所见，它一直是意志、心理和直觉的较量，那寓于一切军事诠释的核心处，说明例如俄国军队 1917 年时在边境崩溃，却为何第二次世界大战期间在饱经蹂躏的腹地坚持下去，或以色列军队 1947 年至 1967 年间数量上完全劣势，补给上甚为可怜，却怎样压倒了享有优越武器和十倍军事人力优势的敌人。

因而，一旦雅典人确立了一个先例，即敌人能够占领其乡土，同时十拿九稳自己不会或无法被强行驱除，那么难道一种必不可免的集体自疑意识和不安全感不会接踵而来？还有，其他敌人——或雅典自己的关键性爱琴海大属邦例如希俄斯、密提林和萨摩斯——是否会觉得雅典已不再能或不再会回击进攻？当一个骄傲的帝国甚至不去保卫自己的

领土时，它究竟怎么能阻止遥远海岛上的属邦揭竿造反？最可能的是，心怀反意的希腊人并不通晓种种战术微妙，从而做了较简单的道德算术，方式有如自问“我们的主子雅典人是战斗，还是心怀恐惧驻足城墙背后”。

多年以后，在西西里远征前夕，诡辩家亚西比得用来说服雅典人——其四分之一的人口已丧命于瘟疫、其土地被占领了五次——去进攻叙拉古的论辩之一是，依其本性，雅典只适合大力进取的战略，倘若它选择一种消极被动态势，它就将不再存在。为何亚西比得的往往虚妄的逻辑动人心弦？或许一个原因在于，他的听众中间的鲁莽汉能够回想起阿基达马斯早先的入侵——当时雅典人驻足如磐，了无动弹，结果这样的消极给他们带来了瘟疫、伯里克利之死和十年之久一无所得。

说到底，如果雅典投入了一场对希腊世界最大陆上强国的战争，它 47
就必须要么摧垮斯巴达军队，要么毁灭斯巴达体制，即希洛奴役制的全部基础，它使得这么一支职业军队能够训练兵士和进军境外。至少在开初，几乎全无迹象显示伯里克利任何时候曾设想过大胆的进攻性举动，诸如组织一个泛希腊联盟，挥军而下攻入拉哥尼亚，甚或设想过一种方式，在战争持续以至于超过五年的情况下为之支付。还有，直到开启战争的种种条件——好战的政府、侵略性的领导人、国家的战争边缘政策——被消除，战争才真正结束。否则，留有的是一种“暂时歇战”（*bellum interruptum*），很像所谓尼西阿斯和约，其时雅典和斯巴达在公元前 421 年同意暂停拼搏，而后在公元前 415 年以复起和殊死的狂暴扑向对方。

第三，伯里克利假定，一位领袖如有他那种雄辩才能、政治经验和道德权威，就能驾驭保守的农夫与民主极端分子两者，并且条理井然、持续不断地这么做，直到斯巴达人放弃为止。他的留存下来的半身石像，有如一位类似的战争领袖林肯，看来简直平静安详。他的重装步兵头盔被推至宽大饱满的前额后面，面容表现出他挂念着种种宏伟巨大的问题，同时既不显出傲慢，又未表露不安。

30 余年之久，伯里克利作为雅典最重要的国务家，一直行使的恰恰是这么一种威严崇高的道德影响，并且由此提供了一种政治上的首尾一贯和连续感，那罕见于一个在如下情况下运行的古代民主国家：那里，对一个易变无常的公民大会经多数通过的表决结果，没有种种宪政性制衡。他既有激进平等主义的同情心，又有贵族式的庄严举止，这两者的精明老练的混合帮助他引导——而非纵容——朝三暮四的乌合之众，后者能在随便哪一天投票表决，决定随己所欲地奴役、杀害或宽恕反叛的盟友。

诚然，伯里克利理论上只是每年被选的十位将军中的一位，他们由在公民大会内当众举手选出。然而，他的年龄、经验、品格和口才赋予他那么广泛的公众支持，以致仅凭意志力，他就能说服他的同僚召开或推迟民众大会，从而便利或阻碍大众喧嚣的迸发。[25]

对赞同此状的修昔底德来说，“名义上是民主制，雅典成了一个由它的首席公民统治的政府”。不清楚这句总括性的赞辞是否全然准确地反映了伯里克利时期雅典政治的真实运行方式，特别是鉴于修昔底德倾向于贬低雅典公民大会，将它视为由较穷和较少教养的民众聚成的“乱民”或“群氓”。然而，一个更显著的考虑是，伯里克利现在年龄已达约64岁。他是否还照旧拥有耐力去对付民主城邦史上最大的挑战？势必有疑。[26]

48 最终将背叛这位伟大领导的既是身体衰竭和年高老迈，同样程度上也是逻辑失算和谋划出错。伯里克利将被证明，在他就被迫撤离阿蒂卡做的所有三项赌博上他都错了。入侵第二年（前430年）里突然爆发的瘟疫扫灭了雅典数以千计的前线重装步兵。此外，它还令数以万计的人暴死或患病，从而比任何斯巴达方阵能够做的夺走了更多人命，提醒我们在大多数战争中更多的人通常死于疾病，而非死于敌人的刀枪。他将他的公民们驱入城墙之内，以便确保成千上万人得救，结果反倒保证了远为更多的人毁灭。社会紧张在各不同利益群体中间爆发，那从未完全解决，但不久便呈现为鲁莽仓促、大欠考虑的进攻性作战，并且最终凸显为公元前411年和公元前403年的两场政变。对思想保守的史家修昔底德来说，伯里克利之死是个悲剧性损失，导致较次的煽惑性人物轮番登场，无有穷尽：克里昂、亚西比得、海柏波拉斯、克莱尼穆斯和克莱奥丰，全都在对个人权势的玩世不恭的追逐中纵横捭阖，大搞派争。

门　前　敌

所有这些反应都没有在公元前431年5月下旬被预料到。接着，一支庞大的伯罗奔尼撒联军，由数以千计的重装步兵、骑兵和轻装部队——伯罗奔尼撒同盟所有可得兵力的三分之二——构成，聚集于科林斯地峡。这庞然大军继而向北跋涉，是为接下来十年里五次春末入侵阿蒂卡中的第一次。

事实上，这进攻多少姗姗来迟。斯巴达人在公元前432年夏季听取了伯罗奔尼撒人针对雅典人的一系列愤言怨诉，继而表决判定雅典人实质性地违背了和约，最后得到新近的消息，即与他们结盟的维奥蒂亚人已经抢在他们前面动手，在公元前431年3月初袭击了雅典的被保护城邦普拉提亚。尽管如此，斯巴达人仍等了数月才进军突入阿蒂卡。表面看来，他们不得不将自己的抵达时机选定为田里大麦小麦的成熟时节，那是对一个古代城市来说极重要的庄稼，也是最容易被焚毁的作物。

在像阿蒂卡那么一片广阔巨大的乡间，满是不同的高低地阶和相异的局部气候，庄稼成熟时节或可有长达两个月的差别。因而，虽然见到某些可燃的干燥谷物，但这完全不能保证仅在几英里外的作物也必定成熟和易于毁坏。古代军队通常携带三日左右的口粮，从而指靠被入侵者的收成去补充随身携带的很少量食物。阿基达马斯竟实际动员了那么庞大的一支军队，由出自那么多小邦社会的兵员组成，鉴于一个事实实乃近乎奇迹，那就是伯罗奔尼撒的大多数乡巴佬根本不愿披甲离 49
乡，留下他们的女人和孩子去照管成熟中的庄稼。确实，在它慢慢朝北进入阿蒂卡的蜿蜒行进途中，这庞然大军即使十人一列并肩行军，也要延绵15英里以上。它姗姗来迟地迈入阿蒂卡，由此正式开启了伯罗奔尼撒战争。随着伯罗奔尼撒人终于跨过边界，一名斯巴达信使从失败了的赴雅典最后和平使命中返回，望着跨入阿蒂卡的庞大军队叹道："今日将是希腊人巨大不幸的开端。"果真如此。[27]

这些分遣队中间，没有哪一支将单独进攻雅典。可是现在，它们依据两项自身安全保障蜂拥而入：军队规模巨大，从而不可战胜；身披红袍的斯巴达人，连同令人恐惧的维奥蒂亚骑兵，将一起驱溃在阿蒂卡的前卫部队。天知道那一切掠过这些机会主义者脑中的奇思迷想：雅典是否可能投降，让它的奢侈豪华的城市被任意劫掠？它的懊恼的重装步兵是否可能迈出城来，在伯罗奔尼撒的辉煌大胜中惨遭灭顶之灾？两万农夫是否可能提供足够的劫掠物，以便令整整一代人发财致富？修昔底德写下了战争前夕希腊世界的普遍舆论——当然是在各邦深刻见识了得胜的斯巴达人身为霸王作威作福以前很久——“胜算分明是在拉栖第梦人那边。”[28]

尽管敌人希望，当得知斯巴达人最终在雅典卫城仅几英里外随心所欲自由徘徊之际，或当得知雅典人将停止封锁波提狄亚之时，雅典的海外纳贡盟邦将群起反叛，然而没有多少属邦相信雅典权势正在以任何方式销蚀。更少有属邦觉得未来在斯巴达霸权之下自己的境遇将更好。甚而更罕见中立城邦派遣自己的年轻人去参加斯巴达的征伐。在有约1 500个自主城邦构成的混乱世界里——那里仅仅几座石堡有时便足以将入侵者挡在集市以外的地平线上——听到战争传言时更明智的做法总是静下心来，深吸一口气，搁下意识形态激情，并且在立意投身会战之前仔细地估计潜在盟友和潜在敌人各自的实力。伯罗奔尼撒联盟在公元前432年8月做开战表决，但直到公元前431年5月军队才抵达阿蒂卡边界。历经8个月——差不多恰好等于从入侵波兰到进攻阿登地区期间(1939年9月至1940年5月)法德边界上的“虚假战争”时期——斯巴达不仅筹备聚集一支联军，而且更重要的是希望有个可以从雅典得到让步的最终解决。[29]

50 从斯巴达往北去雅典，伯罗奔尼撒人遵循的路线很大程度上与现代公路一致。那是一条景色优美的路线，先离开科林斯地峡，然后横穿梅加拉地区，再到俯瞰萨拉米的峭壁悬崖。接着，这条路线穿过埃莱夫西斯圣址，继而跨越位于现代达夫尼郊区的埃加莱奥斯山坡，最后往下进入雅典平原。此路并非平坦易行，而且春末气候炎热，沿途多处缺水，令行军更多繁难。沿着俯瞰萨拉米海峡的峭壁悬崖徒步跋涉，往下眺望半个世纪以前双方的祖父们团结一致捍卫希腊自由的地方：此时此刻，这成千上万伯罗奔尼撒人作何想法？

往前推进的这伙群氓本身规模庞大，大过除很少数之外的所有希腊城邦，他们携带数以吨计的铁制、铜制和木制的武器和盔甲，吃不准上面的峭壁悬崖是否有雅典的巡逻骑兵在策马巡查。然而，在这初始的入侵期间，尚未抵达阿蒂卡的正式边界，阿基达马斯国王首先折向东北。他试图舍近求远，走一条靠近在小村庄奥诺的西北驻防要塞的迂回路线，然后往下进入帕尔内斯山低坡上的阿蒂卡边远乡镇。

在那里，入侵者们立即面对一堆较俗常的问题，从骑兵巡逻和雅典乡村驻防部队，到就委派毁坏农田任务而来的紊乱困惑。修昔底德报道说，阿基达马斯在伯罗奔尼撒会聚人马时行动迟缓，在科林斯集合最终大军时行动迟缓，此时在阿蒂卡本身行事时依然行动迟缓——或许陷于停顿。这位领导情有可原，因为没有任何斯巴达王先前曾受命掌管这么一支异常庞大的联军，远大于腓力或亚历山大后来指挥过的任何军队，而后两位都是驾驭复杂后勤任务的大师。其次，斯巴达从不以在拉哥尼亚之外大胆无畏而著称；除了伯拉西达、吉利普斯和莱山得等少数例外，每一位斯巴达统帅在将部队投入会战方面都不时拖拉延宕，害怕希洛人放任不羁而非乖乖务农。

尽管有一批攻城器械，但入侵者们却未能攻克在奥诺的雅典基地，后者工事强固，防守坚实，而且是频繁的雅典巡逻行动的一个会聚中心。不久后，受挫的阿基达马斯继续行进，慢慢往下进抵埃莱夫西尼亚和色里阿西亚两平原。在那里，他靠近阿卡奈安营扎寨。此乃阿蒂卡的最大乡镇区，离雅典本城城墙不足 10 英里，占领它意味着对雅典人的粗鲁放肆的挑战，逼迫他们要么践行英勇，要么默然示怯。

阿卡奈人是粗朴易怒的庄稼人，以其名给一出批评这场战争的阿里斯托芬喜剧提供了剧名，通常可以给雅典军队贡献多达 3 000 名的重装
步兵。因而，他们是有影响力的人，耕作阿蒂卡的一大沃土区，靠近 52
离雅典本城不远的彭泰利科斯山坡。许多靠烧炭谋生，多少懂得乡村野火。在阿基达马斯想来，这些易怒的农夫的地产应当是遭打击的首片雅典土地，是个试例：怒不可遏的阿卡奈人或将迫使其他人去战斗，或在城墙内引发大争论以致全然伤害公民对伯里克利战略的支持。用普鲁塔克的话说，他们肯定会开出去战斗，即使只是缘于“愤怒的自尊心”[30]。

尽管斯巴达人玩世不恭，试图暴露民主制在战时的脆弱性，但伯里克利坚定不移，并且驾驭雅典人不去轻举妄动。技穷绝望之余，阿基达马斯蹂躏他们的葡萄园和果树林，并在全无敌人方阵开出来的情况下移出阿卡奈。伯里克利不断派出进攻性的骑兵巡逻队；他可能预见到当前的需要，因为战争前夕他已将骑兵增强到一千骑。他还确保公民大会闭会，会上与他竞斗的煽动家们——尤其是暴躁激烈的克里昂——可以在这些紧张时分煽激群氓。用普鲁塔克的话说，他“紧闭全城”，“极少顾忌诽谤者和恶意者”。[31]

尽管据想有政治动乱，然而讽刺性的是，斯巴达人造就了城墙之内一种奇异新颖的政治凝聚。穷人们蜂拥入舰队，去袭击伯罗奔尼撒海岸地区，以报复他们对阿蒂卡的蹂躏。中等阶层的重装步兵农夫气愤填膺，但在城墙之内安然无险，不需对抗顶呱呱的斯巴达步兵。富人们每天都勇敢地骑马出城，去骚扰敌方蹂躏者，在抑制对乡村的破坏上表现卓著。[32]

受挫于这反复的无能，既做不到摧毁乡村，又做不到激起会战，几天后阿基达马斯行进更远，进至彭泰利科斯山与帕尔内斯山之间的地区。从那里，斯巴达人经奥罗珀斯边地退出阿蒂卡。大军最终身处友好邻邦维奥蒂亚，接着跋涉回乡，在它聚集起来几周之后。

在战前的讨论中，极少说到雅典事实上手头有一场两线战争：既与南面的伯罗奔尼撒人相战，也与北面的维奥蒂亚人较量。战争头几天里雅典人已经开始懂得，不仅机会主义的维奥蒂亚袭击者能够近乎不受惩罚从附近边界出发进行劫掠，而且斯巴达人不可能真正被围闭在阿蒂卡而得不到安全出口。他们只需一路穿行，抵达维奥蒂亚，歇息修整，添足补给，而后需要的话取一条迂回路线回乡，全然绕过阿蒂卡。[33]

53 理论对实践

尽管首次攻击队伍规模庞大，然而阿蒂卡至少有三分之二未遭蹂躏。相反，即使所有1 000名雅典骑手已经一次走遍整个乡村，在理论

51

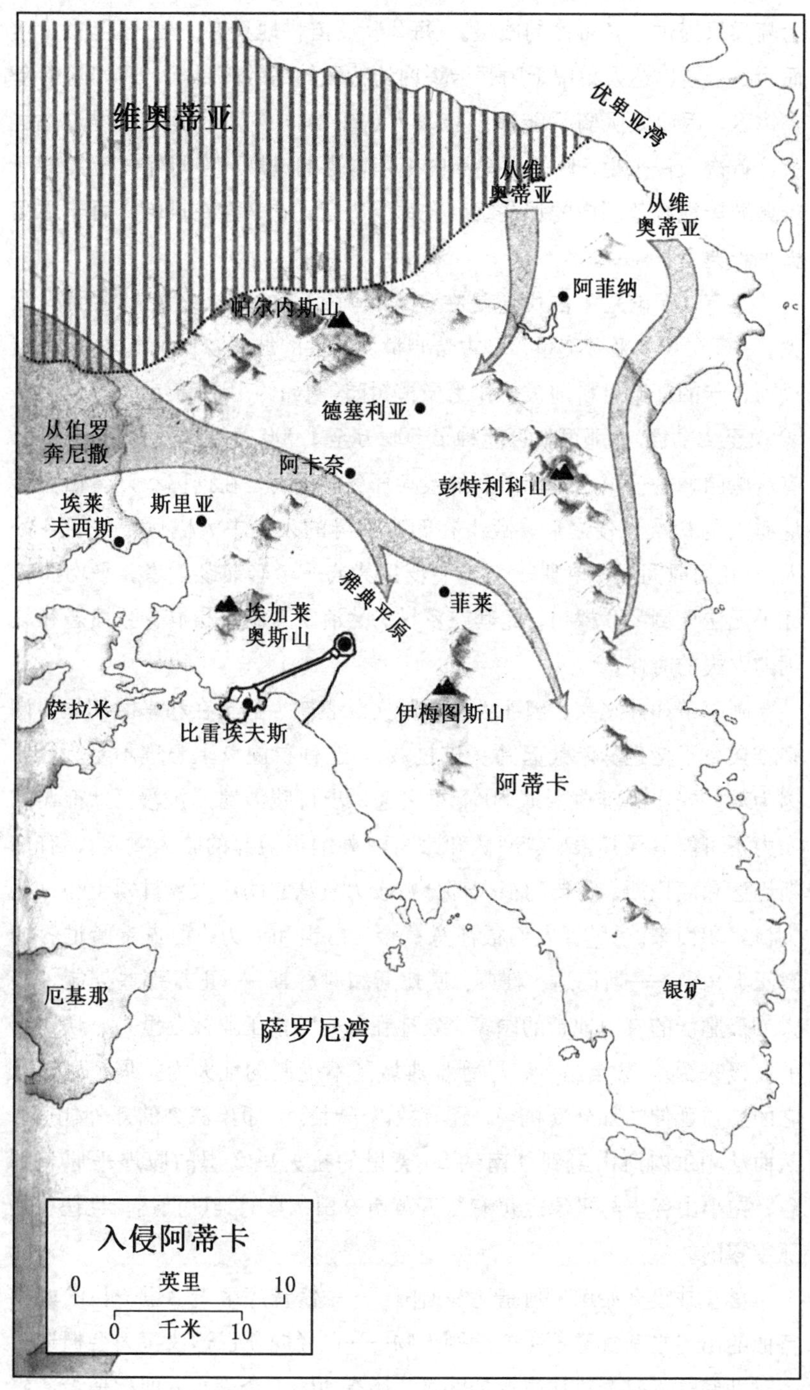
维奥蒂亚
优卑亚湾
从维奥蒂亚
从维奥蒂亚
阿菲纳
帕尔内斯山
德塞利亚
从伯罗奔尼撒
阿卡奈
彭特利科山
埃莱夫西斯
斯里亚
雅典平原
菲莱
埃加莱奥斯山
萨拉米
比雷埃夫斯
伊梅图斯山
阿蒂卡
厄基那
萨罗尼湾
银矿
入侵阿蒂卡
0 英里 10
0 千米 10

上骑兵只提供一种可怜的威慑。每200英亩耕地只有一名守卫者。然而，由于斯巴达人集中于阿蒂卡境内的特殊的高敏感目标，例如阿卡奈乡镇区，因而大队骑兵能够阻止敌人从主体向外呈扇形伸展得过远。就这首次入侵来说，阿基达马斯的拖拖沓沓的进展，连同他过于集中于雅典城墙视线范围内的那些富庶乡镇的决定，看来意在挑衅，而非意在夷平雅典人。

还有，无论是在古代还是在现代，阿蒂卡的惊人之处是它面积巨大，有1 000多平方英里，是古希腊世界最大的城邦乡村领土之一。如果阿蒂卡的一半可耕地被耕作为橄榄树园(例如约10万英亩，每英亩有50棵至100棵)，那里就可能种了500万至1 000万棵橄榄树！夷平所有这些园林是一项不可能做到的毁灭任务，特别是在据称6万名伯罗奔尼撒人的初次入侵之后，敌人在四次后继的入侵中大概只聚集了3万人。几周时间里，单独一名重装步兵甚或一名轻装蹂躏者，平均而言几乎无法砍倒250棵树，尤其在乡村仍然活跃着骑兵和很少数愤怒和顽固的农夫的时候。

阿蒂卡如此之大，因而大量希腊文献表明，甚至在和平时期里，许多雅典乡巴佬也**从未**鼓起劲头进过城。这种狭隘乡土心理不足为怪，因为某些农庄距雅典卫城50英里之遥，步行跋涉路途漫漫。[34]雅典的实力不可能只经其银矿、舰队和来自海外纳贡盟邦的收入测定。有如斯巴达和底比斯，雅典的很大部分财政力量从它的广大乡村领土和农业人口累积而来。尽管人们很注意黄金、白银和人力，但古希腊世界的真正大角色——斯巴达、雅典、底比斯和科林斯——正是那些控制了最大或最肥沃的农田地带的国家，农地在早先的前工业社会里乃一切财富的终极来源。甚至当今，尽管雅典城区不受制约地大为扩展，尽管有它的愈益延伸的郊外新机场，还有数以千计令人印象深刻的郊外住房，然而从帕尔内斯山麓到往南约50英里的拉夫里乌姆的腹地平原和溪谷，在小山谷里与平原上仍有数万英亩农田，它们难以抵达，且往往是孤零零的。

54 早在战役开始前，阿基达马斯国王——修昔底德史书里一位哈姆雷特似的出击之前犹豫不决的悲剧人物——已经向斯巴达议事大会概述了他对彻底蹂躏整个雅典平原的怀疑，还有他的一个信念，即相信希腊农夫仍愿谈判，而不愿见到他们的农庄起火冒烟。因而，他依据大多即使不是心理的也是战略的理由道出自己的关切："不要将他们的土地认作任何东西，除了是一种要抓牢的抵押品，而且它继续被耕作得越好，它作为抵押品的价值就越高。"[35]

后来，史家们的一个流行主题是给阿蒂卡的某些地方——德塞利亚、马拉松平原、学园(未来的柏拉图讲学处)和有所谓神圣橄榄树的各处不同私人地产——编目，这些地方尽管历经五次年度入侵，却从未遭到攻袭，因而雅典人或许从未撤离这些地方。传言称，斯巴达人可能也略漏了某些精英的乡村财产，这些人由此可能被怀疑持有亲拉哥尼亚情感，或者说同情斯巴达右翼寡头。而且，如果像富有的伯里克利的那些农庄没有遭到破坏，这就只会煽燃起公众舆论，分裂雅典公民，使之争论一类问题，即在这么一种不得人心的强制撤离战术之下，谁的牺牲较大、谁的牺牲较小。除了单纯毁坏农作物，阿基达马斯还别有企图。[36]

得知敌人前来的消息时——雅典人在若干天前就从间谍和斥候处得到预警——那些身处蹂躏者所经路途的人们立即做出反应。从石刻公共文件看，似乎甚至在战前雅典人就做了某些安排，以便从乡间神祠撤走财产，好像他们预见到这场终于到来的斯巴达入侵。修昔底德同情土地所有者阶级，而且可能亲眼见证了撤离，以生动的细节描绘了许多雅典乡下人将自己的家私财物用车运到雅典城墙以内。他们在那里安顿下来，指靠骑兵巡逻队去截拿落单的小批蹂躏者。

城里民众聚集成群，就撤退是否明智激烈争辩和互相竞斗。自从传奇般的将军提米斯托克利组织了大逃亡往后——当时薛西斯从温泉关往南推进、雅典人逃至相邻诸岛和附近的阿哥利德——撤退是差不多半个世纪以来闻所未闻的事情。修昔底德对这令人心碎的集体迁徙入城作了描写，是为他的史书里最为感人的记述之一：

> 听取伯里克利的规劝之后，雅典人被说服了，因而将妻儿从农田
> 里带来，连同全部家具，甚至拆掉了房屋的木制构件。他们将绵羊和
> 牵引牲畜送往优卑亚和附近诸岛。可是，撤离对他们来说是一桩难 55
> 以忍受的事情，因为他们大多一向习惯在乡间生活。

后来他补充说："他们未发觉撤离自己的家园很容易，特别是因为自从在波斯战争结束后重建自己的农庄以来，并未过去很长时间。因而，他们忧郁沮丧，为不得不放弃自己的家园和神祠而伤心断肠。"数以千计的乡下人在公元前 431 年至公元前 425 年如此突然地进入雅典城墙——公元前 430 年瘟疫的催化剂——导致雅典社会本身急剧变化。此前，大多数农夫和乡巴佬一向坚持远离城市。现在他们遍及城里每个角落。关于这场战争的文学，特别是阿里斯托芬的喜剧，在雅典文学史上首次开始另眼观看，即从墙外其他希腊人的大多被遗忘了的角度去看事情。[37]

"我真恨拉栖第梦人"

夷平谷田所涉及的工作量或可解释后来希腊史书中的一些故事。这些故事提到，有时军队携带特殊的木制工具，从而蹂躏者可以较容易地击毁依然青绿的谷穗。毁坏建筑物需要更多的努力，令我们疑惑对失去豪华地产的哀悼是否总是真实的。直到 19 世纪中叶为止，在希腊很多地方，房屋都是用泥砖加上瓦顶建的。要击倒这些不可燃的构造不那么简单。唯一可靠的办法是焚烧内部起支撑作用的木梁木椽，以图房屋崩塌。然而，那也是个费时的挑战，尤其在大多数能用做燃料的可得木件和门面已被拆掉和撤走的时候。在一些易受伤害的地方，即彭泰利科斯山山嘴、瓦里海岸和帕尔内斯山的一个战略性山口附近，某些显要的古雅典农庄住房的房基残余已被发掘出来。其中没有哪个看来显露了出自公元前 5 世纪晚期的损伤或毁坏，这表明它们要么未曾受严重攻袭，要么被全然略漏掉了。[38]

各支小巡逻队中的斯巴达步兵试图保护蹂躏者免受雅典骑兵袭击，与此同时从事摧毁的大量暴众一面焚烧和挥砍，一面力求劫掠他们能够取食的一切。然而士兵，无论是古代的还是现代的，都被训练去战斗，因而步兵作为劫掠者、工程兵或维和人员不那么有效。战争的确已经开始，但初始的作战区内全无对阵激战、海上冲突、大围城战甚或
56 恐怖袭击，因而对许多希腊人来说，这是一种非常奇怪的战争，特别是

鉴于阿基达马斯的军队规模庞大，而且撤入城墙以内的阿蒂卡居民的数量甚至更大。

在喜剧《阿卡奈人》（公元前 425 年）与《和平》（公元前 421 年）里，阿里斯托芬将自作聪明的雅典农夫展现成比他们的领导聪明，并且慢慢地激化了他们对敌人、对自己的政治领导和总的来说对这场战争的愤怒。这些无名硬汉怒火中烧，因为心爱的农庄惨遭敌方野蛮破坏者的肆意蹂躏。“我真恨拉栖第梦人，”英雄农夫狄凯奥柏利斯（意为“正义之城”）在《阿卡奈人》里痛惜道，“因为我也有葡萄藤被砍倒。”同时代文献中有大量的记载，承认至少在这些短暂的初始年度入侵中，斯巴达人没有造成太大损害。修昔底德叙述了种种损失引起的痛苦，但也略为提及阿蒂卡的这样一些地区：它们根本未被触及，或者未遭全面毁伤。在其史书第七篇里，他直言“入侵为时短暂”，没有制止雅典人“在这年所余时间里充分使用他们的土地”。然而，他怎么能断言，在一支庞大的伯罗奔尼撒军队到来去毁坏它以前和以后，雅典人“充分使用”了阿蒂卡？

有如他惯常那样，修昔底德的广泛结论（例如很少损害）往往与其叙事中展现的生动的蹂躏描述（例如大量毁坏）相矛盾。而且，有时他的当时观察后来在他的文本里被重新强调、改动甚或否认，就像后来的修改时他并非总是改变他的写作稿，以便反映战争结束时他的最终结论。

一位匿名的公元前 4 世纪史家也有这个看法。该作者所撰仅以《奥克西尔辛库希腊史》（*Hellenica Oxyrhynchus*）为人所知，其名仿照埃及地名奥克西尔辛库，在那里发现了它的纸草文书残片。他宣称，阿蒂卡是“希腊装备得最奢华的地区”，原因是在阿基达马斯战争的入侵期间“它只受到拉栖第梦人的轻微伤害”。[39]用语“轻微伤害”或许隐含一个意思，即公元前 431 年时，6 万名蹂躏者在 20 万英亩农田中间几乎做不了什么。

尽管有喜剧诗人阿里斯托芬对被毁的葡萄藤和树木做了感情冲动和催人伤痛的描述，但要记住他的第一出尚存的戏剧直到最后一次入侵那年即公元前 425 年才写成。他是个讲求真实的观察者，还是个虚构故事的剧作家？不仅如此，他的同样多的文段提示，很大部分阿蒂卡乡村未遭严重损害。索福克勒斯的著名悲剧《俄狄浦斯在科洛诺斯》，

写于阿基达马斯战争期间的农业破坏和斯巴达人公元前 413 年占领德塞
57 利亚这两件事之后，剧作家能将阿蒂卡的橄榄树称作“令其敌人心惊胆战之物”，“在这片土地上繁盛透顶，荣茂非常”。索福克勒斯笔下的阿蒂卡橄榄树是这么一种树：无论青年人或老年人，没有谁能够将它“毁灭或废掉”。**假如**剧场里的观众目睹过乡间数百万个残桩，他们将认为这种颂词是残酷的玩笑。[40]

这怀疑态度全有道理。十年之久的第一阶段冲突，人称阿基达马斯战争，阿蒂卡境内实际上极少有真正战斗。伯罗奔尼撒人的入侵在迅速地成为一场虚假战役。人们情绪激动，但极少有人死于实际战斗。公元前 431 年的首次入侵之后，敌人仅四次再度前来。或许从公元前 431 年到公元前 421 年的十年期间，他们逗留的时间累计不超过 150 天！这些后来的蹂躏远征没有哪次像公元前 431 年那场声名狼藉的初始进攻那么大，虽然头两次入侵被认为规模首屈一指，加起来做了个两连击，给雅典乡下人造成了深刻的心理创伤。换个说法，从公元前 431 年到公元前 425 年，在战争头 84 个月里，了不起的斯巴达军队只用了 3 个月打击在阿蒂卡的雅典人。[41]

也许，伯里克利的由资金储备提供资耗的消耗战毕竟真的会磨垮伯罗奔尼撒人，在这么一个联系松散的联盟中间引发内讧，它缺乏雅典帝国拥有的金钱和统一。[42]

旧习难改

首次入侵之后一年，气恼不已的阿基达马斯国王卷土重来，试图在他的第二度摧毁尝试中做得更加系统全面。在公元前 430 年，他逗留得较久，大约多出 10 天，或许因为他的军队是前一年庞大兵力的一半规模，供食容易得多。他现在布兵超出阿蒂卡平原，进入海岸地区，往南远至在洛里温的矿坑。修昔底德认为，初次入侵之后的这番逗留更久，加上这次被蹂躏的地区更多，因而令雅典人后来觉得此乃五场入侵中最坏的一场，促使他们准备派遣使节前往斯巴达，以商谈可能的停战。

也许阿基达马斯以某种古怪的方式盘算，他的武力炫耀可能促使雅
典的海岛臣民起而反叛，因为他们见到自己的主子被困在阿蒂卡。对
公元前430年5月下旬的这第二度入侵，甚或接下来两次在公元前428
年和公元前427年的攻袭，修昔底德几乎全无谈论，除了说敌人现在试
图毁坏曾被绕过或已重新长出来的作物，大概指伸出新枝来的葡萄园和
果树林。显然，国王克利奥密尼斯而非阿基达马斯率领了公元前427 58
年的第四次入侵。他作了一番全面系统的努力去涵盖阿蒂卡，且还追
溯阿基达马斯先前的足迹，以求打击恢复中的诸多农庄。[43]

瘟疫令斯巴达人恐惧，不敢从事一项已经规划好的在公元前429年的第三次年度入侵。他们转而突然前往维奥蒂亚，去围攻普拉提亚人。公元前426年时，他们同样避而不入，据称因为一次地震。真实原因大概是害怕一场新近重新爆发的瘟疫。如果说毁坏农业的关键在于反复蹂躏，以便令农村人口财尽力竭，同时阻止在内地的修复和翻新，那么斯巴达人的征伐——到头来在三位不同国王即阿基达马斯、克利奥密尼斯和阿基达马斯之子阿基斯麾下进行——却在证明全然无用。没有哪位斯巴达统帅能在同一年里重新集合兵力发动第二次进攻。入侵锲而不舍，至少可能表明他们当真要毁坏乡村，或当真要使农夫不可能在种植季里返回。为何斯巴达人坚持开入阿蒂卡而不修改他们的战术，乃是伯罗奔尼撒战争的重大谜题之一；公元前430年后，他们显然觉得雅典的撤离正在加剧瘟疫效应和毁损该城，因为他们分明既不毁绝该城的食物供给，也不切断前往乡村的进路。

公元前425年由年轻的阿基斯率领的第五次入侵是一场惨败。它只延续了两周。谷物过青，既不能消费，也无法焚毁。然而更重要的是，入侵者得知下述消息时六神无主，惊恐万分：拉栖第梦人——其中有120名斯巴达精英军士——已在伯罗奔尼撒海岸外的斯法克特里亚被俘，并被押解到雅典作人质。

无论哪次入侵，伯罗奔尼撒大军都没有中断洛里温的矿业运作，由此阻绝雅典的白银铸币来源。公元前425年后，在阿基达马斯战争的所余岁月里，斯巴达人将不再开入阿蒂卡，怕的是雅典人的威胁，即如果一支军队任何时候再度跨进阿蒂卡，那么他们的俘虏将被处死。从实际意义上说，阿蒂卡战争此时告终。

有如大多数战役，就轻易横行敌国本土而夸夸其谈是一回事，保证它贯彻到底取得胜利却是大不相同的另一回事。在公元前 431 年 5 月，没有人能料想到仅仅 6 年后，俘获人质——居然靠顶呱呱的斯巴达重装步兵缴械投降实现！——能阻止一支兵员数以千计的大军，哪怕是阻止它跨过阿蒂卡边界。甚至在俘获斯巴达人质以前，颇不乐意的伯罗奔尼撒盟邦就对它们的斯巴达魁首抱怨道，它们忙于自己的庄稼，“无心出征打仗”，即使简直看不出会有任何战斗。[44]

59 如果说，曾经是激发重装步兵会战的一个狭隘地方气的工具现在要幡然改观，变成一个引起广泛经济混乱的必需的战术，那么全无迹象显示诸邦军队发现了任何新技术，去用特殊的燃料、武器或部队更有效地毁坏庄稼地。诚然，在某些场合，例如在希腊北部依赖葡萄酒输出的海边城镇阿坎苏斯，对因为收获前不久抵达的军队而丧失其葡萄收采感到的恐惧能够导致让步。然而，依凭公元前 5 世纪墙围城市的兴起，一个将其收获物运了进来的城镇往往无视敌人的挑衅，不像担忧围城部队那么厉害地担忧农田蹂躏者。[45]

一个好例，是伯里克利往南对梅加拉农田每半年入侵一次的报复计划。伯罗奔尼撒人离开后，当显然没有规模可观的军队在周围可与雅典人正面会战时，伯里克利动员起重装步兵。一万名蹂躏者为求报复而破坏附近的梅加拉地区，那是在伯罗奔尼撒人进入雅典的路途上具有中央位置的一块平原。虽然谷物收成已经入城，但这么一支庞大和不受骚扰的兵力必定对阿蒂卡边界附近的当地农庄造成了某种短期伤害；该地区在现代以其大面积的橄榄园林著称。可是同样，真正的目的是心理和政治性的。伯里克利的大发淫威的军队想要对几周前帮助攻袭阿蒂卡农庄的敌人发泄愤怒，为其帮助敌方入侵者途中过境而羞辱梅加拉人，并且引发其内部纷争，那可能导致一场民主的因而友好的政府变更，抑制斯巴达人自由自在地进军侵入阿蒂卡的能力。

然而，尽管有伯里克利的蹂躏者大军的所有仪式排场（“雅典人所曾聚拢过的最大规模军队”），梅加拉人坚持留在其城墙之内，而且坚持与斯巴达结盟。修昔底德补充说，到公元前 424 年，雅典人已每年两度入侵梅加拉。如果他的说法正确，那就意味着总共有难以置信的十四次入侵，依凭一支在有些场合战场下拥兵可能多达一万人的步兵武力，讽刺性地证明即使庞大的兵力也难以用长久饥饿迫使一邦人民就范，或使其让步。[46]

同代人经常谈论伯罗奔尼撒人五次侵入阿蒂卡，但几乎从不谈论同一时期里雅典人十四次入侵梅加拉。单就人力而论，雅典人或许总共派遣过 14 万名蹂躏者进入狭小的梅加拉（十四次入侵，每次用兵一万），与累积起来蹂躏过阿蒂卡的人数大约相等（五次入侵，每次用兵约三万人），然而是放手扑在一个小得多的地区。不过，这两个战略都未使敌人屈膝就范，更远未导致一场决定性的对阵激战。

新　战　略 60

斯巴达人学会了一点：他们需要在一个工事筑防的要塞内，全年栖身于阿蒂卡。这是在战争第二阶段的可怕战略，它将被称作“前沿要塞”（*epitechismos*）——置身那里的目的是劫掠，使农夫始终与其田地隔开，而且为劫掠物和战利品创设一个结算和交换场所。因此，离雅典城墙 13 英里远的在德塞利亚要塞的斯巴达驻防地——公元前 413 年建立筑防工事——给雅典带来的物质损害实属空前，超过先前阿基达马斯战争期间砍伐并焚烧树木、葡萄藤和谷物的**一切**徒劳的努力，靠的是打断商业，截止与设在附近优卑亚的补给储存站的交通联系，鼓励奴隶逃亡，并且使农夫无法进入他们的田地。

年轻的国王阿基斯曾在公元前 425 年率领了斯巴达最后一次失败的入侵，现于十年之后作为一位成熟的统帅回到德塞利亚，有了资源、洞察力和第一手经验去制定一种战术，规避了他先前的失败入侵的种种陷阱。德塞利亚的工事筑防——战争期间一批斯巴达人和盟邦始终极力主张建立这类工事——证明是整个冲突中的最辉煌战略之一。它使斯巴达人劫掠乡村的努力不受农季循环的影响，并且提供了一个经久的堡垒，一个躲避反攻和骑兵巡逻的庇护所。有了一个全年性基地，入侵者们就能在收获季节以前早早抵达，并在它结束以后继续逗留，依靠不断的劫掠、偷盗和结实的护墙去维持生存并得到保护。[47]

然而，德塞利亚远在十年后的未来，在斯巴达公元前 425 年最终撤离雅典之后。从某些方面说，这想法是个侥幸，仅出自对早先的错误战略即年年入侵的反应、波斯晚近提供金钱的许诺和西西里惨败导致的雅典人力匮乏。通常斯巴达人害怕设置前沿基地，因而将如此冒险的作战行动付托给莱山得或吉利普斯之类自行其是、可予耗弃的较小人物，他们或可较好地率领前希洛人和雇佣兵，而非宝贵的斯巴达重装步兵。

在德国军事史家汉斯·德尔布吕克看来，这样的总体战演化为一种更复杂的消耗战略，其实施针对的是一国的精神和经济资产，而不是反映了较直截了当的歼灭战观念，即一支军队力求经大力捶击而在战场上摧垮它的对手。在能够经一个较长的时期去磨耗较软和较重要的资源时，为什么要在对类似的兵力的连续猛击中浪费生命？一个希腊城邦能否通过漠视它的敌人在战场上的步兵主力去赢得战争？伯里克利认
61 为能。对雅典和斯巴达来说，进行消耗性战争的道德性质是个新颖的、令人不安的事情，虽然双方都缺乏可以够到的硬目标，从而不久便都试图经过毁坏民用资源和攻击第三方去占上风。

然而，伯里克利因为徒然希望在一种新型的总体战中磨垮敌人而不出来战斗，这是否必然导致雅典平民的死亡和毁损，既在墙内，也在墙外？毕竟，是伯里克利战略将这新型战争界定为士兵对每个平常百姓的财产的打击，而非重装步兵甚或水手之间的战斗。这道德窘境当今也依然伴随着我们，而且在威廉·特库姆塞·谢尔曼、基钦纳勋爵和柯蒂斯·李梅等人颇有争议的指挥生涯中已经显现出来，这些人全都论辩说，战斗说到底都由平民来提供动力，因而只有当平民不能或不愿将自己的劳动和资本提供给那些置身战场的人时，战争才会终结。

哪一种战略更道德且更有效：是焚烧奴隶主庄园和摧毁佐治亚种植园主阶级的财产，它们支撑了分裂，还是让尤利塞斯·格兰特在北弗吉尼亚的旷野会战中去杀戮，杀死数以千计的大体上年轻和不拥有奴隶的青年？更糟糕得多，柯蒂斯·李梅是不是一名战争罪犯？他烧塌了日本的诸多城市，用凝固汽油燃烧弹杀死了数以万计的平民。或者，实际上他是否缩短了战争，并且惩罚了东京家庭工场中那些以自己的劳动生产出飞机、炸弹和枪炮的人？没有这些东西，日本帝国军队原本永不能杀害成千成万朝鲜人、中国人和菲律宾人，也永不能杀死那么多美

国军人。

汉斯·德尔布吕克对此类抽象的道德问题不感兴趣。对他来说，重要的是诸种战略各自的效率。德尔布吕克写道，距第一次世界大战的堑壕战恐怖过后不久，战败了的德国正在探索一种代价较低的作战战略，它与更广泛的经济、文化和心理战术混合在一起，仍可实现德国的战略目的。他断定，伯里克利找到了一个成功的办法，一种将僵局界定为胜利的战略——同时不在这过程中毁掉年轻人组成的军队。**假如**伯里克利活着，**假如**不爆发瘟疫，而且**假如**雅典人不抛弃他们的战略，那么雅典本不可能在军事上败北，且可早得多地取得和平，那与它在公元前421年见到的和平大体相同——同时它的成千上万公民不会丧命，它的军队不会在维奥蒂亚受辱，它在北部的战略属地也不会落入敌手。对德尔布吕克来说，这么一个僵局，有如弗雷德里克大帝的诸场漫长的战役，本将最终为雅典赢得战争，因为它更丰厚的资金储备给了它一种在斯巴达闻所未闻的复原力。后一个城邦，如修昔底德反复说的那 62
样，正是因为“恐惧”雅典权势的增长才投入了战争。[48]

那么，战争的初始阶段期间，盲目不聪的斯巴达人究竟在阿蒂卡成就了什么？一事无成，又无事不成。虽然他们与雅典交战近七年，可是他们的军队总共在阿蒂卡花费了不足五个月时间，而且斯巴达的主要战略即每年蹂躏农业没有达到它的任何目的。派遣数以千计的农夫进入遥远的阿蒂卡并不便宜。如果伯罗奔尼撒人以当时通行的标准支付他们的军队——按照每名士兵每日一个德拉克马支付总共服役了150天的3万名士兵——那么阿基达马斯五次入侵的总代价约为750塔兰特（以现代购买力计算约为3.6亿美元），甚至超过雅典帝国的年度贡金收入，或大约是250艘战舰出海游弋3个月的成本。对一个像雅典那样的富国来说，这笔开支承受得起。（仅战争头七年里，它就在围城战和海军行动上花费了4 500塔兰特。）

然而，伯罗奔尼撒乡下人在战争开始时几乎全无资金，且惯于从事经重装步兵激战去一决胜负的为时短暂的战役；对他们来说，战争头几年里远征突入阿蒂卡是个要支付的过高的代价。当科林斯人疾呼要斯巴达人开战时，他们勾勒的支付军事开支的主要办法是挪用在泛希腊宗教圣地奥林匹亚和德尔斐的富饶储金。毕竟，除此之外，一个将粗铁条用作货币的国家还怎能在自由市场上购得战舰、雇用水手和买取食物？在一个高度珍视荣誉和地位的希腊世界看来，斯巴达人已经显示他们正在神圣的阿蒂卡土地上任意横行，如入无人之境，而他们的东道主却蜷缩一团，挤居在城墙之内。[49]

一位极引人注目的雅典人

这场野战不止是大战略，而且毫无疑义并非由成千上万无名小卒去打。在对阿蒂卡的年度蹂躏期间，一位年轻的雅典贵族——据称是雅典最英俊的青年——正在从战争和瘟疫的乱局中慢慢脱颖而出。伯罗奔尼撒战争爆发时，亚西比得仅仅大约 19 岁。几个月前，他可能只是作为一名青少年从军，在对顽固不从的雅典属邦波提狄亚的战前围攻期间伴随那里的骑兵队伍。到公元前 429 年，他已返回家乡，担任骑兵，且 21
63 岁时无疑身处雅典——他是一位英雄，因为他在波提狄亚负伤，荣获英勇奖，尽管是连他的盔甲一起被他的导师苏格拉底救出来的。

亚西比得的家系是肯尼迪式的。他可谓象征了公元前 5 世纪雅典帝国国家的全部光荣和悲剧，这个国家以一代人中间那么高的期望开始了战争，可是他们只继承了父辈的骄傲自豪，而未继承父辈的冷静持重。毕竟，伯里克利在战争爆发时已经功名卓著，取得过九场会战胜利，很懂得多亏几十年苦拼的战争，才有他那宏伟的神庙，也才有在雅典卫城南坡下演出的雅典戏剧的辉煌。相反，亚西比得在公元前 5 世纪 40 年代后期和 30 年代长大，其时早先与维奥蒂亚、斯巴达和造反盟邦的冲突大多已经结束，而且帝国的宏伟昌盛已经表现为港口繁忙不息，到处大兴土木，城市活跃非常，满是索福克勒斯、苏格拉底和欧里庇得斯之类人物。

亚西比得的母亲是季诺玛海（意为“战场凶煞”），其血统使他有资格跻身于阿克梅奥尼德家族，几世纪里最有权势也最富争议的雅典贵族家系。他的父亲克莱尼阿斯在确立爱琴海地区整个雅典帝国主义体系的财政构造方面作用显赫，继而丧命于早先雅典重装步兵在维奥蒂亚境内科罗尼亚遭遇的灾难（前 447 年）。年仅 3 岁的亚西比得被付托给他的远亲阿里夫龙和伯里克利兄弟，后者向他灌输了一个腾升着的民主雅典的天定命运。

关于亚西比得在 21 岁至 26 岁期间的情况所知极少，直到 26 岁时他可能作为雅典骑兵部队成员不断在阿蒂卡乡间策马巡逻。没有任何史述留存下来，说明他如何幸免于瘟疫，那令其监护者伯里克利命丧黄泉。仅他的早年私人生活就颇有趣味；战争第二年他从波提狄亚围攻战返回之后，一些关于他的欢宴痛饮肆意闹腾的淫荡故事立即广为流传。在他策马乡间巡逻服役的各夏季间的闲歇期里，他畅怀饮酒且与苏格拉底论道争辩，往往成为性事流言的题材，而且显然信奉一个悠久的家族传统，亦即将他自己的贵族背景与机会主义的民主政治结合起来。

亚西比得在雅典平原的规模可观的家族庄园大概遭到斯巴达人蹂躏，即使他依然忠于伯里克利放弃阿蒂卡的政策，同时在巡逻中策马冲撞蹂躏者。虽然斯巴达人后来停止了他们的年度入侵，亚西比得却仍提醒雅典人有责任保护雅典的神圣土地。他强调，他们要信守男青年当作自己的校歌诵发的传统年度誓言，宣誓“将小麦、大麦、葡萄藤和 64
橄榄树奉为雅典的天然边界”。[*]

后来在战争中，亚西比得将展现出一种强烈的进攻欲望，或许作为一个逆反，逆反在阿蒂卡的毫无意义的消耗战，那标志他起初的从军岁月。斯巴达人首次开出去砍倒阿蒂卡的树木之后大约 18 年，一位年纪大得多、到那时已叛国躲在斯巴达的 37 岁的亚西比得将给他的旧敌出谋划策，说这样的年度入侵压根不能毁坏他的祖国。他告诉他的新主人：最好要创设一个经久的要塞，在离雅典城墙 13 英里远的德塞利亚，从而一年到头始终不断地毁坏他自己的本土故乡。[50]

然而，那都是将来很久以后的事。就眼下来说，这名青少年满腔热情，希望十足，策马投入对蹂躏者的战斗，在头一年的进袭之后确信阿蒂卡承受住了斯巴达能够做出的最佳打击——几乎全不知晓他的国家和他自己的最大悲剧仅几个月之后便将来临。

---

[*] 在雅典，或许也在希腊世界别处，上等阶级的男青年在 18 岁至 20 岁之间进入一个强制性训练期，往往在边境，以待转变到完全的步兵或骑兵军役。

第三章

疫　病

瘟疫在雅典的肆虐(前 430 年至前 426 年)

65 ## 对一场流疫的剖析

到第二个战季时，拼斗已不会在持矛兵士甚或蹂躏者和骑马人之间决出胜负。它现在看来取决于一点：难民们能够多好地既在物质上也在心理上经受住为时几周的敌方占领。由于伯里克利的战略，第二个春季里很大部分人口——也许超过 20 万——照旧挤塞在雅典城内，时间长达一个月以上。有着帕特农神殿和第奥尼修剧场的这个城市再度成了恶臭的难民营。

前一年即战争肇始之年已经证明，如此巨大规模的撤出和再安置切实可行。然而，在这第二季里，雅典城的运气消失殆尽。地中海气候炎热，人口过度拥挤，缺乏充裕的净水、住所和适当的卫生条件，战争和入侵造成紧张：这一切结合起来，给一种神秘和可怕的毁灭性疫病提供了合适的肆虐场所。当这场流疫过去时，修昔底德将对三十年战争期间整个希腊的状况做出一个令人惊异的概括：“是可怕的瘟疫造成了最大的苦难，并且杀死了很大部分人口。”[1]

任何其他希腊城邦从未经历过任何有如雅典流疫那样的事情。附近敌对的底比斯，即维奥蒂亚联邦的都城，战争爆发以来人口增加了一倍，原因是难民从周围没有护墙的维奥蒂亚村庄涌入，其中许多人沿容易渗透的边界居住，害怕一场雅典入侵。[2]然而，即使它现在将战前人 66
口翻了一番，底比斯本部依然大概不到5万居民，很难有足够的人口密度以轻易感染上一场传染病。无论如何，与在雅典的数以万计屋外宿营的人相比，它的数量较少的难民得到住所容易得多。不仅如此，在底比斯的难民不住在一个枢纽港口，那是东地中海地区成千上万可能的疫病载体的聚集地。它也未受围攻，同时不乏前往乡村的宽敞通路，且无许多旅人或商贩前去造访。过度拥挤是瘟疫流行的催化剂，何况雅典还是一块吸引可能是疫病载体的多种多样族民的大磁石，而战争期间遭到严重压力的其他内陆城邦则非如此。

现代军方调制了凶暴的超级细菌酿剂，作为意欲的大规模毁敌武器，因为它们致命、便宜、重量轻、体积小，能够抵消常规武器或优势人力的效能。在其证明了的杀戮能力之外，疫病还灌输恐怖感，因为它们作为死亡手段远更不加区分，隐秘难见，而且如诗人赫西俄德所云悄然无声。

没人想到灾难将袭击雅典，至少在眼下时候。毕竟，它是个反复战胜了逆境的城邦。半个世纪以前，在公元前480年至公元前479年的入侵和占领期间，雅典两度挺过了波斯人的大火生存下来，只是在紧接战争过后才从废墟中复兴，变成希腊的文化中心。在战后与斯巴达的紧张关系中，雅典公民蜂拥出动，以一种狂热的焦虑建造了长墙，从而完成了一道不止17英里长、围绕雅典和比雷埃夫斯的巨型护圈，周长甚至比保护君士坦丁堡的那道著名防御墙长4英里。

历经20年，伯里克利动员了20万劳力造就雅典卫城山上的建筑杰作，即帕特农神殿与其通廊，还有众多大型公共建筑以及在集市和比雷埃夫斯的防御工事。尽管有对据称凶猛可怕的伯罗奔尼撒大军的一切担忧，雅典仍足够好地安然度过了公元前431年的首次入侵，并且眼见敌人疲累跋涉回师家乡而无一种成就感。[3]

先前伯里克利式的恢宏庄重与瘟疫导致的人类堕落截然相反，这激起了修昔底德对探究疫病的兴趣，助成了他在他的史书的第二篇里对传染效应的集中叙述：

> 某些人在无人理睬中死去,另一些人虽得充分照料却照样毙命。
> 没有任何有效疗法被人发现,因为在一个场合带来改善的,在另一个
> 场合令事情更糟。体格强壮者和羸弱者都一样证明无力抵抗,全都
> 67 被夺走性命,尽管他们都严格注意,仔细寻求治疗。这流疫最糟的方
> 面是消沉沮丧,那在一个受害者认识到自己病了的时候接踵而来。
> 与疾病同时到来的绝望摧毁了抵抗力,而且使病人甚至更容易丧命。
> 此外,还有公民们在由于试图互相帮助而患病之后像绵羊一样死去
> 的可怕场景。这导致了最大的发病率。[4]

修昔底德本人在这传染病中幸存下来，对瘟疫爆发作了一番详细的写照，而与之并列的是伯里克利的庄严的葬礼演说，就第一年的阵亡将士作的一番赞颂，提醒雅典人念念不忘其城邦的卓越辉煌。显然，这位史家想要强调命运的乖僻无常和战争的难预料性，并且由此给读者留下一个强烈的印象，即人性残忍凶蛮，在人被剥去了他的宝贵的文化和文明的时候，它们在伯里克利的葬礼演说里被如此吹嘘，随后不久便爆发了瘟疫。修昔底德相信，出自瘟疫的有害效应散播多年，急剧减小了雅典军队的战争潜力：

> 人们任意妄为,无所不作。他们现在轻而易举地胆敢尝试他们过去只在私下做的,因为他们目睹着人们遭遇的迅速变更:曾经殷实富裕者突然丧命,与此同时先前贫困者接管其财产。因而,公民们觉得最好是快快耗用,为乐而活,将自己的身体和财产视作转瞬即逝之物。小心持奉过去被认作是荣誉的东西现已全然不得人心,因为是否有任何人会侥幸活下来去获得它实属可疑;相反,人们普遍感到,当下及时行乐和一切有利于此的事情才既可尊敬又切实有用。没有对诸神的尊崇也没有对人间法律的敬畏去约束任何一个人。

读了修昔底德对瘟疫的社会后果的令人恐怖的叙述之后，不清楚——像这位史家或许意欲的那样——雅典人究竟依然是文艺复兴式的人们，那刚由伯里克利在他著名的葬礼演说里赞颂过，还是彻头彻尾的野蛮人，竟就火葬死者用的柴堆而互相打斗。显然，战争第一年里在

乡村巡逻和在伯罗奔尼撒海岸外履行海上任务时倒下的那几百个人博得了赞誉和公共葬礼，可是接下来一年里，成千成万男人、女人和儿童悲惨丧命，尸堆街头，无名无姓，往往任其腐烂而无土葬或火葬。

修昔底德先前叙述了城内的凄苦状况，那由公元前 431 年长达月余 68
的撤离促成。 农业家庭其时大概已重居其农庄一年，只是为了在翌年春季又以大约同样的人数跋涉入城。 大多数抵达者没有经久住所，只能在旷地和圣所外面宿营。 棚屋密布雅典卫城山脚。 某些难民住在该城漫长的防御工事顶上的塔堡里面。 这头两次入侵期间，状况大概更糟，至少在该城做了安排去建造较多经久住所以前，这些住所位于城市本部与比雷埃夫斯之间的 4 英里长的走廊内。 雅典有如洛杉矶，处在一个由三条大山脉环绕的盆地里。 海洋在差不多 5 英里外，城区附近只有小川流淌——所有这些状况导致难以将污水排入任何能将污物冲刷入海的邻近活水体。

小棚屋无法真正抵挡夏季炎热，且与较富裕难民的被遗弃的乡间宽敞房舍形成截然的对照。 后来柏拉图将争辩说，希腊人应当有两处住所，城里的和乡下的，以便强化城邦的社会构造。 然而，他这是在逆反战时阿蒂卡的混乱状况，其时农庄拥有者在伯里克利战略下沦落到难民地位，城市穷光蛋则很少知道生活在长久遭殃的乡村究竟怎样。 到战争爆发时，已有两万以上雅典人差不多与农耕全然无关。[5]

那些曾拥有阿蒂卡的最佳农庄的人几天之内一落千丈，住上了最差的屋舍，从而解释了对伯里克利政策的尤具敌意的反对为何来自离乡背井的土地所有者。 阿里斯托芬往往就战时雅典荒诞可笑的场景大发议论，那成了一座在每个路口挤满情急气恼的乡巴佬的城市，他们无计可施，只得蹲在鸟巢和木桶里。 很大部分混乱出自命运的这一急剧改变：富人现在处境低下，是他们自己城市的十足的访客——激进穷汉的客人，后者想要战争，在其中几乎一无所失，而且可以见到出自不断的海军军役的红利。[6]

神秘疫病的爆发是在公元前 430 年 5 月下旬的某个时候。 在斯巴达人蹂躏乡村的 40 天期间——这是所有各次伯罗奔尼撒人入侵中间为时最长的，且可能给雅典城里拥挤的难民施加了甚而更大的压力——雅典人开始莫名其妙地成群死去。 关于瘟疫爆发的时间顺序，修昔底德的讲述多少含糊不清。他只说正值斯巴达人蹂躏阿蒂卡时，瘟疫（被称作一场 *nosos*）降临雅典城。

70 这场流疫大概促使斯巴达人中止了毁坏活动；他们听说了关于城墙里面突发浩劫的可怕流言，并且从乡下能够见到城里的火葬烟云。尽管如此，这第二次入侵到头来证明是所有斯巴达入侵中间为时最长的——总共 40 天，其间他们席卷了阿蒂卡大部分地面，试图彻底去做他们前一年的未竟之事。最可能的是，害怕进逼富庶的雅典平原，那里靠近遭到疫病打击的雅典城，因而斯巴达人漫步向南，去蹂躏阿蒂卡南部的沿海地区和洛里温矿区的外围边地。

斯巴达人已懂得公元前 431 年的入侵全未削弱雅典或其帝国，且已规划翌年进行一场经久得多的战役。然而，数以万计的乡下人在城内的这段逗留也间接地帮助了疫病传播，那反过来造成了自相矛盾的效应，即中止了一场浩劫，那必定已被规划为阿基达马斯战争期间最具毁坏性和最全面的蹂躏战役。[7]

斯巴达人接近平原“没多少天之后”疫病爆发，而且到他们离开时正在肆虐：这事实提示，疫病首次触及雅典后不足一个月，便已达到大流行的地步。确实，它横扫该城，甚至不经意地感染了雅典舰队。带病但未显症状的战士从比雷埃夫斯扬帆启程，去袭击伯罗奔尼撒，并且加紧围攻北部的波提狄亚，部分的是要远离受感染的雅典城的悲惨状况。当他们进攻伯罗奔尼撒城镇埃皮道鲁斯以报复斯巴达率领的入侵时，当地居民据说因为接近士兵而患上了疾病。[8]

许多同时代的雅典人相信，瘟疫并非偶然。他们认为，它肯定直接出自斯巴达的蓄意努力，要在战争时期里使他们染上疾病。他们的土头土脑的逻辑有点道理：那么狂暴的瘟疫在古典时代的希腊几乎闻所未闻，促使雅典人去考虑几乎任何解释，以求说明这么一场可怕和罕见的横祸。某些雅典人可能会想起关于他们的英雄梭伦的民间故事，他在一个世纪以前轻易攻破了附近的城邦西尔拉，在将一种烈性泻剂投入该城的溪水之后，使得够多的守兵患病，从而导致投降。公元前 480 年夏末，当雅典人赶在薛西斯的占领军前面离开时，他们自己可能污染了该城的供水。在炎热的地中海气候中，水一向稀缺，因而战争期间
71 人们近乎老是害怕敌人污染泉水、蓄水池和河川。用兵手册后来会提

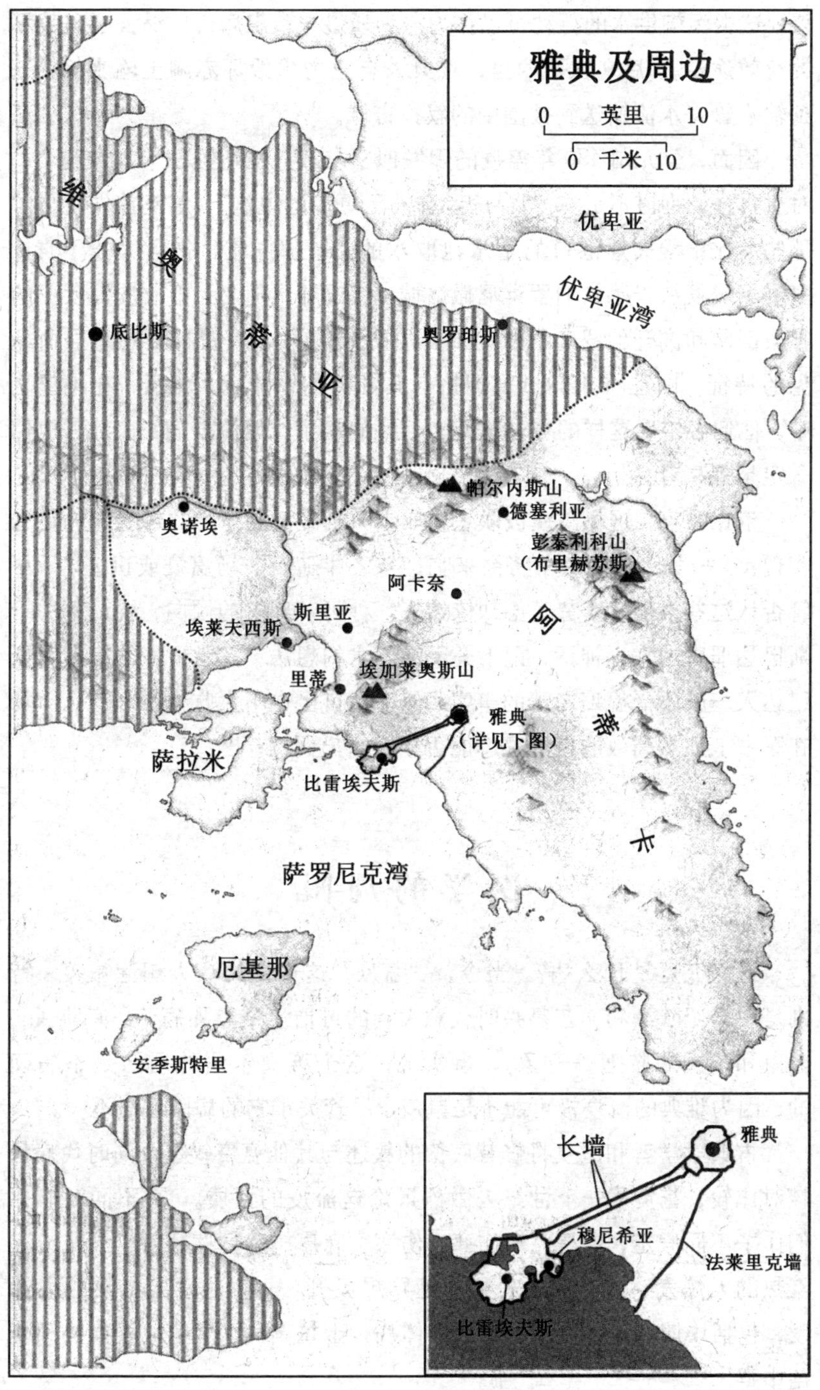
雅典及周边
0 英里 10
0 千米 10
优卑亚
优卑亚湾
维
奥
蒂
亚
底比斯
奥罗珀斯
帕尔内斯山
德塞利亚
奥诺埃
彭泰利科山
（布里赫苏斯）
阿卡奈
阿
斯里亚
埃莱夫西斯
埃加莱奥斯山
里蒂
雅典
（详见下图）
蒂
萨拉米
比雷埃夫斯
卡
萨罗尼克湾
厄基那
安季斯特里
长墙
雅典
穆尼希亚
法莱里克墙
比雷埃夫斯

议，这类污染供水的行动可以作为一种通过导致患病或口渴去阻碍敌军的有效途径。后来在西西里，雅典人自己力求毁坏赤陶土输水管，这条输水管将水流输送到被围困的叙拉古城。[9]

因而，公元前430年瘟疫的爆发似乎与敌人抵达阿蒂卡大致吻合。时机古怪，难道不是？阴谋论者有甚至更多的说法。瘟疫首先袭击了那些从比雷埃夫斯港口的蓄水池取水的人，那据流言被敌人投了毒。瘟疫的爆发从未感染伯罗奔尼撒诸城，相反却尾随北上围攻波提狄亚的雅典部队和离开伯罗奔尼撒的雅典水手。群众没有费神去想想显而易见的特征，即在雅典的过度拥挤与其独特的密集度；相反，在绝望之中，他们必定以这样的方式去想："我们病了，他们没病；因此，他们一定是肇事者。"

依据预言，这场流疫被联想成如下一则经激烈争辩的古老警谕终告实现："一场多里安战争将会来临，与之伴随有一场瘟疫或饥馑。"尽管否认这些推测，修昔底德却依然有一种可以理解的倾向，要记下关于斯巴达罪责的大众神话，记下关于污染水的想法、古老预言的复苏和斯巴达人一般不受瘟疫之苦的事实，似乎他自己也不大吃得准，这么一场在军事上显然高效的自然事态能否完全事出偶然。[10]

医学的局限

这病究竟是什么病？当今，"瘟疫"这通用词令人想起鼠疫，特别是中世纪欧洲和文艺复兴时代意大利的可怕流疫黑死病，还有跳蚤、老鼠和吓人的脓疱等意象。事实上，这个英文术语的用法是不精确的，因为雅典的流疫极可能**不是**鼠疫，尽管关于它的病因看法不一。

古典学学者和医生将修昔底德的叙述与其他瘟疫叙事及同时代症状
72 核对比较，花费了一个世纪去激烈辩论这流疫的性质。在不同时候他们作了不同假定，说是斑疹伤寒、伤寒、麻疹、流行性感冒、天花或猩红热的大爆发，或者是——多少更异想天开——各种大出血热的大爆发，包括埃博拉病毒症、钩端螺旋体病、土拉菌病、炭疽、登革热和麦角中毒。[11]

种种论辩复杂难解。分析往往系于只有内行才懂得的深奥学问。极少有人能够对下列问题达成共识：古希腊是否存在携带瘟疫病原的那类老鼠（希腊语中似乎没有与 *Rattus rattus* 对应的词）？“心脏”（heart）对应的古词（*kardia*）是否有时实际上是指胃腔口？或者甚而进一步深入下去，留存下来的修昔底德本人半身石像是否显示出透露隐情的天花感染痘痕？虽然修昔底德详细叙述了一系列可怕的症状——高烧、发炎、眼疾、喉咙疼痛和出血、打喷嚏、发声嘶哑、胸痛、咳嗽、肠痛、呕吐、腹泻、皮肤发疹和溃烂；还有口渴、脱水、全身虚弱和疲劳、肢体坏疽、永久性大脑损坏——但是现代医学诊探不容易将他的希腊语词汇与一套正规的古代或当代医学用语联系起来。

由于古代医术基于经验，能够依据往昔对症状的仔细临床观察做出诊断和预测，而非经过细胞层次上科学的微生物辨识去这么做，因而不存在与我们自己关于病毒和细菌的临床分类有所相似的任何正规的古代疫病目录。或许，如果它不是一种恶性融合性天花，那么对瘟疫的最可能的解释在于，它由一种现已灭绝的微生物引起，或至少是一种经过了两千多年演化以致不再致命的微生物。

在一个古朴的人口中间，任何达到约 30%致死率的传染病都很可能赋予幸存者免疫力。如果它依靠经常的人对人接触，那么它需要数以千计的城市宿主的新鲜供给才能传播和留存。因而，这场瘟疫很可能在独特的战时雅典境况下自我消亡。有如修昔底德指出，它在起初致命地冒头后，只零星地重返，即使在雅典城内的状况重新变得像公元前 430 年那么惨淡的时候，尤其是斯巴达占领德塞利亚（前 413 年）以后。

例如，在公元前 404 年，经过导致战争结束的伊哥斯波塔米惨败和雅典舰队被毁，莱山得的 200 艘战舰组成的庞大舰队驶遍爱琴海，将数以万计的流亡雅典人送回家乡，那是一座被重兵紧围的城市，因为斯巴达国王阿基斯持续驻扎在附近的德塞利亚要塞，同时另一支军队从伯罗奔尼撒向北进发。同时代资料报道，人们害怕战争结束时雅典发生广 73
泛的饥荒，但不害怕瘟疫再度爆发。

四分之一个世纪后，在饥肠辘辘、重兵围闭的雅典人中间，战争结束时并无类似的瘟疫爆发，这可能表明城里有够多的有免疫力的瘟疫幸存者，能防止一场轻而易举的突然发作，或者表明在多年的撤离之后，雅典人更能适应对住房、垃圾搬运、饮水供给和污水处理的突然需求。无论如何，得胜的海军将领莱山得大概有个徒然的希望，即一个拥挤不堪和遭围困的雅典在公元前404年可以再现公元前430年的恐怖梦魇，那在四分之一个世纪以前已经证明对斯巴达有利。[12]

瘟疫的爆发似乎源于非洲。接着，它从埃塞俄比亚北上进入埃及和利比亚。从那里，它进了波斯帝国，在其各不同部分落脚，然后抵达比雷埃夫斯。希腊与其外围东地中海离非洲和亚洲的千百万人仅几天航海路程，是热带疫病的一个天然汇聚中心。希腊罗马时代的大多数瘟疫起于南方，而且通常夏季爆发，大概在微生物最佳地存活于室外的时候，活在死水、臭沟、活跃的昆虫和腐烂的食物中间。尽管如此，雅典人仍从未见过这么大规模的流行病，虽然在此前几十年里，形态不那么狂暴的规模较小的疫病显然横扫过爱琴海诸岛，特别是利姆诺斯。

受感染者

虽然修昔底德显然依凭了他自己的临床体验，而且认识到这疾病以不同的方式影响不同的个人，但他仍力求给出对感染的一番通述。典型情况是，吓人的迹象始于头脑突发高烧，双眼迅速发热变红。咽喉和舌头两者俱显得充血，而且变得恶臭。

这些起初的症状之后，那些被传染的人很快开始打喷嚏，发声变得嘶哑，疾病不久便伴有严重的咳嗽。一旦胃受到影响，病人就开始呕吐，吐出所有各种胆汁。与此同时，他们经历干呕和抽搐。这些发作有时马上紧跟起初的症状而来，但在另一些场合只是许久以后才变得显著。某些病人那里，感染似乎差不多同时袭击呼吸道和肠道两者，部分地解释了这么一种疾病的可怖：它能够如此全面地打击人体。在疫苗使得我们摆脱了过去种种最糟的传染病的一个时代，难以想象一种更
74 糟的疾病，就像一名现代的病人同时经历流感、痢疾、麻疹和肺炎那样。

病人显得体无温暖的触碰感，同时容貌却非特别苍白。相反，病

人身体微亮发红，暴生小疱和溃疮。染病的不幸者不久便觉得体热难忍，以致无法经受哪怕是衣裳和亚麻制品的最轻微接触。许多人发觉宁愿始终赤身裸体。在其最后阶段，更受侵害的病人往往先将自己投入冷水之中。某些人跳进蓄水池，徒然希望抑制可怕的渴感，这事实促使 19 世纪的某些学者错将这瘟疫认作狂犬病。

然而，即使大多数人相信受污染的水导致了瘟疫爆发，但在临死的剧痛中他们仍毫无顾忌跳入其中，以求即时缓解。无论这疾病的实际病因如何，这个时代的通行医学没有认识到一种危险，即由于污染公共饮水而从人到人传播病菌。

更糟的是，没有经睡眠而来的病情缓解。得病者坐卧不安，苦于不断失眠。然而，甚至在病患顶点时，大多数受难者也不立即死去；许多人一直经受到第七天或第九天为止，才终于丧命高烧和衰竭。甚至在较强壮的人度过危机点以后，许多还随之经历了皮肤溃疡和水状腹泻，它们最终导致这些幸存者的衰竭、脱水和死亡。

就甚至坚持到肠道袭击之后还活着的人来说，病患步步恶化，以至达到极端状况。一旦到了那个地步，它有时使生殖器、指尖和脚趾变形失能。其他人被搞得失明或脑残。修昔底德示意，公元前 430 年瘟疫开始爆发后，几十年里始终有身体变形者和残废人在雅典各处蹒跚跛行。当他经 26 年流亡而返回雅典去写完他的史书时，他们或许依然可见，如战后鬼魂——促使我们也疑惑这位史家本人在编纂他的著作时，究竟如何与一种后遗效应作斗争，那是他自己与瘟疫的较量留下的。虽然瘟疫死亡率阻碍雅典作战行动达十年之久，但没有切实的证据证明，因为有这么多羸弱和残疾的幸存者，雅典进行战争的能力受到了类似的伤害。

看来，无论是细致照料还是干脆忽视，对病人来说都不甚重要，因为那么多人无论如何都要命丧黄泉。在这么一种悲惨的氛围中，瘟疫的最初症状通常令患病者沦入一种深刻的沮丧状态。只有那些熬过了疫病生存下来且取得了抵抗力的人，才对受难者表现出真正的怜悯，既因为他们信任自己新得的免疫力，也因为他们从自身的煎熬获得了一种设身处地式的同情心。

我们现代人必须将感染瘟疫置于一个甚至更广阔的受难背景中，才 75

能充分领会古代雅典人在公元前430年的可怕困境。我们中间的大多数人在高烧患病时卧床静息，而当呕吐和腹泻之类继发症开始时则深感阵阵而来的真实忧虑。尽管有家庭关怀、医生诊访、护士照料和充裕的药物治疗，病后的疲劳仍能影响我们多日甚或多个星期。可是，想象一下战时的此类病患吧。当兵临城下的敌人正力图杀死患者全家时，他神志昏迷，命悬一线。医药、净水、厕所、寝具——现代康复护理的一切设备——并非疫病在身的雅典人可得。敌方士兵造成的恐怖之外，还要添上孩子、兄弟姐妹和配偶的死亡带来的逐日心灵创痛，那归因于一种疫病，其原因、持续时间、疗法或预防法统统不为人知。在这样的灾难里，某些人必须提供食物，照料病人，运走尸体，还要保证始终有人守护城墙，不断有士兵受命出击。

这么一种混乱的氛围里，假如斯巴达人自己在公元前430年的第二次入侵期间不怕染病，猛攻城墙，或者假如他们翌年返回，而非前去普拉提亚，那么鉴于在雅典驻防兵力羸弱单薄，人心普遍消沉沮丧，他们本将很可能拿下该城。相反，斯巴达担忧人力，特别是深感本国的重装步兵阶级——由精英式的全资格公民武士构成——是何等宝贵和人数稀少，从而导致军队较早回乡，且不重返，直到它的军人们确信不再可能感染疫病为止。[13]

甚至半死的人不久也一命呜呼，俯伏倒在街上和泉水旁。他们脑中最后的意象是朋友和家人正在腐烂的尸体，连同一种意识，即他们自己很快也将经历这么一种可怖的命运。一个被围困的城市如何能在城墙之内处置数以千计的尸体？近来对一个靠近古代凯拉米科斯公墓的拟议中的雅典地铁站址作发掘，结果显露出一个极大规模的群葬墓，还有千余座小坟，全都离地表颇近。在某些场合，十几具骨骸被乱糟糟地甩入大竖坑，显然没有正常的照管和通常被给予死者的祭品。仓促群葬的证据提示发掘者，地铁工程师碰巧遇上了因为公元前430年的流疫而势所必然的许多大规模群葬之一，那显然在该城随后的2 500年历史中未曾再有。[14]

有一个类似的规模大得多的古代世界群葬梦魇，发生在千年之后君士坦丁堡的腺鼠疫大流行期间，即公元6世纪优士丁尼皇帝统治期间。那里，公墓很快爆满，导致腐烂着的尸体堆积于街头和海岸沿线。甚至为打算容纳 7 万具尸体而挖的诸多巨坑不久也被装得过满，致使死者被甩入城墙上的高塔。[15]

在雅典，数日之内，负责的官员们便极难用车运走越堆越高的尸 76
体，更无法将它们土葬或火葬。个人缺乏资源去照管倒下的家人。有时，他们偷窃燃料或整堆火葬干柴——否则就将离去的亲人堆在别人的棺材架上。纠纷爆发。该城的许多长期居民指责新来的乡下人，后者的数量之多和粗俗习惯据称可以解释一种新流疫何以突然爆发。这样的紧张很可能几十年焖燃不熄，给大约 20 年后的政治动乱奠定基础。[16]

全城遍布未予埋葬、正在腐烂的尸体：这个场景给雅典人造成了不可磨灭的印象。仅 6 年后，紧随第力安战役(公元前 424 年)，得胜的底比斯人听任雅典阵亡者腐烂，同时争论不休地索要让步，结果激使欧里庇得斯一年后在他的戏剧《哀求的妇女》(前 423 年)之中谴责这一恶行。与此类似，一经听说阿吉纽塞海战(前 406 年)胜利之后雅典水手们的尸体竟未被捞起，狂野情绪便横扫雅典全城，结果促成了对得胜将领的一场审判。这自杀式的行为似乎是莫名其妙的疯狂，直到一个人想起一点为止，那就是雅典人从未真正地恢复过来，离弃在那最灾难年头即公元前 430 年被根深蒂固地植入的可怖的意象和回忆。还有，在西西里，尸体往往被留在战场任其腐烂，只是几个月之后战事结束时，遗骨才被捡起。[17]

文化与大规模死亡

为什么在一部据称是军事史的著作中，修昔底德给关于瘟疫的谈论那么显赫的地位，细致叙述雅典人沦入野蛮？除了他自己从这流疫中恢复过来的经历，他还有着更广泛的历史兴趣和哲理关切。首先，公元前 5 世纪中叶的雅典启蒙思潮力求经科学的而非宗教或民间俗常的诠释去说明自然现象，而作为这思潮的一个产物，喜好教诲的史家修昔底德想要向他的读者显示，他自己坚信辨识症状的理性主义方法。细致的临床观察可能导致对先前已知的某种病患的诊断。反过来，只有如此，理性主义者才能就病人提供一个预测。因而，他希望“写下它或可据以被认知的症状，如果它将在什么时候再度爆发的话”[18]。

修昔底德往往特别费力地去拒斥假知识，例如幸运者的痊愈保证他们将来免患所有其他疾病这荒谬的观念。他也拒不给这场流疫一个超
77 自然原因。而且，他还讥笑试图将瘟疫爆发与关于多里安人入侵的古老神谕联系起来、以此去解释它的那些人。是过度拥挤而非诸神引发了疫病。祸因在于人类活动，而不在于神道天命。

有如他后来的一些著名讲述，即对科西拉内战、对色雷斯雇佣兵在密卡利苏斯凶杀维奥蒂亚学童和对雅典军队在西西里的最终毁灭的讲述，关于瘟疫的修昔底德式论说成了一项警示，提醒我们人类总是多么接近于野蛮状态——而且他们经法律、宗教、科学和习俗获得的拯救是多么宝贵。文明岌岌可危是个普遍常理，不因现代主义的傲慢而消失，后者声称技术最终废除了世世代代的人性病理学。这位史家在仔细分析瘟疫病因方面的技能也起了一种警示作用，提醒我们他的更宏大史述同样是实证性和教诲性的，缺乏希罗多德或史诗作者的那种浪漫色彩和民间传说。

瘟疫使雅典感染上绝顶的无法无天，即修昔底德所称的 *anomia*。人们确信无论如何末日近在眼前，因而“显现出一种更无顾忌的大胆”。当死亡盘旋在所有人头顶上的时候，多数人失去了先前的自我约束，“使自己沉溺于当下及时行乐”。修昔底德补充说，他们忘记了对法律和诸神两者的敬畏，因为没有哪个人能够确定正直的行为是否提供一种防护去抗御疫病。可怕的死亡袭来，不加区别，不予预警，人们活一天算一天，因而他们往往犯罪般地行事，为的是从生活得“乐”。[19]

瘟疫反映了一个主题，它从头到尾始终见于修昔底德史书：战争之谜还招致了一种可怕的解放效应，使得人们诉诸种种事情，那是他们在和平安宁之中自己作理性谋算时永不会考虑的，因为其时他们有那么多会失去。还有，雅典是希腊世界的智识中心，持有自命的独特人道和自称的高尚文化，因而紧随瘟疫而来的地域状态提醒我们，文明能在任何地方和任何时候丧失殆尽。

不仅如此，由于瘟疫爆发是在历时 27 年之久的战争的第二年，因

此一道门槛已被跨过：一旦雅典人沦入了这样的困境，要在随后的岁月中恢复他们的道德风度就简直不可能。犯罪和野蛮成了惯常的或宁可说体制化了的行为方式，几乎有如雅典人一旦从几十年的文明化影响下解放出来，就无法弃脱新形成的残忍习惯。流疫期间伯里克利之死是 78
雅典沦落的象征，最后一位独特的国务家命归黄泉，唯有他可能拥有使得雅典人在野蛮之中坚守品性不致堕落的智识和道德权威。在修昔底德看来，瘟疫的报应不仅是悲惨、死亡和伤残。它们是无法无天的先驱，引领随后而来更蓄意的政策，那寓于多种多样的、做出来针对反叛的盟邦和中立城邦的雅典残忍行为。

因而，在一段关键的文字里，修昔底德说瘟疫“首次”将一种较大规模的无法无天状态引入该城。他示意，雅典在后来的战争岁月里做的可怕事情有许多是在公元前 430 年至公元前 426 年间给教的，当时全体公民处于被扫灭一空的危险。如果这分析正确，那么瘟疫还对雅典据以进行伯罗奔尼撒战争的战术和方法有深刻影响，而一些军事史家也许昧于这个事实，他们低估疫病的文化涟漪，那从密提林到弥罗斯，横贯帝国处处可感。[20]

头 号 死 敌

尽管如此，修昔底德的终极关切仍是军事的：瘟疫导致的不可磨灭的损失几乎立即改变了微妙的力量对比，而且与之相伴改变了战争的整个进程和战略。在这疫病于公元前 427 年至公元前 426 年虽不那么暴烈但再度重返之后，这位史家直截了当地断定，“没有什么比瘟疫给雅典权势造成了更大的损害”：一项广阔笼统的事后评价，看来包括在第力安(前 424 年)和门丁尼亚* 的会战失败、在叙拉古的灭顶之灾(前 413 年)、从位于德塞利亚的斯巴达经久要塞出发的劫掠破坏(前 413 年至前 404 年)和雅典在海上的一系列关键性挫败(前 411 年至前 404 年)。虽然修昔底德说有两次严重的瘟疫爆发，但他还说“它从未完全消逝”，

* 前 418 年。——译者注

示意在近四年里，雅典人由于神秘的瘟疫爆发而在大批死去。[21]

然而，这场战争的最大奥秘之一，仍是瘟疫对雅典进行战争的能力究竟有多大影响。修昔底德没有夸大落到雅典头上的灾难，然而不清楚流疫究竟怎样改变了雅典的战术，除了通过在公元前429年将斯巴达蹂躏者驱离阿蒂卡内地，转而前往附近的普拉提亚，并且减少了接下来几年的雅典人力。然而，如果全无别的，那么瘟疫引发了一些假定推测，假如它没有突然丧失它的数以万计的公民，雅典本可能做什么。

79 紧随他就瘟疫的有害效应做的总概述，这位史家明确地说“队伍中”有4 400名雅典重装步兵死去，还有“300名骑兵”以及“数目无法确定”的普通民众也丢了性命。[22]就对雅典人进行战争的能力造成的终极伤害而言，这些很大的数目告诉我们什么？

战争爆发时，雅典大概有3万至4万名男性公民，其中半数在理论上适合作为重装步兵服役。这大致15 000至20 000名重装步兵加上非公民的外邦侨民，则人数更多；他们大多承担驻防任务，紧急状况时可被整合进方阵。因而，全军也被分解为前线重装步兵(13 000名)和后备重装步兵(16 000名)。如果“队伍中”的4 400名重装步兵死者只指那13 000名准备投入会战的公民中间的损失，那么所有此类步兵的三分之一强在四年内殒命——或者说该城能够集合的最佳兵员中损失了34%。做个比较，瘟疫相当于古代雅典人的索姆河战役或斯大林格勒战役。

此外，有300名骑兵死去，这意味着雅典宝贵的1 000名骑兵中的30%现在也化为乌有。没有信息表明瘟疫对城里厩养的马匹有何影响，或针对往南行经雅典平原的伯罗奔尼撒蹂躏者的骑兵出击能否继续下去。对在阿蒂卡的敌方巡逻队的唯一防御是雅典骑兵，那在单独一年里丧失的骑手比它历时三十年的伤亡总数还要多。甚至在瘟疫离去九年之后，雅典人依然发觉，当骑兵巡逻队将在家乡阿蒂卡变得更紧要的那个关头，他们自己在西西里严重缺少骑兵。

修昔底德补充说，围攻北部城邦波提狄亚的远征军同样染上了瘟疫。虽然雅典人最终将拿下该城，但他们短短40天内丧失了4 000名重装步兵中的1 050名(26%)。病死者占的百分比，连同在波提狄亚为时六周的迅速传染，可怕地类似于瘟疫在雅典本部的影响。

无论由什么微生物引起，这场流疫尤富毁灭性，导致了健康成年男子中间那么高的死亡率。受感染的雅典人死亡的比例按总人口计，大概超过黑死病最猖獗岁月里中世纪伦敦居民的病死率。疫病总是与战争有一定亲近关系，其时食物短缺，到处紧张，士兵们——有如哈格农麾下在波提狄亚的雅典围攻者(前432年至前430年)——被迫在户外的帐篷和临时兵棚里宿营。古代世界的某些大瘟疫，包括在希腊、意大 80
利、小亚细亚和埃及帝国的某些地方致死率高达人口三分之一的安东尼大流疫，还有罗马皇帝德西乌斯(公元246年至251年)和加卢斯(公元251年至253年)在位期间的其他瘟疫，首先始于军营，在它们结束以前近乎毁掉了罗马军队。

除了这些确数即总共丧失5 750名雅典精锐兵员外，还可以从显然一贯的病死率(30%左右)推断出就后备重装步兵而言的某类数字(16 000人中间死亡约4 800人？)，连同“数目无法确定”的第四等级、外邦人、妇女、儿童和奴隶的可能死亡数。这后一阿蒂卡居民集群可能至少总共达20万人。(1920年，在来自小亚细亚的大量移民抵达以前，希腊人口普查报告说阿蒂卡的总人口为501 615人，除去雅典和比雷埃夫斯的城区和工业心脏地带人口不算。)

如果古代阿蒂卡住民以一个相称的数目遭受死亡，即相当于骑兵和陆军部队里的男子——或许显著超过1万人——的病死百分比，那么又有至少6万平民丧命。以损失的年度报酬(它本将由这些士兵和劳动者获得)计，大约2万至3万所有各色地位的成年男子的死亡意味着他们的家庭立即亏空1 000塔兰特以上——或相当于为了靠一支雅典舰队去保护城市而被放在一旁的年度全部储备资金，一笔以当代美元价值计近乎5亿美元的钱财，因损失经济活动而化为乌有。雅典在接下来几十年战争中的财政困难不只归因于军事开支飙升和盟邦揭竿反叛，也归因于战争开始时数以千计的阿蒂卡劳作者因病丧命或致残。

另外4万至5万名妇女、奴隶和儿童的死亡是大灾难性的。除了这些人在雅典经济中至关紧要的功能外，即使在战争期间，这样的“非战斗者”也往往发挥一种关键作用。例如在遭受围攻时，妇女的烹饪在令守城部队保持生存和健康方面可贵无比。这类照料者的丧失无疑解释了这么一些人的大量死亡，他们本可在病中持续得到喂养和护理。没有身为奴隶的顺从的行李载运者，雅典方阵就不可能全力开入梅加拉或维奥蒂亚；同时数以千计的奴隶正开始在雅典帝国舰队划桨，它的三列桨战舰需要 4 万至 6 万名水手。

与在血腥的第力安会战中丧命的相比，瘟疫杀死的前线重装步兵很可能多出五倍。其总代价甚至超过在臭名昭著的西西里大惨败中死去
81 的那些人的总数。这些死亡数都未包括成千上万因瘟疫而致残的人——或者甚而更具灾难性的、对未来多年雅典人口统计状况的影响，当时那么多年龄适于生育的人被一扫而光。例如，波桑尼阿斯写道，三十多年后，经过了战争的雅典人恳求免于参加开赴小亚细亚的泛希腊远征，口实是他们仍在遭受战争和瘟疫造成的巨大人力损失。[23]

这么多重装步兵的突然丧命，在接下来多年里还有更直接的影响。在公元前 424 年的第力安会战中，雅典只将 7 000 名重装步兵投入战场。在公元前 418 年，它投入更关键的门丁尼亚会战中的人数少于 1 000名——比公元前 490 年在马拉松战斗的 1 万雅典人少了好几千重装步兵。这两场会战的失败都属功亏一篑。多上三四千名雅典步兵就可能变溃败为胜利。假如雅典同盟赢了其中任何一场关键性交战，整个战争就可能按有利于雅典的条件结束，因为维奥蒂亚将退出敌对同盟，同时一个新的伯罗奔尼撒民主城邦轴心将包围一个失去雄风的斯巴达国家。

因而，约 1 万名前线和后备重装步兵的死亡，加上 300 名骑兵的丧命，连同继续进行的围城战和海军巡航，表明雅典多年里无力做出任何真正的陆上努力。瘟疫之灾还解释了为何在紧接公元前 429 年而来的五年里，完全没有任何重装步兵战役，哪怕像雅典人在第力安或门丁尼亚的那种半心半意的努力。相反，雅典人满心恐惧，生怕帝国属邦反叛，部分的是因为瘟疫造成了巨大损失，同时心想雅典城被围困太甚，无力强行贯彻它的海外统治。[24]

短短几年内，某些事情就已急剧出错。曾在战争开始时投入 16 000名重装步兵去蹂躏梅加拉的那支军队，7 年后在第力安已不足那一半规模。雅典要打败质量更优的底比斯军队或伯罗奔尼撒联军，兵员数量优势而非均势必不可少。如果说为舰队提供人力的第四等级以相当于重装步兵和骑兵的合计病死率(即约 30%)死于瘟疫，那么在约 2 万名公民划桨手中间，同样丧命于瘟疫流行期间的也许有六七千人——

或曰足以完全配备30艘至35艘三列桨战舰的水手。那比50年前在得胜的萨拉米海战中所有阵亡的雅典人加起来还要多，而正是那场胜利开启了伟大的雅典的半个世纪。

直至公元前415年，即瘟疫最初爆发近15年后，雅典军队才恢复 82
到仅仅过得去的实力。例如，在谈论公元前416年为入侵西西里做的种种准备时，修昔底德解释说雅典人民对他们的准备工作满怀信心，因为“该城适才从瘟疫和漫长的战争中恢复了过来”，又说财政资金已在尼西阿斯和约期间得到重新积蓄，“而且许多年轻人长大了”。[25]

合计所有丧命的重装步兵、骑兵和第四等级人众，包括成年男性外邦人，同时假定妇女、儿童和所有年龄的男女奴隶的病死率相近，则大约7万到8万阿蒂卡居民突然命归黄泉。他们大多很可能在公元前430年瘟疫初始爆发后的几个月内病死。因而，战争还未真正开始，就有全部住民的四分之一到三分之一消失净尽。然而，瘟疫更确切地说是场天灾而非人祸，因而与后来的西西里惨败相比，史家修昔底德只将一小部分注意力放在这场流行病上面，即使死在雅典街头的雅典人两倍于后来死在西西里的。

信心危机

如果说现代历史学家并不总将瘟疫造成的损失视为一个因素、纳入对阿基达马斯战争的军事史讨论，那么至少雅典人明白，他们的城邦已经无可弥补地大遭损害。他们肯定以瘟疫“前”和瘟疫“后”的方式去看他们的陆海军实力。修昔底德说，战争首个秋季期间对梅加拉地区的入侵是雅典史上雅典步兵实力的最大显示，因为“它尚未遭瘟疫打击”。伯里克利就瘟疫爆发的头一年断定，它比任何别的灾难都更严重地毁了雅典的精神。他暗示，假如这流疫没有搞乱他精心制定的战略，他起初的政策将更为成功。甚至瘟疫爆发期间，雅典人就在断定它史无前例，断定这疫病急剧改变了战争的进程。

同样，当反叛的密提林领导人恳求斯巴达援助时，论据是瘟疫爆发仅两年后“雅典已毁于瘟疫和战争代价”。对染疾但幸存的修昔底德来说，瘟疫的影响处处可感：军事能力削弱，政治局势动荡，帝国属邦反叛，基本战略改变，而且最糟糕的是，看来唯一能在战争的黑暗时分使好搞派争的雅典公民团结一致的领袖一命呜呼。[26]

83 伯里克利年迈体弱，且痛失因瘟疫死去的两个儿子桑西普斯和帕拉卢斯，以致身心交瘁，最终自己也殒命黄泉。灾难对他打击甚烈。伯里克利失去了一名姊妹，还有“他的大部分亲戚朋友”。经过与疫病的一场久拖不决和令人失能的较量——其详情不见于修昔底德就这位伟大领袖写的著名讣文——他在战争开始后两年半去世。他近三十年里一直作为雅典最重要的国务家或多或少地引领雅典，然而在冲突开始阶段死去，留下了一个缺乏领导者的城邦。雅典吃不准伯里克利的战略观究竟是错了且导致了瘟疫之灾，还是依然可行且在该城复原后终将导致胜利。[27]

如果说修昔底德承认，与老阿基达马斯相比，包括伯拉西达、吉利普斯和莱山得在内的下一代斯巴达领导人较有能力，也更大胆，那么他看来认为，伯里克利的后继者诸如克里昂和亚西比得反而更轻率鲁莽，不讲道德。现代人有时反感历史的“伟人”理论，即一种 19 世纪观念，相信事态能由个人的特殊经历塑造，而不是由长期和较为潜伏的人口、社会和文化性质的进程决定。然而，极少有人会去辩驳如下的想法：假如丘吉尔、罗斯福、斯大林或希特勒在 1939 年初死于天花，那么第二次世界大战将会有个总的来说远为不同的进程，即使不是远为不同的结果。伯罗奔尼撒战争从头到尾，连同其后续事态，显赫人物的死亡始终看来对事件进程有深刻影响：仅老帕冈达的演讲便说服了维奥蒂亚人奔赴第力安；伯拉西达和克里昂两人在安菲玻里殒命导致了尼西阿斯和约；拉马胡斯在叙拉古城前不幸身亡助成了西西里远征惨败；莱山得的出现大大激励了斯巴达舰队；还有，紧接战争过后，小居鲁士在库纳科萨丧生令得胜的 1 万人处于战败地位，尽管他们在战场上已占上风。[28]

修昔底德在与疫病较量后恢复过来。可是不清楚，这场折磨是否塑造了他对人类事态的大致悲观主义的看法，或给他留下了永久的身体缺陷，那损害了他的将才，从而导致他被流放。他相信文化在驾驭自然方面的重要性，这多少关乎他与死神的搏斗，一场在成千上万病患者的海洋中的搏斗，后者随时在他周围死去。一定意义上，他对这场战争持的阴暗印象形成于战斗第二年，当时瘟疫实际上决定了后来将这战争本身记录下来的编年史家的格调和主题。

为弥补瘟疫造成的损失，雅典指靠某些孤注一掷的措施，它们含有 84
种种不可预测的效应去侵蚀该城的文化凝聚力。后来，流行的神话提示，非正式的一夫多妻首次得到事实上的允许。苏格拉底和欧里庇得斯之类名人出于爱国热忱，据称有着与第二个妻子生的更多的子女。[29] 国籍法方面的改变现在允许公民资格延展到那些在阿蒂卡出生、双亲之一为雅典公民的人，而先前的法律要求双亲皆系如此。伯里克利有一次提醒雅典人说，有如往昔，他们的公民资格是个难得的荣耀和特权。然而在瘟疫后的雅典，如果该城要挺过战争继续生存的话，重要的是人民的数量，而不必是他们的血统。随着他两名合法儿子去世，伯里克利马上谋求立法，将公民资格延展到他的活着的私生子小伯里克利。[30]

一个宣称信仰一种少年期科学的古代社会——诸如经启蒙的公元前5世纪的雅典，倘若它自己的新颖的理性之神不起作用，那么它在说明自然灾变方面就遭遇了真正的麻烦。后来的轶事提到了传奇式的医学之父希波克拉底本人造访被瘟疫蹂躏的雅典。某些古代叙事反映了种种科学理论，说瘟疫病源载体是气候状况，或是由过分潮湿的状况带来的被污染的谷物。虽然所谓瘴气猜测——说公元前430年的空气被神秘的气体、死尸或死水污染——是对爆发瘟疫的显然通常的解释，但修昔底德不认为它们值得任何详细的谈论。可是，许多其他人认为值得。例如史家第奥多鲁斯论辩说，拥挤导致了令公民们患病的“被污染的”空气。[31]

然而，尽管“空气”与传染病极少临床联系，但古人的经验性推测并非全错。许多种病毒和细菌通过咳嗽喷出的微小的气载滴粒而得到传播。此外，死水能解释病患的爆发，因为池塘是蚊子的理想滋生地，而蚊子滋生疟疾(意为“瘴气”)。

尽管如此，倘若希波克拉底式的科学不能适当地解释瘟疫、更谈不上缓解瘟疫的效应，倘若希腊的宇宙论者和自然哲学家没有提供关于这场流疫的真正病因的一种线索，倘若苏格拉底伦理学未能解释为什么为雅典城好，一个人应当在这么一场大流疫中关心公益，那么像古典时代的雅典人那样精致文雅的人民——包括伯里克利——仍能转向祭拜和迷信，而非更相信科学和传统的奥林匹亚宗教。宙斯、阿波罗或雅典娜做了什么去制止瘟疫？不多过希波克拉底和医生们做了的。于是，既见于修昔底德的史书，也见于阿里斯托芬的同代戏剧，古怪的先知和占卜者们填补真空，在瘟疫岁月里、在一个失望了的人民中间又见复兴。

85 传记作者普鲁塔克认为，就从科学堕入妄知而言，伯里克利本人的精神沧桑提供了一番客观教益。就其很大部分较早生涯，因循俗见者鹦鹉学舌似地模仿这位雅典领袖，说他是理性主义者，自然哲学家阿那克萨哥拉和普罗塔哥拉的门徒。荒谬的故事广为流传，说他闲度光阴，与普罗塔哥拉大谈辩证逻辑，力图发现究竟是一支标枪还是它的投掷者要对其目标的不测之死负道德责任。然而在他的最后日子里，甚至伯里克利，雅典的战时领袖，也沦于可怜的虚妄观念，因而将一条护身符围在脖子上，以图逃脱正在令人衰竭的疫病。这场可怕的战争结束以前，雅典人将见到种种更糟的事情，糟过他们伟大的理性主义将军在临死的病榻上沦于乞灵迷信。[32]

紧随流疫过后，与继续崇信许革亚（“健康”）女神一起，有了对阿斯克勒庇俄斯的异教祭拜，那是在公元前420年左右从伯罗奔尼撒的埃皮道鲁斯被引入雅典的，似乎定期膜拜这些新的医疗神可以使雅典城免于进一步的流疫循环。所谓阿斯克勒庇埃翁（“阿斯克勒庇俄斯殿”）被建造在第奥尼修斯大剧场正西，雅典卫城山下，凄苦地提醒除了公共戏剧，雅典现在还需要神灵的医疗救援。与此同时，在维奥蒂亚与阿蒂卡之间边界处的奥罗珀斯，传奇中的英雄安菲亚劳斯不久也赢得了他自己的祭拜圣地，因为人们希望这么一个医疗神可以提供预防，以免再度感染疫病。

还有更多的忧惧，即怕诸神发怒。瘟疫爆发四年之后，亦即它于公元前426年重返后不久，雅典人采取了一项剧烈步骤：净化提洛岛——昔日希腊提洛同盟的传奇式中心，希冀重获传统上抵挡疾病的阿波罗神的欢心。在尼西阿斯的领导下，他们从岛上迁走了所有坟墓，并以该神的威名举办年度竞技。[33]

更非传统的来自东方的异教祭拜——祭拜弗里吉亚山岭女神西布莉和大神萨巴西俄斯、色雷斯酒神第奥尼修斯和亚洲圣灵巴克斯——不久将由大受困扰的雅典人输入，以求两面下注，倘若他们传统的奥林匹亚诸神例如阿波罗、雅典娜和宙斯不能带来日后解救。可是，虽然超自然解释纷至沓来，虽然他们集体歇斯底里，但甚至在自己最惨的时刻，雅典人也从未诉诸杀人献祭去抚慰诸神，或从事女巫审讯或替罪仪式以图减轻自己的苦难。尽管如此，正值雅典受外部敌人攻袭而步履蹒跚之际，城墙之内开始了该城历史上最大的精神转换过程和宗教不定时期。此后所有在密提林、弥罗斯、锡翁尼和西西里的作战，都须按照被倾泻在国内民主上面的文化混乱去看待。

幸 存 者 86

艰难时分要求非常之人。伯里克利死了。然而，他的已成遗孤的年轻的被监护者亚西比得正在崭露头角，以证明不可摧垮——而且(后来证明)殆无廉耻。他面对瘟疫威胁达四年之久，既在雅典的高危区，也较早时候在波提狄亚，当时瘟疫杀死了那里四分之一的军人。在境内外身经战争的头五年，这名老资格的骑兵完全保持了自己来之不易的荣誉。随着老卫士死于瘟疫，年仅二十多岁的亚西比得即将崛起为新领导人之一，领导现在长年缺少健康男子的雅典。普鲁塔克讲述了如下情景：在深受瘟疫蹂躏的雅典的惨状之中，坚决果断、茁壮强健的亚西比得如何造访情绪低落的伯里克利，劝说他不要在乎晚近遭受的谴责，重返公共生活。按照正常推算，年长老成和冷静持重的人可能保证出任政治领导；然而，在瘟疫肆虐的这些阴暗岁月里，年轻、健壮甚而鲁莽就当时来说是更佳标准。[34]

战争先前杀死了亚西比得的父亲，现在却使他成了在波提狄亚的一位英雄和雅典骑兵中间一位受尊敬的骨干，令斯巴达人远离该城的近侧周边。随着他目睹他的监护者死于瘟疫，同时眼见索福克勒斯和帕特农神殿之城堕入臭气弥漫的死亡境地，战争已使他懂得命运无常，人人概莫能外。时间现在不等雅典境内任何人，与身染瘟疫、孤独可鄙地死去相比，抓住现时去风光一场要好得多。

瘟疫在公元前 426 年悄然而止时，亚西比得仅 24 岁。然而，在历时已达五年的战争中，他见到了野蛮残忍、流疫横行和在波提狄亚的血腥屠戮，妇孺毙命雅典街头，而他的富裕朋友们的农庄被遗弃，有时被焚毁，都在一度美丽的阿蒂卡乡村，他自己的家族在那里世世代代一直拥有至少两处约 80 英亩的大农庄。[35]这年轻人从这一切汲取的教益是修昔底德式的：战争真是“一位严酷的教师”，而且仅有很少数精明敏锐、铁石心肠的人才能看透它。在他那一代人中间，几乎只有亚西比得才会看透它；然而，他也将使他的城邦与他一起沉沦。修昔底德指出，那些经过瘟疫幸存下来的人误以为自己永不会再得其他疾病。很可能，亚西比得同样觉得他的幸存，以及他的导师苏格拉底的幸存，多少是他的罕见运气的一部分，并且证明他在未来有一种优越的天命。[36]

雅典将士在接下来的 23 年即公元前 426 年直至公元前 404 年间每每投入战斗时，都心知他们的父母、他们本人、他们的孩子或他们的朋
87 友遭遇的瘟疫之难可能随时全无预警地卷土重来，杀死成千上万人。在战争的很大部分时间里，对流疫的恐惧必定惊悬在战斗者心中。当斯巴达人和亚哥斯人公元前 420 年考虑订立一项和约时，他们写了一则附录，说双方中间每一方都可免于履行某些被约定的要求，如果它们当时遭受一场瘟疫的话。[37]

瘟疫的涟漪还波及同时代的和后来的文献。或许正是在瘟疫爆发五年后，剧作家索福克勒斯——据称在对阿斯克勒庇俄斯于公元前 420 年传入雅典后卷入这一异教崇拜——向晚近失去了成万同胞的观众展示了他的震慑人心的《俄狄浦斯王》。这出剧开头是底比斯城困于一场突然爆发的流疫，那伴有庄稼病害、牲畜死亡和普遍不育。观众席上的雅典人必定会认出所有这样的灾难，认其为瘟疫或斯巴达蹂躏者的入侵招致的晚近折磨——而且害怕它们能在任何时刻卷土重来。修昔底德集中于对瘟疫的科学描述，漠视或嘲笑流俗传闻，但对索福克勒斯的戏剧情节来说，瘟疫的宗教背景却有中心意义：底比斯人必定遭受集体惩罚，因为它的王族之内有不为人知的乱伦罪和未被认出的弑父罪。

在这出剧里，传统宗教——阿波罗的智慧和泰瑞西亚斯的预言术——提供了发现流疫的病因和疗法的恰当途径。至少在索福克勒斯想来，雅典所以丧失四分之一人口，可能不是因为过分拥挤或种种不卫生的做法，而是因为缺乏传统的虔敬。他似乎提示，如下做法实乃狂

傲，即设定仅凭逻辑——也许同时代雅典的智者派精英或伯里克利本人应被等同于他剧中那过于骄傲的俄狄浦斯——就能简单地剖析流疫，从而给说到底必定仍是神意引发的难题找到合乎理性的原因和应对。 俄狄浦斯理性十足，傲慢自信，而且有如伯里克利，无法对付一个冥冥劲敌，那超出关于重装步兵和三列桨战舰的凡世谋算。

后来的作家，如卢克莱修、维吉尔、奥维德和约瑟夫之类，也将对瘟疫和自然灾难的生动描述编织进自己的著作，往往令人惊异地有似雅典大流疫：源自非洲，从乡村窜入城市，起因神秘，无法疗治，大量人群死亡，导致社会混乱。 在一个更具历史性的语境中，拜占庭编年史家普罗科庇乌斯借鉴修昔底德，提供了一番同样惊人的社会大灾描述，那公元 542 年春天袭击君士坦丁堡的一场流疫(极可能是腺鼠疫)，每天 88
杀死的人一度可能多达一万。 雅典瘟疫之灾证明是后来西方的一类史学编纂的权威典型事例，它将这样的灾难性爆发编年撰列，似乎任何随后的叙述都须包含一种修昔底德式的说明，说明不可避免地紧随这类大规模死亡而来的社会混乱。[38]

尽管如此，就战争头几年而言，斯巴达的入侵既未实现经济的毁坏，也未促成所欲的决战，即使在成千上万雅典人死于疫病之际。 无论是传统战法，即农业蹂躏和重装步兵会战，还是瘟疫流行，都未导致决定性胜利，因而每一方都准备重新规定自己的战略。 雅典人将不再久留城墙之内就地丧命。 斯巴达则不能只派出庞大的军队去徒然搜寻敌方重装步兵。 相反，新剧里的新人登台亮相，要打一场先前在希腊从未见过的肮脏的战争。

伯罗奔尼撒战争的这新颖的进行方式将很适合亚西比得之类大胆创新的领导人。

第四章

恐 怖

阴影中的战争(前 431 年至前 421 年)

89 在因为害怕瘟疫而来的一年拖宕之后，斯巴达同盟于公元前 427 年重新入侵阿蒂卡，同时它的维奥蒂亚伙伴加紧推进对波提狄亚的围城战，那始于阿蒂卡流疫期间。然而，战争的这头几年里，并非所有雅典人都在死于瘟疫，或在巡查阿蒂卡乡村，去徒然力求驱退伯罗奔尼撒蹂躏者。帝国舰队里数以千计的人，不管是否感染了瘟疫，决心令斯巴达及其盟友为其攻袭付出代价，而且体验某种羞辱，那是它们既在阿蒂卡外乡也在雅典城内部横加给别人的。

用普鲁塔克的话说，作为对斯巴达领土的这些袭击的一个结果，雅典人有某种“安慰可得，得自他们的敌人正在遭受祸殃”。如果说战前的观察家们担忧，雅典与斯巴达之间的同类相残可能远不同于过去的希腊战争——远比它们漫长，那么他们很快就被证明有先见之明。[1]

战争头几年(前 431 年至前 423 年)多少证实了这阴暗的战前预测：雅典人规避与斯巴达步兵会战，而伯罗奔尼撒战舰则通常不愿在任何大交战中迎战雅典海军。舞台被搭建起来，以便打“不对称”、“第四维”或“后现代”的战争，也就是从事这样的冲突：在其中，一系列政治、社会和文化因素，而非常规军事信条或传统格斗者，决定一方选择如何伤害它的对手。一些相当粗野的杀戮者现在将步出希腊世界的阴影，去做传统的陆海军将领不可能做的事情。双方都将以非常规的方式运用恐惧，提醒我们恐怖是一种战法而非一类敌人，是一个特定的交 90
战方选择如何进行战争的表现，而非某种脱离人员、金钱和场所存在的独立实体。

通过累计所有欺诈和奇袭例证(往往在夜里由非重装步兵进行)，彼得·克伦茨指出重装步兵会战不是主要战斗手段。*他举了伯罗奔尼撒战争中的37个例子，大大多过在第力安和门丁尼亚的两场事先精心布置的大规模重装步兵交战，连同在索利基亚和叙拉古的规模较小的方阵冲撞。同样，W. K.普里切特仔细核对了伯罗奔尼撒战争期间的43个夜战例子。夜战与传统观念相反，后者是在大白天整列好各支部队，随后经步兵撞击解决问题。[2]

此类非传统战争在公元前431年春季迅即爆发。可以预见，一旦陷于僵持的常规战争转向在年度入侵阿蒂卡乡村以外的各远方战区，它们就变本加厉，涉及一批并非势均力敌的代理兵力。这里的悲剧在于，战斗难得对称，或这些地方性交战的结局难得有疑。它可哀可叹，只是因为彼此相称和契合常规的战斗者们很可能遵循关于规则和礼仪的旧日希腊理念，那倾向于排除没有理由的杀戮，因为双方都无得胜把握，从而都有必要去担忧战败后它们自己被如何处置。然而，在希腊的僻壤边陲、远离平原的公开决斗中，雅典人和斯巴达人以及他们的一批丑恶的帮凶通常不遇敌方主力，却是在特殊地点被碰上，而且短时间拥有毫无疑问的兵力数量优势。在这些场合，弱者和无辜者的生命完全系于一线，那就是在特定的一天一位特定的指挥官的特定态度，宽恕的可能性随战争愈益升级而愈益消减。

新　杀　手

就这类战争而言，既不需重装步兵累赘笨重的个人披挂——胸铠、

* “重装步兵会战”是指重装长矛兵以方阵的紧密阵列对一个类似的阵列作战，通常在白天，而且依据某种预先安排。

护胫、盾牌、头盔、长矛和刀剑——也不需三列桨战舰上代价高昂的国家投资(一艘昂贵的划桨舰配备 170 名至 200 名水手)。诚然，重装步
91 兵被用在战舰上，从事袭击和围城战，然而他们愈益经常地减轻自己的全套装备，怀疑自己经受的传统训练不适合这么一种新作战场合。相反，新型战斗者正在浮现：轻装武士，以各种不同名称为希腊人所知，被唤作“轻装小子”(*psiloi*)，“月牙状标枪兵”(peltasts，因为他们携持被称作 *peltê* 的小月牙状盾牌)，或干脆叫“赤膊兵”(*gymnoi*)和“无甲兵”(*aoploi* 或 *anoploi*)。传统上，轻装部队仅被松散地组织成群，主要用于追击和乡村蹂躏。这些是较为少见的作战场合，重装步兵阵列要么全然乌有，要么只剩些许，因而较轻装更灵活的武士们能够机动胜过阵列之外易受伤害的重装战斗者。

公元前 431 年以前，例如雅典从未组织过一支正式的轻装部队，不管是因为它拥有巨型舰队，需要较穷居民和无地人口全时服役，还是因为它相信境外靠海军交战，境内用骑兵防御。它的较年老和较年少的公民相反可以附随短途征伐，跟着前往附近的梅加拉或维奥蒂亚，希冀在重装步兵的庇佑下从事劫掠或蹂躏。伯罗奔尼撒战争将改变这一切。到这战争的最后十年，甚至雅典也经常雇用和部署它自己的轻装兵力，对未来的希腊战争方式涵义巨大。[3]

起初，轻装部队被当作“异类”，既在地理意义上，也在专长意义上，因而具体地和抽象地说往往是在希腊城邦国家域外。在希腊本部，轻装兵乃无地穷人，备不起护身铠甲，更备不起一匹马，通常挥舞一支长矛或标枪，且外加一面便宜的木制或皮制盾牌。主陆之外，在希腊世界边缘处，轻装兵更为专门化，往往是部落武士，精于在崎岖地形上作战，极少或全无挫败方阵的经验或需要。

月牙盾标枪兵起初系色雷斯专有，那是行动敏捷的部落战士，除了他们的往往蒙皮的月牙状盾牌和长长的戳矛或投掷标枪外，甚少武备披挂。战争初期，雅典和斯巴达都雇这样的色雷斯雇佣兵，他们在雅典对斯巴达的斯法克特里亚岛胜局(前 425 年)和伯拉西达对雅典属邦的哈尔息狄斯战捷(前 424 年)中发挥了关键作用。然而到战争结束时，仿效色雷斯装备和战术的希腊部队已常被部署，频繁程度远超过重装步兵。[4]

投石兵是来自罗得斯岛的特长兵种，与此同时最好的射箭手则从锡

西厄和克里特输入。同样，最优的骑兵游历于帖撒利平川和马其顿平
原，而希腊语世界有些地区从未充分信奉城邦的农业社会传统规程，不 92
见有任何理由要为争执其广袤的平原去部署重装步兵。相反，它们发觉在山里战斗或者伺机袭击、打了就跑是更便宜更有效的战术：多样化兵力很好例解了一个事实，是修昔底德对雅典人派往西西里从事第一波征伐的兵力记载。除了重装步兵和水手外，还有作为陆战队装备起来的700名雅典穷人、480名射箭手（包括80名克里特神射手）、700名投石兵和另外120名梅加拉轻装兵——换言之2 000人的轻装部队，或者说占5 100人的重装兵力本身的大约40%。还有，驶往西西里的首支庞大舰队由134艘战舰组成，在它们所载的全部人力当中，重装步兵所占比例不到约26 800名水手和战斗兵员的20%。甚至早先，雅典人就在阿卡那尼亚部署了投石兵，希望比得上他们在该地的非常规敌手的非正规部队。与此类似，维奥蒂亚人先将他们招来，继而全歼公元前424年在第力安陷入了圈套的雅典驻防军。在伯罗奔尼撒战争中，轻装武士——而非组成方阵的重装步兵——变得处处可见。[5]

此类投射战士的吸引力何在？一句话，他们能从远处杀敌。经过长期训练和施展专长，他们致敌于死命而不费重装铠甲或战舰。例如，当投石兵有了符合空气动力学的重约20克至30克的小铅制抛射体而非较粗糙的土丸或石丸时，他们就能轻而易举地超过箭手射程，击中约350码远的目标。队列中手举盾牌的重装披挂者大体上不受密集来袭的土石丸伤害，然而当大多数步兵战斗是在方阵之外进行时，这种伤害在伯罗奔尼撒战争中有多经常发生？

随战争进展，对这些非常规部队的使用只见增多。到公元前424年，甚至守旧的斯巴达人也已征召了弓箭手部队和骑兵部队。他们突然转向这些兵种只是因为经历了斯法克特里亚战灾，加上雅典人将皮洛斯和锡西拉用作在伯罗奔尼撒领土上的前沿基地。在阿蒂卡遭到挫败，同时无力在海上与雅典较量，于是斯巴达领导层终于懂得了一点，即他们自己的精锐的重装步兵不是解决办法。这一认识导致斯巴达举国轩然大波、震惊不已，因为一个依赖同质的重装步兵精英的国家现在暴露出无法打赢它挑起的战争。[6]

紧随对轻装杀手的广泛使用、将他们用于新的非常规战争，急剧的

社会和文化效应接踵而来。长久以来，希腊的军役一直由阶级定
93 性——拥有土地的性质和规模而非军事效率本身决定公民如何作战，因而转用穷人和散兵使历经了几世纪的现存传统规程变得可疑。这场军事革命有倾覆希腊城邦国家的社会凝聚的危险，从公元前 4 世纪起得到了事后的最佳理解，其时眷恋往昔的希腊思想精英谴责伯罗奔尼撒战争，尤其谴责输入异域杀手，后者像重装步兵一样致命，但远不像重装步兵那样受人敬重和赞誉。[7]

大多数西方军界有个老生常谈，即它们的和平时期的官僚机构围绕重装常规步兵部队运转，后者被设计来与对方的常规重装步兵作战，那属于一个类似的民族国家。与之相反，对非正规部队和特种兵力的依赖不仅使这样的假定变得可疑，而且暂时抬高了一类不悦任何传统规程、因而理所当然地遭到社会鄙视和阶级厌憎的武士。

这种截然的两分像荷马本人一样古老，他的公元前 8 世纪后期的《伊利亚特》将弓箭手和非正规兵员贬为一类决然低下的社会等级。阿喀琉斯或埃阿斯在激战中勇猛冲杀，他们与怯懦(虽然致人死命)的弓箭手帕里斯相比，看来是更决绝和更诚实的战士。在我们当代，恐怖分子、游击队员和叛乱分子用火箭弹、地雷和自杀炸弹武装起来，能够令国家的用数十亿美元装备起来的众装甲师陷入大混乱；对他们的敌意并非不像古人对弓箭手、弩炮手和轻装散兵的新现威力的深恶痛怨，这些人全无重装步兵的可敬重性。与重装步兵不同，古代散兵再度犹如现代叛乱者，更有可能以平民为打击目标，无论是在科西拉，还是在密卡利苏斯的维奥蒂亚人小村庄。在早先的希腊史上，全无重装步兵方阵杀害平民的记录，并且极少证据表明重装步兵杀害了众多逃离会战的战斗者。

针锋相对

伯里克利的战略将证明耗费极大，影响深远，而且讽刺性地远为错综复杂，大不似在对阵激战中迎应斯巴达人的简单得多的“进攻性”计划。差不多刚得到斯巴达首次入侵阿蒂卡的消息，雅典人就扬帆南航，去劫掠伯罗奔尼撒海岸。或许他们记得，四分之一个世纪以前，

在第一次伯罗奔尼撒战争期间，他们的传奇式的将军托尔米德那么鲁莽，以致焚烧在基赛阿姆的斯巴达船坞和蹂躏伯罗奔尼撒海岸平原。现在，他们至少意识到，斯巴达联军集聚和随后开入阿蒂卡导致其身后本土大概极少防御，伯罗奔尼撒沿海地区几无遮拦。雅典联合舰队拥 94
有约100艘战舰。它的战术很简单，只需舰只、为舰队供应饮用水和食物的基地，以及考虑周到的指挥官，他们将挑选最易受伤害的大小村庄，不过分久留，血腥杀戮易杀者和肆行劫掠。[8]

在此类作战行动背后，在过去几十年里与伯罗奔尼撒人的早先冲突期间实际上已被尝试的战略后面，雅典的终极目的何在？这目的显而易见：打断陆上和海上通商，摧毁战争物资，摧抑敌方国内战线的士气，并且显示斯巴达人不会或不能保护他们的朋友。与此同时，它们将使身后本土遭殃已久的雅典公众相信，尽管规避对阵激战，他们的军队仍不像看似的那样消极无为或胆怯懦弱。

整个漫长的战争期间，共有大约55次截然分明的海上交战、陆上会战和围城战，都是常规战斗的例证，换句话说有一个可辨认的开始和一个结束，服务于种种战术目的。与之相反，战争头几年里遭雅典人攻击的城镇、国家和地区的确数以百计，代表差不多连续不断的交战行动，其时他们的舰队游弋不息，围绕伯罗奔尼撒，贯穿科林斯湾，沿驶希腊西北和东北两大处海岸，且横行无羁于南爱琴海。此乃攻袭杀戮，而非希腊人先前定义的正式的战争。

此类行动中被杀被灭者究竟几何？这全无准确记载。按照时间顺序，作一番关于公元前431年至公元前421年的攻袭目标的部分罗列，便足以烦扰读者：索利安姆、阿斯塔库斯、特罗尼昂、阿克特、梅索内、在伊利斯的若干城镇、厄基那、埃皮道鲁斯、特罗伊岑、哈利埃伊斯、赫迈俄尼、普拉西埃、埃托利亚、安非罗基亚、阿卡那尼亚、奥尼亚泽、琉卡斯、科西拉、安那克托里安、弥罗斯、锡西拉和克罗米伊翁。修昔底德指出，公元前430年的第二度海上征讨，由伯里克利亲自率领，在某些方面像后来驶往西西里的首支大舰队一样庞大。

确实，在他们选择攻袭的伯罗奔尼撒几乎任何土地上，150艘帝国三列桨战舰、4 000名重装步兵和300名骑兵赋予雅典人直接的——即使是暂时的——兵力数量优势。这攻袭并非纯粹象征性的报复(即使攻袭者难得冒险从其战舰深入内地5英里以上）。相反，入侵被刻意定在伯罗奔尼撒人从事攻击的同一时刻，从而有效地令敌人早日撤离阿蒂
96 卡——并且提供一种放眼未来的报复性威慑。不过，公元前431年至公元前426年间雅典部队接连不断的境外部署——在波提狄亚、色雷斯、伯罗奔尼撒周围、科林斯湾、密提林、西西里以及希腊西北荒野——总共耗费了国库近5 000塔兰特，几乎导致国家破产。[9]

这些短暂的入侵显露出什么？战斗主要涉及低层次杀戮和劫掠。目的是伤害敌方，但同时在此过程中寻找某种方式去支付高昂的代价，那是部署那么大一支往返巡航约800英里的舰队和陆战队兵力耗费的。例如，沿伯罗奔尼撒海岸和西南主陆，雅典人在特罗尼昂虏获人质，抢劫普拉西埃，奴役安非罗基亚的亚哥斯人，劫掠安布累喜阿，并且扣押锡西拉人以勒索赎金。有时，他们在锡西拉或纳夫帕克托之类地方建立常设基地，雅典舰队能在那里定期寻得补给，以供此后征伐之用，并为就地抵抗提供一个基地。战争头七年里伯罗奔尼撒人越常进入阿蒂卡，雅典人就越可能袭击其盟友后方的农庄和城镇——同样物资所获甚少，可是在这过程中经试验和犯错去奠定一种激进的新战略，它不久将变得对斯巴达人的事业大有破坏性。

约3万雅典人及其盟邦合起来巡行海岸。蹂躏者难得遭遇抵抗，例如斯巴达的伯拉西达对梅索内村庄作的英勇守卫，那在西南方美塞尼亚海岸上，设防甚为单薄。与之相反，随舰队围绕拉哥尼亚缓慢行进，上至伯罗奔尼撒西北海岸，他们越往前绕经斯巴达驶行就越少遇冲突，继而停下来在富庶的伊利斯乡村从事两日蹂躏。伊利斯人能集合起一支军队以前，雅典人便回到海上，驶向至关紧要的科林斯湾湾口，夺占了科林斯人在索利安姆的港口。

与此同时，随他们更进一步向北行驶，行经科林斯湾，猛攻在阿卡那尼亚的敌人盟邦城镇，另一支由30多艘雅典战舰组成的舰队袭击了主陆东北海岸外的洛克里和福基斯。正当雅典人及其盟邦的这两支兄弟舰队——现在总共36 000名战斗员！——打击斯巴达利益之际，还有一支雅典海上兵力驶离比雷埃夫斯，迅速攻击附近的厄基那岛。或许对斯巴达蹂躏的狂怒解释了雅典人为何毫不踌躇，去驱逐数以千计的厄基那男人、妇女和儿童，继而在几天内将该岛的全部居民清除净尽。

95

伯罗奔
尼撒海岸
雅典的劫掠
0 英里 50
0 千米 50
安那克托里安
索利安姆
纳夫帕克托
维奥蒂亚
爱琴海
科林斯海峡
梅加拉
雅典
伊利斯
科林斯
伯罗奔尼撒
亚哥斯
厄基那
阿卡迪亚
门丁尼亚
埃皮达努斯
莱普雷姆
提耶亚
帕拉西亚
锡努尾亚
西尔蒂斯
斯巴达
萨辛修斯
皮洛斯
斯法克特里亚
姆索内
克里特海
锡西拉

那支有100艘雅典战舰的首发舰队业已中止作战，留下陷入大动乱
97 的科西拉人扬帆返航，但接着在梅加拉地区停下来，与一支1万雅典重装步兵组成的陆上武力会合，后者正在攻袭伯罗奔尼撒人进入阿蒂卡的这可恨的走廊地带。与此同时，3 000名重装步兵仍忙于围攻波提狄亚，且在此过程中耗费2 000塔兰特——建造两座帕特农神殿的价钱，或曰足以建造一支有2 000艘三列桨战舰的巨型舰队并使其下海和维持半年海上活动的资金。到战争第三年开始时，仅围攻波提狄亚就费去了雅典40%的战前资金储备：这笔巨款足以警告所有城邦，要打一场经久不决的围城战就有可能遭遇财政灭顶之灾。[10]

全无规则

公元前431年后差不多立即出现了两场伯罗奔尼撒战争。史学家们或多或少集中于这样一些战役：在门丁尼亚和第力安之类地方打的众所周知的陆上会战，对密提林、叙拉古和弥罗斯的著名的围城战，还有像阿吉纽塞和伊哥斯波塔米海战那样高潮性的海军摊牌。然而，同时有一类甚至更残暴的隐然不显的战斗在一些偏僻处进行，例如在意大利海岸外的埃托利亚岛，还有在索利安姆和锡西拉等地。修昔底德讲述这些袭击的话语屡屡重复——“他们劫掠”、“他们攻击”、“他们杀戮”——实乃必须，因为不分青红皂白的屠戮常有常见，很快成了这低烈度劫掠活动的组成部分。

斯巴达人和雅典人都开始以较小规模的入侵去补充他们的主要战区作战，接下来26年里始终如此。战争结束以前，希腊语世界的差不多每个部分都已遭受了一场突袭，突袭者就是从事掳掠的斯巴达人或雅典人。此一时或彼一时，斯巴达人袭击萨拉米、希西亚、亚哥斯、埃索斯、克拉佐梅那、科斯和莱斯博斯，雅典人则在尼西阿斯和约有效期间(前421年至前415年)和其后继续他们的恐怖统治，侵入和洗劫弥罗斯、数十个西西里村庄、拉姆萨库斯、米利都、利底亚、比西尼亚、卡里阿和安得罗斯。

修昔底德本人往往厌憎这些袭击的十足野蛮性。攻击者不予宽恕，

被攻击者不求饶命，战斗往往转变为简直就是穷追绝望之人，从后面击杀他们。一个特别生动的例子，是战争第六年里雅典人在希腊西北部遭遇的灾难，时为公元前426年夏季。雅典进攻者变得困惑莫名，在埃托利亚的陌生山区里遭到伏击，于是德摩斯梯尼将军不再能控制他麾下惊恐万状的军队。一旦活着的雅典弓箭手耗尽箭矢——军队安全的最后依 98
靠——埃托利亚人的轻装部落散兵便立即从每个角落冲出。那是个极可怕的场景，雅典人跌入“无路的隘谷”，许多人覆灭于倾盆大雨般落下的标枪，但更多人被缠在茂密的灌丛和林木之中活活烧死：

> 每种逃法俱被尝试，但每种毁灭俱告降临，全都落在雅典部队头上。只是历经艰难，存活者才能逃到在洛克里的奥内昂岸边的海上，亦即他们先前出发的那个地方。盟邦兵员丧生多多，120名雅典重装步兵亦命落黄泉。此类死者数目如此之大，还有在此丧命的所有同龄人——可谓雅典城在整个战争中失去的头等精华。[11]

“头等精华”表明，贵族出身的修昔底德有如后来的柏拉图，特别厌憎这类战斗，其时优秀步兵全不遇常规战场去显示他们受的训练和他们的英勇。一场甚至更糟的大屠杀发生于不远的安非罗基亚，时为几个月以后(前426年冬季)，在另一次大规模的雅典袭击期间，那是战争初期一类持续的努力的一部分，旨在确保科林斯湾海岸，同时确保往西前去西西里和意大利的通道。一次停战之后，有些安非罗基亚人试图从他们的俘获者那里逃脱，同时不被雅典将军德摩斯梯尼及其阿卡那尼亚盟友知道。然而，阿卡那尼亚人差不多立即追上了他们，屠杀了大约两百人。与此同时，一支安布累喜阿换防队伍抵达，无知之中在附近扎营过夜。德摩斯梯尼手下人扑向酣睡的安布累喜阿人，并在他们挣扎爬起时开始大屠杀。

大多数逃出营寨的安布累喜阿人被本地的安非罗基亚人追杀。如同先前夏季雅典人在埃托利亚的命运，他们很快就被逐入沟壑皱谷，成群被杀。少数恐惧万分的安布累喜阿人往外逃到海边，跳入激浪，尽管有一支巡弋岸区的雅典舰队在场。安布累喜阿人那么不顾一切地要爬出林下灌丛，逃脱被憎恨的安非罗基亚部落，以至于宁愿在水中被雅典水手杀死或俘获。 这一切与重装步兵会战的壮观和规程有天壤之别。

不知究竟有多少人在逃跑途中被杀害。 酣睡时被杀的，在林中或水里被杀的，丧命的安布累喜阿人算来远逾一千。 在一则罕见的表达厌憎的讲评里，修昔底德说安布累喜阿大屠杀是在那么短的一段时间里落到一个希腊城邦头上的最大灾难。 他还补充说，他无法给出任何准确的死亡数，因为“鉴于该城的规模，据说死者之多看来难以置信”[12]。

99 在安非罗基亚发生的这悲哀的惊人事件期间，雅典人的阿卡那尼亚盟友屠杀停战状态下退出战斗的部队，攻击试图制止此种无理暴力的本方将军，而且搞不清楚他们据想将要杀戮的部队究竟属于哪些部族。 极端保守的柏拉图在他自己的时代(前 429 年至前 347 年)痛恨此类非常规战争。 他将这种战争形式在公元前 4 世纪的普遍存在归罪于它在伯罗奔尼撒战争期间丑恶的缘起。 那时他从十来岁长到二十多岁，亲眼目睹了帝国雅典输掉战争，还有他的贵族朋友们力图搞寡头造反但一败涂地，而且此后不久他的导师苏格拉底被激进民主派处死。 显然将这些事件联系起来，他发出了一通怪异的厉声责骂，痛斥险恶地使用“海上步兵”。 柏拉图厌憎这类会战：在其中，没有一清二楚的战斗人员去靠纪律和勇气解决问题。

与此相反，乌合之众“频繁停泊，跳上岸来，然后竭其所能尽快地奔回其舰船。 他们认为，不去勇敢地死在自己的阵位上毫不可耻”。 他显然那么厌恶一种做法，即运用舰船玷污战争的声誉，糟蹋优秀重装步兵的英雄行为准则，以至于嘲弄说在神话时代，雅典人本来最好是随老国王米诺斯之意，将所有人质都交给他，而不是在海上抵抗他，由此树立起导致了当前耻辱的成功的海上范例。[13]

希腊的黎巴嫩化

无法无天的风气迅速横扫希腊，很像 1975 年至 1985 年构成贝鲁特的特性的恐怖和混乱，其间 15 万黎巴嫩人丧失性命。 斯巴达人跨过阿蒂卡边界后，很快差不多任何过境的希腊人都成了可捕猎对象。 例如，在公元前 430 年，作为旨在获取波斯资金的斯巴达初始计划的组成部分，某些伯罗奔尼撒特使前往波斯，途中行经色雷斯。然而，当地的雅典使节说服色雷斯人逮捕了这些外交官，并将他们引渡到雅典。一旦到了那里，他们就立即不经审判而被从速处死，尸体被随便扔入一个土坑。绑架外交官卑鄙地违背了希腊惯例，那些惯例既尊重信使和特使的不可侵犯性，也往往规定恰当地礼葬死者。

在解释这令人惊诧的行为方式时，修昔底德说雅典人所以肝火大发，是因为近来斯巴达的一种做法：拦截在伯罗奔尼撒海岸外发现的所有雅典的或中立的船只，不管是战舰还是商船，而后处死上面的船员。 100
不知道究竟有多少平民水手和军事船员以这种海盗式的残暴方式被杀，就像伯罗奔尼撒战争中那么多血腥事件的情况一样。然而，数目之大很可能以千计。这些是国家核准的行动，以便伤害敌人，但在许多场合，对成千上万机会主义地参与其中的人来说，个人获利乃首要动机。[14]

胆怯乃此类屠戮的一个必要条件，因为部队难得情愿碰上同类。一个典型例子是特别残暴的斯巴达海军将领阿尔息达，一旦战争迅速堕落为无拘无束的盗窃和谋杀之后，这名恶棍就立即发觉它大对胃口。他公元前427年被派离伯罗奔尼撒，带着40艘三列桨战舰去援救在莱斯博斯岛上密提林的准备恶战的反叛者，这些人自己不久便将投降，面临雅典人的大规模处决。阿尔息达途中得到消息，说密提林已经陷落，要脱离雅典的反叛一败涂地。作为回应，他立即否定了两项提议，即要么继续驶往密提林并与得胜的雅典舰队对峙，要么在小亚细亚的诸雅典属邦中间鼓动普遍造反。它们都是冒险的主张，可能导致与占优势的雅典舰队大打一场。

与此相反，阿尔息达寻求较易捕杀的猎物——然后迅速逃回伯罗奔尼撒老巢。在雅典人遭遇西西里惨败和丧失帝国舰队的三分之二(前413年)以前，对一支斯巴达舰队来说，过久滞留爱琴海的任何地方都是件危险的事情。阿尔息达窜入爱奥尼亚小镇米昂内苏斯，在那里速速处决了从伯罗奔尼撒航行途中他的三列桨战舰已截获的所有船员，那符合战争伊始斯巴达人的誓言，即杀死被认为与雅典事业携手合作的任何水手。不清楚阿尔息达如何促进了斯巴达的战争目的，也不清楚他的杀手舰队以什么方式契合了总的战争谋算；然而显而易见，他希望令中立者明白，他穿越爱琴海的突围似的航行意味着海洋不再是雅典舰队的专有权域。[15]

现在，保证一钱不值。例如，追逐着阿尔息达的雅典将军帕契斯放弃追逐，缩回去带一支舰队在小亚细亚的诺丁姆登陆。在那里，他很快试图为雅典人收复该镇，镇压了一场刚开始的反叛。这位雅典海军将领不是对阿尔息达的行为义愤填膺，而是要仿效其策略。于是，他提议与敌方雇佣军头目之一、阿卡迪亚人希比亚谈判。当希比亚谈判完结出来时，帕契斯迅即进攻，夺取了他的要塞，然后背弃自己的豁免许诺，当场杀了希比亚。

101 接着，帕契斯前去与密提林的反叛分子打交道，围捕斯巴达煽动者萨莱修斯，并将他押回雅典，在那里他被处死——恰逢公民大会给帕契斯发话，要他统统杀了密提林罪党。[16]用个适合整场战争的比喻说法，被派去捕获斯巴达屠夫的雅典人证明本身是更大的屠夫，而每一方现在都害怕宽恕将被视为软弱，同时残忍杀戮传递了一个有益的警告，即发动反叛甚或保持中立就必死不赦。

没有通则——毫不比黎巴嫩危机期间在贝鲁特有的多——去透露虏获者是否可能让其人质继续活命，不管是出于最终勒索金钱的考虑，还是出自短暂即逝的怜悯感。相反，无辜的平民遭到绑架，被急速带走以安全看管，然后在一个较合适的时机被带出去处死。这就是被亚西比得在公元前415年夏季绑架的300名亚哥斯保守派的命运，依据的指控是他们怀抱“亲斯巴达”情感，因而对他重塑亚哥斯—雅典民主同盟的努力来说是个危险。一年后，当亚哥斯民主派担心一场可能的政变和外国入侵时，并且当亚西比得本人遭到猜疑时，雅典人从岛上取回这300人，将他们遣送回国，那里他们一经抵达便被处死。

如此俘获人质并非新颖。战争一开始，听说底比斯恐怖分子和暴动者已攻击普拉提亚，雅典人便逮捕了所有在阿蒂卡找到的维奥蒂亚人。还有公元前424年，雅典人在边境城镇锡里亚抓获了某些厄基那人——但只是在他们洗劫该镇、依凭镇墙和将所有居民变成奴隶之后。他们将全部俘虏整批运到某些未提及名称但安全无恙的岛上，然后根据雅典公民大会的后来的命令将他们统统处死——鉴于厄基那与雅典之间的仇恨显然不是个例外事件。[17]

史家色诺芬记载，当消息传到雅典，说莱山得行将驶入比雷埃夫斯之际，公民们中间爆发惊恐，认为自己现在可能惨遭某些同样的野蛮残暴，那是他们已无所不用其极地施加于别人的，从规划砍去被俘水手的右大拇指或整个手臂和在甲板上将被俘船员抛入大海，到屠杀赫斯替亚人、锡翁尼人、托罗内人、厄基那人“和许多其他希腊部族”。在新的雅典世界里，没有任何事情依内在本性与这样的公民格格不入：他们一天观看欧里庇得斯的一出戏剧，接着第二天投票议决杀死锡翁尼的大量成年男性公民。[18]

确实，虽然置身战争中，雅典人却仍像他们一贯的那样追求艺术和文化。例如，以公元前411年至公元前408年为一个样本时段，当时 102
雅典看似精疲力竭，深受内部革命和斯巴达从德塞利亚出发的劫掠折磨，与此同时在塞诺西马、阿卑多斯和塞西卡斯等一系列臻至高潮的海上会战中作生死拼搏。尽管如此，处于这样的杀戮和灾难中间，阿里斯托芬仍上演了他的反战杰作即喜剧《利西翠妲》（前411年），随后又有幻想剧《特士摩》，在其中妇女接管了国家政策和法庭。还有，石匠们正在接近建成厄瑞克修姆庙，伯里克利设想的雅典卫城诸神庙中间最后也是最大胆的一座，与此同时欧里庇得斯写成了他的最阴沉的悲剧之一《俄瑞斯特斯》，而索福克勒斯写成了他的悲壮的《菲洛克忒忒斯》——关于一位被不公正地折磨的英雄的不屈意志，他拒不调和通融。演员、剧场常客和工匠可以在演剧和凿石的间歇期间骑马、划桨或骚乱。

与此同时，一旦这些雅典人集体起了杀心，他们就确实杀人而不受惩罚，不管是杀弥罗斯的全体公民还是杀苏格拉底。在雅典民主制的法律之下，既没有一个独立的司法系统将一项大众敕令当作违宪的去推倒，也没有一套至高无上和不可更改的根本大法去保护人权和排斥公民大会的权力。雅典在战争期间和紧随战争之后的行为——不管是杀密提林人和弥罗斯人还是杀苏格拉底——统统按照多数票去做，玷污了民主制本身的名声，影响所及以至未来多个世纪。将军们在战场上采取的差不多每项野蛮措施要么都经至高无上的雅典公民大会事先批准，要么被心怀恐惧的司令官理解为符合身后国内的严苛命令，那出自铁石心肠不饶人的投票公民。

斯巴达人往往更糟——像大规模杀害2 000名希洛人的可怕案例证

明的那样。被雅典人在皮洛士的基地(前 425 年)吓得要死，那引发希洛人广泛造反的幽灵，斯巴达人通过了一项告谕，向他们的美塞尼亚农奴中间的任何人许诺自由，只要此人先前为国参战的军事记录可以用作勇气和善行的证据。一旦 2 000 人前来应谕，斯巴达人便给他们戴上桂冠，让他们像英雄一般列队绕神庙行进。接着，他们秘密处死所有这些人，因为合乎逻辑地害怕这么果敢的人有朝一日成为斯巴达国家的一个威胁。我们未被告知，这么多农奴如何被秘密屠杀——修昔底德说“没人知道他们当中任何人是怎么死的”。斯巴达人从未承认杀害希洛人。历史的可悲的怪事之一，或也许古代史家们自己的偏见的一项反映，就在于较之 2 000 名被谋杀的农奴死于伯罗奔尼撒，人们就 120 名雅典人如何死在埃托利亚所知更多。[19]

103 这么多希腊人，像这 2 000 名希洛人或公元前 427 年的 1 000 名密提林人，或在伊哥斯波塔米海战后被俘获的数以千计的雅典人，究竟如何被一起大量处决？在断头台、毒气室、行刑队、电椅或致死注射的时代以前，“处决”是个委婉的说法。对那些未被敌方散兵和弓箭手追上并被刺死或射死的人来说，除了通常将被绑的俘虏排成队而后切开喉咙之外，还有种种不同的令人毛骨悚然的死法被载人史籍。例如，斯巴达人往往将被绑的囚徒活活扔入一个离城镇不远的深洼，即恐怖的凯阿达斯，在那里残疾人和受伤者慢慢饿死或流血至死。

修昔底德讲了一种特别残忍的在科孚的杀人方法，当时正值公元前 425 年雅典人猛攻伊斯托尼山，以力求结束寡头们在两年多以前促发了的持续内乱。雅典人宣称，他们将宽待被俘获的驻防兵，只要俘虏们中间没有一个人胆敢逃脱。可是，在诱使数人冒险脱逃后，他们处死了其余的，理由是约定已遭违背。一清二楚，余下的俘虏被成对绑在一起，被迫在两长列猛烈击打的重装步兵之间边走边遭夹攻，惨遭以九尾鞭装备起来的特殊刽子手鞭挞。在约莫 60 人被鞭裂后，其余人拒绝从其营房出来。他们要么在雹雨般的箭矢和瓦片下一命呜呼，要么用拾来的箭矢刺入自己的喉咙一举自杀，或以自己的衣服布缠成的绞索悬梁自尽。[20]

政变和种族清洗

例如，系统地研究被载入文献资料的伯罗奔尼撒战争期间的所有重要背叛，便揭示出公元前431年至公元前406年间有14项公然的叛例，即各不同派别与外敌勾结，出卖城镇和要塞。这样的策略带来的红利远超过对阵激战，内奸在大约一半被记载的场合取得成功。确实，双方都忙于暗中破坏对方的内政基础，因为代理人大致一半对一半，勉力与雅典或斯巴达共行阴谋。叛徒希冀个人腾达、政治变更、报复宿敌——或只是结束战争和终止伴随着它的悲惨。使用第五纵队是尼西阿斯和阿基斯国王的努力的内在必需成分，前者要经对叙拉古的背叛来赢取该城，后者则要吸引反叛分子和流亡者投身德塞利亚，以此从他的这个在雅典城外近旁的工事筑防要塞去磨垮雅典。[21]

当战争显得僵持不下、最终谁胜无可确定时，内部革命就不那么可 104
能。然而，一场特定的挫败——斯巴达人在皮洛斯缴械投降或雅典人在西西里惨遭巨灾——之后，一方或另一方就变得大胆，以致国内变动可以反映更大的战争进程。如果需要证据，证明许多人不持意识形态，而是首先关注他们自己的私利，那么伯罗奔尼撒战争之外没有更好的例子；修昔底德不加渲染地反复显示了一类景象，那就是尾随斯巴达或雅典的每一特殊逆转而来的希腊大众舆论的起伏涨落。战争，他说的“严酷的教师”，在与政治紧张结合时，将那虽然激烈但大多仍受制约的国内争执转变为恣肆放纵的大流血。有如瘟疫，国内动乱起说教范例作用，在其中，社会的所有精细构造——语言、怜悯、理性和从礼葬死者到诉讼程序的惯例习俗——都被战争剥除。修昔底德认为，对他就战争本身的叙事来说，国内动乱和政变占有中心位置，战争爆发后不久“整个希腊世界可以说都被剧烈震动，抽搐不止”[22]。

那些拥有较大农庄(即20英亩至100英亩)和资本累积的人一般喜欢宪政寡头制，或至少由财产所有人——他们享有给予“好”出身者的社会特权——运行的政府。尽管斯巴达国家性质特殊，但希腊的寡头们仍指望斯巴达帮助确保他们自己的统治，或在他们置身权位之外的情况下为政变企图寻得支持。相反，民主派相信所有居民，无论穷富，只要双亲皆为公民——后来只需一位就够——就应当被赋予充分的公民特权，以及担任大多数官职的资格。因此，他们往往造就多种体制，从强制性感恩礼拜仪式到陶片投票放逐制度，以便操作一种结果的平等，而非仅仅机会的平等。

尽管有雅典帝国的一切强制策略，但到伯罗奔尼撒战争的时候，希腊世界的大多数穷人已认为雅典舰队可以作为革命变革的一个工具。一旦战争爆发，富人与穷人之间的经久紧张立即有了新的紧迫性，因为现在有外部强国愿意和能够将问题推到最前列——而且这情况频频发生，在科西拉（前 427 年）、梅加拉（前 424 年）、门德（前 423 年）、帖撒利（前 424 年至前 423 年）和亚哥斯（前 417 年）。反叛和外来干涉的希望是遍布希腊世界的杀戮的幕后原因，从莱斯博斯的造反和整个皮洛斯插曲（前 425 年）到第力安战役（前 424 年）和伯拉西达在哈尔息狄斯的努力（前 424 年至前 422 年）。寡头们通常力图在误导性的口号之下炫示他们的事业，那就是期盼有个“适度的贵族制”（*aristokratia sôphrôn*）。民主派针锋相对，宣称忠于“法律之下人人平等”（*isonomia*）观念。一旦斗争开始，前者便难得适度，后者则很少守法。

105 雅典的盟友拥有大多数优势。穷人总是更多。战争初期，雅典舰队通常能比斯巴达重装步兵更快地抵达危机地点，而且因为与其讨厌冒险的斯巴达元老院（*gerousia*）的老人们相比，在雅典的民主公民大会更大胆。不仅如此，构成人口差不多一半的小有产者——有时被称作“中间佬”（*mesoi*）、“重装兵”（*hoplitai*）或“农夫”（*geôrgoi*）——不那么反动。雅典城邦国家的诞生正是这个阶级即持有武器的农夫兴起的一个结果，他们往往无意将政府交还给僭主或一小撮贵族。他们经常置身冲突之外。有时，他们甚至与激进的无地民主派携起手来反对寡头。当轻装穷人以贵族——传统上骑小型马但像无地者一样轻装披挂——为攻击目标时，身着青铜铠甲的自耕农是一股需要重视的强悍力量。[23]

这样的冲突并非通常以僵局告终，而只是在一派驱逐或杀死对方的显要代表时才停止。在大多数场合，看来是当地寡头开启骚乱，希冀趁雅典帝国解体期间上台掌权，特别是在瘟疫、西西里远征或伊哥斯波塔米海战那样的大灾难之后。然而，在一支快速抵达的雅典舰队的帮助下，民主派通常靠杀害其较富的对手结束骚乱，后者以其生命或财产或这两者去为其开局支付代价。在这样的政治冲突中，这些革命往往变得不止是雅典与斯巴达之间纯粹的代理人战争，而且释放出一种真正的狂怒，超越了战争的战略谋算。富裕公民与民主派携手合作，如果他们认为消灭强有力的对手有利可图的话。反过来，在大众（*dêmos*）中间，总是有欢迎或怨恨雅典拯救者的派别，或与富人达成私下交易的派别。雅典在传播民主方面的成功——柏拉图曾说雅典人通过在每个纳贡盟邦内缔造关键性友谊去营运一个帝国达 70 年之久——很大部分依靠说服富人，使之支持一个新的民主秩序。结果是，在普遍混乱中，为了与雅典或斯巴达全然无关的原因，而且压根没有影响他们的根本斗争，数以千计的人被杀。[24]

密提林、科西拉——还有更多

修昔底德本人特别关注四五桩大流血事件。例如，公元前 428 年，在离小亚细亚海岸不远的莱斯博斯岛上极重要的城市密提林，有约 106
1 000 名较富的居民试图改变公民的构成，途径是将同情他们的保守的乡下人吸纳进城。显然，这些不谙世事的理想主义者认为自己能将全岛统一在民族主义的、寡头的和反雅典的控制之下。与此同时，他们看来由斯巴达和底比斯两邦的代理人鼓动，后者与各有产阶级勾结，希冀密提林离开雅典帝国，从而使之成为中立者，或成为伯罗奔尼撒人事实上的盟友。不清楚在密提林人中间对脱离雅典帝国有多大的公众支持程度。然而，只要右派的计划有某种成功机会，或许甚至较穷的阶级也很可能支持结束向雅典纳贡和增强莱斯博斯权势的民族主义意愿。施展计谋的斯巴达显然认为，这么一种背弃可能导致群起仿效，成就它的劣势舰队成就不了的事情。

尽管受瘟疫的严重影响，同时有数以千计的伯罗奔尼撒人正在阿蒂卡，但雅典做出了反应——像它一向面对反叛时做的那样——迅速派海军攻击叛乱巢穴。一个城邦可以加入或留在雅典帝国，但很少能离开。于是，对该城的一场全面封锁很快随之而来。以典型的拖拉方式，斯巴达人既没有发动一场规模够大的对阿蒂卡的再度入侵以调离雅典人回援本土，也没有快速地派遣一支舰队以解救密提林。结果，该城的革命很快崩溃。

狂怒的雅典人俘获了约 1 000 名首恶分子。他们甚至还围捕了许多较穷的人，后者一度与富人们共同抵抗雅典封锁。到头来，经过雅典城里喧闹的辩论——雅典民众领袖克里昂希望以集体犯罪为由屠戮成千上万密提林人——约 1 000 人被处决。该岛的很大部分遭种族清洗，并被重新分配，分给雅典移民。丧命的密提林人的数量等于雅典在第力安战役中损失的所有重装步兵，一举根本消灭了密提林贵族阶层。通常冷静的修昔底德将他的国人的行为称作“野蛮”（*ômon*）。[25]

随后于公元前 427 年在科西拉（现今科孚岛）的大流血甚至更糟。鉴于无数阴谋和反阴谋，一系列革命和反革命几乎不可能按照原貌重述。这么说就够了：伯罗奔尼撒人以为，经过耍诡计，他们就能在战争中早早地使科西拉背离雅典，而科西拉拥有希腊的规模第二大的舰队，且在监察前往意大利和西西里的海军交通方面至关紧要。作为海
107 战的替代，他们以遣返大约 250 名科西拉战俘着手行事，后者是早先在围绕埃皮达努斯的战斗中俘获的。这些可疑的家伙或可像卧底那样引发一场右派政变，保证科西拉重返中立身份，由此使大约 100 艘三列桨战舰脱离雅典舰队。

不久，科西拉恐怖分子因为某些斯巴达特务及时抵达而胆大妄为，孤注一掷地杀害了民主派领袖皮西亚斯，连同他的大约 60 名显要追随者。作为回应，“人民”在城内发动了一场游击式的反击战争。穷人希望靠自己的人数优势和数以百计被解放的奴隶，从而拿下寡头巢穴；寡头则报以径直雇用 800 名外邦佣兵。受雇者和不自由者乃是赢得科西拉的关键。

接着，民主派从城中高地蜂拥而下，以击溃他们的敌人，后者则因雅典舰队抵达而被吓得要死。奴隶砍倒主人。城市妇女与民主派联手，用屋顶瓦片猛击富人。绝望之中，寡头试图焚毁该城，恰在他们的佣兵成群脱逃之际徒然尝试挡住大众起义。经与民主派及其雅典支

持者作了为时漫长但混淆不清的谈判，寡头中间有约 400 人同意解决办法，即离开他们的避难圣地，被转移到科西拉外的一个小岛以求安全保护。在此关键点上，正值房屋被焚、奴隶解放、佣兵受雇、政治显要被刺身亡和街头道口杀戒大开的时候，“争掐”（*stasis*）才真正开始而非减退。科西拉是希腊世界最大城邦之一；它的自由民和奴隶人口加起来不比阿蒂卡少多少，或许差不多有 25 万居民。

在一连串古怪的先后事态中，一支由 50 多艘战舰组成的伯罗奔尼撒舰队现在亮相了，指挥官是臭名昭著的阿尔息达，米昂内苏斯的斯巴达屠夫，刚经过他在爱琴海东部的狂暴杀戮，精神焕发。他迅即与科西拉舰队交战，后者有大约 60 艘三列桨战舰，得到 12 艘雅典舰只增援。若干寡头同情者身处科西拉三列桨战舰。这些当地右派立即试图将它们的舰员争取到阿尔息达一边；海战之中，还有三列桨战舰舰员中间的另外战斗。[26]正如伯罗奔尼撒战争期间经常出现的，不管是在普拉提亚、密提林还是在安菲玻里，两场战争同时进行：雅典人与伯罗奔尼撒人之间的看似常规的拼搏，加上较富裕的保守派与较激进的民主派之间的内部战斗——非传统的意识形态之战。

不足为怪，伯罗奔尼撒人赢了随后的战斗，因为科西拉舰员们中间纠纷四起，而且雅典战舰少得可怜。然而，阿尔息达决定不理睬他的 108
才华横溢的属将伯拉西达的劝告，亦即继之以总攻该城。相反，他后撤了。他的撤退或许不算草率：有消息流传，说一支有 60 艘战舰的雅典大舰队正在途中，前来援助民主派，由讲究实际的攸里密顿指挥，他是一位坚韧顽强的海军将领，14 年后将作为在叙拉古大港遭难的雅典庞大舰队的一部分与死神会合。

转眼间，信心适才大增的科西拉民主派转身扑向 400 名被囚寡头，开始杀害他们，接下来广泛屠戮，杀灭任何被疑的寡头同情者。攸里密顿袖手旁观。他显然相信，此类大规模屠戮只能有利于雅典，而雅典人欢迎与科西拉这样一个海上民主强邦继续结盟。伯罗奔尼撒战争以在普拉提亚镇的处决开始，现在许多希腊人正明白谋杀和叛乱乃致命武器，像重装步兵方阵或三列桨战舰一样厉害。

许多被困住的寡头绝望之中纷纷自杀。另外大约 500 人逃到主陆，一度重起针对科西拉的游击战。然而几个月后，得到在雅典受合法审判的许诺后，他们缴械投降。可是相反，民主派令某些人遭夹道鞭击，处死其余，同时听任残存者自杀。在这首轮杀戮中，有多少人死于科西拉革命？如果将那250名被科林斯人送回的初始煽乱者包括进来，加上被俘获和被离岸拘押的400名人质，并且算上逃到主陆的那500人，那么有显著超过1 000名寡头制同情者和数量不为人知的他们的敌人死于非命。这个记录不包含后来丧命的人，他们死于在卫城山上的战斗，死于随后的焚烧，死于海战，或死于对寡头的广泛兜捕。修昔底德的生动叙述暗示了一场大屠杀，它很可能吞噬了数以千计的更多的人，这些人根据颠覆民主制的指控成为击灭目标：

> 某些人丧命还只是缘于私仇。另一些人则被那些欠他们钱的人杀害。每一种死法接踵而来。无论何种杀戮，只要适合在这样的时候发作，就无不呈现——而且甚至更糟。事实上，父亲杀害儿子；哀求者被拖出神庙，就地处死；另一些人甚至被困堵在第奥尼修斯神庙之内，从而一命呜呼。[27]

修昔底德接下来以另一番著名的旁议显示，在很快扩展到整个希腊的混
109 乱中，随极端分子掌控公共辩论并给温和人士乱贴标签，语言如何丧失了它的真义。誓言，诚实处事和无缘狡诈这古代朴实，还有依法治理，统统被认作陈旧过时，是幼稚者和羸弱者的栖身避难处。这位史家对人性做了这么一番阴冷惨淡的评论，目的在于给后来将在战争过程中爆发的许多场其他革命提供一个背景，因而有了科西拉内部叛乱的详细蓝图就只需予以少得多的关注。修昔底德史书第三篇内，仅仅密提林和科西拉的大流血就占了大约四分之一的篇幅。

第 三 世 界

尽管战争头十年里，煽动革命未导致任何清晰的战略结果，但斯巴达人和雅典人依然都认识到，以对他们自己来说很小的代价——几乎全无雅典人或斯巴达人死在密提林或科西拉——他们就能煽起国内动乱，

那从理论上说可将整个一邦争取到他们一边。回想一下，雅典将军攸里密顿指挥有60艘战舰的第二支雅典舰队，坐视屠杀进行下去，虽然他麾下有大约12 000名水手和500名重装步兵，能轻而易举地恢复秩序。不仅如此，科西拉还将在多年里经历更多的杀戮和争掐；公元前410年时，在起初爆发内乱的17年之后，又有1 500人被杀。

然而，没有任何一个重要的斯巴达盟邦——梅加拉、科林斯、底比斯——被民主派叛乱者经久接管。相反，鉴于广袤伸展的雅典帝国的性质，雅典将丧失、至少一度丧失它的好几个最强的盟友和属邦即亚哥斯、梅萨纳、希俄斯和门丁尼亚，后者要么变得陷身内战，要么其政府转归急欲令本邦加入反雅典事业的寡头。更重要的是，当一个人审视修昔底德提供的、出自这些肮脏战争的哪怕是零星的死者数目，被杀者的数量也很快多达好几千：在密提林1 000人被处死（前427年），在科西拉又有1 000人（前427年至前426年），在亚哥斯好几百人被杀（前417年），还有那些沦于梅加拉、维奥蒂亚和色雷斯的动乱的人们。[28]

例如，公元前411年在萨摩斯岛，200人被杀害，另外400人被驱逐，富人的土地和房屋被没收，几个月后的第二轮杀戮杀死了那些被怀疑煽动寡头革命的人。公元前412年，内战重返莱斯博斯。该岛上可怕的雅典处决风潮过后15年，斯巴达和雅典的舰队再度竞相支持它们各自的当地代理人。还有，在公元前412年，希俄斯亦起而造反，接下来两年里饱受无休无止的内部动乱折磨。这个反叛的海岛因其民主 110
派雅典支持者从事的众多处决而剧烈震荡，然后不断遭受雅典部队劫掠，后者来自它们在泽尔菲尼乌姆的常设要塞，与此同时在乡村一直有大规模奴隶造反，而且全体人口苦于饥荒。[29]

大规模的种族清洗乃常有之事，以便“净化”圣地，消灭可疑人口，或盗窃土地，将它重新分给友好族民。于是，战争第一年里，所有厄基那人被雅典人强行逐出他们的海岛。雅典人还在公元前422年流放提洛岛的全部人口。公元前415年，弥罗斯惨遭蹂躏、断粮、洗劫和征服，其人口被聚拢，所有成年男子被杀，妇女和儿童沦为奴隶。关于取代他们定居下来的雅典殖民者的命运，人们所知极少，因为战争结束时，莱山得带回了某些弥罗斯本地人，而这些人必定反过来驱逐或杀戮已经耕作他们的海岛达十年之久的雅典闯入者，由此完成了暴力循环。此类梦魇也在密提林、纳夫帕克托和锡翁尼重现。[30]

最后，从头到尾贯穿于这场大冲突的，毕竟有希腊人一向了解的那种战争，即边界争斗，不时由于其中一方忠于更广大的斯巴达事业或雅典事业而火上浇油。有多少人在这些大多被忘怀的边境上不相干的战争中被杀死、击伤或奴役，未引起修昔底德多大兴趣。然而，在他的史书内，他仍不时平淡无奇地暗示，这里也有数以千计的人在规模往往相当庞大的征伐中丢了性命。

一个典型例子是色雷斯国王西塔尔塞的巨型征召，此人先前与雅典结盟，在公元前 429 年冬季入侵哈尔息狄斯和马其顿。他可能征召了整个战争中规模最大的陆军：约 10 万步兵，伴有一支 5 万人的庞大骑兵，从数千英里的色雷斯领土召集而来，那在一个月里横扫希腊北部的很大部分，威胁到往南远至温泉关的各个国家。

同理，叙拉古人和意大利人的一个联盟在公元前 425 年入侵附近的梅萨纳，并且进攻雷吉姆。西西里北部和意大利南部的很大部分随后被一场持续的边界冲突吞噬。公元前 419 年夏天，亚哥斯人集合了一支可怕的大军，进兵埃皮道鲁斯境内，蹂躏乡村，造成浩劫，以致最后将斯巴达人卷进来，部分地促成了下一年的门丁尼亚会战。或许，这整个时期里的最大入侵是迦太基人进攻西西里，时在雅典兵败之后(前410 年至前 404 年)，那是一场野蛮的战争，造成数以万计的死亡，远多
111 于雅典大规模未遂努力期间遭受的损失。某种意义上，古迦太基人对西西里的进攻由这么一个想法预定：该岛仍在因为失败了的雅典入侵而举步蹒跚，因而易于进攻。[31]

间 接 路 线

雅典和斯巴达俱无倾覆中立城邦的深思熟虑、首尾连贯的政策，更无一种关于如何通过攻击后方去挫败对方作战潜力的总意识。然而，几位非凡之士在战争头十年里崭露头角，去优化这些打赢战争的非常规方法。对新战略来说，关键在于一个突出的事实：雅典和斯巴达都一样依赖出自属邦的奴隶劳动和人力。

雅典有数以千计的动产奴隶，作为重装步兵武器携持者、帝国舰队划桨手、银矿矿工和阿蒂卡农庄劳力效命，此外还有盟邦的劳作者，提供对雅典帝国的运行非常关键的谷物和木材。斯巴达处于一种甚至更易受伤害的境地。它坐在愤怒的希洛人构成的火山口上，那是在拉哥尼亚和美塞尼亚两地的人数或许高达 25 万的契据奴仆，靠他们的田野劳作斯巴达国家才得喂养，它的 1 万名左右精英武士才得免于单调乏味的农庄劳动，以便全年练武。

很快，两位精明能干的将军，即雅典人德摩斯梯尼和斯巴达的伯拉西达，懂得了一条：理论上，敌人能被剥夺掉作战资源，如果成千上万为这两个帝国中间任一个劳作的人被诱造反，或被杀掉。然而，这么一种大胆的战略有众多困难。它要求远征深入敌据领土的心脏——旷日持久和往往孤立的境外部署，再加某种常设基地或要塞，用作劫掠品的交换结算所和逃亡奴隶的避难处。煽动奴隶还激起内部反对，反对者是奉守传统的将军，他们不相信此类非常规战略，把握不定鼓动奴仆造反是否可能自吃苦头，变成一种激进平等的泛希腊理念，因为每个军队里都有奴隶存在。然而，正是从这谋算兴起了 *epiteichismos* 战略，或曰前沿基地工事筑防，同时创建轻装机动军队，它能与骑兵部队妥善协作，并能轻而易举地予以海运。

对伯拉西达或德摩斯梯尼那样的人来说，世界并非一如往昔分为奴隶和主子，而是分为那些亲雅典的或亲斯巴达的。与一名自由的斯巴达人相比，一名希洛人是雅典的较好的朋友；后来逃往德塞利亚的雅典奴隶被视
为斯巴达的资产，而非约 13 英里外的长墙内的自由人。克里昂可能有鞣 112
皮气味，但正是他而不是尼西阿斯对斯巴达帝国的羸弱有较好的理解。

对雅典人来说，在伯罗奔尼撒的一个僻远角落登陆，涉足远离本土 200 英里的可谓黑暗中心——而且试图倾覆斯巴达国家的根本基础，是个可怕的想法。公元前 425 年的皮洛斯战役在某些方面类似于奥德·温盖特少将的长途巡行，他的大为著名的“钦迪特”特种部队在 1943 年至 1944 年间神出鬼没，进行深入缅甸日军阵线后面的令人恐怖的突袭，以便打断补给和交通，然而在此过程中遭受了可怕的损失，而未系统地挫败敌军主力。雅典的自行其是的将军德摩斯梯尼是温盖特本人的一个原型；公元前 425 年，他在小港皮洛斯登陆西南伯罗奔尼撒。

差不多转眼间，他就建造了一座小要塞，用作一个基地在美塞尼亚骚扰斯巴达人，并给逃亡的希洛人提供避难所。

皮洛斯战役以前，德摩斯梯尼已有一番从事此类非常规作战的参差不齐的记录——埃托利亚惨败过后在安布累喜阿获赢——尽管动员了本地族民，以便在战略上饶有价值的地点建立雅典存在。这样的作战行动充满危险。在情报原始粗糙、将领对作战涉及的确切时间或距离往往几无估算的一个时代，它们依靠的是出敌不意和良好通讯。即使在他的绝妙的皮洛斯战捷之后，德摩斯梯尼仍将全然未能在下一年第力安战役期间激起维奥蒂亚境内叛乱——此后在他因战败的雅典人全军投降而被叙拉古人处决以前，还策划了一场甚至更愚笨的对西西里的夜攻。然而，不管是因为好运还是因为来自克里昂的及时支援，公元前425年他的在敌后打击斯巴达人的大胆计划造就了绝佳的结果，短短几周便扭转了战争进程。

公元前425年春天，在攸里密顿和索福克勒斯指挥下，一支有40艘战舰的雅典舰队持两大目的，启程前往西部希腊甚至更远。他们力求恢复雅典在西西里的威望(那在随它公元前427年首次入侵而来的挫败之后遭到侵蚀)，同时阻断围绕伯罗奔尼撒的通畅商业，并且从而给在科西拉的民主派提供支持。德摩斯梯尼偕舰队而行。他仅有来自公民大会的一项含糊不清的授权，即“围绕伯罗奔尼撒使用战舰，如果他希望的话”。这后添的想法几乎导致斯巴达彻底失败，因为一系列不大可能发生的事件展现开来，竟给了雅典人一大笔飞来横财。[32]

113 一场突如其来的风暴阻碍了将军们驶往科西拉。德摩斯梯尼能够说服舰队先停泊在皮洛斯，伯罗奔尼撒西南的一处小海角。那里，他显然有计划去修筑一个基地，骚扰斯巴达据有的美塞尼亚。总指挥等待风暴停息之际，德摩斯梯尼说服闲散无事的船员们绕基地筑一道围墙，虽然缺乏工具和手段。天气好转和舰队离去之后，德摩斯梯尼至少有了一个专门的可守阵地，连同有5艘战舰的一小支舰队。在希腊史上极罕见的一个时候，一支雅典常驻部队现正独立行动在斯巴达据有的领土上，离雅典本土近200英里。德摩斯梯尼显然指靠几件事：斯巴达人在夺取工事筑防阵地方面臭名昭著的无能，来自该地区希洛人的自发支持，以及雅典海军不让斯巴达战舰在其本土作战的坚强决心。

“最惊人的一件事”

紧随这样的大胆行为，来了甚至更不可思议的事情。胆战心惊的斯巴达人中止了他们对阿蒂卡的入侵。他们更害怕在伯罗奔尼撒的几百名雅典人，甚于害怕在阿蒂卡的千群万众。然而，斯巴达人不去立即猛攻皮洛斯，却令420名重装步兵登陆近旁的斯法克特里亚岛。他们希望通过派兵驻扎该岛和部署一支舰队，能够阻断在皮洛斯的有约600个敌人的微小基地，使之得不到陆海支援，而且令其重装步兵和轻装兵员饥肠辘辘，以致屈膝投降。

斯巴达人发动了对皮洛斯的一次攻击，领兵者不是别人，正是才华横溢的伯拉西达。然而，他们迅速撤退，接着发觉自己面对迅速从科西拉返回的50艘雅典联合战舰。攻击者现在成了被攻击者，即使在本土水域也极少可能打赢。在击败斯巴达舰队并将它逐走之后，雅典人封锁斯法克特里亚，促使斯巴达惊恐万状。斯巴达公民大会里的精英们现在吓得要死，因为他们的某些一流武士被困在美塞尼亚海岸外一个荒芜的孤岛上，遭雅典舰队团团包围，而且近旁有个对逃亡的希洛人来说有磁铁般吸引力的雅典驻防地。

斯法克特里亚说不上是斯大林格勒。在该岛的420名重装步兵只占斯巴达国家重装兵力的大约5%。不仅身处斯法克特里亚的那些人中间有许多很可能家世显要，门路宽广，而且斯巴达幻景的很大部分基于固若金汤无懈可击的表象。因而，即使是本土近旁的一项小损失——或更糟的是战场上的一支小部队被歼灭——也能将动乱涟漪发散 114
到美塞尼亚全境，那里几千人巡查管控十数万人。

经一番短暂的休战，双方安顿下来。它们仍吃不准在这新的消耗战中，究竟是雅典人更难维持一支大规模的封锁舰队和远征部队，它现已总共约有14 000人在斯巴达领土上，还是斯巴达人更难恰当补给自己的重装步兵，在被切断与其本土的来往的时候。然而不久，是斯巴达请求全面停战。雅典拒绝——悲剧性地预示了以后将要在战争中、在斯巴达遭遇重大逆境之后多次发生的事情。双方随后加紧较量，那显得无限重要，截然不同于甚至就先前在波提狄亚、普拉提亚和密提林会战的成千上万人而言的。

经过在雅典的互相攻讦——闹腾何不接受停战却持续那么远离本土的僵持状态——公民大会投票授予克里昂全权去和德摩斯梯尼会合，从而与在该地区的海军将领们一起攻克斯法克特里亚。如修昔底德所说，“聪明人满心喜欢，因为他们估算他们必定得到两项善果中的一项：要么他们将摆脱克里昂，此乃首选，要么他将为他们击败斯巴达人，如果他们未能如愿去掉他的话”[33]。

克里昂与德摩斯梯尼会师。与此同时，后者对斯法克特里亚作了一次试探性攻击，事出偶然地点燃了该岛茂密的灌木丛，从而无意中揭去了掩藏一个事实的盖幕，那就是斯巴达驻防部队的规模小得惊人。现在，恰逢克里昂的辅助部队抵达，两位将领攻打该岛。他们在这新近被清理了的野外很有效地使用了他们的投射兵力，杀死128名斯巴达人，抓获292名俘虏，其中有120名斯巴达精英武士。极少雅典人丧命。如修昔底德所载，“这场战斗不是一场近战”。克里昂已夸下海口，说他将在20天内解决问题。实际发生的正是如此；“最惊人的一件事”，修昔底德断定，甚于整个战争中任何事件。

除了二十年后雅典海军在阿吉纽塞的惊人胜利(前406年)外，这场战争中没有什么如此奥妙费解：一名声誉不佳的雅典政客就在伯罗奔尼撒击败斯巴达人时吹牛无忌，夸下海口，然后扬帆出海，几天里果真成就此事。其后不久，贵族出身的修昔底德本人将全然未能拯救安菲玻里，尽管与克里昂了解伯罗奔尼撒西南相比，他远更懂得近色雷斯地区。

115 突然间，整个战争的心理状况大变。斯巴达重装步兵，在温泉关战死到最后一人的神话般英雄，并未输掉步兵会战。而且，在他们输掉会战的罕见场合，他们也从未投降，特别是从不向雅典人投降。“在战争中发生了的一切中间，这件事对希腊人来说是最大的惊奇。因为，没有人相信斯巴达人竟会交出自己的武器，无论是出于饥饿还是出于任何其他必需，而是会坚执武器，尽其所能长久战斗下去，直到战死为止。”[34]

斯巴达不可战胜的神话现在破灭。更糟的是，整个斯巴达国家被取为人质，因为害怕以这新的战争方式，120 名斯巴达精英武士可能被处死在雅典，如果它不接受一项新停战协定的诸多条款。下一年里，雅典将在第力安战役中损失 1 000 名死者，另外还将有 200 人被底比斯人俘为人质。然而，损失这么多人和得知雅典人被囚于维奥蒂亚对这民主城邦几无影响，它既不可能被吓倒，也不可能受讹诈。雅典有比斯巴达多得多的人力资源，而且从不依靠重装步兵不可战胜的神话。

斯巴达人现在停止入侵阿蒂卡，因为害怕战俘被处决。他们没有重返，直到他们的人质被释放和雅典人因西西里惨败而大衰为止——其间长达十年，即从公元前 425 年至公元前 413 年。在皮洛斯的小小要塞将仍是斯巴达的肉中刺，继续刺痛约 17 年，因为它在所谓尼西阿斯和约有效期间没有被交出去，而且它的美塞尼亚驻防部队只是在公元前 409 年才完蛋，经过了一个随在西西里和爱琴海损兵折舰而来的雅典收缩时期。

异　类

直到晚近为止，奴隶在战争中的作用往往被略过不评：此乃咄咄怪事，考虑到希罗多德和修昔底德两人都指出希腊世界最富的城邦，诸如雅典、叙拉古、希俄斯和那克索斯，拥有数以千计的动产奴隶。[35] 然而，在伯罗奔尼撒战争中，他们开始起至少若干关键的战斗作用，特别是在这场冲突的后期岁月里，因为双方的人力后备都在愈益减少。

鉴于很可能有超过 10 万名重装步兵参加了战争（亚哥斯、雅典、科林斯、斯巴达、叙拉古、底比斯和小亚细亚各主要城邦的重装步兵总兵力），因而至少有相当于此数一半的携运行李的奴隶可能不时出来参加步兵战役。不仅如此，到战争结束时，雅典海军的划桨手已有近五分
之一很可能是奴隶——或许有多达 1 万名左右奴隶桨手——而在盟邦和 116
伯罗奔尼撒海军效力的奴隶人数甚至更多。在这场战争的最后海战高潮即伊哥斯波塔米战役中，雅典拥有超过 180 艘战舰，而这离先前在西西里丧失 4 万名以上帝国水手和海军陆战兵员仅有十年。只有征召奴隶，才能保证给雅典最后时段里的这么一场巨型部署提供桨手。海军

开支几乎毁了雅典；可是，这花费并非那么多地用于建造三列桨战舰，而是更多地用于为它们配备人员。当它在一个月里用于划桨的耗费等同于建造一艘战舰时，征召奴隶成了砍削成本的唯一途径。

战争期间，数以千计的奴隶改换门庭，显著影响了战争脉冲，既通过在其主子的敌人的军队里效力，也通过令他们先前的所有者丧失至关紧要的人力。例如，修昔底德认为有两万以上奴隶从雅典乡村逃往在德塞利亚的伯罗奔尼撒基地，并且暗示这么一种损失可怕地影响了战争最后十年里阿蒂卡的经济和安全。有多少希洛人在长达 17 年的雅典占领期间逃往皮洛斯不得而知，但逃亡数必定以百计，即使不以千计。最后几个悲惨的月份里，舰队和陆军在西西里的景况所以迅速恶化，原因之一在于奴隶逃亡，他们对携运步兵和水手的武器和行李来说至关紧要。[36]

皮洛斯是个隐喻，折射出六年前斯巴达人跨入阿蒂卡以来，战争已经怎样剧烈地演化。整个步兵战役只有 420 名斯巴达重装步兵和 800 名雅典重装步兵参加。与此相反，约 8 000 名划桨手、800 名弓箭手和 2 000名雅典轻装兵员不可抵挡地压倒了在斯法克特里亚的斯巴达精英武士。这是出自较低等阶级的士兵们的胜利，他们没有护身铠甲，不被设想去击败重装步兵，更不用说斯巴达重装步兵，即使他们占有 20 比 1 的兵员数量优势。修昔底德说，他们的敏捷，加上他们用投射武器从远处猛击笨拙不灵的重装步兵的能力，使他们成为“最难对付的”。

雅典的将才同样异于常规。克里昂是个激进的煽动家，为修昔底德所恨（后者很可能经克里昂的策划被流放境外），并被阿里斯托芬诋毁成一个蛊惑人心的鞣皮商。然而，他成就了威严崇高的伯里克利和贵族式的尼西阿斯所无法想象的事情。有关这场胜仗的一切都异于传统。德摩斯梯尼的兵员有许多是美塞尼亚流亡者，亦即逃脱了他们的
117 斯巴达领主的前希洛人。不仅如此，战略并不关乎迫使斯巴达战舰迎战更为强劲可怕的雅典大舰队（虽然它们确实如此而且输了），更与发动一场打击斯巴达步兵的对阵激战全然无缘。

相反，德摩斯梯尼的设想预料农奴造反：如何最好地鼓励希洛人逃亡，从而令斯巴达国家丧失至关紧要的农田劳力。诚然，想象所有 25

万希洛人都逃往皮洛斯或美莱亚半岛之类小庇护地纯属虚妄；然而，德摩斯梯尼显然认为，单单造反的可能性就将足以促使斯巴达做出某种狂野轻率的反应。皮洛斯帮助暴露斯巴达国家的荒诞无稽：它疑惧成狂，唯恐丧失它的任何稀缺难补的精英武士，同时却承认这同一些兵员在一类事上几乎全无价值，那就是阻止水手、轻装士兵、弓箭手和希洛人去做他们希望在其自身后院做的事情。

紧随皮洛斯和斯法克特里亚战役，雅典人占领了阿哥利德海岸上的门丁尼亚，希望位于伯罗奔尼撒的这么一个工事筑防基地将有助于在亚哥斯半岛全境各处的盟邦中间激起更多反叛。下一个季节里，雅典海上兵力攫取了拉哥尼亚岸外海域里的锡西拉。这是个对驶往北非的商船来说的关键性基地，而且是个理想的港口，可从那里对南伯罗奔尼撒发动持续的海上袭击。由于陆上在皮洛斯、海上在锡西拉，雅典人安然置身伯罗奔尼撒，修昔底德便断定惊人骤变降临到斯巴达人头上，那是以对雅典人来说很小的生命代价取得的一项变更。他们多少漠视了驻扎在斯巴达的数以千计的最佳重装步兵，却力求撕裂斯巴达国家的政治经济构造本身：

> 与此同时，如此众多、如此迅捷地来临的命运逆转引发了巨大的震惊，斯巴达人变得心惊胆战，生怕又一场有如已在该岛呈现的那种挫败再度降临到他们头上。于是，由于这个原因，他们对会战远不那么自信，揣测不管他们将做出什么举动，它都会以失败告终，因为在全无往昔经验去对付真正的逆境之后，他们信心丧尽。[37]

雅典人没有击垮斯巴达——要做到这一点就需入侵拉哥尼亚心脏地带——但他们看来取得了伯里克利曾经设想的僵持局面。皮洛斯综合征证明是传染性的。此战告捷几个月内，前沿基地战术在几乎处处开花。到公元前424年，差不多整个伯罗奔尼撒看来都已经被常设的雅典要塞环绕——在厄基那、塞法伦尼亚、锡西拉、梅撒纳、尼塞亚、纳 118
夫帕克托、皮洛斯和萨辛修斯——意在切断从西西里、意大利、埃及和利比亚前往斯巴达的贸易，鼓励希洛人反叛，并且在伯罗奔尼撒盟邦中间激发不和。

皮洛斯战役后兴起的包围计划在理念上富有才华，然而它仍有三方面的问题。需用足够的常设部队去维持这些基地，以便给斯巴达国家的经济造成伤害，但这超出雅典资源所及。而且，这战略假定斯巴达人不会成功效仿，派遣远程巡行队深入雅典领土。还有，仍无计划去对付 1 万斯巴达重装步兵，他们在理论上能够随心所欲地进军任何地方，去扑灭各反叛城邦。

皮洛斯之后

如果说克里昂和德摩斯梯尼已被证明不是通常那类雅典将领，那么伯拉西达也不是。他作为一位传统的斯巴达监察官或政府督察者起家，到头来却是某种全然不同的人物。然而，甚至在战争头几年，伯拉西达就已证明不是纯粹的行政官僚。例如在公元前 430 年，他冲去拯救美塞尼亚乡镇梅索内，使之免遭雅典海上袭击者毁坏。公元前 5 世纪 20 年代初期的很大部分时间里，他率舰巡游科林斯湾，试图为寡头而干涉科西拉岛上的血腥杀戮。伯拉西达还在公元前 425 年领导了一场凌厉的进攻，攻击在皮洛斯的雅典要塞，并且几乎因自己的努力而被杀。翌年，这位斯巴达消防员冲往梅加拉，以便阻止一场民主派革命。

皮洛斯显然给他留下了一个可怕的深刻印象。因此，在斯巴达人被俘于斯法克特里亚之后的那年里，伯拉西达力求以其之道反治其身，纵深打击雅典人后方，既为了打断他们在希腊北部近色雷斯地区的商贸交往，也为了令雅典帝国胆战心惊，以致三思应否坚持纵深袭击伯罗奔尼撒。有如修昔底德冷冰冰地说的，“拉栖第梦人认为，转而伤害雅典人的最好办法是派出一支军队打击他们的盟邦”[38]。

与传统的斯巴达将领不同，伯拉西达召集了一支新军队，成分为伯罗奔尼撒盟邦人员、雇佣兵和(这最有趣)700 名希洛人——即“伯拉西达人”，一股类似第三帝国的许多被奴役族民的兵力，这些族民有时被召入纳粹国防军，像两害相权取其轻似的。斯巴达官员们太高兴见到可能反叛的希洛人(或许还有伯拉西达本人)作为斯巴达冲锋队被派遣到

远离本土的地方。于是，伯拉西达向北挺进数百英里，去使某些最重要的城邦挣脱雅典帝国。 119

一旦到了那里，两年不满他就“解放”了关键的雅典属城安菲玻里——修昔底德本人因为未能阻止伯拉西达占领该城而遭国内狂怒的公民大会放逐——并且开始在邻近诸邦引发普遍反叛。这些并非意义微小的城邦。相反，伯拉西达的目标名声四扬，因为有肥沃的农田、对雅典海军建造至关紧要的木材供应和为数众多的金矿银矿——贵族出身的修昔底德在那里有颇多财产的一个地区，也是他依凭一支雅典舰队在徒劳地试图挫败斯巴达人侵入的一个地区。

那里最大的城市安菲玻里位于斯特里蒙河畔，可以提供一个优良的基地去袭击前往赫勒斯滂的陆海通道。依凭一支准私人军队，伯拉西达多少漠视了公元前 423 年的短暂停战，坚持他的宏大计划，即在雅典帝国的整个北部地区到处引发大乱，直到防守安菲玻里期间在一场殊死拼搏中——与他的雅典对手克里昂一起——殒命疆场。会战中，约 600 名雅典人死去，与此相对仅 7 名斯巴达人丧生；然而，伯拉西达之死意味着斯巴达失掉了它唯一富有才能的阿基达马斯战争领导人，从而失掉了继续这场冲突的信心。

伯拉西达的战役不像斯巴达人所曾进行过的任何会战：给雅典帝国的关键属邦许诺自主和解放这一胡萝卜，同时挥舞到了殊佳地步的非常规战争这一大棒，它无视平民与战斗者之间的传统希腊区分。在种植葡萄的港口城市阿坎苏斯，他威胁摧毁该城在城墙外已熟待收的酿酒葡萄，这整个海岸城邦唯一的赚钱作物。接下来，他在附近的安菲玻里城外设立营寨，开始劫掠周围乡村的富裕农庄，与此同时他在城内的代理人为公民们投奔斯巴达事业做奠基工作。抵达托罗内后，他派暗杀者深夜入城去洞开城门，使他自己的轻装部队能够猛攻城市。拿下锡翁尼后，他拒不弃之，虽然新近缔结的公元前 423 年停战协定明白规定该城要被退还给雅典人。[39]

伯拉西达最终在安菲玻里守卫战中阵亡之后，当地人为他举行了一场英雄葬礼，立了一座碑纪念他，称他为“希腊解放者”，并且以他的英名设立年度竞技和祭牲。伯拉西达喜欢使用非正规军人和背景可疑的士兵，加上他就必须挣脱雅典帝国主义而获自由屡作浪漫的演讲，从而使他在第三世界希腊人中间近乎一位圣人，一位最不斯巴达式的斯巴达人。

120 确实，他必定锐气非凡，吸引力巨大，因为他能使成千上万人忘掉一件事，即他是希腊世界最具压迫性的国家的代理人，该国自己就奴役25万美塞尼亚人。在这奇怪的意义上，700名“伯拉西达人”给促进希洛人动乱的事业造成了更大伤害，大于在皮洛斯的解放者所做的一切好事。就德摩斯梯尼和伯拉西达的近乎同时的任职经历而言，惊人之处在于，正值雅典人在南面试图通过向斯巴达的下等阶级许诺自由去促进动乱之际，在北面斯巴达人却用这类农奴来推进雅典属邦中间的自由和自主。这表明，驱动这两个人及其所行政策的引擎是“现实政治”，而非首尾一贯的理想主义。

在修昔底德史书的所有人物中间，伯拉西达是最令人感兴趣的：菲德尔·卡斯特罗或切·格瓦拉的一个古代浪漫版，以那么一种令人眩惑的方式将表面上的理想主义与残忍的游击战法结合起来，以致大多数先前饱受奴役的士兵竟然忘了他们为之效力的严苛主子的本性。说到底，伯拉西达的努力抵消了皮洛斯，成就了一个大致的僵局，因为他证明雅典人如同斯巴达人，有恰恰同样多的东西会在自己的后方丧失掉。他麾下乌合之众般的雇佣兵和几百名被予以自由的希洛人给雅典造成了大损害，大过阿基达马斯国王麾下兵众六万的巨型大军造成的，后者在八年前跋涉进入阿蒂卡，因其绝对规模而自信可令雅典帝国屈膝听命。

在随后贯穿于战争的逐项和约中，和约条款有时反映了新的现实。一项停战不再只是海员和重装步兵停止战争行动的问题。难得有要求放弃围城的，描画要归还的领土和要建立的同盟亦属罕见。相反，所有各种附录都规定了关于瘟疫、奴隶造反、俘获人质、抢劫掳掠和前沿野外筑防的专门行为，因为双方都正式考虑到新的多面的战争方式。[40]

在伯罗奔尼撒战争的袭击和恐怖中间，亚西比得身处何地？事实上，作为一名阴谋家兼外交颠覆实施者，没有什么战争方式比这更适合他的才能。不管在什么地方，只要需有背叛、阴谋和处决的技艺，就能见到亚西比得。除了参与这场战争的重大的重装步兵会战、海军交战和围城战，单单列举他随阿蒂卡乡村战事和雅典瘟疫过后的任职经历，就显露出从二十七八岁到三十二三岁期间，亚西比得始终深陷于新型恐怖。的确，他现在如鱼得水。

除开下列事实，即他诡谋在亚哥斯和帕特拉建立民主政府，窜离西西里，说服斯巴达人进攻他在西西里和阿蒂卡两地的同胞，与波斯人搞 121
三角关系，继而在与萨摩斯革命派调情之后重新加入雅典人行列，亚西比得更直接地卷入了众多准军事行动。他很可能是派遣雅典舰队围困弥罗斯的主使者之一，并且继而是公民大会上要将该岛所有居民处以极刑和沦为奴隶的一名强烈提倡者。

同一年即公元前416年里，亚西比得抵达亚哥斯，绑架了300名右翼分子作保险，以防一场可能将斯巴达人招进来的寡头政变。他们后来全都被押到雅典并被处决。他还很可能卷入了暗杀行动，暗杀很得民心的雅典领导人安得洛克利和某些别的激进民主人士，从而有助于便利他自己在公元前411年重返雅典阵营。稍后，亚西比得同样要对杀害右翼人物弗里尼胡斯负责。如前所述，运用恐怖，而非以任何方式表现意识形态连贯性，是他的显著特征。

第二度从雅典流亡后，他于终战之际用他从袭击小亚细亚海岸练得的技能去营造一样生计，即凭他自己雇用的军队在色雷斯充当私掠者。有如伯罗奔尼撒战争中的很少几个人，亚西比得明白这场冲突不是常规战，而是一种新的内战，在其中没有界沟去隔开战争与政治、外部政策与内部诡计、战场上厮杀与战场外谋杀。[41]

难以准确测定非常规战对战争的最终结局有何影响。无疑，皮洛斯战役和随后斯巴达在安菲玻里的作战导致了公元前421年的最终暂时和平，那是在任何传统的海战或陆战中都没有为任一方成就的。德塞利亚要塞不可挽回地伤害了雅典。该城本身不久还因为公元前411年的右派革命遭受了无法弥补的心理损害。战争结束时，该城被与莱山得媾和的寡头们接管。然而说到底，恐怖、革命和谋杀不能替代数以千计的士兵进行的高潮性会战，那将决定整个战局。假如斯巴达人输掉门丁尼亚会战，假如底比斯人在第力安被击败，或假如雅典人赢了伊哥斯波塔米海战——那在战争的约27年时间里只占关键的3天——那么战争结局将被永远改变，而这变更的方式不可能设想由伯拉西达、德摩斯梯尼、克里昂或亚西比得之类人物的大胆和诡计实现。于是，在所有城邦中间，雅典最终决心组织盟邦联军，经单单几天会战去结束它与维奥蒂亚和斯巴达的战争：英勇决绝但注定失败的努力。

第五章

盔　甲

重装步兵对阵激战(前 424 年至前 418 年)

123 为何不会战?

战争进行了七年之后，战局依然实际上僵持不下。甚至到公元前 425 年，仍没有斯巴达舰队冒出来挑战雅典的海军霸权。科林斯人已离开海洋，唯附近的科林斯湾除外。斯巴达的战舰，例如公元前 427 年驶往莱斯博斯的阿尔息达的舰队，只能作短途航行，犹如德国战列舰“俾斯麦号”1941 年期间短暂突入北大西洋。这些短命的伯罗奔尼撒袭击意在骚扰商人和纳贡属邦，趁雅典优越的三列桨战舰能够发现和追捕它们以前。反过来，雅典没有意愿或能力强求与斯巴达方阵摊牌决胜。对雅典本土的入侵已于公元前 425 年停止，因为斯巴达武士被俘于皮洛斯并被押回雅典，雅典人宣告，一旦伯罗奔尼撒军队开进阿蒂卡，他们就将立即被杀。

雅典人在伯罗奔尼撒境内与其周围建立一系列基地，但此后并没有广泛的希洛人造反。对伯罗奔尼撒的海上袭击给斯巴达人造成了麻烦，但既未导致盟邦大批背弃其同盟，也未引发饥馑或惊恐。或许，战争开始时活着的雅典人口七年过后死了四分之一到三分之一，但大多因为瘟疫蹂躏而非斯巴达长矛施暴。虽然小群杀手和创新将领杀人掠物，但至此雅典帝国依然如故。密提林被征服。科西拉没有变成斯巴达的寡头盟邦。波斯尚犹豫不决，拿不准应否开始资助建造一支可夺走东爱琴海的斯巴达舰队。 124

双方中间，每方都有几位老式的将领开始认为，这场战争的战略计算方面的重大变化可能仍只有经过一条途径才会到来，即某种大规模的急剧的胜利。在雅典人看来，这意味着要么将维奥蒂亚踢出战争，要么进军伯罗奔尼撒境内，并且造就一个重装步兵联盟在其老巢彻底击败斯巴达。只要雅典和斯巴达同意在一个夏日下午全盔甲正面对峙——希罗多德有一次称的"在最好最平坦的旷地上"、"一种愚蠢和极为荒唐的"战斗方式——那么至少斯巴达能在几分钟内打赢战争，使希腊免遭27年苦难。然而，正是出于这个原因，伯里克利才在公元前431年认为对雅典人来说有"一桩可怕的事情"，那就是全靠他们自己去与6万名伯罗奔尼撒和维奥蒂亚重装步兵会战，以"一场对阵激战"去赌该城本身的生存。[1]

在公元前410年和公元前406年，事情都一度看来像是这么个样子：在阿蒂卡，一支规模小得多的斯巴达占领军可以促发一场老式的会战，办法是从它在近旁德塞利亚的要塞出发，进军直至雅典城墙。然而，在第一个场合，斯巴达国王阿基斯的较小兵力最后一刻缩了回去。在第二个场合，公元前406年间，他的更强大可怕的军队有14 000名重装步兵、同样多的轻装兵员以及1 200名骑兵，再度朝该城进发。然而，他的近3万兵力不愿迎战雅典方阵，直到后者冒进，超出了雅典城墙上弓箭手、投石兵和标枪投掷者的保护范围。雅典与斯巴达之间打了长达三十年的战争，然而在其中，首要的希腊式冲突解决方式——重装步兵对阵激战——在两大主要交战方之间竟难得发生！不过，希腊世界别处太多地方有太多重装步兵，以致在长达那么多年的时期里，必定不时发生某种老式对抗。于是，在雅典与维奥蒂亚边界上的海边小圣地第力安附近，传统会战之一终于爆发，时为战争第七年即公元前424年11月。[2]

现在难以在海岸山冈上信步漫游，俯瞰现代胜地季莱西。度假房屋、铁丝网篱和进路衢径正如雨后春笋般地涌现，在仅仅三十年前大多是野外谷田和牧场的地方。极少有在此度周末的当代高消费阶层的雅典人认识到，数以千计的人曾在他们后院附近鏖战。这是一场见到如下情景的战斗：中年的苏格拉底在败北时坚强不屈地与追击者拼搏，伯里克利的侄子的尸体在污垢之中败坏腐烂达两周以上，勇敢的亚西比得
125 由于英勇而赢得奖赏，当时他穿经这些不陡的高坡策马奔驰，还有柏拉图的胆怯的岳父狼狈逃窜以求活命。第力安离雅典卫城只有两天步行距离。

期盼第力安

雅典据称懂得从事此类与更佳的重装步兵的对阵激战并不明智，那么为何它冒险打一场可能涉及面对维奥蒂亚人的战役？同样，原因在于一个古老悠久的意愿，即免于两线战争，那是后来困扰罗马的幽灵，当它面对迦太基人和马其顿的腓力五世的时候，也是传统的德国两难，即被夹在俄国与法国之间，而且是美国在第二次世界大战期间发觉自己所处的困境，因为既有太平洋战区又有欧洲战区。在其匆忙的最后话语中，大为惊诧的雅典将军希波克拉底用一项希望激励手下人：打赢这一仗将意味着斯巴达人不再能随意跨过阿蒂卡进入维奥蒂亚庇护所，因为北部前线将被永久关闭。相反，他设想一场失败将使雅典注定要打它无法打赢的恒久不息的两线消耗战。

因而，有如雅典赢得公元前 457 年伊诺斐塔会战之后的情况，在第力安的单独一场大胜可以导致维奥蒂亚的民主化，终止它对斯巴达的支持和它近乎不断的越界袭击。正在北面作战的伯拉西达和斯巴达人将被切断，有敌对领土阻拦他们返回伯罗奔尼撒。简言之，雅典人认为他们可有机会一举痛击，将维奥蒂亚踢出战争；他们相信不可能把斯巴达踢出战争，因为斯巴达领土太遥远，陆上无法攻克，且其陆军远为强大。另一方面，年长的维奥蒂亚人，有如坚韧顽强的底比斯将军帕冈达本人，记得战前有十年（前 457 年至前 447 年）雅典将维奥蒂亚转变成了一个友好的民主联邦，现在它再度持有类似的危险想法。无论如何，亚西比得——其父克莱尼阿斯死于雅典在维奥蒂亚的科罗尼亚败北期间（前 447 年）——认识到政权变更在维奥蒂亚并非妄想。

雅典人受到新近在皮洛斯和斯法克特里亚大获全胜的鼓励，已谋求设法颠覆维奥蒂亚政府，那可能避免有如第力安战役似的单独一场对阵激战。雅典将军德摩斯梯尼已于三个月前驶离本土，打算依靠一场出敌不意的两栖登陆，经维奥蒂亚南部乡村鼓动民主叛乱。然后，由民主派协助，他将朝第力安东进，大约与此同时希波克拉底与其雅典重装 126
步兵朝北进军直至边界。兵员寡不敌众的维奥蒂亚军队因而将分散开来，夹在大锤与铁砧之间。接着，周围乡村将奋起公开造反，整个作战会将皮洛斯战役的逻辑提升到甚至更大胆的水平。毕竟，两年以前，在公元前 426 年夏季，尼西阿斯率两千雅典重装步兵在奥罗珀斯登陆，偶然遇到一支在希波尼卡斯和攸里密顿指挥下从雅典出发行进的兵员更多的军队，然后在进至第力安的一曲小前奏中，它们一起赢得了对塔纳哥拉人和少数底比斯人的一场小规模战斗。显然，他们随后的大肆吹嘘已令雅典的将军委员会确信，另一支规模更大的陆海联军能以巨大的规模重演在维奥蒂亚的小胜。[3]

或者，它被视为如此。然而，只有在下述情况下，胜利才有可能，那就是维奥蒂亚人的优势兵力将面对两支同时推进的雅典军队，而且被激起的乡村渴望较为平等主义的政府。不幸，德摩斯梯尼向西对维奥蒂亚城镇西菲的袭击为时太早。一旦鼓动叛乱的计划被当地寡头泄露给维奥蒂亚当局，他在将敌人吸引过来、使之远离从南面北进的雅典部队方面就近乎全无价值。第奥多鲁斯说，德摩斯梯尼不想面对国内愤起的公民大会，因而“一无所成”溜之大吉。[4]

然而，事情比这更糟。德摩斯梯尼的失败保证了一点：一支由后备兵员构成的乌合之众似的雅典军队将在旷野会战中迎对可能是希腊最精锐的步兵兵力。普拉提亚会战（前 479 年）后，所有希腊人都谈论斯巴达人的“多里安长矛”。然而，历经公元前 5 世纪后期和 4 世纪，从头到尾是底比斯农夫被证明“在战争中更强大”——在第力安、内米亚、科罗尼亚、哈利阿图、提基拉、留克特拉和门丁尼亚的一系列惨烈会战中，他们要么粉碎对手，要么奋战阵亡。公元前 424 年，底比斯相对而言遍体无伤。它至此在战争中的微薄贡献是寄生性的和机会主义的：进攻中立的普拉提亚，跨过阿迪卡边界袭击，还有在伯罗奔尼撒人数以千计地先行抵达后参与入侵阿蒂卡。相反，在战争头七年里，精疲力竭的雅典由于瘟疫而死了成千成万人，由于近乎不断地部署 200 艘以上的战舰而耗空了自己的国库，况且它的神圣的土地五次遭受侵犯。

公元前 5 世纪后期始终少有对阵激战，大多因为两个难得被指出的原因：第一，斯巴达 50 年前在普拉提亚针对波斯人赢得的声誉提示，与这么一支军队交战等于举国自杀；第二，仅有的另一个陆上强权即维
127 奥蒂亚人同样是寡头制的，对斯巴达人友好。然而在伯罗奔尼撒战争结束后，斯巴达帝国很快崩塌，维奥蒂亚变得较为开明且最终转向民主，于是它们共有的重装步兵优势垄断便告终止。传统的族裔隔阂和新来的政治歧异兴起；继而它们彼此开打，报复连连，至少打了六七次。那时，重装步兵会战恢复到它在古典时代以前的频度，虽然是全局决战而非争执边界的局部战争。仅三年后（前 421 年），雅典人接受了斯巴达人提议的一项和约，显然的理由是他们在第力安和安菲玻里已输掉两场会战，从而失去了“对自身实力的信心”[5]。

应许的摊牌

期盼已久的会战终于在公元前 424 年年末开打。11 月下旬的一个下午，雅典方阵跨过边界，去结束针对维奥蒂亚联邦的北部战线，恰因颇有把握，确信斯巴达人离得很远，而且大多数比较贫穷的维奥蒂亚人可能依据挣脱有地寡头、实现民主解放的应许，欢迎而非反对入侵者。*

4 万至 5 万武士相遇第力安。除去每支军队中的 7 000 名重装步兵外，雅典一边还有数以千计的更多的无盔甲者，维奥蒂亚方面还有人数超过 1 万名或更多的轻装兵员。正式交战爆发，其时数以千计士气消沉的雅典人如遇惊梦，因为他们经希波克拉底将军的失败了的入侵，正在徒步回乡。维奥蒂亚追击者也大多在互相争吵，全无真正的意愿要

---

* “维奥蒂亚人”被用来指维奥蒂亚的居民，那是阿蒂卡北面的一片广袤的区域，联合在一个由其最大城邦底比斯领导的寡头制联邦下面。无论是依据古代的还是现代的用法，“维奥蒂亚人”有时被与“底比斯人”一语互换使用，虽然严格地说并非所有维奥蒂亚人都是底比斯公民。

冒险与一支已在撤退中的敌军对阵激战。然而此时，帕冈达，一位60岁开外的维奥蒂亚老资格将领，说服他的颇不情愿的将军同僚们加紧逼攻并率先出击。他们必须进攻，这位老人对他的维奥蒂亚人吼道，即使撤退中的敌军逃入阿蒂卡。

帕冈达的追击军队在视线之外急速攀上一座小山，那在雅典人对面，划分得很不清楚的雅典—维奥蒂亚边界上。突然，没多少预警，他的生气勃勃的重装步兵猛地冲下山来。雅典将军希波克拉底正在对自己的部队高谈阔论，演讲中途忽被打断。时辰之迟晚、地形之起 128
伏、秋日之尘霭和维奥蒂亚人之出敌不意，使得第力安战役成了一场不同寻常的重装步兵会战，其中从一开始就没有任何事情像它乍看来的那样。

帕冈达按照联邦村落部署了方阵，他的底比斯人位于维奥蒂亚联军阵线那享有尊荣的右翼。山丘地形大概解释了为何在最后一刻以前，雅典人差不多根本没有想到敌人如此靠近，更远未占领一个优势阵位。如遇惊梦，他们几乎全无选择。这次，他们不是在所向无敌地焚烧近旁梅加拉的田地，而是与希腊最凶猛的重装步兵较量，后者60年后将在不远处的留克特拉的会战（前371年）中撕碎斯巴达方阵。对遭惊袭的雅典人来说，可做的是要么急奔上山，冲入底比斯兵群，要么后撤，要么留在原地不动，被彻底打翻。在战场每边的两条大沟取消了翼侧运动的任何真正可能。事实上，两支军队几乎全不适合挤在不超过800码左右的平地上。杀场每边的沟壑可以解释为何帕冈达能够从战线抽离某些兵员，将他们安然密置在右翼，纵深达25排盾牌，三倍于一个方阵通常的8人纵深。

不管是好是坏，希波克拉底与其雅典精锐右翼选择勇敢地冲上山去。雅典人可能认为，山丘和沟壑提供了某些有利条件去限制敌人使用骑兵。他们大概无法见到底比斯右翼已置兵多深，因而全未想到将降临到他们的左翼的危险，那来自更大的敌军兵力。决定战争的整个北部战线的这场会战看来延续了不过几分钟——证明了流行两个世纪之久的一项农业社会理念具有可信性，那就是短暂的重装步兵对撞能够解决全战区战争。起初，尽管急奔上山，雅典右翼仍突破了帕冈达的羸弱的联邦兵。从一开始，这就是个经典例证：每支军队都力求赶在它自己羸弱的左翼输掉会战以前，在其强大的右翼赢得会战。[6]

联邦军队内的特斯皮埃村民首当其冲，迎受雅典右翼的上山进击。修昔底德将那里的可怕的战斗称作“短兵对打”，形态是长矛戳刺、推击、挥剑，最后以盾牌、断矛杆甚而赤手空拳拼搏。很快，所有500名特斯皮埃人到了殊死关头。紧靠其右旁，另外一批共2 000名重装步兵的联邦部队明智但不那么勇敢地逃离了正在冲杀的雅典人。

129 维奥蒂亚左翼大半崩溃，这令特斯皮埃人注定灭亡。他们现在将被切断，与主要方阵隔绝开来，遭到包围，继而遭到屠杀。他们阻缓了雅典巨型战车的推进，此乃他们的牺牲留下的主要成果，使得帕冈达麾下的右翼兵力能有时间歼灭它自己的对手，同时无须害怕遭受来自后背的蜂拥攻击。在被围困的特斯皮埃人附近，左翼和中央的其他维奥蒂亚联邦兵并未全部逃脱。有些人试图径直逃跑但属徒然。还有些人奋力战斗。更决绝的人坚持下去，直到他们自己的在对面的右翼击溃雅典人并前来支援为止。会战中阵亡的500名维奥蒂亚步兵近乎全是被包围的特斯皮埃人，或是他们的混乱奔逃的邻兵。史家第奥多鲁斯说，此刻雅典右翼“杀了大量”敌人。“大”在此究竟意味着什么不清楚。然而，这顺口言谈提示战斗凶残激烈，如果数以百计的由大量盾牌、胸铠、头盔和胫甲保护的士兵仍然被戳死和砍断的话。

杀死一个全副披挂青铜盔甲即胸铠、头盔和胫甲的人并非易事，尤其在所有重装步兵的头号关切是彼此紧挨并将他们的木制盾牌围闭成一道准护墙的时候。剧作家索福克勒斯曾将希腊重装步兵会战描绘成“长矛风暴”。这意象表明，披挂厚实、笨重移动的重装步兵从四面八方遭到猛烈的矛尖戳刺和刀剑挥砍，所戳所砍处是四肢、腹股沟和颈脖——这与无盔甲者的作战方式大为不同，后者可以凭一两击彼此毙命。无论如何，较之狼牙棒或罗马短剑，长矛不易穿透铠甲，通常只有在被握着往下对准颈脖或腹股沟——相对小的目标——猛烈一戳时，才有效杀死一名重装步兵。

太忙于接连击打其敌特斯皮埃人，以致未能保持自己的方位，置身方阵前沿的右边的雅典得胜士兵很快开始在错误方向上全周转圈。接着，犯糊涂的雅典人走入歧途，竟然迎头击打他们**自己的**从后部匆匆部署上来的部队。那里，希波克拉底将军——已故伯里克利的一个侄子——大概与哲学家苏格拉底、亚西比得以及雅典社会的诸多精英在一起，后者包括柏拉图本人的继父皮里兰佩，还有后来以其姓名为篇名的柏拉图对话录中的拉契斯。他们突然发觉自己正在用长矛戳刺其他雅典人。在这些发狂了的重装步兵能被拉开以前，必定有几十人已被他们自己的兄弟、父亲或朋友刺穿。

修昔底德冷冰冰地写了这场混乱："某些雅典人因为包围而变得惑乱不明，结果彼此误认，互相厮杀。"[7]难以想象在肉搏战中这样的自
伤灾难怎么可能。然而，在关于重装步兵的希腊文献里有别的例子， 130
表明他们变得惑乱不明，攻击错认了的士兵。在战争中，己方火力自伤不仅是用高技术武器和从高空投弹轰炸的现代的一种现象，也是一切时代的战争迷雾广泛共有的恐惧、惊慌和迷惑的一个结果。在古代世界，甚至水手也往往变得惑乱不明，杀死同一支舰队的战舰上的朋友。三列桨战舰，如同重装步兵装备，是无论敌友都同样采用的武器，部分地反映了会战规程在希腊世界大抵一致，部分地证明了此类装备本身在形态和功能上卓越难比。

接着，某种甚至更费解的事在第力安蹦出来：会战高潮时刻，这得胜的雅典右翼突然瓦解，当它将几队驰近山丘的维奥蒂亚骑兵误认为是一大支生力军的时候。手持长矛圆盾披挂青铜铠甲的人们排成纵队，通常能够抵挡此类高坐在没有马镫的矮种马背上的富有贵族。可是，对希波克拉底麾下适才得胜和精疲力竭的雅典人来说，骑兵将在方阵会战中起一种决定作用的想法显然完全出乎意外。更未被预料到的是一个怪念头：地平线上的这类生力军仍未被投入会战，而且显得像是从乌有之地冒出来的。因为赢了他们那翼的会战而终于兴奋得意之际，情绪易变的雅典人突然想象整个一支满是骑兵的生力军向他们扑来，从而坠入绝望。数以千计的人喊叫、冲击、碰撞，同时看不清听不明，谣传和恐慌便再度成为支配力量。"没有任何人，"修昔底德曾就会战写道，"很明白正在展开的任何事，除了紧挨他自己周围的。"[8]

凭着帕冈达与其选出的底比斯方阵，右边远处在发生什么？"首先逐渐地"，修昔底德说，他们将雅典左翼"推"下山去，并经优良地形和更大纵深之利扫清了战场。第奥多鲁斯补充说，他们的成功归因于一个个底比斯重装步兵的优越的体力——好像边界对面的农耕生活方

式造就了更强壮的人，甚于在更精致的雅典见到的大多数。然而，这势头很可能归因于兵力数量而非鼓胀的肌肉——密集的25面盾牌力克8面盾牌，且事实上是极富经验的维奥蒂亚人与雅典人中间较不可靠的人较量。无论如何，更巨量的兵众（希腊史家所称的 *baros* 或 *plêthos*）经常决定会战胜负。可怜的雅典左翼土崩瓦解。很快全军“大恐慌”：
131 一度得胜和凶猛的右翼现在逃离一支想象出来的生力军，左翼则被从高地上压下来的帕冈达兵众的多层密集盾牌压得疲乏不堪，遭击倒地，溃不成军。

对死人作战

所有雅典人现在逃之夭夭，逃往附近的帕尔内斯山，或逃往在第力安本部的筑防庇护地和雅典战舰保护地，还有沿阿蒂卡边界的奥罗珀斯山脉林地。此乃灾难性的第一次布尔溪战役的古代翻版，那里数以千计的惊惶败兵奔向他们自己的首都以求避难。往往，一个整齐方阵中队序井然的各纵列变得支离破碎。盾牌、头盔、胫甲和胸铠乱扔在山坡各处；每个人都根据他能够多快地扔掉他的沉重装备和逃脱胜利者去测定活命机会。这就是伯罗奔尼撒战争据设要怎么去打：残忍，速战，决胜。然而，对那些足够不幸以致被卷入长矛旋风的人来说，什么也比不上成千上万人大流血，他们被塞进一个几千平方码的杀人场。

某些机会主义的洛克里骑兵，古典战场上永久的骑马清道夫，赶来获取战利品，与维奥蒂亚劫掠者一起从事无限制的杀人狂欢，一直杀到天黑夜深为止。第力安是马拉松（前490年）往后在阿蒂卡边境或边界上的首场会战，它将证明令人尴尬，而早先那场被展示为例证阿蒂卡的本土勇气和技能的胜利一向光荣。第力安溃逃被烙印在大众集体记忆里，既是雅典当代史的话题，也是后来柏拉图对话录的素材。“你在第力安做了什么？”这一问题看来一直困扰克莱尼穆斯、拉契斯和皮里兰佩之类逃跑者，也一直鼓励亚西比得和苏格拉底那样的坚强者。

很快，维奥蒂亚人得知，在被吓得要死的雅典逃亡者中间，至少有很少数撤到了他们在第力安的海岸要塞。这些坚持下来的人不仅败中继续占据底比斯的地盘，而且死后被安置在一块专用于崇奉阿波罗的维奥蒂亚辖地。为什么雅典人不像重装步兵会战的“规矩”通常规定战败者的那样，竟会拒不放弃和知耻地退却？伯罗奔尼撒人五次入侵阿蒂卡，8万雅典人因为瘟疫而丧命，近乎不断部署6万帝国桨手，希腊各处恐怖主义风行：这一切无疑早就毁了任何认为伯罗奔尼撒战争将遵循农业战争方式的优美规矩的想法，据此当一方的男子被公然可鉴和决定性地击溃时，它就承认失败。

维奥蒂亚人决定守住这正在腐烂的雅典死“人质”，直到在第力安 132
的圣地上除掉了它的要塞为止。雅典人占据维奥蒂亚境内的一处圣所乃渎神行为，现在要报以更严重的罪行，即紧紧守住死了的敌人不放，然后让他们腐烂。在户外秋风中暴露17天之后，这些尸体大多很可能成了一堆臭肉，腐烂不堪。对一个刚从大疫流行导致不埋尸体的恐怖情景恢复过来的民众来说，这暴行大概激使剧作家欧里庇得斯翌年写出他的悲剧《哀求的妇女》。他重新唤起“反底比斯七壮士”的神话，这些人在传奇时代攻袭了底比斯，被杀死，然后任其腐烂。这出剧是要向老兵构成的观众表达晚近的严重败坏道德的行为，即不让死去的士兵得到合适的埋葬。剧场里的雅典人因而被提醒，底比斯人的野蛮历经多个世纪依旧不变。欧里庇得斯很快在他的战时悲剧里找到了一个新方向——或许从他的《美狄亚》(公元前431年)一剧里恐怖的大流血开始——那在接近三十年里将始终起道德评说作用，评判一直在进行的愈益野蛮的战争。

近三周后，维奥蒂亚人从他们的盟友那里搞来了更多增援，正式围攻被困在第力安的雅典避难者。他们甚至制作了一座巨型火焰投掷器似的装置，有一根当中被挖空的大吊杆，经此他们燃爆一种经压缩的硫黄、木炭和松脂调合剂，将一股胶状燃烧物投入雅典人的胸墙。很快，要塞被火烧毁，包括人和一切。很少数被吓得要死的士兵躲过烈焰和有毒烟气活了下来，登上撤退避难者的舰船，身后留下200个被困住的雅典同胞的尸体余烬。

会战的肮脏的最后一幕终于结束。同样，并不确知有多少尸体最后被送还给雅典人予以火葬，遗骨被收集起来予以掩埋。如果重装步兵和非正规兵都被包括进来的话，总数很可能超过两千。雅典在第力安的损失只构成九年后将随之而来的死亡的一小部分，在西西里大惨败期间，而且大概超不过大瘟疫的任何两周时间里丧失掉的。然而，战略后果一样是灾难性的：在阿蒂卡北部边界上，维奥蒂亚将依旧是斯巴达的一个寡头制的和特别强大的盟友。它的继续敌对意味着雅典将在冲突持续期间始终陷于两线作战。关于整个大惨败的流言——与用了多日才传到比雷埃夫斯的来自西西里的消息不同——几小时内就传遍雅典集市，提醒公民们得胜的敌人近在几小时行军路程范围。

133

战场雄兵

某些种类的战斗比别的难忘。传统日本武士的文武风貌，笨重的中世纪骑士的侠义气质，还有拿破仑军队的绚丽色彩和盛大壮观，无不俘获了大众的想象力，其方式并非单靠会战的史录或战斗的致死程度就能解释。重装步兵对撞同样令人难忘。也许，难忘的是发亮的青铜盔甲的吓人景象，或者密集纵列的正规和宏大。无疑，两军对撞的震荡和声响给人留下经久的印象。此类程式性战斗方式肯定使数以千计的战斗者能够聚集在一个相对狭窄的空间，这在袭击、蹂躏或两栖攻击期间是不可能的。希腊语中诸多不同用语——“平原会战”、“约定会战”、“公平公开会战”和“拟动干戈”——被用来描绘摆好架势的传统重装步兵部队的规整和德性。

从在第力安的哪怕单独一场对撞这老旧过时的战法，可以瞥见希腊城邦国家的文化基础本身——瞥见一个早先时代的仪规，据此小型农业定居地两相同意，经过规整的重装民兵对阵激战，就被争执的边界地块解决它们彼此的分歧。虽然古典时代以前的城邦军事史极少被记录下来，但希腊人至少留存了一个传统，即500人到700人的重装步兵交战一向是最常见和被青睐的战斗方式。战争曾是英雄式的和当地性的，由相似的农业社群就被争执的边界进行。在柏拉图的《理想国》里，他的理想国将合乎自然地就边界土地争吵相斗，假定自豪和傲慢的人民总是觊觎（“放任自己无休止地攫取身外之物”）近旁另一群人民的资源。[9]

在后来关于重装步兵优越无比的浪漫传奇中，早先的战争据称一向由精选的部队诚实无欺地决出胜负，这些部队在事先安排好的时间和地点战斗，以避免更大规模流血。正式规则往往禁止使用投射武器。在流行的神话中，两军将挑出事先安排好的平地，那里同样披挂重装盔甲的每一方可以更容易地冲入另一方。会战因而不单是功利性的，还是道德性的：重要的不仅是打谁或为何打的问题，而且显然是**怎么**打的问题。

伯罗奔尼撒战争过后的多个世纪里，后来的希腊人始终恋旧地回顾那些逝去了的重装步兵时刻，即使实际上它们历来相当罕见。复旧派哀叹，从公元前5世纪后期直到公元前3世纪末，各邦军队不再力求靠“在旷地会战中拼搏”去“击碎[敌军]锐气”——而且如此规避径直对 134
撞导致了多项灾难，例如斯巴达对雅典的27年战争（前431年至前404年），后来底比斯与斯巴达之间的近乎不断的战斗（前378年至前362年），还有马其顿腓力的勃然崛起（前358年至前338年）。[10]

修昔底德本人，凡在他的史书里记录重装步兵死于轻装士兵、游击队员或弓箭手时，无不以伤痛方式明确哀叹这损失。然而，重装步兵对希腊大众想象力的如此神奇的把持看来全不合理。例如，整个伯罗奔尼撒战争期间方阵会战始终很难得发生，但著作家们继续只按照重装兵士去谈论战争。因而，阿里斯托芬喜剧里的和平主义角色提到弃脱胸铠和长矛，正如悲剧家们将战斗勇气描写成专属重装步兵，而那也是同时代的瓶饰画匠和神庙三角墙雕塑青睐的尚武人物。然而在古典时代过后，公民政府难得将战争领会成大体按照重装步兵去定义，以一种那么不适合崎岖地形、地中海炎夏和南巴尔干狭窄山口的方式去定义。[11]

阿基达马斯与其麾下的斯巴达人起初希望公元前431年5月有一场重装步兵决战，但他们没有预想经瘟疫和烈火消灭雅典人民或其财产。相反，通过没有多少策略的旷地战斗，斯巴达复旧派觉得除勇气和实力之外，将仍无打赢或打输的真正理由——因而没有道理去一次又一次地反复会战，直到一方的男子被统统扫灭，或更糟的是将战争转移到混乱的第三场所，那对优良的重装步兵来说既胜负不决，又致人死命。

甚至到伯罗奔尼撒战争开始时，就这类简单化的斯巴达思维而言已有一种残忍的逻辑存在。雅典人在第力安经历失败之后，**从未**再度尝试用武力入侵维奥蒂亚，尽管后来有比在公元前424年掌握的多得多的可用部队。同样，斯巴达联盟在公元前418年打赢门丁尼亚重装步兵大会战(将在本章详细谈论)以后，从未再度有关于一个民主城邦大联盟推翻它的伯罗奔尼撒霸权的议论，直到半个世纪后的伊帕米浓达入侵为止。在公元前5世纪后期的人的心目中，依然存有对重装步兵规范的某种神秘感，它来自大会战的早先的炫目光环，那以不能完全按照伤亡、战术或战略得到说明的诸种方式使之成为枢纽性的。毕竟，就杀戮目的而言，重装步兵战法几乎全无道理：在任何既定时分，自己的长矛只能触及不到40%的敌人的方阵战员，四分之一英寸厚的铠甲令多
135 数戳刺不及皮肉，而且长矛本身不是一种特别致命的武器。

尽管如此，事情仍不只是雅典在第力安失去了7 000名重装步兵中的1 000名，一个令人吃惊的高达14%的死亡率，在平均比例多为10%的古典方阵会战中无与伦比。宁可说，真正的意义在于，他们在一场显然公平的战斗中被那么彻底地击败了。这冲突和随后雅典人的疯狂逃遁显然提供了一项清楚的验证，表明双方各自的勇气和技能。经六年后戏剧性的门丁尼亚大捷，修昔底德说斯巴达人“经过这一趟已扫除”所有晚近的不实之词，那出自他们在斯法克特里亚的据称的怯懦。[12]

亚西比得后来吹牛说，早先在公元前418年，他已逼人作决定，以致“斯巴达人将其一切押在门丁尼亚一日豪赌上面”。虽然兵败令雅典及其盟邦的事业极受挫折，但亚西比得声称此役出自他本人的天才，即他至少能将双方带入战场。那里，他的联盟在理论上有50%的机会彻底赢得战争。毕竟，在伯罗奔尼撒战争中，什么时候可能有这么好的成功机会？“一趟”和“一日”的说法只是与对阵激战相连才被使用，不可能被用来描绘对阿蒂卡的蹂躏、在科西拉的周而复始的革命或者在皮洛斯或安菲玻里的作战行动。

如果说伯罗奔尼撒战争中只有两场大的重装步兵会战，那么无处不在的亚西比得便以某种方式参与了所有这两场。他在第力安赢得的声誉，即在痛苦难忘的溃退期间救了他的同胞，加上雅典头面人物——伯里克利、希波克拉底和克里昂——相继死去和其他名人如克莱尼穆斯和拉契斯自招耻辱，意味着一位年仅26岁的英雄飞黄腾达，职位剧升。

后来，他在门丁尼亚会战中指导了亚哥斯—雅典联军的全部抵抗，尽管事实上雅典人只投入了少量战员，而且在会战中只为联军事业牺牲了200名重装步兵。然而，亚西比得本人当时并非正式的是一位选举产生的将军，他的演讲口才远比他的政治势力有影响，以便用战斗的言辞去匹配实战的士兵。事实上，与他在第力安处处现身不同，门丁尼亚会战那天无论哪里都见不到他。

丘吉尔就第一次世界大战中的日德兰海战回忆说，英国舰队司令杰
利科海军上将是唯一经其失败可能使英国在单独一天里输掉战争的人：
战列舰有如重装步兵，是难得使用的资产，但尽管如此，它们若被摧
毁，敌人就将获得一种致命的行动自由。雅典可能拥有制止斯巴达人 136
抵达雅典卫城的防御工事，然而一个事实在心理上伤害了这座伟大城市
的声誉，那就是它的军队不能阻止敌方重装步兵一直挺进到城墙之下。

一桩可怕事

这正是维奥蒂亚诗人平达就公元前5世纪初以前的希腊战法说的，当时重装步兵会战乃解决争端的通常途径。对传统方阵的这些人来说，第力安之类会战中的残杀是何景象？据现代感觉相当可怕。无论是敌是友，无论是帕冈达麾下的维奥蒂亚人还是希波克拉底麾下的雅典重装步兵，全都一样披戴用青铜锤打出来的头盔、胸铠和胫甲。厚达四分之一到半英寸，这身盔甲提供了保护，抵挡大多数刀剑、投射武器和长矛的打击，但代价可怕，因为沉重、不便和闷热。战线上双方数以千计的人，往往来自根本不同的城邦，却拥有差不多同样的盔甲，这隐含着对希腊城邦生活中此类战斗的一种不言的共同理解。

整套行头可能要一名公民士兵远不止花费100德拉克马。这相当于大约三个月的薪饷。后来在战争中，小作坊——像演说家利西亚斯在雅典的家庭制盾坊——能够大量产出全副盔甲的标准木质构件。随战争在其第二个和第三个十年里变得更为殊死，灶上悬挂祖传武备的传统观念正变得过时，因为国家武装了成千上万较穷的人，不管他们特定的户口身份如何。大多数战士现在使用全副盔甲作为散兵或海军陆战

队作战，而非作为排在方阵正式行列内的传统重装步兵。有时重装步兵全然摘去胸铠和科林斯头盔。许多人转而穿戴圆锥形帽(*poloi*)和皮质无袖外套从事战斗，那愈益经常的是针对轻装部队，而非对阵激战中的其他重装步兵。

木质盾芯和木外青铜薄护面的现存遗例见于梵蒂冈博物馆、雅典集市地和奥林匹亚圣所，它们显露出真正的制作匠艺，反映私人拥有它甚感自豪，连同携持者个头矮小。直到伯罗奔尼撒战争为止，大多数盔甲只是在国民集合检阅的时候才披戴。全副盔甲的重量和样式使之就打猎或小规模战斗而言——事实上就对阵激战以外的绝大多数事情而言——简直全然无用。然而，犹如现代的坦克有时在一个装甲师之外只身被擒，一名孤单的士兵披戴所有笨重的重装步兵盔甲，且手持一面
137 沉重的盾牌，往往容易被较为敏捷和较轻披挂的人包围和伏击，后者在较量中获得了心理满足，即杀死了地位比他们优越的重装步兵。最著名的雅典人中间有某些——例如将军克里昂、拉契斯和拉马胡斯——当战斗在流动阵列或撤退途中的时候身着重甲被杀，而击杀他们的大概是散兵或月牙盾标枪兵。

自从火药问世以来，现代人一直倾向于贬低需有护身铠甲的观念。猛攻战术盖过个人防护的悠久影响已有六个世纪，以致在现代人看来，留存下来藏于现代博物馆的全副盔甲似乎滑稽可笑。尽管如此，攻防之间的千年紧张仍非静止不变。只是近来，对人身护甲的注重才古法重返，因为科学家们终于发现了合成纤维、塑料、陶瓷和金属的结合物，能够挡住甚至高速合金子弹和弹片的杀戮，后者以难以置信的强力和数量打击人体。有讽刺性的是，凯芙拉头盔、防弹背心和可嵌入陶瓷片等物多少类似于导致了古代步兵重甲披挂的那些：第一，此类保护物能够救命；第二，每名战斗员的价值现在大受珍视，其程度非 20 世纪早先的战争可比。

奇异的盾徽，青铜胸铠和胫甲上的艺术刻饰，以马鬃为顶饰的头盔的面具般模样：这一切表明，重装步兵会战大戏的种种成分简直铺张到了怪诞地步。无疑，这装备只是加剧了对于两个方阵正式对撞的心理恐怖。回想一下，两支武器装备相同的军队都摆成类似的阵列，目不转睛地跨战场彼此瞪视，一声令下就矛尖朝前。潘神(Pan)(其名导致

了“恐慌”[panic]一词)被认为是个易变的神，能够甚至在开打以前就现身战场，驱散阵列。

出于这个原因，斯巴达人将其盾牌的青铜护面打磨得雪亮，身着深红长斗篷，经搽油和编结的头发披盖两肩，并在盾上画了诸多希腊字母Λ(意为“拉栖第梦”)：视觉效果惊人，如果能相信古代叙述，说敌人有时掉尾逃跑，而非忍受眼睁睁地看着斯巴达人在管乐陪伴下，很有节奏地向厮杀区缓慢进军。在门丁尼亚，尽管因一支庞大的敌方联军突然出现而大为吃惊和困惑不明，但斯巴达人从不丧魂落魄。相反，他们静静地径直迈入敌方矛墙，与其对手的喧闹“声响和狂怒”成天壤之别。[13]

在实战中，重装步兵依靠紧挨着他的人去屏蔽自己的未被保护的右侧，并且维持整个方阵的内聚力：军役现在巩固那被珍视的有产公民阶层的平等主义。修昔底德在其整部史书里，始终就密集阵列提供的互 138
相保护指明这一点，因为人们不是像单个武士那样独自行动，而是认识到他们的长矛戳刺总是必须协同进行。后来的著作家强调机敏灵活，那可以由娴熟把握规定动作和拟战舞蹈去正式灌输，但我们仍不肯定，提倡这样的个人技艺究竟是为了追击或撤退，还只是为了帮助重装步兵在队列限界之内去进攻。

确实，难以想象任何别的战斗形态，在其中那么多事取决于队列成员的支持。当斯巴达将军伯拉西达公元前423年入侵伊利里亚时，他提醒他的重装步兵，纪律和互相依赖使他们成为远为强大可怕的武士，大大超过他们面对的高声叫喊的蛮族暴民。在修昔底德笔下的伯拉西达看来，希腊人所以异于蛮族，恰恰是因为他们青睐的战斗方式，好像他们在战场上非凡的群体纪律是希腊文明本身的红利似的。“伊利里亚人”，伯拉西达对他的手下人嘲弄说，“并非他们看似的那样”，因为他们“没有正规阵列”，无异于“乌合之众”。[14]

在这些据称优越的希腊人中间，斯巴达人本身是最好的。他们的霸权不一定归因于他们的体力(这方面务农的底比斯人强壮可怕得多)、数量(雅典能在战场上部署比斯巴达精英武士加起来更多的重装步兵)或装备(盾牌和护身盔甲就大小、形状和构造而言在整个希腊世界差不多处处一样)。相反，斯巴达的奥妙出自杰出的纪律和组织，出自坚执阵位、不离队列的能力。难道在典型的方阵重装步兵遭到每个方向上的巨大压力时，阵列井然不会是个优越条件？其时，人们搡推他的后背，并排的战友将他挤向右侧，而他面对的行列展现为一道无法突破的障碍。当他遭到身着铠甲的人体的冲击时，这重装步兵还闪开了击过来的敌方铁器，而他前排战友的锐利的矛杆在他脸前快速摆动，他身后队列的极锋利的矛尖则在他颈脖旁边和肩膀上方猛烈戳刺。与此同时，他艰难迈步，跨越倒下了的或伤或死、或友或敌的重装步兵，其中往往既有儿子也有父亲。

重装步兵逻辑

在这密集阵列战方面，我们当今的西方纪律观念——按时行军、奉
139 命进退、保持阵形和在队列之内互相保护等——始于希腊方阵，经罗马军团往后传续，留存在中世纪瑞士、西班牙和意大利的纵列和长矛兵旅（“泰尔西奥”[tercios]）内，然后传入欧洲人掌控枪弹操练和排枪群射的火药时代。如果这看来像是个时代顺序夸张，那么请记起随着火器问世，欧洲人最似乎有先决的传统，凭内聚力和大规模去最有效地使用枪支，充分注意协同射击和细致遵照群体规程。希腊人的这一遗产，也就是将勇气界定为坚执阵位不离队列，而非个人多多杀敌，对西方传统的生存来说似乎像广受欢迎的民主思想和理性主义观念一样重要，虽然这遗产当今大多没有得到充分的赏识。

重装步兵技术是最高水平的制作匠艺。直径三英尺的盾牌，有时被称作“阿斯皮”（*aspis*）或“霍普隆”（*hoplon*），掩护一半身体。一种独特的、臂缚和手柄的结合使它的重量能够仅由左臂承受。沿盾牌周边内侧布有收紧带，意味着即使手被碰离主柄——这鉴于盾牌重量和密集战斗的不断打击乃是一种常有的不幸——它仍能被保持住。盾牌的古怪的凹形允许后排士兵将它歇在他们的肩上。任何人，凡试过单臂举持 15 磅到 20 磅重物，即使没有会战的严酷境况中的其他铠甲重负，都能够体验到仅在 20 分钟后就开始的筋疲力尽。然而，重装步兵的盾牌是个设计奇迹：圆形使之能在差不多任何方向上转动，恰如倾斜

的盾面提供了更多木质保护，抵御以成角度轨迹猛刺过来的矛尖。

与这类武器装备的沉重相比，更糟的是成百上千敌兵矛锋刺来的景象，那有时被古代作家比作豪猪的满身尖刺。海潮般冲来的铁矛说明为何这么一面异常大的盾牌实属必需，也解释了阵列之特别紧凑和密集，以抵挡在任何角度和方向上来的戳刺。同样，目的不在于经个人勇猛战胜杀戮——城邦希腊人将在这方面表现出众的迦太基人贬作“蛮夷”——而在于当众人一体以排排阵列奋力前行之时坚持握平长矛，举高盾牌，不离队列，然后全无个性特征地防御、推挤和杀戮。

讲述门丁尼亚战役的时候，修昔底德着力解释每名重装步兵的一个自然倾向，即在他右边同伴的盾牌内为他易受伤害的右侧寻求保护。在此，一个人能够认识到，对整个重装步兵战法来说，盾牌的性质和形状是多么关键：希腊著作家提到队列时，差不多总是说纵深有那么多 140
“盾”——难得说有那么多“矛”或“人”。然而，尽管有构作凹面和造就灵活的全部天才，圆盾仍有严重问题。它的圆形而非矩形样式使人必定未得到全身保护；于是，每个士兵出于本能，需要往他身右偏倚，以便在他邻人的盾牌的左半部分寻得掩护。

希腊将领——除了通常是外行和被选官员的斯巴达国王——带领右翼部队率先突击进攻。失败情况下，将领通常丧命：希波克拉底在第力安，科林斯将军利科夫隆公元前425年在索利基亚，还有两位雅典指挥官俱在门丁尼亚(公元前418年)，那是雅典的小分遣军遭受20%阵亡率的一场会战(1 000名雅典重装步兵中间有200名死去)。将领如此冒死在前，有时与希腊人的外国敌人的做法截然相反。任何经选举产生的希腊军官都不会像薛西斯在温泉关或萨拉米那样，坐在俯瞰他麾下人的一个宝座上，注视下面的战斗，发令给一群宫廷谄媚者，要处死怯懦迟疑的这队，奖赏决绝果敢的那队。修昔底德本人因为使伯拉西达能够夺占安菲玻里而遭流放，这大概极少是他本人的过错，因为他的快捷和大胆很可能拯救了附近的爱昂。古典希腊史上亦无任何一位来自任何城邦的主要将领——米泰雅德、提米斯托克利、波桑尼阿斯、亚里斯泰德、伯里克利、克里昂、伯拉西达、吉利普斯、莱山得或伊帕米浓达——未被审判、降级、罚款、流放、处决或战死。

虽然阿吉纽塞海战取得大胜(前406年)，可是雅典公民大会骤然变脸，再度杀气腾腾，处死了十位缔造胜利的海军将领中间的六位(内有伯里克利的亲生儿子)，依据的指控实属可疑，即玩忽职守，任凭受伤落水的水手淹死在海里。奇怪的是，希腊将领的首罪似乎不是输了战斗本身。指控更可能被拿来针对那些据称规避会战或未能将死者取回收殓的人。战场指挥本身同样是一桩要命的事：伯罗奔尼撒战争期间，有 22 名经选举产生的雅典领导人战死，占所有那些接受某种指挥权的人的大约 12%。

更令人吃惊的是这么一项泛希腊惯例：将领问责和检讨，往往当下在战场上。某些将领在作战现场因战术失败而向部队道歉，部分地为重振部队的士气，部分地为就其过去的错误教导他们，以冀将来有较好表现。在丢了一个叙拉古要塞这一小损失之后，斯巴达将领吉利普斯
141 表示道歉，因为他指出，他错在带领一支依赖轻装部队和骑兵的兵力开入一个狭窄空间去迎战重装步兵。虽然尼西阿斯是整个首次西西里远征的事实上的统帅，但他仍然觉得必须在致雅典公民大会的一封长信中详细说明他的困境。在现代世界里，许多将领期待战后的政治生涯；在伯罗奔尼撒战争中，大多数会战统帅本身就是政界人物。[15]

重装步兵杀戮

一旦会战开始，一个方阵可有的战术选择便实属有限，因此复杂的迂回和策略颇成问题，从而难得被尝试。一个方阵，在较弱的左翼兵败崩溃和销蚀掉全军的内聚力之前，以较强的右翼“像三列桨战舰的撞角似的”劈过去。不仅远没有一位国王坐在山丘上观战，而且甚至没有一位显贵骑马奔驰在后部——通过号角和信号旗向方阵的各特定部分发布复杂的命令，要他们成梯队进攻、猛然后退或被后备待命。这样的精致用兵方式将保持一个世纪，等到亚历山大和他的马其顿方阵步兵出现。

修昔底德竭尽全力说明以下做法多么创新：底比斯人决定在第力安纵深部署大量兵员和协调使用骑兵，还有斯巴达人临时狂做努力，力图在门丁尼亚混战中途调整自己的进攻方向。大多数正常场合，将领们

显然派出了阵式相同的纵列去彼此迎头相击，战术思维本质上不存在，也几乎不受欢迎。[16]

在伯罗奔尼撒战争的两场大会战即第力安和门丁尼亚战役中，一个人见到一种希腊步兵战术的最初开端，亦即纵深部署兵队，使用后备兵员，整合骑兵部队，作出调整以适应地形，还有从事次要迂回，那待公元前 4 世纪将在伊帕米浓达麾下加速发展，并且依凭腓力和亚历山大臻至成熟结果。伯罗奔尼撒战争中的重装步兵会战开始了一个缓慢的转变过程，从相当造作地决定战争胜负的方阵变成作为一支合成兵力的组成部分的重装步兵，这合成兵力还包括骑兵、轻装部队和投射部队，能够基于军事效率而非传统仪规去打赢战役。

重装步兵依靠他的长矛去杀死和重创敌人。假如矛杆断裂，他就可以将它原先 9 英尺长剩下的部分倒转过来，使用尾端，那装有一个有时被称作“蜥蜴锥”（*saurot êr*）的青铜尖状物。某些重装步兵踉跄跌倒，结果会遭奔上前来的步兵践踏，后者猛地放下他们举起的长矛，根端的尖状物便给了致命一击，因为它击穿了那倒霉蛋的背铠，戳进他的 142
胸腔或腹腔。

在全然丢失长矛的情况下，仍有一柄小铁剑可持。瓶画往往绘有断了的矛杆；大凡提到在第力安“逼近”战斗，就很可能意味着用剑砍杀或用根端尖状物戳杀。由于战斗的拥塞性质，重装步兵遭到来自四面八方的反复戳击。然而戳击要是致命的，它就必须针对不受保护的腹股沟和颈脖。某种意义上说，会战中穿戴重装步兵盔甲就等于使不受保护的喉咙和外生殖器成为靶心。

伯罗奔尼撒战争期间，希腊人首次开始探究一个两难，即合适的纵深对横宽。将兵员调离战斗前沿，比标准的 8 排盾列更深地堆置之，方阵就有了更大的突破力，但与此同时，被缩短了的前沿由此变得易受翼侧包抄伤害。例如，生嫩的叙拉古人以 16 排纵深，进行他们针对雅典入侵者的唯一一场重装步兵会战，希望被密集堆置的纵列将强化他们那缺乏经验的部队的士气，与此同时易受伤害和业经延展的侧翼由一支约 1 200 名骑兵组成的庞大兵力予以掩护。

在第力安，帕冈达麾下生气勃勃的重装步兵有如拿破仑的纵队，认为自己能够击破对手而不被翼侧包抄，但仅有骑兵或崎岖地形以保护战场边缘。这整个现代的军事两难，即纵列对前沿、深度对宽度(或曰突击力对迂回力)，同样最初出自希腊人在其方阵之内寻求恰当的比例的努力。19世纪开始以后许久，甚至在火药时代，这个难题仍未解决，直到威灵顿在滑铁卢获胜为止，当时他的单薄的红制服英兵前沿撕碎了密集的法国老卫士阵列。那些以后来马其顿人的方式纵深堆置的人，例如叙拉古人和底比斯人，通常有优越的骑兵守护被暴露的漫长纵列。以同样的方式，乔治·S.巴顿反复敦促他手下的师长们向前劈进，不要担忧两翼；然而当时，他受优越的空中支持保护，那是古代重装骑兵的现代等同物。

如果重装步兵保持镇定，且与他的同伴战士们一起坚执阵列，那么他的70磅盔甲和长长戳矛就使他**在平地上**不易受骑兵冲锋和散兵攻击的伤害。即使在最绝望的环境里，他的阵线也固若金汤，不可能被其他重装步兵以外的任何兵士攻破，只要每个人(*parastatês*，即“一个在阵列内与同伴并肩屹立的人”)都在会战中保持镇定不动摇，高举盾牌和前挺长矛。在第力安，近两万无装或轻装战士不敢攻击任一方的方阵，在它保持阵式的时候。在叙拉古，只是在双方都发觉自己阵列大
143 乱时，规模大得罕见的1200名骑兵组成的队伍才策马驰入战场，那里只见奔逃和追击。当得胜的雅典右翼逃离突然出现在第力安山丘后面的骑兵时，那大体上是根据一个意念，即它预示了全然另一支步兵大军即将抵达。

伯罗奔尼撒战争起始时，希腊战争方式的特征之一，在于古老的阶级观念而非军事效率决定士兵的职责。理论上，无地者划桨和扔掷投射性武器，有产者充任重装步兵。因而，披挂全副铠甲的长矛兵队列不仅是抵挡骑兵的一个军事屏障，也是一则社会声明，表示城邦的更大有产者们虽然经得起自备战马，但对城邦社会的集体防务来说仍不像自耕农那么重要。这个被珍爱的观念同样是伯罗奔尼撒战争的一个受害者。

古典战争方式中的这个阶级要素一向令我深感自相矛盾。在古代希腊世界，有产者是最可能以最致命的方式去战斗的人，仿佛拥有一处农庄使一个人获得了迎面被戳死的特权，那对无地者来说是不大可能的。有时，富有的雅典骑士能感到改而“持盾执矛”的压力。于是，

家财多多的骑马人吹牛说他们已决定放弃坐骑，改而作为重装步兵去战斗，这表明较大的军事威信标志是与农夫步兵一起，在混战中取得真正的“战斗经验”，而不是作为贵族骑士四处巡逻。[17]总的来说，与伯罗奔尼撒战争中的每件事一样，27年的战斗最终销蚀了社会身份与军役类型之间的严格关系。到战争最后几年，公民（以及外邦人和奴隶）已经以城邦在危机时分需要的任何方式战斗，骑士是时划桨，穷人则披挂由国家供给的铠甲。

两大方阵迎面相遇后，重装步兵们迈步出战，同时嗥叫战争呐喊“埃勒勒罗！”或“阿拉拉！”被尘霭和他们自己笨重的头盔遮蔽视线，张目不明，他们举矛直戳，并且协同用盾奋力前推，有时强抓、狠踢和猛咬，不顾一切地希望多少突入敌方方阵。通常，他们几乎全不想他们杀死或重创了谁，如果有所杀伤的话。那些在队列里的人，听觉和视力即使没有被全然牺牲掉，也是耳闻目睹皆大不易。修昔底德对战争中两大重装步兵会战——第力安和门丁尼亚——的两番讲述都揭示出这样的大迷惑和大错乱：前一场会战中，雅典人意外杀死自己的同伴；后一场会战中，亚哥斯人完全无法见到附近一支正在前来的斯巴达军队。

金属互撞，兵众吼叫：这喧闹声必定震耳欲聋，但重装步兵对之似 144
闻未闻，他们的听觉差不多被沉重的青铜头盔取消了，那上面全无为耳朵听音抠出的孔口。尘霭、战场拥挤状况和仅开狭小眼缝的带顶饰头盔将严重限制他们的视觉。鉴于往往缺乏与众不同的制服和国别标记，认错身份乃是寻常事。[18]

未被保护的颈脖和腹股沟上裂开的伤口，不由自主的排屎遗尿，丧魂落魄的惊惧恐慌：凡此种种的叙述在希腊文献中比比皆是。重装步兵会战的这个大多被遗忘了的阴暗面表明，一旦双方全阵冲撞，激战的内里乃是十足的混乱。在这么一团大乱中，力量和纪律对重装步兵的成功来说至为关键：纵列的内聚力越强，冲击力越大，一个方阵就越有可能将自己硬推过去突破敌人。或许，正是此类战斗的全然可怕的战法令伯里克利毛骨悚然。无疑，将公民们派人这么一个地狱、与斯巴达人这样训练有素的杀手拼搏，这一想象必定驱使他去制作一种战略，以便赢得战争而不用冒重装步兵对抗之险。

通常，推压（*ôthismos*）在一小时以内结束，因为一方崩溃，继而逃离战场。筋疲力尽的胜者剥光并交还死者，同时树立一根惹人注目的纪念柱，作为自己勇猛善战的证明。他们往往从败方兼并争执的领土。以夏伊洛或葛底斯堡战役的方式打数天对阵激战的例子极为罕见，像索姆河或凡尔登战役那样长达数周或数月的大屠杀更是闻所未闻。相反，在索利基亚、第力安、门丁尼亚和叙拉古城外，战斗很可能只经历几分钟。约 27 年的战争期间，希腊重装步兵的对阵激战大概总计起来不超过四五个小时。[19]

学者们无穷无尽地辩论重装步兵战争的本土狭隘规则究竟是窒息了战术和技术创新，还是反映了亚历山大以前希腊战争方式的既有落后状态。例如，甚为有限的追击真的是反映了会战规则，还是事实上承认披挂铠甲的胜利者筋疲力尽，在无众多骑兵的情况下很少可能逮住丢盔弃甲的战败者？一旦被减掉了 60 磅至 70 磅重物，这战败者便立即轻身奔逃。与在第力安的大混乱不同，在门丁尼亚，民主城邦联军完全溃败的左翼未遭斯巴达人的认真追击而逃至安全场所："逃遁未遭追击，溃退亦非很远；因为，拉栖第梦人始终经久战斗，顽强拼搏，直到打退他们的敌人为止，可是一旦他们的敌人逃跑，他们的追击就既历时短暂，又涉距甚微。"[20]

145 如 *lipostratia*（"脱离阵列"）和 *tresas*（"发抖者"或"逃跑者"）之类贬义词用来指那些逃脱方阵或露出显著的恐惧迹象的人。此外，古典希腊语还有至少两个专用谤语去指称丢弃盾牌（*rhipsapis*［"弃盾者"］或 *apobolimaios*［"扔弃者"］）——威胁方阵整合性，以及表明重装步兵挂虑自己活命而非全队生存的一种行为。鉴于方阵战法和城邦内公民生活这两者的公共性质，这些公用谤语非同小可，挥之不去，萦绕一个人余生。在其喜剧里，阿里斯托芬对雅典大众领袖克莱尼穆斯毫不怜悯，因为他在第力安扔弃了自己的盾牌以求活命。在这场会战后三年，他的臭名成了一个经久不弃的嘲弄对象，在几千雅典观剧者面前被令人作呕地反复提到。

以同样的方式，年轻的柏拉图大概深觉羞耻，因为他的继父皮里兰佩在第力安刚有逆象就逃之夭夭，并被维奥蒂亚人俘获（后来还勒索赎金），相反他的老师苏格拉底在此会战中坚毅刚强，这成了随后整个一代雅典晚餐会众在餐桌上谈论的话题。促使青少年亚西比得在第力安显赫出众的家族威信很大部分出自一个事实，即23年前在离得不远的科罗尼亚，他的父亲克莱尼阿斯身处前列英勇战死。

如果说希腊人意识到围城战期间、内战中间和在海上，惧怕和勇气不甚公然彰显，那么重装步兵会战的情况大为不同。它可以造就或毁掉一个人在随后几十年的公民生活。换言之，在整个伯罗奔尼撒战争中，好公民不是弃械逃跑者，而是*aspidephoros*（“持盾者”），一贯坚持端正举持自己的盾牌，屹立于方阵阵列——即使在约27年的战争中始终近乎全无机会这么做。[21]

惊慌和恐惧在战场上无所不在，鉴于视觉和听觉减弱，同时在这么众多的人群中间总是有惊慌危险。伯罗奔尼撒战争期间，意外的自然现象——突如其来的雷电、日食或地震——会破坏密集阵列中的一群希腊人的士气。

狂暴的杀戮能间或出现，但仔细的分析揭示出对阵激战的一种节省，显露出真正的杀戮发生在离重装步兵战场颇远的地方。难得有超过10%的兵员战死于单独一场对阵激战：1 500名重装步兵在第力安被杀，或者说双方总共14 000名披甲之士的10%略强。虽然雅典人遭受了高得惊人的死亡率，即它的重装步兵的14%，但这一死亡率非同寻常，使得这场会战成了古典希腊史上代价最大的之一。在门丁尼亚， 146
联军重装步兵死亡1 400名，显示了约7%或8%的死亡率——如果事实上有17 000名至20 000名重装步兵一起冲撞的话。整个战争从头到尾，雅典平均每年丧失的重装步兵几乎不超过200名。它的战死的重装步兵总数仅5 470名，不到战争期间仅因瘟疫丧命的那些重装步兵的一半——而且他们中间的大多数死于重装步兵会战以外的小遭遇战、围城战和海战。[22]

后重装步兵战法

公元前5世纪，两个新因素改变了过去三个世纪的重装步兵战法。第一，希波战争、特别是公元前480年的薛西斯入侵已经表明，甚至像马拉松或普拉提亚那样一场成功的会战，也不能保证彻底战胜这么一个敌人：它并非同样持有农业战争方式主导的种种观念，而是力求经任何可得的手段，陆海相兼地消灭它的敌人。作为回应，这场战争很大程度上经在阿提密西安海战和萨拉米海战中摧垮波斯舰队赢得，但只是在雅典——连同希腊北部大部分——已被焚烧和占领之后。假如雅典的防御者们仅靠自己的重装步兵，那么就会输掉希波战争。1 万雅典人，即使他们是勇敢的马拉松老兵，10 年前击败了大流士的 3 万入侵者，也极少可能在雅典平原的一场对阵激战中挡住 10 万波斯人。

古典希腊重装步兵和后来的马其顿方阵兵或能以 3：5 的数量劣势打败波斯步兵——像从马拉松和普拉提亚到伊苏和高加梅拉的希腊步兵大捷证明的那样——但不能以 1：10 的劣势取胜。库纳科萨会战（前 401 年）中，希腊“一万佣兵”击溃了他们的波斯对手。然而在其主顾小居鲁士死后，严重寡不敌众的佣兵部队发觉自己在幼发拉底河畔面对数以万计的敌人，后者位于现在的伊拉克南部；结果，他们边打边撤，而非挑起一场对阵激战。

到伯罗奔尼撒战争时，重装步兵已享有一种类似于第一次世界大战中威严宏伟的无畏级战舰的作用，那是庞大可怕的主力资产，同样“无所畏惧”。即使在它们过时的时候，此类壮观的战舰也广受珍视，被吹嘘为几分钟之内能炸碎一整支舰队，从而改变战局——然而难得有机会去迎战一支舰队。一个古典重装步兵方阵也是如此。远征西西里前
147 夕，亚西比得贬低西西里的据称的重装步兵实力，嘲笑说伯罗奔尼撒战争期间，从头到尾各国通常自夸各自子虚乌有的重装步兵，尽管这样的大有威望的兵力几乎不再径直赢得战争。[23]

亚西比得看来想要令雅典人放心，保证他们能赢——继而带了太少太少骑兵偕行，结果发现是西西里的骑兵而非重装步兵最有害雅典大军。这样的重装步兵沙文主义甚至在伯罗奔尼撒战争以后仍徘徊不去。公元前 4 世纪时，柏拉图笔下的苏格拉底作出了近乎叛国性的宣称，说在萨拉米的海军大胜是个不幸事件，因为它将权势赋予无地的海军群氓，损伤了自豪的拥有土地的重装步兵。重要的再度是你**怎样**打仗，而不是你打赢或打输。战争有种种内部衍生后果，与它的对外后果一样多。对西方哲学的这位创始者来说，大灾难不在于雅典民主国

家输了，却是它在伯罗奔尼撒战争中开启了一类战斗，那使军事效率脱离了美德。

在关于尼西阿斯和约（前421年）的讨论期间，亚哥斯人向斯巴达人提议双方“恰如以前曾有的那样”解决争端，即挑选一流战士在预先安排好的时间和地点会战。甚至保守的斯巴达人起初也嘲笑这种复旧思维。他们对这古怪建议的初始反应是“一桩蠢钝（*môria*）事”，它竟要通过准许一些重装步兵组成方阵彼此冲撞去决定整个一场战争。经在阿蒂卡受挫十年和在斯法克特里亚被轻装部队搞得深陷困境，斯巴达人不再幻想仪式般的会战能解决任何争端。[24]

三列桨战舰连同在它们上面划桨的穷人，作为散兵一起航行的海军陆战人员，还有出资建造它们的公共税金，证明对战争努力来说远比农夫民兵紧要。然而战争爆发时，修昔底德细心指出，雅典有至少13 000名前沿重装步兵，还有另外16 000名后备驻防步兵，由老少公民构成，同时由披挂重甲的外邦侨民强化。换言之，雅典人有足够的人员去配备另外150艘战舰。在一种力图避免将其用于对阵激战的政策之下，除了开出去直抵梅加拉以恫吓这较小的城邦，并在轻装部队蹂躏其农业时提供掩护，这近三万可部署的雅典重装步兵要用于什么目的并非全然清楚。

到伯罗奔尼撒战争爆发时，雅典和斯巴达都已远甚于其他城邦，发觉自己不受对重装步兵战法的传统限制的约束。它们都不需要在收获季节驻足本邦：三列桨战舰和希洛人各自能供应足够的食物，使数以千 148
计的人免于日常务农。因而，它们都不懂得依据威望——出自赢取意义颇微的边境地块——去设定为时短暂的战争。历经整个阿基达马斯战争（前431年至前421年），始终不情愿北上前往阿蒂卡的是伯罗奔尼撒农业盟友，而非斯巴达人本身。为什么？与斯巴达不同，他们耕作自己的田地，而且像伯里克利在战争爆发时预见了的，这样的人没有资金去忍受一场漫长的战争。[25]

雅典经其收纳贡金的海外帝国和供给至少三分之二人口的进口食物，同样超越了季节性的重装步兵战法。有在比雷埃夫斯港的约300艘战舰组成的海军，以及不务农的众多选民人口和年度商业收入，它同样不将自己局限于几周春季战役，以冀通过光荣会战去决定冲突结局。

不仅如此，自从希腊人在普拉提亚战胜波斯人起，斯巴达方阵已确立不可战胜的威名，那将延续到公元前4世纪开始后许久，而在斯法克特里亚的惨败(前425年)被认为是个失常，并且很快就被重装步兵在门丁尼亚的戏剧性胜利挽回。

准重装步兵

因此，整个伯罗奔尼撒战争期间，雅典人始终觉得在一块平坦的旷原上迎战此类重装步兵等于自杀，如同有航空母舰可用时派出巡航舰去面对战列舰。[26]第力安和门丁尼亚的胜利者——维奥蒂亚人和斯巴达人——离开战场时确信自己的重装步兵不可战胜，从而解释了这两支信心十足的军队为何愿在随伯罗奔尼撒战争而来的多场会战中彼此相遇：在哈利阿图、内米亚、科罗尼亚、提基拉、留克特拉战役和第二次门丁尼亚战役中。尽管只有两场老式的陆上大会战，但整个27年战争期间战斗近乎始终不断，而且处处发生——在崎岖地形、在山口和经两栖作战。确实，修昔底德史书内有约83个场合可被正当地称作某种样式的陆上“交战”，例解大多数士兵是在典型的方阵会战之外被杀。

长途行军期间，需要骑兵、轻装部队和弓箭手提供针对同类敌人的侦察、掩护和追击。轻装部队大多为不受护身铠甲牵累的高度机动的标枪投掷兵，一旦战斗被挪出平原移至崎岖地面他们就格外可贵。离
149 开方阵的笨拙的重装步兵往往遭到伏击。他们的四分之一英寸厚的青铜胸铠并不总是笃定抵御如雹的箭矢和标枪，那出自能够瞄准手臂、小腿和颈脖的散兵。骑兵不再是置身重装步兵会战边缘的单纯辅助兵种，而是往往在各不同地点针对一大堆杂七杂八的敌人取得军事成功的关键。穷人、富裕显贵、奴隶、外邦人、归化者，甚至被围城期间的妇女儿童，统统参与战斗，再度鄙弃了一个古老观念，即乡村社会将让农夫们通过短暂互撞去裁定边界争端。27

随着战斗延绵下去拖沓不决，依恋往昔的修昔底德更觉辛酸，痛惜伯罗奔尼撒战争双方的传统重装步兵的毁伤，尤其在他们死于对阵激战以外或死在社会下等人手上的时候。他首先按照丧命的重装步兵去列

举被瘟疫吞噬的雅典人。据他说，一位在斯法克特里亚投降的斯巴达人目睹他的重装步兵同伙惨遭箭雨攻击后哀叹道："一支箭本将大有价值，假如它有眼，能从其余人那里挑出高尚良善之士。"当雅典人在埃托利亚荒野将120名重装步兵丧失给山里人时，他就死者说他们"确实是雅典城在这场战争中失去的最佳者"。

回忆起较早在战前的一桩偶发事件，当时科林斯重装步兵遭到了伏击和屠戮，他断言此乃大"悲剧"。他还断定，死于第力安的特斯皮埃重装步兵是其城邦的"精华"。[28]在修昔底德看来，重装步兵本应打对阵激战，而非不那么光荣地丧命于疫病、伏击或投射。希腊人自己明白他们中间的军事革命。尼西阿斯和约生效后第四年(前418年)，修昔底德哀叹说双方经伏击和突袭彼此追打，恰恰是因为没有哪一方会开出来打一场"有正式准备"的会战。阿里斯托芬嘲笑他那个时代的青年。他们甚至做不到坚执盾牌高达胸部——仿佛在一场并无重装步兵会战的战争中这技能什么时候会被需要似的。无论是伯罗奔尼撒战争期间还是战后，希腊人都一致认为某种事情业已失控，导致了先前从未预料过的屠戮，那并非不像第一次世界大战时的现代厌恶，那场大战很快证明大不同于预想的、半个世纪以前的1870年普法战争期间的速战速决。[29]

除了第力安和门丁尼亚战役，仅有两个场合存在方阵对撞。这些交战通常是小事，从而没有决定什么。例如，公元前425年夏，即第力安战役前一年，雅典将一支有约2 000名重装步兵的小规模军队载 150
运到了科林斯附近，那正是柏拉图后来谴责为掺假的一类非传统的重装步兵混用。在小村庄索利基亚，舰载雅典重装步兵碰上了科林斯重装步兵。双方在崎岖地形上打了一场虽不典型但仍顽强的重装步兵会战。修昔底德指出，这场会战"全系短兵相接"，显然凶狠残忍。对雅典的胜利来说，后备兵员、工事背后的撤退和骑兵的显赫作用——还有惑乱、惊慌、尘霭、推压和败将之死——证明比重装步兵的勇气更关键。

雅典人宣称索利基亚是一项战术胜利，因为将科林斯人逐出战场，损失了几乎不多于50人，而科林斯人的阵亡数为212人，连同他们的将军利科夫隆。尽管如此，雅典人依然未能建立一个安全的基地，从而遭受了一次战略挫折，因为他们回返战舰扬帆而去。接着，雅典将军、年老保守的重装步兵尼西阿斯迟迟才发现两具雅典人尸体被留在了身后，只得尴尬地返回，请求战败者归还尸体，从而正式磨灭了有限胜利的心理红利。[30]

大约一年半以后，在公元前423年冬季，门丁尼亚人与邻邦泰耶阿人打仗，预示了5年后将随之而来的在同一个谷地里的门丁尼亚大会战，那最终将伯罗奔尼撒战争的各大强国卷进来。关于这桩较早的同样小的事情，修昔底德只说交战激烈，同时提到方阵会战的某些富有特征的要素：每一方都宣称在其右翼得胜，且在天黑时中断敌对行动。重装步兵之间此类偏僻和大多未经记载的战斗必定普遍存在，因为近30年战争期间较小的城邦照旧从事解决边界争端这通常事务——正值斯巴达和雅典同时试图将它们本身的较大重装步兵军队遣入边缘战区，获取对民兵的地方性优势，后者寡不敌众，且在武器和指挥方面素质低劣。[31]

因而，此类“重装步兵”会战并非真是十足的重装步兵拼搏。它们大多是伏击、海上攻击和更多地被用于驻防任务而非置身阵列的重装步兵的作战行动。或许最著名的是在安菲玻里的交战（前422年），那里600名雅典重装步兵被杀，代价是斯巴达方面仅死7人。双方对抗的将领——鼓动继续这已十年之久的战争的人，即雅典的煽动家克里昂和斯巴达的自行其是者伯拉西达——都在战斗中被杀。随他们同时殒命，讲和派抬头，使得尼西阿斯和约能在翌年问世，这表明这场战争的
151 大多数关键人物身着盔甲阵亡，一日之内的重装步兵会战仍有一种改变战争进程的趋向。当然，修昔底德指出，安菲玻里战役与其说是一场“正规会战”（他所称的*parataxis*），毋宁说是克里昂的一项困惑不明的努力，要逼近在安菲玻里的斯巴达驻防军——只落得个出乎意外，突遭从城墙奔出来的各路斯巴达人合击，后者包围了雅典人，并且迅速击溃了他们。[32]

那么，“重装步兵”一语成了什么意思？成了大致不过是一名披挂某种青铜盔甲的重步兵。他本身不再属于一个特定的阶级。他也不一定在方阵里战斗——甚至也不遵守关于通告和终止对阵激战的古老仪规。

在门丁尼亚的最后欢呼

斯巴达年年蹂躏农田皆告失败(前 431 年至前 425 年)；雅典因为瘟疫而死亡无数(前 430 年至前 426 年)；斯巴达人在斯法克特里亚败北(前 425 年)，他们的某些最好的武士——其中有高级军官——已可耻地投降并被取作人质(前 425 年至前 421 年)；斯巴达人变得胆战心惊，害怕希洛人可能万众造反；希腊人在维奥蒂亚战败(前 424 年)；克里昂和伯拉西达俱在安菲玻里殒命(前 422 年)：在这一切之后，双方都认识到战争已蜕化成一场混乱不堪的灾难，没有哪一方能完全打赢。

一段喘息时间值得欢迎。经过某些未遂的短暂停战，保守的雅典国务家尼西阿斯与斯巴达人谈判达成了一项和约，那冠以他的名字，将证明延续约 6 年(前 421 年至 415 年)。如果说雅典因为瘟疫以及撤出阿蒂卡乡村造成的紊乱而筋疲力尽，那么斯巴达已被在斯法克特里亚遭受的颇轻损失和雅典驻防皮洛斯及锡西拉搞得如此震惊，以致它的公民们认为“他们无论从事什么冒险都会失败，因为失去了自信，而这又是因为先前没有经历过这样的灾难”[33]。

斯巴达人那么急于搞回他们的约 4 年前在斯法克特里亚被俘的俘虏，以致他们不顾自己的盟邦底比斯、梅加拉和伊利斯反对而在协定上签了字，后者事实上依名义仍在与雅典交战。然而，当起初导致战争的状况没有终结时，和平协定难得经久延续。无论是斯巴达对雅典帝国权势及其壮大的据称的恐惧，还是雅典之不愿作出痛苦的让步去平息伯罗奔尼撒人的焦虑，都一如既往。尽管经过了十年残杀，但到公元前 421 年，仍没有哪一方相信自己已被真正击败。

因而，“冷战”只延续了几年，然后就开始在伯罗奔尼撒再度白热化，时为公元前 418 年，地处小城镇门丁尼亚附近，当时老的斯巴达同盟有解体危险。亚西比得和在雅典的主战派是事变载体。他们的大战 152
略——再度有如公元前 424 年在第力安终归一无所成的野心勃勃的计划——大胆勇敢，取决于造就一个民主革命运动，那可以将原先敌对的伯罗奔尼撒人转变成朋友，从而在一次大会战中关闭在南方的一整个战区。

在亚西比得领导下，雅典人与亚哥斯搞计谋，以便塑造一个由新近变得民主的伯罗奔尼撒诸邦即亚哥斯、伊利斯和门丁尼亚组成的特定联盟，那可以包围斯巴达，分解它的同盟，特别是与底比斯和科林斯的，它们依然在一旁愤懑，不满晚近与雅典媾和。伯罗奔尼撒联盟本身充满紧张。亚哥斯在公元前 5 世纪初期反复与斯巴达兵戎相见，既打对阵激战，也打边界小仗，而且总是代表着一个潜在的反叛核心。伊利斯是个富有的统一城邦，奥林匹克竞技会的故乡，宏伟壮丽的奥林匹亚宙斯神庙所在地(该神庙大于帕特农神殿)，而且它本身早在公元前 460 年就是半民主的。

和平期间，雅典人在最终开始探索一种战略的大致轮廓，这战略就是在美塞尼亚鼓动希洛人造反，与此同时希冀解放在阿哥利德、阿卡迪亚和伊利斯的主要伯罗奔尼撒盟邦，从而赢得战争。对皮洛斯的占领和工事设防，加上在斯法克特里亚岛打败和俘获斯巴达人质，现在要由一事去补足，那就是以敌对的民主城邦包围斯巴达。在比喻和地理两重意义上，处于这伯罗奔尼撒境内反斯巴达主义大计划的枢纽位置的是亚哥斯。它的领导意识到，斯巴达人在斯法克特里亚的投降，连同在阿蒂卡蹂躏农田的失败，增进了亚哥斯作为一个民主自治的伯罗奔尼撒集合点起作用的可能。皮洛斯战役之后，公元前 420 年至公元前 418 年间斯巴达的领导没有做任何事情去窒息这个愈益成长的联盟，除了在边界上聚合很少量兵员，然后因为“坏兆头”而将其解散。

可是，雅典未能抓住这黄金机会去毁坏伯罗奔尼撒帝国。亚西比得领导了塑造这个反斯巴达同盟的奠基工作，然而以一项愚举，雅典人拒不让他在公元前 418 年竞选将军，而是青睐了无生气的尼西阿斯及其伙伴。这确保他们将只间或支持抵抗，当它最终在伯罗奔尼撒变成真枪实斗的时候。

在公元前 418 年夏初警觉危险，阿基斯国王麾下的斯巴达人抵达门
153 丁尼亚平原，以便制止此类胡闹并保护泰耶阿，据新联盟的大野心要打击的他们的首个前沿盟邦。这场反叛证明在晚近的斯巴达历史上独一无二。顽抗的各邦是伯罗奔尼撒境内最强的。而且，它们能将优秀的步兵投入战场。假如它们届时赢了，那么就所有实际目的来说，伯罗

奔尼撒战争将在一个下午便告结束——因为斯巴达人将永不能再度北进突入阿蒂卡，科林斯和底比斯将不会返回斯巴达联盟，而且该国本身大概将立即陷入国内灾难，即希洛人万众造反。

阿基斯国王带了约 12 000 名重装步兵进入阿卡迪亚，以便强逼会战，并且恢复旧日声誉，即在会战中面对斯巴达人实属犯浑。修昔底德认为，他的兵力“是到那时为止被集合在一起的最精锐的希腊军队”——显然提示这些精英重装步兵不是意在蹂躏阿蒂卡乡村，而是要在对阵激战中杀戮亚哥斯人。经几回佯动，每支军队——盟邦有大致相等的兵力——都在划成正方和大力冲撞以前迂回调遣，以求门丁尼亚平原内的阵位。最后的杀戮大概发生于公元前 418 年 8 月 1 日左右的某个时候——一年里最热的时候，在希腊主陆一块尤其炎热和潮湿的平原上。

战争伊始，伯里克利在劝他的同胞撤入城墙时就断定，伯罗奔尼撒人能够“在单独一场会战中”击败“加在一起的所有希腊人”。不幸，他将在死后被证明正确，因为门丁尼亚现在将证实这位已故雅典领袖对斯巴达重装步兵之勇武善战的最严重忧惧。与斯巴达人公元前 431 年抵达阿蒂卡境内不同，阿基斯国王携一支小得多的兵力来到门丁尼亚平原，使其对手有信心开出来迎战，希冀无论如何有可能获胜。然而，亚哥斯人和门丁尼亚人那么乐意引发会战，以致他们的鲁莽轻率令晚到和饶有条理的斯巴达人惊讶。修昔底德声称，极少人能记起有哪个别的场合，在其中斯巴达军队同样被惊得发呆。[34]

在某种战术意义上，第力安和门丁尼亚战役都近乎偶发事件。两军各自都不大知道对手在何处扎营，甚或更少知道它们在向前冲撞以前片刻的确切位置。假如没有两位老人——在第力安的帕冈达和告诫阿基斯国王放弃初衷的一位斯巴达无名老重装步兵——那么战争中这两场决定性的重装步兵交战本不会发生，至少不会在它们实际的其时其地去打。

如果要挑一个地方去打重装步兵会战，那么门丁尼亚恰好合适。因为要在旷野大量杀人，将领们就需要充裕的空间、大量的食物、清洁的饮水、平坦的地面、便利的进路和靠近的掩护。门丁尼亚与第力安 154
不同，符合所有这些要求。如附近的现代高速公路证明，它位于南北之间的战略通道上。门丁尼亚还是一块狭窄的平原，那里 20 000 名武士仍然易被容纳，就像他们在公元前 418 年 8 月以及此后若干场合那样。

众山环抱这杀戮场，既给重装步兵两翼提供了防护，也提供了兵败之后的避难处。分布在这么一块狭窄平原上的几千名勇士可以截住整个大军。因此，门丁尼亚起了一个阻塞点作用，出自希腊南部的大道通衢在此变窄，仅宽 1 英里左右，然后才重新展入平地和往北伸展到亚哥斯、科林斯和雅典的各条不同道路。假如斯巴达输了这场会战，它就不仅将有整个一大群新敌，而且将发觉它从拉哥尼亚外出的主要干道被根本堵住。

门丁尼亚乃沃野肥田。那里的黑土不时盛长小麦，因而能给数以千计的人们确保食物，当他们日复一日到处乱转、为互相杀戮而谋求有利准备时。来自四周陡峭山地的溢流说明何以处处都有水洞和溪川。世世代代的希腊将领喜欢门丁尼亚。希腊史上的许多时候，斯巴达国王、伟大解放者伊帕米浓达麾下的底比斯人以及民族英雄菲洛波曼（前 253 年至前 182 年）全都在此打仗，其事业和理念现在是古典学学者的研究对象，而对任何别人来说却了无兴味。

因而，当今极少旅游者造访门丁尼亚。新的高速公路立体枢纽距此约 5 英里之遥；丑陋的现代水泥城市特里波利斯坐落在大约 10 英里远处。在这战场处别无一物，仅有几幢乡舍，一所形状古怪的教堂，那是一名完全不切实际的怪人费了他的终生建的，靠堆积从乡间得来的大理石和砖块；外加一座已消失了的巨大城镇的诸多遗迹，露出在野草和麦田中间。

然而，再经这片平原仔细走走吧。审视这战场的没有规则的区段。攀援于一度宏大的环形城墙的塌垒堕堡中间，行走穿经古代的赫拉克勒斯和波塞冬圣殿遗所，门丁尼亚远非空旷无物，却事实上满布幽灵。几个世纪里成千上万人在此丧命。希腊最伟大的国务家、将领和著作家的嗓音曾经在这些山地回响激荡，在他们殒身于这战场的淤积而成的泥土之上。老远处有个斯科皮小山丘（“远望丘”），希腊产生过的最伟大军人即解放者伊帕米浓达公元前 362 年在那里殒命黄泉——当他往下凝视他麾下正在溃退的底比斯军队之际，他的随从正从他肚子里

拔出一柄矛头，而这军队一旦得知它心爱的将领已被抬走，在上面山丘 155
上正流血至死，便立即悲肠寸断，阵脚大乱。

在当今的铁丝网篱和水泥灌渠下面的某个地方，有煽动者亚西比得的足迹，他在会战以前许久就横越了这片原野，试图创造出一个民主城邦联盟去包围斯巴达，并且一劳永逸地粉碎寡头制——但只是以典型的方式全未亲历公元前 418 年的实际战斗。也是在这门丁尼亚战场上，他的一小时内结束伯罗奔尼撒战争的宏大谋略同样落花流水，一无所成。

无处可见亚西比得。组建了同盟之后，他的将军候选资格遭到拒绝，而他的故城派出一支 1 000 名重装步兵和 300 名骑兵组成的单薄兵力，去打它策划了的大会战。或许，雅典担心，在一个表面上和平的时候，庞大军众蜂拥抵达将刺激斯巴达人；如果这样的话，那么战争中危险的事莫过于有点咄咄逼人或多少张扬挑衅。

在平原上一线排开的斯巴达军队是人口危机的象征，这危机最终将毁坏该国的整个军事等级制度。简言之，它的重装步兵军队不再是一支精英“斯巴达同人”军队。战线左翼由约 600 名锡里泰人构成，他们是来自阿卡迪亚边地的强悍山民，享有某种有限的斯巴达公民特权——且作为一个被赏识的象征通常发觉自己在会战中面对敌方的精英右翼。紧靠着他们的是几百名被授予了自由的希洛人。这些是同样勇敢的人们，但缺乏斯巴达精英武士阶级的训练或锐气。

与某些阿卡迪亚盟友一起，斯巴达军队的核心构成中央；右翼给了当地的泰耶阿人和另一个斯巴达精英武士师团。如果总计 12 000 名左右伯罗奔尼撒重装步兵、5 000 名轻装士兵和 1 000 名骑在马背上的维奥蒂亚人，那么阿基斯国王有大约 18 000 人，用以粉碎亚哥斯的企图，即争取一个自由的伯罗奔尼撒。

对面的盟邦联军设法集合了 11 000 名至 12 000 名重装步兵，几乎与阿基斯国王的重装步兵势均力敌。大约 2 000 名技能娴熟的门丁尼亚人支撑右翼，对阵锡里泰人。与 1 000 名从亚哥斯挑选出来的职业兵士和某些阿卡迪亚人一起，他们构成一支优良的重装步兵队伍，素质在伯罗奔尼撒不亚于任何兵众，并且决心摆脱斯巴达桎梏。

亚哥斯人余部、伊利斯人和来自某些较小城邦的民兵填满战线中央

156 和左翼(约7 000人),连同位于左翼末端的区区1 000名雅典人。不幸的是,这中央和左翼隔着无人地带与斯巴达军队的精华瞪眼相望。他们唯一的得救希望是坚持得够久,等门丁尼亚人和亚哥斯精锐收拾掉锡里泰人,然后立即前来援救他们。在光秃秃的巴尔贝里山下,阿基斯国王出动斯巴达杀手,径直突入敌方左翼,其右翼和中央即刻粉碎亚哥斯人以及陷入困境的雅典人。他的职业杀手放下矛端,剖开敌阵,“配着管乐慢步挺进”,然后刺穿逃得太慢的很少数人。

修昔底德写道,盟军方阵吓得要死,迅速崩溃,其重装步兵“互相践踏”,急于逃避可怕的红外套长矛兵。希腊文献里整个一大批文段反映了古人看法,即斯巴达军队——它的外貌、纪律、技能、组织和战法——吓坏了任何不幸得目睹它缓慢步入杀区而后跨越战场的希腊重装步兵。正如在20世纪的两次世界大战中,上前与德军相战被感到是件可怕事,希腊世界同样认识到摆出方阵与斯巴达人相战实属致命。[35]

犹如一个行事有条不紊的现代机械人,得胜的斯巴达方阵中央和右翼停下步来,猛然左转,让大多数丧魂落魄和已被击败的亚哥斯生还者逃之夭夭——在杀死其中约700人以及他们的盟友之后——然后继续横向跨越现在被打破了的战线。在当真不得不以其人之道面对如此杀戮不懈的杀手之时,关于要像皮洛斯战役那样给斯巴达人一顿教训的硬话统统灰飞烟灭。再次大规模静默迈进,“斯巴达同人”力求与半英里开外敌人的另一翼迎头相遇,那是门丁尼亚人及其盟友。

短暂一刻,这些亚哥斯人和门丁尼亚人曾如释重负,兴高采烈,因为他们已逐走面前较弱的锡里泰人和被授予自由的希洛人。傻蛋!他们转瞬即逝的胜利感进一步刺激了正在逼近的斯巴达人,后者仿佛被一只讨厌的害虫蜇刺,现在对这些人大释余怒,立意毫无怜悯地碾碎他们。得胜的亚哥斯人和门丁尼亚人浑然不知,有几分钟,几千人差不多能够凭其兵力扭转伯罗奔尼撒战争的整个进程:一个短暂的机会窗口,去成就过去十年所有袭击、围城术和三列桨战舰战争统统不能成就的。这个不饶人的时刻被丢失了,像它出现得一样快。

旨在收拾掉敌对联盟的最终的斯巴达会战计划只有一个故障,发生在最初几分钟里。左翼寡不敌众的锡里泰人已被亚哥斯人和门丁尼亚人翼侧包抄。当来自阵线中央的伯罗奔尼撒连队向左移动、以便构成一个抵挡涌来的敌军右翼的堡垒时，有一刻在斯巴达阵线上洞开了一个 157
危险的缺口。阿基斯国王命令得胜的右翼上的两个连队脱离出来，直奔在大出血的左翼。两位斯巴达军官都拒绝这么一个史无前例的命令——后来都按因为据称胆怯而抗命的指控遭到流放——理由是敌人鲁莽轻率，不会利用暂时胜利去打击在其易受伤害的左边的斯巴达人，而是将先行劫掠和追逐败者。于是够快，亚哥斯人和门丁尼亚人将发觉他们自己易受伤害，成为精锐的斯巴达右翼的打击目标，一旦后者轻易除掉敌人，转而对付这些心无疑虑的盟兵。

如果说重装步兵会战是每方右翼在其左翼输掉之际得胜的故事，那么全胜仅由会战的第二阶段决定——取决于得胜的右翼能多么迅速和有效地猛然左转，打击在侧翼的对手。有时，这样的冲撞只能导致更多死亡和更大僵局，因为两个最强翼彼此迎头猛击，发觉它们的对手是一类不同的家伙，不同于它们各自适才击溃了的劣质部队。就盟军而言不幸的是，这在此没有发生，斯巴达人的第二次冲撞对盟军来说，证明差不多像第一次一样致命。在门丁尼亚，斯巴达赢了会战的第二阶段，而且由此大获全胜，随它在亚哥斯人和门丁尼亚人得知是什么打击他们以前就击碎了他们。对那么难得有机会将长期训练付诸实践的职业士兵来说，在门丁尼亚的斯巴达重装步兵杀人得心应手，仿佛那是第二天性。

200 名门丁尼亚人一度得胜而现在被斯巴达人逮住和杀掉，其中大多数被埋入他们在那里出生和劳作的土地。许多世纪里，他们始终默默无闻，不为人知，直到几十年以前美国考古学家发现了一块石刻碑，嵌在周围被弃房屋中间的一处房屋里。它很可能是记载了约 2 400 年前部分门丁尼亚死者的名单。谁是这些例如名曰攸泰利昂和埃佩内斯的重装步兵？他们在战场的何处丧命？古铭文的现代阅读者全不知在其生命最后几分钟里，克劳锡达斯和马西亚斯做了什么。然而，他们和其他几十个人至少随石碑上的名字继续留存，因为他们光荣战死，而非老死和湮没无闻——而且在世代延绵的英雄名单上被纪念，这些名单作为门槛和窗台，为当今在同一个门丁尼亚平原上类似地奋斗的农夫所用。[36]

修昔底德本人很可能坐在这些山丘上，写下他的亲眼所见，依凭鸟 158

瞰下面展开着的杀戮。他对公元前418年大战的见证性讲述一直是古代世界最详细最传情的会战叙事，结尾是他不加渲染的评价，说在此展现了“希腊人中间很长久以来所曾发生了的最大会战”。说最大，修昔底德显然不是指规模。7年前在第力安，很可能有更多兵众在场。相反，修昔底德话中之意，是实属破例，单独一场会战的结局可以决定整个战争，因为斯巴达终于得到了它希望已久的、针对它的大多数敌人的重装步兵对撞。[37]

然而，还有另一个门丁尼亚，它超越战术、战略和政治，是一番关于事故、残忍和人类无常的史事。亚西比得的诡计促成了这场会战。然而，在此战斗和阵亡的是其他雅典将军，而不是他，其中包括拉契斯，在一篇柏拉图对话录里以其姓名为篇名的对话者，逃离时后背惨遭矛戳。几年前，同一位拉契斯从第力安逃脱；这次他同样神经紧张，但不那么有运气。斯巴达国王阿基斯被认为无能或更糟，全无兴趣在门丁尼亚作战，因而会战前一周曾两度使他的军队退出谷地。可是，他确实最后布阵作战，而且赢得了伯罗奔尼撒战争期间斯巴达最大的单独一日胜利，那保证斯巴达至少不会输掉它与雅典的斗争，也保证他将在未来十年里对雅典进行一场成功的战争。

会 战 剖 析

为了击破刚刚形成的、伯罗奔尼撒反叛诸邦结成的民主同盟，斯巴达人入侵门丁尼亚平原，其时他们面对一支内在成分大为多样的敌方联军。那群1 000人的亚哥斯精英花费公帑受训，且大多为寡头派，看上去是要在联军右翼担任最精锐部队。他们与门丁尼亚人一起，起初突破了赢弱的斯巴达左翼，那里洞开了一个缺口，在它与中央之间。可是接着，联军愚蠢地停了下来，去劫掠辎重车辆，没有继续从后部戳击斯巴达中央。假如他们针对阿基斯国王麾下的精英的后背加紧攻击，斯巴达人本将很可能输掉会战，而且数以百计的雅典人和亚哥斯人本将很可能在左面得救。他们所以致命地不愿这么做，要么是因为眼前有劫掠机会，要么是因为十足惧怕遇战斯巴达精英武士——即使是从后背。显然，在战线同一边的联军并非总是协同行动。

予以一个受困对手的这种宽厚很快得到回报。右翼和中央的斯巴 159
达人击碎了亚哥斯正规军，杀死了数百人。然后出于某种原因，当他们转过来，转而注意得胜的门丁尼亚人时，他们听任正在撤退的1 000名亚哥斯精英——敌对联军的真正矛头——自行其是。疑心骤起：斯巴达人正在展望会战之后，谋划争取重新有一个顺从的寡头制亚哥斯。这么一个被重构了的保守盟邦以后将需要人，像这1 000名精英一样的人，去钳制民主作乱者。相反，来自门丁尼亚的重装步兵被杀得越多越好，让他们饱尝与其伯罗奔尼撒伙伴作对搞民主化的报应。

那些在联军左翼同样被击败的雅典人如何？斯巴达人只杀了其中200人，让其他800人逃走。毕竟，这两国间名义上仍有和约。因而，消灭雅典人不明智，尤其在雅典城里一个温和的将军委员会已经决定不派一支十足的大军前往门丁尼亚的时候，那是本来很可能令斯巴达人兵败的数千名追加的重装步兵。[38]

在若干结盟城邦并肩战斗的联盟战争中，谁和什么决定哪个方阵在哪里战斗？是在很少危险并受尊敬的右翼，还是在危险最大且不光彩的左翼？通常，尊荣的右段要么给予东道主城邦——在公元前418年分别是泰耶阿人和门丁尼亚人；要么给予最强和兵员最多的城邦，通常是底比斯、雅典或斯巴达。相应地，盟邦通常不满一个事实，即它们一向追随此类较大城邦的领导，只落得到头来与最强的敌手作战，与此同时他们的据称更好的盟友却在右翼面对敌方的最弱部队。

后来，伊帕米浓达将军在公元前371年留克特拉会战中实现了战术突破，那不仅在于他将最佳兵力置于左翼，达50列盾牌纵深，以便确保与斯巴达精英右翼大搏斗，还在于通过这么做，他向盟邦——还有战场对面斯巴达的盟邦——保证，较弱的方面将无须面对比它们强的对手和扮演献祭羔羊角色。下一个冬季，伊帕米浓达以一支统一的军队入侵拉哥尼亚，碰上感谢他先前宽宏大量、现在又急于加入他的行列的伯罗奔尼撒诸邦。一位领袖应当在会战中将他手下人置于方阵左边，从而承担最大风险：这么一个基本想法竟要等到重装步兵时代的迟暮时分才有，岂非咄咄怪事。

然而通常，由于这样的同盟往往在变，且取决于内部政治动荡——

种种不同派别一日设立民主政府、翌日又换立寡头政府——因而联军内部猜疑不断。有时，战线一边敌意兴起，烈度不亚于战线对面。回想
160 一下，在第力安，维奥蒂亚联邦大受它的若干城邦成员中间的内斗折磨。霸主底比斯尤其不信任其邻邦特斯皮埃人。大概出于敌意，帕冈达和他的将军们才将可疑的特斯皮埃人置于雅典右翼正对面，也许希望他们要么将好好战斗，挡住希波克拉底，要么在试图这么做时被歼灭。

随会战展开，底比斯人两下如意。特斯皮埃人被近乎全歼，但挡住了雅典精英，直到后备能够前来稳定该翼，正值帕冈达击破雅典左翼之际。此种牺牲的结果是，至少有300名特斯皮埃人在第力安被杀，或许出自起初一支600人至700人的部队。

在第力安的死亡有何衍生后果，或者说何人得益？参加会战的特斯皮埃人差不多有50%在大约一小时之内被杀。这样的灾难性新损失意味着，特斯比埃的**所有**小农有三分之一现在死了。在大约7 000名参加会战的维奥蒂亚重装步兵中间，或许60%死者来自构成全军10%的那些人。

这样的单边牺牲有其直接后果。修昔底德报道说，第力安战役过后几个月，在公元前423年夏季，“底比斯人摧毁了特斯皮埃人的镇墙，宣称后者同情雅典。他们一向想干这个，但现在他们找到了一个容易的机会，因为特斯皮埃人的精华已在对雅典人的会战中被歼灭”。应当指出，特斯皮埃先前已遭同样的命运，即半个世纪以前它的重装步兵军队被消灭在温泉关，而且第力安战役过后30年还将在内米亚（前394年）再度遭殃，损失它的近乎整支小军队。[39]

重装步兵余烟

门丁尼亚会战过后，雅典的盟邦永不再与斯巴达人对阵激战。在短短一个小时左右时间里，斯巴达人及其盟友杀死了民主联盟的至少1 100人，代价仅300名伯罗奔尼撒人。有如第力安战役，一种据称陈旧过时的战斗方式一劳永逸，为战争所余时期解决了一整个战区。战争的后14年从头到尾只有一场较传统的重装步兵战：雅典人与叙拉古

人在西西里的一场小型遭遇战。到公元前413年，斯巴达已开始建设一支真正的舰队，并且着手在阿蒂卡建造经久的要塞，从而放弃悠久的白日梦，即任何军队都将在会战中碰上它自己的步兵。

叙拉古城墙外的重装步兵战(前415年)不涉及西西里战役的所有战 161
斗人员，而且雅典人的胜利完全无助于防止他们的最终失败。雅典人以3年前在门丁尼亚采取的差不多同一方式布阵：亚哥斯人和门丁尼亚精兵在右，雅典人居中，杂式盟友居左。然而这次，雅典人及其盟友变得自信了，因为他们在面对外行似的叙拉古人，而非可怕的斯巴达人。

这场战斗再次显露了通常的事态链。一开始就显见紊乱。叙拉古人有如在第力安的雅典人，对突袭大感意外。雷雨交加，令经验短少的西西里防御者们惊惶万分。经过一番激斗，会战像惯常那样在右翼打赢，那里亚哥斯人和门丁尼亚人驱散了敌人。骑兵不再仅仅保护侧翼，还在追击和守护战败者这两方面起了一种整个战斗必需的作用。

这场小战类似于早先在索利基亚的交战，甚至细至死者数目：260名西西里人，略多过50名雅典人和盟邦人。然而，正如先前雅典舰载重装步兵以及300名骑兵对科林斯人取得了战术胜利，但未能将这样的战斗成功转化为战略裨益，同样在公元前415年，雅典人打赢了一场小战，却无法推进他们的优势。简言之，兵力数量如此之小的重装步兵战斗对其战役的战略目的——叙拉古投降——几乎全无影响。[40]

如果说伯罗奔尼撒战争期间，城市愈益经常地在坚固的石墙后面得到保护，如果说它们仔细权衡将它们的全部军队投去冲撞占数量优势或更有经验的敌方方阵是否明智，那么自然而然，作战将被重新定向，改为针对整个城市共同体本身。不仅如此，由于那个时代的两支最被人畏惧的军队——斯巴达和底比斯的军队——是盟友，因而哪支军队会愚蠢到与这两者作战，以致保证它自己的毁灭？

然而，如果说在伯罗奔尼撒战争中罕有重装步兵会战，那么却大有以一种在早先希腊史上没有先例的方式对城市的进攻。不久，每一方就都不理睬勇气决胜这传统观念，而是指靠创新、资金和单纯人力去攻克对手的强固据点。紧随在门丁尼亚或第力安的重装步兵会战过后，极少——即使有——希腊人被处死或被奴役。然而毫无疑问，当战争转向城市时，数以万计的人将遭到这种命运。

第六章

城　墙

围城战（前 431 年至前 415 年）

163 普拉提亚梦魇

有时，围攻极少战略意义的小镇和城市——格尔尼卡和萨拉热窝之类——象征战争没有目的和野蛮残忍，因为一个事实：它们被蓄意摧毁，同时他方无力或不愿拯救之。普拉提亚这个村镇便是如此，它在一系列死亡阵痛中慢慢死灭。

普拉提亚的最终被占极少改变战争的较大格局，即使它看似护卫着延绵至阿蒂卡的山脉上的一个关键山口，对任何考虑从西北武力入侵阿蒂卡的维奥蒂亚军队来说可以是个障碍。该镇死灭之际，50 英里以外且对其厄运大多漠不关心的雅典人在大批死去，因为一种神秘的疫病，与此同时斯巴达人力图在阿蒂卡境内砍倒橄榄树和焚烧房屋。然而，在其整个历时四年的受难期间，为夺取这个维奥蒂亚小村镇而或行或止周而复始的围攻例解了一桩事，那就是古典希腊人攻袭和守卫工事筑防城市的多面方式。在这个意义上，普拉提亚的死灭得到了修昔底德的注意，他着迷于进攻者和被攻者双方错用了场所的科学天才，并将这个在战略上无关紧要的城镇的命运视作整个战争野蛮残忍的象征。

当今，那里几乎不过几条石础，连同环墙和塔台的一些残迹——极可能是在其公元前5世纪废墟上复建的公元前4世纪城镇的遗存。事实上，一条新铺的道路径直穿经古代普拉提亚旧迹，差不多正是2 500年前底比斯人和斯巴达人拼命要突破的地方。赴普拉提亚的现代访问 164
者难得见到哪怕单单一名游客。点缀维奥蒂亚乡间的厮杀场，希腊文献中曾经那么著名的屠戮地，大多如此寂寞冷僻：附近的第力安（度假房屋现在蚕食着旷野，那是苏格拉底奋力往回退出会战之处）、留克特拉（只见静静的谷田和灌渠，标志着伊帕米浓达粉碎斯巴达军队的地方）和喀罗尼亚（当今是一片平凡无奇的果园，腓力和他十几岁的儿子在此一举摧毁了希腊自由）。

这个工事筑防城镇的终结始于公元前431年3月下旬的一个夜里，即斯巴达人正式宣告与雅典的和平破裂之后7个月，然而仍在他们和他们的盟友跨过雅典边界以前70天。伯罗奔尼撒战争表面看来乃雅典与斯巴达相斗，但它的前奏是科林斯人和底比斯人进攻雅典的盟友科西拉和普拉提亚。[1]

在一个下着雨的寒夜里，大约300名身份显要的底比斯人已秘密奔赴普拉提亚，沿一条从底比斯出发长8英里的缓缓升高的道路。他们的寡头首领指靠这个边界城镇内部的同类复旧派洞开城门，因为没有可能在白天猛然攻克这个有城墙护卫的共同体。因一支外邦兵力突然抵达城墙以内而大受鼓舞，普拉提亚的宗派狂热分子随后便能兜捕酣睡中的民主派对手，杀死其魁首，将城镇拱手交给底比斯。或者，右翼阴谋分子作如是想。

对一国来说，糟莫过于敌人邻近，朋友遥远：像亚美尼亚和古巴之类孤独的经历证明的那样。对手天天耸现在地平线上；遥远的盟友往往保证予以他们无法真正提供的支持，从而使他们的友谊必定既不可靠，又同样程度的代价高昂。普拉提亚城邦——犹如被挤在德国与俄国之间的可怜的波兰——天生不幸，与强大和敌对的底比斯接壤，但离更强和友好的雅典有众多英里之遥。

事实上，公元前5世纪后期的很大部分时间里，普拉提亚人所以能独立于底比斯的维奥蒂亚联邦之外，既不是因为可见的雅典军事援助，也不是因为它在进入阿蒂卡的主路上的战略位置。相反，希腊攻城术的落后状态意味着该城威严的石墙仍能保证它自主自治，不受整个维奥蒂亚联邦主宰——尽管后者总共有至少10万人口和近1 000平方英里领土。

攻防之间孰优孰劣的古老较量取决于砌石匠和凿石工，他们筑成的坚实的方石横列、塔楼和垛口，连同经加固的木门，能够抵挡住攻城槌
165 和手动投射武器。在这个时代，尚无扭力弩炮和可移式石炮——那在行将来临的战后时代能够将重过150磅的石头最多甩出300码远——耐力、背叛、饥饿和疫病乃是围攻者的更佳资产。伯罗奔尼撒战争期间，城墙被突破时的那些例外富有教益：托罗内、勒西修斯和密卡利苏斯所以都被猛烈攻克，恰恰是因为它们的城墙据说处在失修破损状态。

雅典是普拉提亚的近邻即维奥蒂亚人的宿敌。例如，并非偶然，古典时代雅典剧台演出的很大部分乱伦、弑父和内战——涉及俄狄浦斯、安提戈涅、克瑞翁、提瑞西阿斯、彭透斯和巴克斯——都发生在底比斯或其附近，而底比斯是普拉提亚的当代敌手和维奥蒂亚的首要城邦。普拉提亚被摧毁以前近30年时，雅典曾制服了维奥蒂亚，并将它重构为一个历时十多年的友好和民主的附庸国。然而，雅典人公元前447年在科罗尼亚战役中反被击败，继而大多被限于基塞隆山他们自己一侧，其后普拉提亚就再度孤身无援，成为被人憎恨的雅典帝国主义的一个孤单残余。结果，维奥蒂亚人在公元前431年的愈益紧张期间，抢在斯巴达人之前动手，试图不等雅典人认识到自己身处战争就便宜取胜，赢得或消灭普拉提亚。

一旦底比斯前锋进入城内并奔赴公共广场，事事便立即出错。他们的普拉提亚右派共谋者想马上杀死所有民主分子。较清醒的底比斯入侵者却倾向于唤醒全城。依凭意外现身，他们将使人民大感震惊，以致同意和平地被迫加入维奥蒂亚联邦。然而，对右翼反叛者来说，在被夜袭的、数量多得多的民主公民中途提倡和解可不明智——尤其在他们威吓反对派的力量不超过300人的时候。

起初，一小群入侵者的“震慑”策略似乎奏效。深受惊吓的普拉提亚人看似在考虑投降条件。然而，在专门的谈判中，睡眼惺忪的民主派很快就清醒过来，认识到两桩意想不到的事实：底比斯人数量不多，他们自己的引狼入室的叛徒甚至更少。几分钟之内，他们悄悄退回家里，策划反攻。不久，几十人开始经其住所的公墙掘洞逃走：希

腊房屋由土砖筑成，没有加固的壁骨，却往往有共用隔墙。足智多谋 166
的民主派在敌人眼皮底下集合起来，竭其所能设计了一场突然反攻。眨眼间，他们就在设置街障，并且大量冲出来对抗惊讶莫名和完全寡不敌众的底比斯人。

袭击者成了被袭击者。现在一切都转而不利于这一小群闯进来的底比斯人，他们毕竟浑身湿透，疲劳难耐，且饥肠辘辘。时为黑夜，风雨交加，没有多少月光：利于潜入，但对找一条逃路来说就糟透了。雨水和泥泞加剧了新来者的迷乱感，同时这些外邦人全都根本不知如何绕出弯曲的街道往回逃遁。

在狂乱的撤退中，底比斯人迷了路，找不着他们起初经由进城的主城门；它现在被神秘地困住了。300 名底比斯人立即破裂成各个分散的小伙。有些试图翻爬城墙，继而大多坠落约二三十英尺，跌到岩石地面上或死或残。其他人陷入死胡同一筹莫展，结果被追击者屠戮殆尽。还有一些人藏身建筑而被活捉。在一场将决定希腊世界未来的战争中，这一先发制人的打击是个特别可耻的开端。

共有的野蛮

令人眩晕的普拉提亚人很快派出先遣队，去挫败另一支且规模大得多的敌方援军，后者现在正按计划兵临城下。历经雨淋和渡过一条水面上涨的河流，底比斯救援纵队惊觉城门锁闭，无法进去。更糟的是，一名普拉提亚使节从黑暗中现身，警告他们速速撤退，不得骚扰城墙外的任何人民和财产；否则，将随即一并处决所有已在城墙内被俘获的他们的袭击者同胞。在战斗第一夜，普拉提亚人——并非以特别残暴著称的一伙——就威胁处决俘虏，并在不久后予以实施。当普拉提亚人将他们的困境告知雅典时，雅典人做的第一件事就是兜捕居住在阿蒂卡或访问阿蒂卡的维奥蒂亚人，要将他们用作讨价还价的筹码，用在不可避免地将随夜袭普拉提亚而来的战争中。

如此立即诉诸获取人质(6 年后，雅典人将威胁同样一并处决 120 名斯巴达精英武士，倘若伯罗奔尼撒军队再度入侵阿蒂卡)表明，伯罗奔尼撒战争是个被撕开的疮疤，显露出以前半个世纪预先就有且深深溃烂的创伤。有学者编列了我们的文献资料所载的公元前5世纪中的所
167 有重大屠杀，注意到一个令人沮丧的趋势：伯罗奔尼撒战争爆发以前的漫长的作战史上有7场屠杀，而在这场长达约30年的冲突接近开始时候和它从头到尾进行期间，共有约24场屠杀。[2]

兜捕维奥蒂亚人之后，雅典人的回应是进兵，留下几支驻防部队，帮助补给该城，并且安排大多数普拉提亚妇女、儿童和残疾人撤至阿蒂卡。在从他们最近的梦魇般经历即遭背叛、谋杀和毁誓恢复过来以后，城内约480名普拉提亚人和少数雅典人作好准备，去迎对必不可免的反攻。

他们久久等待。惊讶的斯巴达有更优先的关切，而且不久就将发觉自己忙于在阿蒂卡的两个战季，直至瘟疫爆发。不清楚接下来24个月普拉提亚城内的事态如何，只知一个事实即底比斯分明不能或不想开启一场全面围城战。显然，该城更多的是个仅有成年男子的幽灵市镇，而非真正的居民社群，在一小批骨干驻防军时刻警觉的时候，警觉一场不可思议的老是不来的攻击。很少数普拉蒂亚乡下人可能溜回了自己的农庄，与现在包围乡村巡查农田的维奥蒂亚人私下结盟。事实上，对双方来说，普拉提亚正在成为一个威望问题：斯巴达人经不起听任他们的底比斯盟友制服不了一个小小的叛逆城邦，雅典人则为其本身帝国的安全，姗姗来迟地认识到有一点至关紧要，即证明它会不惜任何代价去帮助拯救它的最邻近的忠实盟友。然而尽管如此，几个月后真正的战争爆发时，双方都忙于他事而无暇顾此。

直到战争第三年开始时——公元前429年5月——伯罗奔尼撒人才终于开入维奥蒂亚，以帮助他们的底比斯盟友去对付糜烂着的普拉提亚疮溃疡。然而，甚至当阿基达马斯率领他的庞大武力进至城墙时，他仍提出了两项令人惊异的最后一刻建议：仍在近乎撤空的城内蛰居的那些普拉提亚人可以立即宣告中立，让他的驻防军进城，从而留在原地——并且活命；或者，倘若仍不信任他们的底比斯邻居，那么他们可以按照一项保证安全地离开该城，既保证他们的财产和土地将在斯巴达主持下得到照看——同时历经10年或直到战争结束为止始终分文不少获有全部租金。

围城术方面声誉可怜的斯巴达人不真正急于从事一场旷日持久的围攻战，那即使成功，也将代价高昂，且大半有利于他们的易变无常的底比斯盟友，后者单方面动手，全无事先磋商。阿基达马斯还记得所涉的象征性利害关系，亦即普拉提亚人曾在早先的希波战争(前490年和前480年至前479年)当中起的英勇作用。他当时恰恰在那深受崇敬的 168
战场附近扎营，那里波斯军队半个世纪以前大败于眼下置身城墙内外的那些人的祖父手下。

这位虔敬的斯巴达国王还面对着希腊人家喻户晓的一个祖先誓言难题，即祖辈曾发誓保护普拉提亚的自主权，那现在依据普遍共识是希腊人的共同纪念地。约50年来，普拉提亚周围起伏伸展的平原已被崇奉为希腊世界的奥马哈海滩，一处神圣的战地和泛希腊墓场，在较好岁月里为琐事争吵的盟友们曾在那里为打退独裁统治国家而战斗、阵亡并被葬在一起。伯罗奔尼撒战争的罪行之一，是希腊人早先在那里团结维护其自由的希波战争圣地中间，有许多将慢慢地由于同族血腥相残而丧失神圣性：首先是普拉提亚战场；继而是又一次被撤空的阿蒂卡，但这次是为避开一个希腊人侵者而非波斯入侵者；然后是神圣的萨拉米，因为不久后斯巴达人在其岸外施行海上袭击。

普拉提亚人要求有更多时间，并且得到阿基达马斯的同意，随即再次派使者前往雅典，解释他们的新困境。不仅自己被斯巴达人包围，普拉提亚人还担忧他们的许多家属，后者两年来一直住在雅典境内，其中某些作为客人，或许大多数有如在瘟疫肆虐的城里的准人质。当他们得知真正的雅典援助终于启动以面对最近的威胁时，普拉提亚人感到足够壮胆，以致拒绝了阿基达马斯的最后提议。他们也许回忆起斯巴达人在攻城方面名声可怜，而且两年前甚至未能攻占位于奥诺的阿蒂卡小要塞。普拉提亚人现在作好准备去迎对围攻。

如果说两年前普拉提亚人违背誓言和处决底比斯阴谋破坏者是个可怕的错误，那么将该城的未来置于这么一个盟友的保护之下就更具灾难性：这个盟友位于基塞隆山的大为不利的那侧——深陷战争，困于一场极可怕的瘟疫，不大可能捍卫一个远远的外邦小社会，就像它不大可能会在它自己的城墙前面保护它自己的农夫和农田一样。简言之，城垒上的普拉提亚人看来被斯巴达人困在了环墙之内，正当他们的家人作为被拘留者居住在他们的“朋友”即雅典人中间。

被错置的天才

现在接下来对普拉提亚的再次攻击证明是个最引人注目的范例，例
169 解整个伯罗奔尼撒战争期间希腊围城术的多种多样的技艺。凶猛残忍的进攻和锐气勃发的防守值得修昔底德全心注意，部分地因为它的野蛮凶残和战斗者的足智多谋。一天之内，阿基达马斯就以一圈临时簇立的木栅围住了全城，那由他麾下的蹂躏者们太乐意砍倒的果树树干合搭而成。普拉提亚城墙周长仅 1 500 码。抵达维奥蒂亚的伯罗奔尼撒军队平均算来大概有 30 000 名战员，此外还有各种各样的仆役和辅助人员。这意味着负责每码城郭的很容易有 20 人以上，解释了为何他们在大约 24 小时里就完成了他们的第一道专门封锁篱。显然，这比起蹂躏阿蒂卡是一项容易得多的任务。与后来在叙拉古的雅典人不同，斯巴达人把握了一点，即任何成功的围城战的关键，在于立即竖起某种临时搭建的屏障，从而一开始就可以让敌人得不到食物和水。以此方式，他们就能开始倒计数，数到饥馑时分，远早于更精致和很费时的经久围障能够照办的。

确信驻防军已被困住，按捺不住的阿基达马斯现在转而建造一道土坡，那可被用作一条正好覆在雉堞顶上的道路。堆建斜坡状大土墩——著称于《旧约》所述的围城战和后来罗马人对马萨达的可怕包围——可能是整个伯罗奔尼撒战争中使用这么一种技术的仅有一例。然而，希腊人对这类土建并不陌生。几个世纪以来，他们一直依靠建造暂时的土坡，去将古老神庙的柱用圆鼓石和柱下楣推滚到高处。然而，无论在平时还是在战时，这样的土建依然是一项很费时的任务，以致即使阿基达马斯的兵力非常庞大，也费了大约 70 天，或者说比他通常会花费来蹂躏阿蒂卡的时间差不多长了一倍。

迅即，战斗者间的作用和反作用臻至白热化，因为普拉提亚人在为自己的生存而战，斯巴达人则在与时间本身相拼。阿基达马斯国王的军队很大部分由伯罗奔尼撒自耕农构成，他们需要回家从事自己的夏

收。不仅如此，围攻者会很快吞噬掉自己的大部分口粮，而且不久后便会发觉普拉提亚的麦田不足以喂养这么一伙数万之众——它本身现在很可能规模大过维奥蒂亚境内的差不多任何城邦。

随土坡越来越高，斯巴达人添上加强性的圆木和石头，以便使土保持紧固。作为回应，普拉提亚人力图增高自己的城墙，增得快过土坡能达到它们的，办法是添加更多紧贴着大木材的排排土砖。为防数量更多的敌军赢得竞赛达至顶部，普拉提亚人还秘密挖洞，穿经他们的较 170
矮的墙体，径直挖进土坡基底，然后开始偷偷往外搬土——从而暗中使这整个大土墩往下沉陷，沉陷得近乎像它逐渐升高一样快！斯巴达人予以反击，即用黏土和芦苇合成的堵塞物阻断破口。如此继续下去，挑战碰到回应，一来一往拉锯，反复无有休止，来自数十个城邦的希腊人现在用修建了宏伟神庙和造就了古典文献的同一精力和天才相战，就一个弹丸小城的小小城墙相战。

为防斯巴达人的大土墩可能仍升高得更快，快于它能被底下暗中破坏或被上面墙高超过的，普拉提亚人还竖立了一道新的城内半圆形工事，离老的环墙后面不远。倘若大土墩盖过了起初的筑防工事，那么现在攻入城内的斯巴达人可能会被一道全新的墙垒搞得大吃一惊，从而将被迫开始再次围城。

然而，斯巴达人正好同样适应性强。至少在头几个星期里，他们拥有稳定的食物供给和军需补充之利，且有多得多的人致力于突入，远多过那些努力将他们挡在外面的。他们现在开始部署若干粗制的攻城器械，即大圆木撞槌，极可能是装在轮子上的，而且不仅将其中之一推上了土坡，还用别的猛撞筑防工事的守得不那么好的部分。

魔高一尺，道高一丈，殊死拼搏的普拉提亚人——他们一直不停地开掘坑道、凿挖洞穴和竖立一道全新的护墙——开始制作甚而更怪的反制武器。有人心生构想，想出一种起重机似的装置，装有巨大的套索，能降下去套住撞槌；如此，围攻者的器械被抓住和吊起，接着被摔落。为对付撞槌头未因这震击而破碎的情况，普拉提亚人还制成了一对用链条拴上重梁的大杆。这奇妙的装置被延伸到围攻者头顶上方，经仔细瞄准，重梁木便被摔下，砸断撞槌，令其身首分离。

阿基达马斯被这类恼人的才智搞得气急败坏。寥寥 600 人的普拉提亚驻守部队——480 名战员和 120 名做饭的妇女——挡住他全军已达数周。这些顽固的防御者全未显出饥馑或内争模样，那通常是投降即将来临的征兆。如果说，蹂躏已经证明既不能令雅典人饥肠辘辘，也不能激发他们出来会战，那么围城正在证明甚至更加令人恼怒不堪。

他接下来转用火攻。他的工兵力图烧毁他们无法攻克的这座城
171 镇。柴枝从大土墩扔下，靠近城墙堆积，更多的被扔在墙边堤垒上。松脂和硫黄混合起来，浇到柴堆上，然后点燃。即使火焰没有弱化土砖及其木支撑，那么或许烟气会熏倒驻守者。修昔底德相信，该城的很大部分本将失陷，假如风刮得有利和气候保持干燥的话。

相反，微风罕动，继而骤雨降临。火焰燃尽，全未损伤石墙及其大木柱和墙内房屋的木支撑。出自这么一种硫黄混合物的烟霭也未令防御者失能——如果这也是纵火的一项初衷的话。

随火攻失败，加上发现普拉提亚人的新的二道墙，斯巴达人深感进退两难。现在是 9 月下旬。他们已滞留在普拉提亚三个月以上，奋力于一个僻远的小镇而毫无成果。如果有什么的话，那么阿基达马斯只是在向中立的希腊城邦证明，斯巴达在夺取工事筑防阵地方面的无能名声大致很有根据。对这么一个国家来说，这是个灾难性的事态发展：它对伯罗奔尼撒境内的不少工事筑防城邦行使有时实属微弱的霸主权威。

盟邦部队骚动不安。阿基达马斯终于认识到这一点，在他承认他既无法拿下该城又经不起弃置它的时候。因而，他有所妥协，允许他的大多数重装步兵跋涉回乡，回到伯罗奔尼撒，与此同时他集合某些其他兵力建造一道较经久的环墙，以加强用当地果树木竖起的临时屏障。现在，他手下人开始在这双重环障两边费力挖堑壕。以此方式，他们力图不仅增高墙垒和造就护沟，而且给他们的工事建造提供土砖。

事实上，伯罗奔尼撒人在建一道怪异的环障，异于希腊围城史上先前见过的一切：虽然规模较小，却也许像朱利乌斯 · 恺撒四百年后在高卢阿勒西亚围攻战中的双重木栅一样精致复杂。相隔约 16 英尺竖起两道平行的屏障，它们之间上盖顶棚，而且不仅配备有塔楼、雉堞和门，还设置了供驻防兵力用的内室。虽然胸墙必定多少单薄粗劣——后来某些逃脱中的普拉提亚人翻越屏障时将撞倒一部分——但围攻者仍将有

过冬的好栖所，同时保有掩护，免受来自该城和周围乡间的出击伤害。

换言之，为拿下该城，阿基达马斯实质上已在不明之地和旷野之中
建造另一座城镇。他的野外工事两倍于普拉提亚本身城墙周长，而且 172
近乎一样精致。完工时，他进一步划分了他的军队，在后面留下一支驻防军，将窒息普拉提亚的责任一劈为二，由伯罗奔尼撒兵力与当地维奥蒂亚人分担。在一名局外的中立者看来，就一个弹丸小镇花费的这一切劳作和资金毫无意义；可是，对伯罗奔尼撒人和他们的维奥蒂亚盟友来说，普拉提亚现在成了一个象征，既象征他们对雅典帝国进行一场嗜杀的战争的意图，也象征他们这么做的能力。

缓期死亡

普拉提亚人的勇气和才智一度胜出。然而，他们很快就认识到，随着上述怪异的屏障树立起来，他们既无法逃脱，也不能得救。尽管如此，在阿基达马斯离去之后，僵局又持续了一年半——或者说从最初遭底比斯人夜袭以来约 45 个月。与此同时，伯里克利已死，阿蒂卡已两度遭受蹂躏，瘟疫杀死了雅典四分之一人口——而 600 名普拉提亚防守者则依靠愈益减少的补给储备勉力生存，在幽灵般的城内，该城被它的绝大多数居民遗弃了许久，并且已被山背后身陷围困和饱受疫病磨难的他们的所谓雅典保护者大抵忘怀。

公元前 429 年，北部城邦波提狄亚的公民们终于将他们的城镇弃给了雅典围攻者，经过一场持续不断的封锁，那是同时远在南面的普拉提亚围城战的一面镜子。生存下来的波提狄亚人因饥饿而就范，被允许穿着身上的衣衫和带一点儿路钱离开，那是为保证他们全都离乡背井，出亡在外。当时，予以波提狄亚人的严厉处置——重装步兵会战后通常交换俘虏或索取赎金且不骚扰附近的平民——必定令希腊世界大为愤怒，愤怒的涟漪一直荡漾到正在普拉提亚进行的攻击。如果说波提狄亚的命运更坚定了斯巴达的决心，要锲而不舍地压垮普拉提亚人，那么他们本当记住雅典人至少没有处决那些投降的人。然而将来，亦有不久将被杀害的普拉提亚人的命运记在心头，雅典人将难得显示丝毫的

怜悯。

经缓慢的饥馑，普拉提亚的经久磨难的最后阶段终告结束。然而起初，在公元前428年12月，即底比斯人冲入城内差不多四年以后，被围困的驻防军经表决突围。约有220名最大胆的人潜逃出城——在一个像几年前底比斯人最初袭击时那样的不见月光的雨夜。脱逃者们
173 用专门尺寸的特制梯子翻越双重反制性屏障，杀死了某些占领守兵，然后逃到雅典。这场突围规划得极佳，因为梯子的高度已被专门标定，符合规格，靠的是点算敌方反制性筑防工事的砖列。而且，脱逃者等到一个漆黑的冬夜才行动，同时在普拉提亚的剩下的驻防人员提供了牵制。

每人光一只脚出逃，以保证在泥泞中身子稳定。只有一个普拉提亚人被逮住，还有几个折回；总共有212名普拉提亚人，即基干驻防军的三分之一强，逃脱出去。虽然他们的离去意味着较少的人去消耗该城愈益减少的食物补给，但它也使得处境绝望的防守差不多没有能力继续监察敌垒，因为理论上区区267名健康欠佳的男女要守卫约1 500码胸墙。

每个防御者现在要负责长过5码的环墙。斯巴达人能在他们希望的差不多任何时候拿下基干驻防军，尽管他们仍对猛攻这么一个光荣的人民的祖辈之乡心怀惮意。于是，他们觉得与其跨越城墙，不如让剩下的为数寥寥的普拉提亚人求和投降来得明智，因为他们以后能在任何和谈中宣称该城未经猛攻占领，从而不需交还，有如一个皈依者，已经自愿加入斯巴达人及其盟友的行列。

恰在被围困的普拉提亚人日渐临近末日之际，仅50英里外他们的雅典施主视而不见这被围困者，却正在了结另一场他们自己的成功的攻击，攻击爱琴海彼岸莱斯博斯岛上反叛的密提林人。该城投降后，雅典人处决了1 000名以上造反头目，将他们的一切被没收的土地转交给雅典移居者。俘虏中间有一名斯巴达远征军官萨莱修斯，他请求刀下留命，条件是在最后时刻他能用自己的影响力去取消其同僚对普拉提亚的围攻。然而，铁石心肠的雅典人对杀死一名斯巴达精英更感兴趣，甚于关心拯救一些普拉提亚人，后者蠢笨地听信了约四年前他们的保护诺言，而当时是在和平期间，伯里克利还活着，大瘟疫仍属未知之事。

因而，雅典人夷平密提林后不久，普拉提亚即告陷落，时为公元前427年夏季，在那么早先以底比斯人袭击开启的战争的第五年伊始。留在后面的变得衰弱的守卫者们终于认输，无力应对接二连三的较强的斯巴达试攻。修昔底德记述了投降谈判，特别写了普拉提亚俘虏的令
人痛楚的演讲。他们向斯巴达人列举了一系列原因，说明整场灾难为 174
何和怎样在数年前开始，其时这么一个有着历史性荣耀的人民在一个和平时期遭到如此不义的袭击。

抵抗的报应

暴怒的底比斯人要求有个机会反驳这些俘虏，在他们坚持要施行集体死刑之际。到头来，斯巴达人担忧这一切令人尴尬透顶，即浪费了差不多四年时间和成千上万小时人工去夺占一个小小的驻防地。大概，在起初的防守者中间，仍然活着的男女不超过两百余。对自身失败的愤怒和安抚气急败坏的底比斯人的需要决定了普拉提亚人的命运。

俘虏们再度被要求回答单独一个问题：他们在当下的战争中是否做了任何事情去帮助斯巴达人？这是个愚蠢的询问：在被困于城内长达四年的情况下，普拉提亚人有什么机会去帮助朋友或敌人？当他们每个人都答曰否的时候，成年男子被就地处决。妇女和儿童被卖为奴隶。

普拉提亚本身被夷平，就像密提林在几周前一样。出自其废墟的战利品被用来建造一处供奉天后赫拉的场地，好像一个象征性的虔敬行为能够缓解一项罪孽似的，这罪孽就是在和平时期入侵一个中立城邦，并且处决希波战争英雄的后裔。邻近的维奥蒂亚人以袭击酣睡中的平民开启了这一切，现在从新的斯巴达物主那里租来周围农田，后者不顾一切地希望有某种补偿，去弥补一场几乎全未给予他们任何战略裨益的代价高昂的惨败。修昔底德以一句平淡的述实话语结束这悲哀的故事："普拉提亚的末日便是如此，在她成为雅典的一个盟友之后的第93年。"[3]

这旷日持久的围城战还令这位史家着迷，在他的史述中三度回到展

开着的驻防军四年奋斗传奇。关于希腊围城术状况，一个人能从可怜的普拉提亚人的灾难领会到什么？首先，它证明简直不可能攻下一个有城墙环绕的城市，如果没有投射器、可移动塔台、攀登云梯的轻装散兵以及大量弓箭手和投射兵的话。尽管有进攻者们的一切即兴式才智，伯罗奔尼撒人仍是一类蹩脚的围攻者，大多是笨拙不灵的重装步兵，而且仅用原始的撞槌和有顶盖的木棚。普拉提亚逃脱者在身着轻装和配备梯子的时候，证明更善于翻越斯巴达人的煞费苦心的双重屏障，胜过斯巴达人在试图突破该城墙垒时做的。普拉提亚城墙有如那么多希腊城邦的围墙，似乎在战前几十年里一直依据一个前提假设得到
175 强化，那就是在当代的围城战中，优势总是在防御者一边，只要他们有强固的墙垒。

其次，拿下一个城市确实意味着饿瘪城内的人。降服一支希腊驻防军的唯一可靠途径是经由饥馑，而造就饥馑的办法在于构筑屏障，将它与它自己的土地和来自外界的救援性出击隔绝。然而咄咄怪事，像伯罗奔尼撒人那样的一个陆上强权不适于这么一项任务。士兵有他们自己的身后家园的收获庄稼义务。一支军队抵达之际，时钟便嘀嗒运行，决定是防御者还是围攻者将先行耗完食物和饮水。形势当有利于围攻者。然而，他们的更多的兵员数量、对当地旷野的陌生和对敌方救援兵力的担忧，有时能使他们变得像城内的那些人一样饥饿、口渴和身心衰弱。此外，差不多全无任何重要的围城战案例，无论是在普拉提亚还是在密提林或弥罗斯，其中有雅典或斯巴达投入规模可观的救援兵力去拯救它们各自被围困的意识形态盟友的。诚然，伯罗奔尼撒人姗姗来迟地向叙拉古派遣援兵，但只是在那里打了一年战役后，而且更多的是想要伤害雅典而非拯救叙拉古人。

围城战表面看来在城墙内与城墙外的常规对手之间进行。事实上，它们往往由狂热分子和外邦特务的阴谋和背叛激起。在普拉提亚被引发的过高耗费（大多数乡间劫掠品已被维奥蒂亚人用车拉走，而且绝大多数公民许久以前就带着自己的财物离开了该城）还灾难性地影响了斯巴达人进一步从事此类利害关系甚大的阴谋的意愿。普拉提亚令他们耗费不菲，但被拿下时给他们的回报极少。随战争进行下去，围城战相反将愈益成为大都是雅典人的专域，他们远更能够为之支付——

而且有多得多的属邦意欲造反。

围城术政治

伯罗奔尼撒战争，一场据称雅典舰队与斯巴达重装步兵之间的鏖战，却以围攻普拉提亚开始，以近乎 30 年后封锁雅典告终。事实上，甚至这场战争的前奏也涉及围城战。科西拉人包围了希腊西北部城邦埃皮达努斯，雅典人则打击波提狄亚，因为此类海军强邦力图保证从属和纳贡的海港城邦循规蹈矩。

在希腊战法中，进攻城镇并不新颖。它像特洛伊和七位泛希腊英雄对底比斯的神话式攻击一样古老。围城战是在爱昂、塞托斯和萨摩 176
斯之类遥远地方得以获取和守住雅典海上帝国的手段。然而，如此旷日持久、煞费苦心的封锁所以愈见频繁，也是因为公元前 5 世纪希腊的财富愈益增长，经得起此种代价高昂的投资。[4]

取决于一个人如何界定一场严格意义上的“围城战”——是否一个被包围的乡间要塞要被赋予和一整座被围困的独立城市一样的地位——伯罗奔尼撒战争期间大概有至少 21 场此类战役，或者说差不多每一个正式作战年头就有一场。有些是围攻大城的煞费苦心的努力，像围攻希腊北部的波提狄亚(前 431 年至前 429 年)，或者西西里的叙拉古(前 415 年至前 413 年)，那也许是希腊语世界的最大城邦。还有一些涉及较小的城镇，例如普拉提亚(前 431 年至前 427 年)和弥罗斯(前 415 年)。有时，围城战几乎不过是军队锁闭专门工事后面的驻防要塞，例如斯巴达人进攻奥诺(前 431 年)，或底比斯人袭击在第力安的圣地(前 424 年)，两个地方都满是士兵而非平民。

围城战比比皆是：无法仅依其数目去充分认识这一点，但它或许最好由战斗者在围攻据点上耗用的累计岁月显现出来。例如，在普拉提亚耗用四年，在叙拉古三年，在波提狄亚两年，在锡翁尼两年。极可能的是，伯罗奔尼撒战争的差不多每个月里，都有某个地方的某个城邦遭受攻击，从西面的西西里到远在东面的小亚细亚，从北方的拜占庭地区到南部爱琴海。正当其敌人忙于间起间歇地对附近的普拉提亚作战时，雅典在对波提狄亚而后对密提林进行广泛得多的围攻。围城战远多于重装步兵会战——21 场围城战对 2 场重装步兵大会战——因而希腊战法业已急速改变。

战争的某些年里，许多希腊城邦和要塞同时遭受攻击。公元前 424 年至公元前 423 年间，雅典人在封锁梅加拉的尼塞亚，与此同时上至北方，他们对托罗内、门德和锡翁尼从事一系列并行的进攻，而且正值维奥蒂亚人在围攻位于第力安的雅典驻防地和斯巴达人攻占位于勒西修斯的一个要塞。就总的战役伤亡而论，虽然很少有确切的详数，但战争期间多得多的希腊人死于海战或攻守城镇，远超过死于步兵会战。例如，公元前 416 年至公元前 413 年间，雅典人及其盟友消灭了弥罗斯和密卡利苏斯的许多男性居民，同时自己在一场猛攻叙拉古的徒劳的努力中损失近 45 000 人——其中许多被认为是雅典帝国的精华。事实上，雅典帝国史上的最大灾难归因于两场巨大的失败，一是战前（前 454 年）在埃及的孟菲斯，二是在西西里，俱为败了的围城战，加起来可能耗掉
177 了 9 万多名雅典帝国军人。加上瘟疫死者，近 40 年内帝国就直接因传统战场以外的作战丧失了它的居住人口中的近 20 万人。

从所有这些遭到激烈抗御的攻击中浮现出战争期间的某些总趋势。首先，大多数围攻由雅典人进行。虽然除了奥诺和普拉提亚，还有斯巴达及其盟友攻击较小的城邦和驻防要塞的少数案例（较常地在接近战争结束时分，在勒西修斯、伊阿索、纳夫帕克托和凯得里埃），但他们难得试图经正面攻击夺取大城。像雅典封锁海港城邦波提狄亚、密提林、弥罗斯或叙拉古那样规模的行动超出斯巴达人的技能和资源，直到他们用波斯金钱建设了一支舰队为止。[5]然而在战争刚爆发时，尽管全不能对雅典城墙进行一场围攻，甚至也无力对在奥诺的一个阿蒂卡乡间小要塞这么做，斯巴达人却在普拉提亚表现出某种想象力，造就了一个大土墩，制作了某些粗陋的撞槌和器械，然后靠最终饿瘪防守者而令其投降。因此，有个更好的原因去说明为何在伯罗奔尼撒战争期间围城战大多是雅典人所为，而它涉及战争本身的不对称性。

直到最后十年为止，战争大部分时间里斯巴达及其盟友缺乏足够的战舰去武力巡弋希腊海岸，更不用说爱琴海。与雅典相比，它将权势投射到通常陆路以外的能力拮据，相反雅典经海投送围攻者，去攻击遥

远的波提狄亚、密提林、米诺亚、门德、锡翁尼、安菲玻里、弥罗斯、叙拉古、哈尔西顿和拜占庭，即从西西里到黑海的诸城邦，相隔 1 000 英里以上。

以它的围绕它本城的巨大环墙，雅典表现出擅长工事筑防。斯巴达相反，全无墙垒；它的在基赛阿姆的港口远在约 30 英里外。一个知道如何在家乡建造雉堞的人民较能够在境外建造和攻克它们。雅典人有个方针，即用屏障使被围城镇与海绝缘，此乃翻转他们自己的另一个方针——建造长墙直至比雷埃夫斯，因而他们既熟悉拥有一个工事筑防港口的做法，也深谙如此的心理涵义。

普拉提亚围城战独特无双，不仅因为它为时漫长和战术怪异，而且因为再也没有与之颇为相似的任何战役，鉴于在希腊南部和中部极少这么一种内地城邦：工事筑防优良，且还不是斯巴达人和底比斯人的盟友。希腊世界令人羡慕垂涎之地——叙拉古、雅典、科林斯、科西拉、亚哥斯、拜占庭、萨摩斯和密提林——都要么在海岸，要么由长墙与之 178
相连。没有哪国能试图夺取它们而无一支保证海军优势的大舰队。

与斯巴达不同，在差不多每个要求围城术的场合，雅典都是攻击它自己的反叛的纳贡属邦，例如波提狄亚和密提林。难得，它力求强迫诸如弥罗斯或叙拉古那样的中立城邦加入帝国。雅典几乎从不在陆上大规模入侵斯巴达、科林斯或底比斯领土，以便对一个内陆敌邦进行旷日持久的围城战，那全都是不可能的作战行动，在其中它的补给线站不住脚，它的庞大舰队一无用处。

正如雅典人在他们那著名的对话——载于修昔底德史书第五篇——之中对弥罗斯人说的，他们的首要担忧并非真的是斯巴达及其盟友。相反，问题在于雅典自己的“各属邦人民，他们或许会进攻和击败那些统治他们的人”。雅典人进一步提醒注定覆灭的弥罗斯人：恰是出于这恐惧，对爱琴海对面接连不断的造反的恐惧，他们才驶入弥罗斯，以便对其他人杀鸡儆猴，只要后者持有反对“海上霸主”之类危险的想法。在此背景下，出于必须，他们掌握了围城艺术，并且夸耀“从未在任何一个场合，雅典人曾因为害怕任何敌人而撤出一场围攻”：一趟吹牛，冷嘲的修昔底德对此肯定要在灾难性败北的西西里围城战前夕予以强调。[6]

围城战——无论是斯巴达成功攻击普拉提亚还是雅典毁灭弥罗斯——往往无法在一种传统的、成本对收益的战略演算中得到阐明。毕竟，拥有普拉提亚对斯巴达的事业有何影响？夺取弥罗斯怎样令雅典变得更安全、更富裕或更强大？该城陷落后，雅典殖民者定居在周围乡村，来自他们的租金极难抵得上经久围攻的代价。将俘虏卖为奴隶也无法弥补围攻者的开支。相反，猛攻顽抗的城邦的努力看来有巨大的心理蕴涵，那是关于两大强邦的声誉和能力的。听任普拉提亚对底比斯桀骜不驯，或让密提林夸耀它的独立，被视作是一种传染源，能够削弱希波战争后成长起来的整个同盟体系。

随战争进行下去，一项大得人心的雅典战略是抢先整治问题属邦。在波提狄亚的惨剧代价高昂，战争爆发之际那里的围城战早就开始耗费雅典围攻者，直至近 2 000 塔兰特(以当代美国购买力计算约合 10 亿美元)；这以后，雅典舰队学会迅速使用铁腕，以防自己深深陷入靡费不已
179 的围城战。换言之，操作一场围城战的最有效途径，或许是一有反叛正在酝酿的流言，就不管其真假，预先拆倒一个中立或友好城邦的城墙。在有关波提狄亚人的场合，雅典人已要求他们推倒他们的筑防工事，免得雅典人自己来做——结果变得深陷于希腊古典史上耗费最巨的围城战。

相反，公元前 425 年冬季期间，雅典人确保自己不会有更多的类似波提狄亚或密提林那样的反叛。于是，舰队驶入附近的希俄斯，强迫岛民拆毁他们新近建造的城墙，报以不搞报复性掳掠的允诺：一项强硬战略，看来杜绝了那里的大多数麻烦，效用长达近二十年。第力安会战之后，底比斯人实行同样的抢先做法。鉴于在维奥蒂亚对雅典人的战捷中，小邦特斯皮埃遭到可怕的伤亡，底比斯人开进这个被疑的盟邦，夷平其筑防工事，仅根据它怀有亲雅典情感的流言。底比斯人最不想要的就是另一场耗费大的围城战，针对近旁一个像顽抗的普拉提亚似的中立邦，因而最好是在特斯皮埃人得知对他们的打击之前就拆倒护墙。[7]

大 屠 杀

攻击城镇是战争方式的最古老、往往也最残暴的表现。最早的西

方文献始于《圣经》所述围攻杰里科和亚加亚人进攻特洛伊。在修昔底德的整个战争史中，最动人的部分叙述普拉提亚人之恳求怜悯、克里昂与第奥多图斯之间就密提林人的命运作的辩论、弥罗斯对话、在密卡利苏斯之屠杀男童和在叙拉古的大围城战，它们围绕对男人、女人和儿童的社群进行的攻击展开，其时战争打到了希腊家庭的门阶上。确实，密卡利苏斯所以令人毛骨悚然，恰恰因为底比斯雇佣军除了屠戮在校学童的心理恐怖外，不追求任何真正的军事目的：2004 年 9 月初车臣恐怖分子袭击在别斯兰的俄罗斯人学校的古代版，那令现代世界震惊，并且证实了修昔底德的预测，即他的史书确乎垂诸永远，因为人性像他认为的那样，穿越时空始终不变。

关于猛攻一个城镇，有某种超现实主义的东西。围城战不仅是就
军人的命运、也是就一个人民本身的命运做的终极裁定。例如，没有 180
什么比君士坦丁堡的最后几小时更令人心惊胆寒——1453 年 5 月 29 日午后不久，1 万人挤在圣索菲亚大教堂下，徒然祈祷天使解救，其时奥斯曼苏丹的闪击部队涌入，要一劳永逸地结束千年拜占庭文化。在围城战中，妇女和老人登墙参战。种种反制措施中显现出急中生智——史上投射武器、攻城火焰、起重装置和飞掷瓦片比比皆是——在成千上万人的命运有时只取决于他们自己的集体智力和决心的时候。在空中武器能使城墙纯属多余的轰炸机时代，围城战可能像是过时举动，直到一个人想起列宁格勒和斯大林格勒战役是两场围城战，跻身于世世代代规模最大和代价最高的围城战之列。

围城战还反映军人作战能力的一种崩解，或更准确地说，反映一方未能在野外战场上做出抵抗，从而使杀戮始终远离平民及其家屋。诚然，有所谓战争法规；至少在伯罗奔尼撒战争这愈益升级的暴力以前的较平静时期，有这样的东西。例如，“希腊人的法律”设想，敌人抵达时，古代世界被围的平民通常将被予以出城的自由通行权，伴有一个共识，即他们须将自己的财产、自己的家屋和确实自己的存在本身留在身后。在他们拒不就范时，一切约束化为乌有，仿佛杀死成年男子和奴役他们的女人突然变为一种合乎道德的行为，因为他们要么一开始就不愿就范，要么到头来不能保护他们一向珍视的一切。

181

伯罗奔尼撒战争中的战斗和围城

0 英里 100

0 千米 100

斯特里蒙河
安菲玻里
爱昂
林凯斯蒂
马其顿
维奥蒂亚
哈尔息狄斯
塔索斯
阿坎苏斯
波提狄亚
门德
锡翁尼
托罗内
爱琴海
帖撒利
科西拉
安布累喜阿
安那克托里安
琉卡斯
阿卡那尼亚
特拉契斯的赫拉特里亚
埃托利亚
奥蓬提安克洛里
福基斯
德尔菲
纳夫帕克托
奥尼亚泽
哈尔基斯
Eretria
维奥蒂亚
底比斯
普拉提亚
第力安
德塞利亚
科林斯海峡
塞法伦尼亚
梅加拉
卡里斯图
锡基翁
雅典
伊利斯
弗里乌斯
比雷埃夫斯
阿蒂卡
萨辛修斯
阿卡迪亚
科林斯
安得罗斯
亚哥斯
厄基那
门丁尼亚
埃皮道鲁斯
提耶亚
特罗伊岑
爱奥尼亚海
赫迈俄尼
斯巴达
皮洛斯
美塞尼亚
拉哥尼亚
斯法克特里亚
弥罗斯
锡西拉
克里特海
地中海
克里特

防御者心里有何道德计算？ 一旦敌人围住他们的城镇，他们就只有四种抉择：缴械投降、登墙抵抗、出击反攻或逃脱围困。 普拉提亚人随其实力消长，在不同的时候采取了所有这四种方略。 底比斯人起初袭击期间，普拉提亚人冲出屋去，杀了入侵者，继而他们拒不就范，长达约四年。 一半驻防兵在夜里突围逃脱。 其余最终投降，遭到处决或被奴役。

那么，对他们自己的命运，城墙之内的平民负有何种程度的责任？ 如果他们未曾在墙垒上积极战斗，他们是否因此被认作是非战斗者，从而在投降后幸免于难，或者干脆被他们的同侪当作叛徒处决，只要城墙固若金汤？ 在给防守者提供食物与身处雉堞实际作战之间，有无一种道德差异？ 不作抵抗是否背叛？ 无论如何，一旦敌军士兵涌入街道，这样的不介入是否意味着任何事情？ 遭到围攻往往有一种明显的效应，即无论较好还是较糟，它将城内人口团结起来；由于胜 182
者很可能对败者施以集体惩罚，因而城墙以内的大多数人都懂得必须不惜一切代价去抵抗。 尽管有在雅典的一切争吵，但伯里克利及其后继者能够使城内人口保持团结，在他们从城墙上监察蹂躏者、与瘟疫苦苦拼搏和忍受过度拥挤的时候。

伦理问题不止于此。 倘若一支守军撤回其平民基地，仿佛蓄意地将非战斗者拖入一场它无法在战场上打赢的战争，那么它是否在道德上负有罪责？ 或者，这么一种做法是否明智：将士兵看管在墙垒内，而非令他们在战场上面对压倒性优势送命，且从而使他们的城镇毫无防御，在他们否则可能从墙上构设出一种可行的防御的时候？

希腊人明白所有这些自相矛盾和模棱两可，同时假定甚至在他们抵达一座城镇以前，那里就难得有政治团结，而一旦敌人的反制墙矗立起来，一旦饥饿和疫病的压力加剧了紧张，就更少政治团结。 伯罗奔尼撒战争以前许久，军队就已经用饥馑制服城镇和奴役它们的公民。 分布于希腊世界各地的城镇，凡选择抵抗围攻者，通常都在投降时人口被卖为奴隶：优卑亚岛上的卡里斯托(前 474 年)、远在爱琴海中的那克索斯(前 470 年)、阿哥利德境内的迈锡尼(前 468 年)、爱琴海上的塔索斯岛(前 465 年)、维奥蒂亚城镇喀罗尼亚(前 447 年)和爱奥尼亚海岸外的萨摩斯(前 440 年)。 伯罗奔尼撒战争前夕，科西拉人攻克埃皮达努斯，将人口中的某些卖掉，将另一些押作人质——但没有大批处决公民。[8]

大获奴隶

伯罗奔尼撒战争以前，仍然罕见将投降了的希腊成年男性人口整队成行加以杀害，只是在普拉提亚围城战以后，此类屠杀才变成惯常的。其时，一个可辨的模式浮现出来：战斗开始以前，允许被围困者自由出城而不带个人财产。在这选择之窗被关闭后，当然的假定便是所有保障一概取消，死亡和奴役赫然耸现为被俘的男女各自的归宿。简言之，败者的命运属于胜者，或如不露感情和讲求实证的亚里士多德所云，"该法是一种契约，据此在战争中被夺占的东西据说属于它们的夺占者"。剧作家欧里庇得斯以改写神话去反思当时事件，在公元前425年——雅典对密提林的残暴镇压过后两年——写成了他的《赫卡柏》，
183 让赫卡柏向集合起来的雅典观众讲述被打败的特洛伊王室的悲惨命运：赫卡柏沦为奴隶，她的女儿波吕克塞娜被杀献祭，卡珊德拉作为战利品被劫走，波吕多罗斯被杀害，全都是在她儿子赫克托和帕里斯死于战斗、她丈夫普里阿姆遭到处决之后。

"看看我，仔细审视我经历的不幸，"赫卡柏悲叹她的城邦陷落，悲叹她自己沦为奴隶，"我曾是个统治者，但现在是你的奴隶。我曾有几个好儿子，现在我年老了，且无儿无女。我一无故国，孤单零落，人间悲惨莫过于我。"观众中间那些聆听的人在想他们自己时代的可怜的希腊人，而非神话中的特洛伊人。[9]

后来在战争中，随战争大潮转而对他们有利，斯巴达将领们有时宣称伯罗奔尼撒人不想奴役其他希腊人。然而，如此自称的宽宏大量难得意在将雅典人包括进来。当斯巴达有时解放雅典的被征服的属邦时，它主要是出于宣传目的，并有一项举动来平衡，那就是挑出雅典人，施以奴役或处死等特别惩罚。[10]

古代奴隶制不是依据那关于低劣遗传的伪科学，因此所有希腊人，有如神话中的特洛伊王族赫卡柏、卡珊德拉和安德洛玛刻，理论上是靠

其城邦存在才不沦为奴隶的。古代希腊世界奴隶劳动的盛大供给很可能得自攻克城镇，那是一种与公元前 7 世纪至公元前 5 世纪末动产奴隶制本身的蔓延可怕地相伴的战术。

难说伯罗奔尼撒战争是导致了希腊奴隶数量的净增还是净减，因为一方面有那么多城镇被攻克，另一方面却有大量获得了自由的奴隶被征入陆军和海军。例如，与那些在密提林和弥罗斯之类地方被奴役的人相反，有被伯拉西达授予自由的希洛人，逃到皮洛斯、德塞利亚和希俄斯之类安全区的奴隶更多得多，还有数以千计的人得到解放，以便在阿吉纽塞海战之类战役中拼搏。无论如何，W. K. 普里切特曾将伯罗奔尼撒战争期间诸场会战和围城战过后的、载于我们的文献史料的奴役案例统统罗列起来。他的约 31 项案例的表单虽不完全，却仍显露出有数以几千计的希腊人被卖为奴隶。伯罗奔尼撒战争展示了一个大例，古典希腊史上人生翻转的大例，即几十万前奴隶被授予自由，同时数以千计的更多的公民沦落到奴隶地位：这一事实部分地解释了接下来那个世纪的社会混乱，其时雇佣兵取代了民兵，关于财产和公民资格的战后争端支配了法庭议项。公元前 4 世纪的希腊还见证了民主狂热的一阵高涨，特别在底比斯和伯罗奔尼撒。还有在雅典，格外多的补贴被给予较穷的人去参加投票：一项自由化同样反映了政治和社会生活在战争期间的巨大变迁，那时奴隶成了自由人，而自由人成了奴隶。[11] 184

雅典人的一项专长

除了普拉提亚，伯罗奔尼撒战争中还有多场别的不仅以居民败北、而且以其全部被灭告终的围城战。公元前 423 年，雅典人对希腊北部的三个城镇——门德、托罗内和锡翁尼——进行了一系列攻击。它们全都反叛了雅典帝国。对雅典人来说，这些反叛者特别令人烦恼，因为一项要求暂停军事行动的停战被宣告即将有效。然而，位于离倒霉的波提狄亚不远的关键性半岛群哈尔息狄斯，所有这三个城镇都因斯巴达的造反鼓动者伯拉西达——所谓希腊解放者——获得成功而受鼓舞，并且感到雅典一向的决心正在变弱。

伯拉西达正在远离本土作战，希望赶在一项普遍停火的最后期限到来以前，将雅典北方帝国的关键城镇弄到斯巴达人一边。作为回应，雅典人终于拿下了所有这三个城镇，而且对居民几乎毫不怜悯。首先，他们因背叛行为而进入门德城内，杀死了不少公民，包围了卫城山上的右翼反叛者，然后准许他们的门德民主派盟友将被困住的造反者消灭净尽。

不久后，雅典人返回，当真处置剩下的两个顽抗的哈尔息狄斯城镇。他们从陆上和海上进攻托罗内，接着随一支正在撤退的斯巴达突围部队进了城，后者引领他们穿经被部分拆倒了的城墙。托罗内的所有妇女和儿童沦为奴隶；在被发现仍活在城里的男子中间，有 700 人被押往雅典充作人质。后来的尼西阿斯和约得正式接受之际，他们全都被遣回。

然而，锡翁尼的故事全然不同。这个被围攻的城镇将遭受一种类似普拉提亚的命运。公元前 421 年夏季，在长达两年的残忍的工事围困之后，被锁闭的公民们终于就范。这次雅典人给受害者的待遇与斯巴达人给普拉提亚人的一样：处死所有成年男子，妇女和儿童被卖为奴隶，并将被弃的土地和城镇本部转交给那些活下来的普拉提亚人，他们在斯巴达人开始于前 429 年的围攻时丧失了自己的财富。

锡翁尼有如普拉提亚，作为一个城邦不再存在。该城暂时站到了斯巴达人一边，因而根据雅典人的逻辑，它现在应当沦为普拉提亚人的战利品，后者被斯巴达人同样残忍地驱逐。显然，锡翁尼被刻意挑出
185 来充作一个“范式”（*paradeigma*），因为“雅典人希望令他们怀疑在策划造反的那些人骤生恐惧”，从而将锡翁尼人用作杀鸡儆猴之例，让其他希腊人明白如果一邦叛离雅典帝国，或者教唆那些试图叛离雅典帝国的人，将会遭受何种后果。

在伯罗奔尼撒战争的这全无限制的新搏杀中，雅典人的恶毒政策包含某种预料得到的逻辑。在那些未参与策划造反的公民中间，有许多相当快地投降了的人，他们像那些在托罗内或早先在密提林被困住的人一样，被允许活命。然而，锡翁尼之类集体选择拼死坚守到底的城镇要被予以别种处置，那与斯巴达人在战争开始时确立了的相同——据想显示了雅典人的铁石心肠，但它仍简直全未打动小小的弥罗斯，后者毫

不留意锡翁尼的命运，不足六年后便遭遇一样的毁灭。

在雅典人心目中，战争一开始斯巴达人就开启了处死投降公民的循环，并且在战争头十年始终持续这政策。例如，公元前 424 年冬季，在位于勒西修斯的小前哨据点，伯拉西达全无阿基达马斯的那种贵族式节制，处决了所有无法逃脱的雅典守兵。斯巴达人将继续重演这样的屠杀，公元前 417 年在希西亚杀死这已注定毁灭的城镇的所有男性自由民。[12]

到战争头十年结束时，模式已经铸定。鉴于大多数交战者不欲投入重装步兵会战，任何希腊城邦都可能转而被围困，在一幅更宽广的劫掠、暗杀和普遍恐怖图景中。防御者只有一个最初的投降机会。放弃这一机会，城陷时他们就可以被处死——随伯罗奔尼撒战争持续下去而变得愈益可能的一种确定性。雅典人在不顾一切地要结束他们对波提狄亚的花费浩大的封锁之际，许诺被俘人口可以自由出城，但身后本土的公民大会因为瘟疫猖獗和友邦普拉提亚遭受背信弃义的进攻而身心失常，对没有强求更严苛的条款狂怒不已。甚至波提狄亚将遭种族清洗和被交给雅典殖民者的消息，也未使这个民主城邦息怒，它大概控告将军们抗命不从。在接下来的漫长的战争进程中，这样的“宽恕”条款永不再由雅典公民大会向任何被击败了的人民提出。因而，雅典的严酷——无论是就密提林还是就弥罗斯而言——并非由胡作非为的将军们主使，而是由雅典公民自己的多数票驱动。[13]

尽管如此，毕竟毁灭像在密提林或门德负责策动造反的那些造反者 186
是一回事，而杀死每个选择抵抗的公民，继而经夷平其墙和以外部闯入者殖民其地去抹掉一整个人民之存在的一切痕迹，却是很不相同的另一回事。在普拉提亚和勒西修斯，斯巴达人不仅处死驻防军，而且拆毁城镇本身，将地盘奉献给神，与雅典人的相比乃是稍逊功利的政策，后者偏好抹去被夺占的城镇，但将地盘交给他们自己的移民。

斯巴达人开进亚哥斯，夷平民主派刚起建的长墙，并且攻克附近的希西亚，将所有居民斩尽杀绝；大约 6 个月后，一支有 38 艘战舰的雅典舰队，配备兵员数量近乎 3 500 人的重装步兵和弓箭手部队，驶入爱琴海弹丸小岛弥罗斯的海港。甚至在公元前 416 年夏季，战争开始约 15 年后，弥罗斯人依旧是个自主和半中立的多里安人海岛城邦，15 年来一直精明地规避站到战争中的无论哪一边，虽然或许他们遭到偶尔的雅典勒索。雅典人早先未能在阿基达马斯战争期间拿下该岛。由于误读了晚近的历史，弥罗斯人显然以为自己多少安全。

然而，雅典人愈益感到，对中立者的宽恕未得感恩，相反却被视为要予利用的他们自身软弱的证据。在他们心里，有个导致他们前往弥罗斯的确定的逻辑：虽然斯巴达人屠杀了中立的普拉提亚人，且在希西亚将希腊人分成该死的和该活的，但雅典人自己过去的宽宏大量只导致了进一步的反叛。允许被俘的波提狄亚人带着钱财活命离开或许部分地解释了为何有密提林叛乱（前427年），那是个口是心非的属邦，机会主义地盘算雅典被瘟疫削弱，而且推测即使它自己的反叛失败，雅典也会给被俘者温和的处置条件。

新 野 蛮

雅典人现在下定决心：下一次围城战将导致每个被俘男子丧命，决不饶过所有人或某些人，像在波提狄亚和密提林发生的那样。就长远而言，这可能是一项起反作用的战略，因为许多围城战依靠助长内部背叛，而若被围困者认为他们全都将不分青红皂白地被处死，就更难鼓励背叛冲动。锡翁尼屠杀未使各城邦确信反对雅典人等于自我灭绝。然
187 而，刚在弥罗斯登陆，雅典将军克利奥米德和提西亚斯立即派出使节，勒令弥罗斯人加入雅典帝国，否则命归黄泉，亦即要对他们作为斯巴达朋友对倒霉的希西亚驻防兵所做的事情。弥罗斯人拒不让雅典人对民众大会讲话，怕弥罗斯的穷人发觉在一个民主雅典帝国主持下加入其中的提议有吸引力，对他们自己的无地公民有吸引力。由修昔底德记录的、随后在雅典使节与弥罗斯精英之间的对话——关于道德权利对现实政治的一番威严傲慢的探究——是所有希腊文献中最著名的文段之一。曾是弱势者和理想主义者的雅典人，60多年前将希腊人从波斯大军铁蹄下解救出来的雅典人，已经忘记他们自己的往昔，那时他们为独立和自由理想而抗击看似不可能抵挡的压倒性优势。

现在，作为先前薛西斯似的自命的征服者，雅典人教训弥罗斯人，

训导他们为何必须接受权势现实，放弃希望（“危险之安慰剂”），抛弃自由，从而屈膝臣服，同时——正值在叙拉古遭遇他们自己的最大战时失败的前夕——提醒弥罗斯人“雅典人还从未撤出过一场围攻”。在修昔底德笔下，弥罗斯一役的到来是在斯巴达人屠杀了希西亚被围者之后，但紧靠雅典人的灾难在叙拉古降临之前，犹如伯罗奔尼撒战争这出悲剧展示了一种无尽的循环：以暴对暴，周而复始，放肆的征服者懵然不知地就他们自己即将到来的毁灭大发宏论，教训他人。

当雅典使节在毫无结果的对话之后准备离开时，他们嘲笑理想主义者弥罗斯人的幼稚天真，后者仰仗希望，而非正视他们的海港内强大可怕的雅典舰队：

> 好，在我们看来，只有你们才按照这些决定作判断，以为未来之事比你们眼前之事更确定，而且情急之下，将视野之外的当作已经发生的；不仅如此，由于你们已将你们的命运、你们的希望大多押在斯巴达人身上，将它们信托给他们，因而你们将极其彻底地受骗上当。

以其惯常方式——自战争开始到公元前 416 年雅典人已凭饥馑逼迫其他至少 6 个城邦就范——围攻者建屏障锁闭弥罗斯，留下一支驻防军，然后驶回本土。虽然弥罗斯人能发动某些成功的出击，以便带进较多食物并且拔掉某些占领守兵，但大多数时候他们被彻底锁在城内。围城开始后约 6 个月，雅典人派回增援部队，以收紧封锁，保证经饥馑实现预期的投降。修昔底德说某些弥罗斯人可能经背叛让雅典人入内，使 188
人想到有一个民主派阴谋小集团，从未被给予一个机会去论辩应当加入雅典帝国，试图靠偷偷援助来救他们自己的性命。然而无论如何，一旦被隔绝于它的港口和它的农田，该城邦就注定灭亡。

不给任何怜悯。斯巴达人没有前来援救与之有血缘关系的弥罗斯，恰如雅典人先前没有凭武力冲出去保护普拉提亚。相反，两大强邦都将自己的努力集中于羸弱和中立的防御者，而非强大和好战的进攻者。投降时，仍然活着的大多数弥罗斯成年男子被处决。妇女和儿童被卖为奴隶。修昔底德没有说在弥罗斯被杀戮和被奴役的人究竟有多少，然而总数必定数以百计。土地本身在 500 名雅典殖民者中间划分。弥罗斯有如锡翁尼，不再存在。古代和现代的评论家们谴责这场屠杀，同时全不注意一个事实，即雅典将军未被允许将他们的提议直接展示给弥罗斯人民，或者弥罗斯很可能不像它的寡头制官员们自称的那么中立。于是，甚至雅典的伟大辩护者乔治·格罗特也曾痛惜道：“看雅典人对弥罗斯人的从头到尾的做法，在希腊史展示给我们的残暴加不义的片段中间，它们构成最恶劣和最不可原谅的之一。”[14]

一次大屠杀乃一件事；一系列大屠杀却终究给希腊人造成了深刻的印象。作为反应，在杀死1 000多名密提林造反头目之后，欧里庇得斯在他那近乎同时的《赫卡柏》里，让女英雄赫卡柏赌咒亚加亚民众大会的“谋杀投票”，那已将没有理由的死刑加诸她的女儿波吕克塞娜。这位悲剧家少有掩饰地暗指克里昂，“巧舌如簧之士”，左右喜怒无常的当代雅典公民大会的煽动家，经过一则“机灵诡计”（*sophisma*）要杀死所有密提林人质，继而在重新考虑后，要杀死其中某些：“你们，凡经煽动谋求荣耀，全都是可恶的一伙。我可能不认识你们，毫不想伤害你们的朋友的人——只要你们可以说些群氓爱听的就好。”

然而，在欧里庇得斯心目中，十年多后在弥罗斯发生的事情恶劣得多。弥罗斯围城战过后那个春季，他的《特洛伊妇女》上演，在其中他记述了城市围墙陷落和攻者全不宽恕时骤然出现的恐怖。恰如他再度将特洛伊陷落的神话改写为他同时代的屠戮，欧里庇得斯还预言了将
189 在西西里到来的雅典人自身的灾难，正值他们开始作出航准备之际：“夷平城市、神庙、坟墓和死者圣地的人愚不可及；他播下毁灭的种子，因而日后他自己灭亡。”

四年后，在他的《腓尼基妇女》中，欧里庇得斯就遭受不予宽恕的敌人围攻有多恐怖作了一番长述——“尸体堆积，层层叠加”。无疑，他对“已变得彻底被毁的一个悲惨城市”的漫长描述部分的是对雅典在密提林、弥罗斯和密卡利苏斯一连串屠杀及其自身的西西里之灾的反应。在其《赫卡柏》、《安德洛玛刻》和《特洛伊妇女》中，欧里庇得斯决定将从事着征服的希腊人描绘成残忍和贪婪，同时将他们的特洛伊受害者描绘成敏感通灵的阐说者，阐说对弱者和易受伤害者来说，当他们的城邦陷落时被奴役状态是怎样的。[15]

斯巴达人在其伊哥斯波塔米海战胜利（前405年）后，舰队驶入比雷

埃夫斯，以结束伯罗奔尼撒战争，而当他们尚在途中时，雅典人自己就恐惧万分，生怕报应。如史家色诺芬所说，雅典人在锡翁尼、托罗内和弥罗斯之类地方屠杀了那么多无辜的希腊平民，以致他们肯定预期斯巴达人将以牙还牙，对他们做他们对其他无助无援、陷于围困的驻防者做了的事情。假如雅典人赢了，那么斯巴达人也将同等恐惧，记起他们自己对勒西修斯和希西亚的男性自由民的屠杀，或者莱山得之奴役位于小亚细亚南部的凯得里埃的整个社会。[16]

从围攻到屠戮

屠杀弥罗斯人之后不足三载，公元前 413 年夏季雅典人放出了雅典将军第依特累斐麾下的某些色雷斯雇佣兵，任其为所欲为。这些轻装散兵抵达过晚，赶不及参加已派往西西里的德摩斯梯尼麾下救援舰队。为弥补他们的部分投资，雅典人试图沿附近的维奥蒂亚海岸，将这些色雷斯人用于劫掠和蹂躏。对一个钱币拮据的雅典来说，听任每日被支付 1 德拉克马的 1 300 名雇佣兵——每月总计为之开销 4 万德拉克马或大约维持至少 6 艘三列桨战舰的资金——终日闲暇不可想象。不仅如此，第力安会战已证明不可能在对阵激战中击败维奥蒂亚人，或许报复他们劫掠阿蒂卡和近来帮助叙拉古的唯一办法是进行恐怖袭击。

第依特累斐驶至维奥蒂亚小镇密卡利苏斯附近上岸，该镇作为维奥
蒂亚联邦的一个内陆成员，不幸从未料到一场出自舰载外邦人的突然袭
击。它的镇门洞开，镇墙多处失修。修昔底德着重谈论缺乏好墙垒， 190
部分的是想说明一点：一支攻击兵力那么容易地进入守卫良好的维奥蒂
亚内地的一个城镇，这实属反常。因此，快速行进的色雷斯人几乎立
刻突破那破旧的环墙。在劫掠神庙和神龛之后，他们开始去砍倒任何
移动的活物：

> 他们屠戮居民，既不饶年轻的，也不饶年老的，而是杀掉他们遇到的所有的人，一个又一个，儿童和妇女，甚至还有驮畜，连同他们见到的任何其他活着的动物；色雷斯人就像最嗜血的蛮子，无所忌惮时

> 绝顶残忍。处处只见混乱，遍地惨死万状；特别是他们袭击了一所当地最大的男童学校，当孩子们刚进校时将其一举斩尽杀绝。[17]

应当记起，一批雅典战舰和一名雅典将军将色雷斯人渡载到了密卡利苏斯。雅典公民大会给色雷斯人付了钱，让他们作为受雇的恐怖分子尽量为害。如果说这场战争以这么一个野蛮的观念开头，即遭围困的公民在环障围闭其城镇以前，只得到一次机会去投降和活着出城，那么到它的第三个十年时，希腊人有时甚至还逾越了这些严酷的规程，认为他们可以不加警告地骤然涌入一个城镇，大肆劫掠，并且胡乱杀死马、牛、狗和任何其他呼吸的生灵。

在被封锁城邦的通常窄小的范围之内，被围困者的生活怎样？就公元前430年时的雅典来说，瘟疫迅速爆发，居民们沦落到偷窃出殡停尸架。翌年在波提狄亚，可怜的该城百姓最终吃死人，继而交出他们的耗竭了的城邦。或许，在任何别的围城战中，也不能排除同类相食。驻防部队中间自相拼打实属常见，既为争夺食物，也为决定是忍受下去还是屈膝投降。修昔底德强烈关注此类大规模杀戮的彻底堕落性。他长篇记载了关于普拉提亚被俘者的命运的辩论，还有围困弥罗斯以前的预备性讨论。这些对话的风味有如斯大林主义时代的作秀式审讯，其时强大的围攻者装模作样地发问质询，谈论法律，用以说明事先做出的处死无辜弱者的决定。[18]

191 在伯罗奔尼撒战争的这些恐怖的围城战里，究竟死了多少人？没有精确的数字，但很可能死了好多万人。留存下来的寥寥无几的数字相加起来节节上升：1 050名雅典人死于攻取波提狄亚，而多少波提狄亚人在城墙之内丧命，则没有确切数字；约45 000名雅典人及其盟友未从叙拉古围城战返回，还有西西里人——他们不多久后还将遭迦太基人围困——中间的数目未被告知的死者。史料来源很经常地将雅典人的损失记录下来，但或许忘记同样众多的西西里人也丢了性命。双方数以千计的更多的人死在托罗内、锡翁尼、弥罗斯和密卡利苏斯。

如果将处决那些取自被俘战舰的俘虏算进来，那么伯罗奔尼撒战争中有20次以上，被俘的水手或城镇居民遭大群从速处死。列举这样的野蛮是有益的，即使只为了提醒我们一点，即杀戮变得何等频繁。特别注意公元前427年这单单一年里，平民在不同地方被同时处死：在西面远远的科西拉，在地处主陆的普拉提亚，在爱琴海上的密提林，还有在斯巴达海军将领阿尔息达大肆杀人的小亚细亚。

普拉提亚人杀了所有底比斯人质(前431年)。伯罗奔尼撒人除掉了在伯罗奔尼撒海岸外近处战舰上发现的所有雅典人(前430年)。阿尔息达屠杀了被俘的雅典人(前427年)。普拉提亚人和雅典人在普拉提亚投降时被消灭(前427年)。雅典人处决了1 000名密提林人(前427年)。科西拉寡头派被处决(前427年)。2 000多名希洛人被围捕和杀害(前424年)。厄基那人在锡利亚被抓获(前424年)。梅加拉寡头处决民主派(前424年)。伯拉西达在勒西修斯屠杀所有无法逃脱的人(前424年)。斯巴达人杀死希西亚公民。门德遭洗劫(前423年)，弥罗斯被毁灭(前416年)。美塞尼亚人在西西里被亲雅典的反叛者杀死(前415年)。甚至学童也在密卡利苏斯遭屠杀(前413年)。雅典人在纳鲁斯河被包围和屠杀，幸存者在叙拉古的采石场受难至死(前413年)。萨摩斯民主派杀害寡头派(前412年)；反过来，希俄斯寡头派屠杀希俄斯民主派(前412年)。莱山得在伊哥斯波塔米海战后处决雅典人(前404年)。此外，还有20 000名希腊军人据我们的史料记载沦为俘虏，继而被卖为奴隶。鉴于这些暴行，加上瘟疫夺走的性命，在何人丧命和怎样丧命的意义上，“伯罗奔尼撒战争”这个用语显得有误。一个合适得多的名称或可是“三十年屠杀”。[19]

如何夺取一个城邦 192

有一部少为人知的公元前4世纪的军事论著，论说保护城邦抵御围攻军队和墙内阴谋家，在其中一位名不见经传的希腊作家伊尼阿斯·塔克提库斯——可能是同时代的一位阿卡迪亚将军——审视了围城战的内部戏剧。伊尼阿斯指出，倘若被围困的全体公民生存下来，他们就由此给敌人发出了一个强有力的信息，即今后不要试图搞这么一种愚蠢的进攻。反之，倘若一个城镇陷落，它就预示了一种命运，那远超出单独一支被击败了的军队：“如果防守者迎对危险的努力失败，那就绝无安全离去的希望。”[20]

希腊语中表示围城或围城术的词是 *poliorkia*（因而有术语“poliorcetic”，意为“将城邦用屏障围起来”）。虽然到公元前 431 年已有一门夺取城镇的技术，涉及撞槌、土墩和火焰武器，但是城墙本身依然大多不可攻破，因为它们变得越来越高，越来越厚，远超过公元前 5 世纪中叶以前的旧尺寸即 10 英尺至 12 英尺高、3 英尺至 6 英尺宽。大块方石和规则的石灰岩砌列广泛使用，取代土砖、瓦砾和形状不规则的石头，这就在整个战争期间头从到尾更进一步增大了防御对进攻的优势。因而，关于在伯罗奔尼撒战争中围攻城镇有了另一个悖论，令我们得知希腊社会和文化的总的性质的悖论，那就是差不多每个被围攻的城镇最终皆告投降，然而它们几乎**没有哪个**是经攻破城墙陷落的。

相反，在一个防御工事艺术远超过了进攻性围城技术的世界里，像普拉提亚、波提狄亚、密提林、锡翁尼和弥罗斯那样的城邦只是在历经数月甚至数年的全面围闭后，才由于饥馑而投降。围攻有时经背叛而被加速，大多是以宗派分子夜开城门的方式。就直接进攻城墙和塔楼、击毁石础或者砸破木门，甚至据称的专家雅典人所知的也不那么多。

攀越城墙不像听起来那么简单。许多城镇的墙垒有 20 英尺至 30 英尺高。梯子必须很长，长度据点算墙石或墙砖列数标定，因而轻薄脆弱。防守者容易将其颠回，特别在攻击部队是重装步兵的情况下，后者披挂 60 磅至 70 磅的装备悬空攀援梯级。无论哪一方，都尚无军队知道如何制作带轮攻城塔，伴有火焰炮和带铰链的、可以提供跨越筑防工事的桥梁的登城坡板：这是一个世纪以后才会变得无处不在的器械，其时在亚历山大大帝的后继者中间风行围城热。雅典人在勒西修斯做过笨拙的尝试，要建造一座原始的攻城塔，结果以它坍塌告终。[21]

193 突破城墙的最后机会是在城门能被关闭以前，紧随一支被击败的军队进入墙内。甚至猛砸撞槌（雅典人据称公元前 440 年在对反叛的萨摩斯的战前围城战中，最先制作了它们，连同掩护棚或曰“乌龟”）也无法砸穿经加固的木门，至少不能足够快，以至于操作撞槌的兵员不被墙顶上扔石头和掷标枪的防守者击中。原始的攻城器械（*mêchanai*）不仅被斯巴达人用于普拉提亚，也被雅典人用于波提狄亚（“每种器械都用于攻城”)以及后来在埃雷苏斯和西西里的小遭遇战。 在所有场合，这样的器械——很可能不过是装在轮子上的嵌有青铜头的大圆木——都证明是个失败，撞槌兵有时在要砸倒筑防工事的徒劳努力中累垮了自己。别的时候，它们容易经反攻被夺走或烧毁。[22]

为何如此？ 通往古代城镇的进路难得位于平地。 作为冲击目标的城门相反很经常的是在坡面上。 在来自城墙的攻击下，撞槌兵近乎不可能将撞槌推过上坡的岩石嶙峋的地面。 一个较好的解决办法是击倒胸墙。 然而，弩炮和他种投射炮直到伯罗奔尼撒战争**以后**才被发明出来。

在公元前 5 世纪，没有与臭名昭著的德梅特里乌斯 · 波利奥尔凯特可比的将领，此人绰号“围攻者”，在对罗得斯的失败的围攻(前 304 年)中使用了弩炮、暗道、坑道工兵和攻城塔(包括 130 英尺有铁护板的 *helepolis*，意为“夺城者”)。 诚然，在战争较早期，有 13 个场合部队使用了火——在普拉提亚、第力安和勒西修斯。 可是，只有在第力安，一个古怪的当中挖空的大吊杆，被填装了易燃松脂，靠风箱喷出火焰，才似乎奏效。 所以有这难得的成功，大概仅因为目标是个临时搭成的木墙垒，而非经久的石砌墙。

在这场战争的大多数围城战中，无疑都施行挖掘地下坑道。 然而，这费力的工作尽管一向是个令人恐惧的战术——伊尼阿斯 · 塔克提库斯后来就如何制止它给我们出了很多主意——却难得成功。 按理说，坑道能为城墙下的围攻者提供秘密进路。 除此之外，还能在预设的时间焚燃木制支柱，迫使此后缺乏支撑的地下通道坍塌，那上面筑防工事本身的基础便随之崩溃。 有时，甚至蜜蜂和黄蜂被放飞到敌人的通风井内，去叮蜇和骚扰挖掘者。

挖掘暗道是桩棘手的事。 希腊是个多岩之地，在那里挖掘差不多
任何情况下都实属艰难。 有时，城镇建有大量地下石础，它们堵住了
地下入口，或建有位于城内的二道深壕，以便保证任何穿经的挖掘者现
身壕内，大白于全副武装等着的防御者眼下。 要瞒过墙上人去挖掘亦 194
非易事。 挖暗道者被迫从老远的地方开始，或不得不通过在他们起初
的洞口上搭建掩所去隐匿挖掘。

可是，防御者通常能听到挖掘声。 守兵往往将盾牌内侧扣在地面

上，以便强化挖凿声响；被围困者因而能够封闭暗道，作反制挖掘使其坍塌，给其灌烟，或倒入泥土，倒得像它被搬走一样快。同样，在伯罗奔尼撒战争中，绝无一例是仅凭挖掘暗道就导致一个筑防城镇陷落的。

大多数城镇，特别是在拥有补给和筑防强固的情况下，围城战开始以前莫不拒绝投降条件。然而，如果一支军队将其抵达恰恰安排在收获谷物或摘采葡萄酿酒期间，令防御者得不到年度食物供给或潜在出口收入，那么有时少数城邦一开始便屈膝就范。例如阿坎苏斯，希腊北部一个出口酒的城邦，在公元前 424 年一上来就对伯拉西达俯首投降，而不是失掉它宝贵的葡萄收成。[23]

背叛投敌

一种流行策略是背叛，依靠墙内代理人在一个黑夜或雨夜洞开城门，从而使被围困者的生命和财产幸免于难。底比斯进攻者——以其袭击普拉提亚开启了伯罗奔尼撒战争——所以能够进城，只是因为城内与之情感亲近的寡头们向其外邦共谋者打开城门。几条裂痕，即寡头派系间争执、民主分子对寡头分子、底比斯对雅典、友邦雅典与普拉提亚互不信任和雅典与斯巴达之间总体敌对，全都交会于这个小镇。这些多面的对立和紧张说明了种种情况，即为何该邦受夜袭，俘虏被杀害，誓言遭背弃，还有约许的援助没有到来。

为何变节背叛在围城术中起了这么一种显赫作用？解释既是普遍的，却又看来专属于希腊城邦特性和伯罗奔尼撒战争时代。围城战期间，难以维持一个数以百计甚或千计的被锁闭人口中间的政治和谐。猜疑加剧，即疑心私下交易可能导致城镇被占后投机取巧的叛徒得到宽厚考虑。保守的农夫往往离开其田地，步履沉重跋涉进城，而且不喜
195 欢城里同胞。后者支配了城邦，更愿意牺牲较富裕者的田地，而不是在筑防工事外面提供防御，从而拿自己的性命去冒险。在这样的情况下，对有产者来说“爱国主义”意味着牺牲自己的农庄，“变节背叛”则反映了一种返回乡下的渴望。

希腊政治的派系互争性质，尤其到伯罗奔尼撒战争爆发时，还确保在每个城邦内部，双方都有许多派性十足的人。雅典与斯巴达打仗不仅是爱奥尼亚文化群落与多里安人之间的斗争，甚或一个北方航海城邦遭受一个南方步兵强权的威胁。更准确地说，分野仍更尖锐地由一种政治裂痕界定，那就是雅典式民主制对斯巴达寡头制。

这两类教义体系中间民主制较具革命性，而且雅典更经常是围城一方，因此事实证明总是有据称的民主分子或雅典代理人随时准备洞开城门，或与之相反很少数寡头流亡者，他们拼命想找到某种途径使其城邦重归有产者支配。然而，有如从修昔底德到伊尼阿斯诸位古代观察家指出的，意识形态宣称往往是高调的掩饰，掩饰私人冤仇、债务关切、狭小嫉妒等个人事项，那每逢社会纽带经围城战而绷断时必定白热化，后者有如瘟疫和革命那般作用，剥去文明这纤薄的表层。

鉴于对围攻者来说的代价，雅典和斯巴达往往对是否要干涉犹豫不决。例如在波提狄亚，进攻的雅典人即1 050名重装步兵中间，仅因瘟疫就有四分之一的人丧命。在普拉提亚，经过四年时断时续的作战，而且伯罗奔尼撒和维奥蒂亚的驻扎兵员最终多达数以千计，但只有225名城内的普拉提亚人和雅典人据正式报道被杀，少于公元前431年3月首夜袭击时倒下的300名底比斯进攻者！没有任何数字标明此外数以百计的斯巴达人和底比斯人，他们在自己近四年的夺城努力中负伤或阵亡于城墙之外。

全部历史上从古到今，进攻者往往付出较高的代价。残暴但未遂的1565年马耳他围城战期间，奥斯曼土耳其人有30 000名以上丧命，但只杀死了防守者中间的7 000人。1683年在维也纳，攻城的土耳其人在遭60 000人以上折损后撤退，数达基督徒守城联军中5 000名死者的12倍。日本人经5个月围城战攻下旅顺港(1904年至1905年)，但只是在90 000人因饥馑、疫病和俄国火力而丧命或致残以后——等于被打败的俄国驻防军伤亡数的3倍。尽管有置身于一个被围困的城市之内的一切苦难，但有时更糟的是暴露在城外，没有经久的栖所、安全的护墙和储积的食物。

对整个公元前5世纪约69场有记载的希腊围城战的统计研究显 196
示，仅有16个要塞是经强制性封锁拿下的，而11场涉及城墙内的某种背叛。可是，在一个人贬抑围城技艺以前，要看到在其他 42 个场合，城镇与其围攻者达成了某种协议，那包含一种有条件的投降，通常涉及被围困者同意交纳赔偿，或在保障生命和财产的条件下弃城就范。这样就出现了以下悖论，它例解了伯罗奔尼撒战争期间的全部攻城经历：很少城镇被成功攻破，但大多数在武力胁迫和饥馑阴霾之下达至某种投降协议。[24]

英雄时代过后的城墙

为何像希腊人那样的一个民族，熟谙科学方法，精于严守精确的设计建造宏伟的神庙，却晚至伯罗奔尼撒战争，就如何攻破常规建造的威严城墙所知甚少？从关于公元前 8 世纪至公元前 5 世纪城邦国家早期史的零星知识判断，争端往往由身为重装步兵的农村民兵解决，他们彼此相遇于对阵激战。依据这些战争规则，一方往往威胁要蹂躏对方的庄稼地，以便激发会战。虽然早期城邦可能有土砖建造的围绕其小要塞的原始城墙，但直到公元前 5 世纪为止，大多数城邦担负不起用坚固的石砌工事以围护它们的整个生活区。为何农夫们竟应花费劳力和资金，将城市的墙垒延展到它的卫城以外，特别是为保护没有土地住在城里的穷人？然而，经过公元前 480 年波斯入侵的痛苦折磨，经过随后贯穿前 5 世纪中叶大部分时间的雅典和斯巴达之间的冷战，连同雅典长墙的壮观的建造，越来越多的希腊城邦慢慢开始投资于筑防工事，以便抗御斯巴达重装步兵的突然进军和雅典舰队的意外抵达。

即使当今，关于希腊古迹的最难理解的事情之一，依然是相对平坦的地面上大量塔楼、护墙和神庙的遗存，离采石场数英里之遥——犹如证明支离破碎和相战不已的古典希腊人缺乏统一的民族身份观念(甚或缺乏与拉丁词 *natio* 类似的一个词)。不仅如此，古人如何以脆弱的手持拉锯切石，然后用队组将石块运出采石场数英里远，似乎不可思议，尤其是在记住下面一点的时候，即哪怕边长不超过两英尺的小石块，也可能重达近一吨。

197 与重装步兵会战的节省相比，城墙和夺墙努力耗费巨大。因而，在希波战争之后，曾有对希腊各邦的徒劳呼吁，要它们切勿重建围墙或拆倒留存下来的围墙。斯巴达人声称，他们不希望波斯人倘若卷土重来就将拥有国邦墙垒。事实上，他们更害怕雅典人可能用筑防工事去传播一种战争教义，即打仗但无重装步兵会战。或者，是否所有各方都承认，希腊人作为一个整体，最好能将数以百万计小时的人工投入某种更有裨益的事，甚于切凿和搬运许多万吨石头去将它们彼此用墙隔开？

伯罗奔尼撒战争以前几十年里，希腊人始终试图避免某种像在梦魇般的波提狄亚围攻战中将显露的事情，那是一场历时两年的折磨，耗费了雅典人 2 000 多塔兰特与其初始围攻兵力的四分之一强，足以转投于建造两座完整的帕特农神殿，给菲狄亚斯雕塑的雅典娜宏伟雕像镀上纯金 50 余次，或者演出公元前 5 世纪期间在雅典上演过的**所有**戏剧。在这意义上，由于重装步兵会战的相对节省，希腊世界的很大部分早期文化成就成了可以理解的，因为此类会战不需要有战舰、船坞或城墙方面的投资，并将战斗限于严酷无情的几小时。

往往，胜者试图弥补一场围城战的某些成本，办法是没收战败者的农田和财产，既在投降前也在投降后。例如，斯巴达人宣告拥有普拉提亚，将其土地出租给邻近的维奥蒂亚人。他们大概还洗劫房屋，驱赶畜群，收走庄稼，一旦公民们逃入墙内或逃往雅典。雅典人将被占的弥罗斯出让给 500 名他们自己的殖民者。花费大得惊人的波提狄亚封锁之后，适值密提林围城战进行之际，钱帑紧张的雅典人不仅将该镇及其郊围给了他们自己的移民，还立即派出战舰去从他们的属邦收集大为需要的岁入，并且投票决定向他们自己进一步征税。[25]

战利品售卖者很快来到被夺占的城镇，以便销售赃物。每名妇女和儿童，甚至在以低价被大批出卖时，可能仍然标价 100 德拉克马，或者说约为每名围攻者的三个月的薪饷。因而，要使一个城邦支付一年围城战，它将需要每个进攻者俘获约三四名身体健康的俘虏——不算这些俘虏的往往数量可观的个人财产。当雅典将军德摩斯梯尼向叙拉古追击者交出他的部队时，胜者用钱币注满了四具反转过来的盾牌，总数 198
据当今学者估计约为 55 塔兰特，或相当于现今的约 2 750 万美元。倘若大约有 6 000 名雅典人投降，那么每个人带着约两个月的薪饷。因而，在某些场合，较大城市的投降可能意味即使耗费最巨的围城战也终告赢利。诀窍在于起初的支出，或一种信心，即一国有够多的储金去支付它的攻城部队，依据被夺占的城镇将给士兵和国家两者生出利得这一预许。

城墙本身被觉得与勇气相悖，因此抽象而言总是不受农业社会保守派信任。在道德上说，据信战斗本当专属军人；实际上，将整个城市围以筑防工事靡费甚多。重装步兵方阵经行伍团结强化了公民纽带；相反，围城战招致个人歧异，加剧政治纷争。所有大哲学家——柏拉图、亚里士多德和色诺芬——都反映出对筑防工事的一种被广泛持有的道德怀疑。城墙，雅典人柏拉图在伯罗奔尼撒战争过后写道，就每一方面来说都不利：它们削弱了民众的集体健康；它们造就了一个苟且自得的城邦，对它自己的打退敌人的男性勇气丧失信心；而且，它加剧了公民们中间两类人之间的纷争，即那些希望捍卫城外自己的农庄的人和那些不认为有必要保护自己的无有之物的人。因而，围城战像海战一样令人作呕——靡费、怯懦、背离土地所有者为土地而在土地上战斗的英雄主义准则。[26]

围城术遗产

成功的围城术的关键成分——可移塔楼、精致撞槌和古代弩炮——在伯罗奔尼撒战争结束以后不久面世。希腊人已经懂得，战斗现在会超出重装步兵会战领域：一支精锐军队的到来更常意味着一个站立不稳的敌人撤至其城墙，而非乞灵于旷野会战。围城战通常最终经饥馑奏效，但它们的启动成本高得难以承受。整个战争期间，从头到尾双方都使用了攻城槌和投火炮，但只成败参半。

战争过后仅数年内，更大胆和更不讲道德的人，诸如叙拉古的第奥尼修斯和马其顿的腓力，就发动了一种新的围城术，其才智十足恰如其残忍致命，涉及扭力和非扭力弩炮，高达120英尺的围攻塔，还有坑道工兵、投火炮兵和撞槌兵同时运作的混成部队。普拉提亚在首次底比
199 斯袭击后坚持了近四年。相反，马其顿人能以旧日大为费力的反设障

战法所用的一小部分时间突破一个城镇的护墙，然而他们是继承了一种技能，那紧随一场历时 27 年的战争和数以千计的死亡而诞生。假如斯巴达人有腓力的扭力弩炮，他们就能在短短几天里击倒普拉提亚城墙：150 磅重的石头从四面八方撞入墙垒，那由在箭矢和标枪射程之外安然无恙的弩炮掷发。

伊帕米浓达以在留克特拉击败斯巴达人的伟大胜者载入史册，但他的真正遗产是新的筑防工事学，那随伯罗奔尼撒战争过后喷薄而出。某种意义上，门丁尼亚、梅加洛波利斯和梅塞内这三足鼎立的新近民主自治的墙护城邦——或许全都按照底比斯工程师的相似的蓝图建造——反映了公元前 5 世纪后期学得的教训，当时在门丁尼亚的一场步兵大捷招致伯罗奔尼撒自主自治的希望骤然破灭。假如希洛人、门丁尼亚人和阿卡迪亚人拥有他们后来在公元前 5 世纪 20 年代有了的巨型围墙，斯巴达就将早半个世纪被搞得虚弱无力。

最后，如同或可预料的，亚西比得参与了这场战争的所有最臭名昭著的围城战。甚至在战争打响以前，他就置身于围攻波提狄亚的雅典人之列。后世著作家们将雅典毁灭弥罗斯的残暴政策归咎于亚西比得的领导。他是战败的西西里远征的始作俑者。爱奥尼亚战争期间，在他的第二混世阶段上，他成功地进行了对哈尔西顿和拜占庭的围城战，经内部背叛和谈判致使它们投降。

如此，围城战框定了亚西比得的战争。19 岁的亚西比得初上斗场，试图与一支大军一起突破波提狄亚的精良城墙；约 27 年后，作为一个历经审讯、放逐和名裂的 45 岁的人，他被刺死，在试图阻止几名杀手进入他的工事设防宅邸的时候，那位于弗里吉亚的一个无名小镇上。

然而，这场战争的最大围城战不在希腊主陆，而在遥远的西西里。攻破叙拉古或以饥馑逼其就范的努力需要更多的金钱和人员，超过雅典人在整个战争期间从事过的任何作战。它紧随对弥罗斯的成功的征服努力，用上了取自在波提狄亚、密提林和弥罗斯的一连串胜利的全部经验和专长。然而，更多雅典人在夺占叙拉古的努力中被杀，多过在其先前所有围城战里加起来的总和。西西里惨败后，雅典难得再试图夺取一个工事筑防城镇——永远弃置了旧日对弥罗斯人夸下的海口，即雅典人从未有哪次放弃过一场围城战。[27]

第七章

马 匹

西西里之灾（前 415 年至前 413 年）

201 大 想 法

到公元前 415 年，战争依然胜负莫辨，僵持不下，而且目前已在它的第 17 个年头。摇摇欲坠的尼西阿斯和平期间，雅典失掉了一个难得的机会去激发一场伯罗奔尼撒诸邦对斯巴达的民主造反。在门丁尼亚的重装步兵摊牌是个灾难性的机会错失，部分地由于雅典对联军贡献单薄。亚西比得的激进想法随联盟在公元前 418 年败北而名声扫地之后，拖沓敷衍者尼西阿斯——半吊子措施专家、战术上成功但往往战略上不重要的两栖登陆的能手——现在再度占据上风。

波斯还不很乐意通过投钱资助创建一支伯罗奔尼撒舰队去与雅典为敌。与此同时，在希腊第三世界，皮洛斯和围绕伯罗奔尼撒的其他雅典前沿据点的成功被抵消，因为伯拉西达在北部的安菲玻里周围地区的反叛鼓动导致了对帝国的纷纷叛离。雅典在败于第力安之后，仍然深陷于对底比斯和斯巴达的两线作战，与此同时斯巴达舰队则表现极糟，而且眼见在一场血腥的内战狂暴之后，它颠覆科西拉的努力一败涂地。

不少战争领导人及其后继者——阿基达马斯、伯拉西达、伯里克利和克里昂——现已死去。雅典数以千计的人已因瘟疫丧命，而斯巴达则因希洛人不断逃往皮洛斯而大受损失，可是双方都不觉得战争真的到了头。斯巴达人思忖如何创建一支舰队去摧毁帝国，某些雅典人则在设计一种甚至更大胆的规划，以便在这些暂歇岁月里获取优势。他们 202
提出来的东西改变了整个战争进程，虽然是以雅典公民大会从未想象过的方式。

大规模入侵远方令我们心惊胆战。通讯困难；当大多数法国人听说拿破仑已拿下莫斯科时，他的溃退中的军队已在俄国的冰雪中近乎毁灭。鉴于距离遥远，后勤脆弱，还有拉长运输线招致的危险，途中损失能像会战伤亡一样严重。安全，特别是远程两栖行动的安全，系于有一条回国的退路。而且，在石油时代以前，安全返回依凭船只或马匹。在其舰队沉没于萨拉米之后，薛西斯自然担忧他的横跨赫勒斯滂的浮桥是否依然完好。相反，科尔特斯在维拉克鲁兹烧毁自己的船只，以便提醒手下人军事败北意味的不是失败，而是他们本身的毁灭。在这样的豪赌中，胜利通常不仅取决于战捷，而且要求被入侵者彻底臣服，后者反过来是在为自己的生存而战，而不只是抵御征服。

只是在这么一个宏大和冒险的背景中，才有可能充分认识西西里远征之灾：力图征服 800 英里外的城市，一个在人口、幅员和财富方面像雅典本身一样大甚或更大的城邦。雅典的创伤不仅出自随失败而来的物资损毁和人员损失；它因瘟疫遭受过更多死亡，而且将有多得多的人死于未来的爱奥尼亚战区各大海战。更准确地说，大惨败还是精神上的，是精神灾变的十足恐怖，那仅仅两年内就驱使帝国将 4 万多人派出那么远去征服或拼命。

为何在公元前 416 年夏季，即与斯巴达停战第六年开始后许久，雅典公民大会竟投票决定进攻西西里都城叙拉古？古典学家们整理了修昔底德和其他古代来源给出的种种看似的原因。它们为数众多，且依然令人困惑。第一，雅典人声称自己信守条约，尊重出自西西里小城邦塞吉斯塔和伦蒂尼的援助请求，后者看似受到该岛上一个愈益壮大的叙拉古(和多里安族)帝国的兼并威胁。这两个城邦都死命盼望从一个族裔和政治上与之类同的恩主那里得到救援，以便维持它们的自主。

然而，在战争的现实境况中，并非所有承诺都总是被信守，如同可怜的弥罗斯人在前一年了解到了的。在别的方面忙碌不息的雅典人有

单纯正义和承诺以外的理由要出航那么远。[1]雅典的普通人民在这主张
203 里嗅出了金钱气：受侵害的各邦许诺包下他们的花费，这有利可图，而更大的希望是劫掠，一旦叙拉古本身被征服。某些雅典帝国主义者，最突出的是亚西比得，将西西里当作一个跳板展望，可从那里跃至北非和意大利作更大的攫取。他们已经摆脱瘟疫，现在见到了某种跨地中海帝国的开端，从小亚细亚伸展到直布罗陀，那将比罗马帝国早四个世纪。事实上，雅典败于西西里之后，各中立城邦松了一口气。它们大多已显然确信，雅典的胜利可能意味着它们成为长长的目标单子里的下一批。[2]

与此同时，关于西西里的辩论成了一个重演竞斗的舞台，在亲斯巴达的尼西阿斯与帝国主义者亚西比得之间。门丁尼亚的亲雅典同盟失败后，年长的尼西阿斯的审慎政策似乎盖过了亚西比得的狂野计划。作为反应，帝国主义者们论辩说，在双方都力图趁假和平期间去获取优势的一个普遍紧张时期，雅典人应当将在西西里告捷视作当前与斯巴达的“暂时歇战”(*bellum interruptum*)的一个内在组成部分，预防西西里给斯巴达提供任何援助的一个途径。

现代访客看到，西西里的农田引人注目，显然优于和广于在希腊南部见到的任何田地。控制该岛的谷物供应，就或可终止伯罗奔尼撒的食物进口。用枯瘦干燥的伯罗奔尼撒或阿蒂卡比照青翠湿润的西西里，另一个想法即雅典人还有意于他们自己进口谷物就很有道理。当与伯罗奔尼撒人势将不可避免地重新开战且战争规模更大时，该岛的人口和军事资产还能派上用场。无论如何，对该岛的早先的远征(前427年至前424年)业已旨在阻绝伯罗奔尼撒的谷物进口。[3]

变节者亚西比得——他行将在抵达西西里以后几周便背叛雅典事业——足够机灵，以致懂得一件事，那就是当他在公元前415年换边站和去斯巴达时，他必须在叙拉古的生存与他的新客邦的私利之间，编造某种耸人听闻的联系。有个最好的办法去招引伯罗奔尼撒人帮助在叙拉古击败他的先前的同胞，那就是令他们确信雅典入侵实际上针对斯巴达。“如果这个城市被夺占，”亚西比得告诉斯巴达公民大会，“那么整个西西里就是他们的，意大利也将马上如此。而且，我眼下谈论的来自那里的危险将立刻降临到你们头上。因此，任何人切勿相信你们

只是在考虑西西里，而是也在考虑伯罗奔尼撒。”[4]

雅典已有六年未与斯巴达进行大的战斗。这个城邦正开始从瘟疫 204
的损伤恢复过来。它现在满是年轻的好斗者，他们对城内的火葬柴堆或在阿蒂卡葡萄园中间肆意蹂躏的斯巴达重装步兵仅有依稀的儿时回忆。雅典人还刚刚从一场成功的围城战脱身，那是围攻斯巴达的一个多里安族被保护邦，即弥罗斯岛，而没有激燃与斯巴达的战争。源源不断的贡金，五年未有进攻性作战，还有贸易的恢复，全都意味着雅典的境况差不多与战前年代一样好。出于所有这些原因，公民们再度乐意在军事上重新伸张自己。[5]

这战役既讲求实际，同时又狂野莽撞：它在一种意义上切实可行，即雅典的军事潜力那么大，以致尽管有瘟疫和战争，它也恢复了足够的力量，同时在另一种意义上错乱失常，因为它自己的属邦，特别在靠近色雷斯的地区，处于造反边缘，与此同时斯巴达既不可预测，又未被征服。亲雅典但羸弱的塞吉斯塔和伦蒂尼即便不是两面三刀，也是可疑的西西里盟友。十足遥远，加上不可能有便利的通讯和补给，使得远征的操作层面难得令人气馁。

尼西阿斯以过度戏剧性的方式摊出了所有这些原因，说明为何雅典不应当开赴西西里，结果适得其反，反令雅典公民群情沸腾，并非不像近乎 20 年前战争前夕 60 多岁的阿基达马斯国王，后者当时预言了一场难打的硬仗，但只是被斯巴达公民大会置之不理。说到底，依靠远航 800 英里去进攻一个民主的中立城邦，打不败附近的一个寡头制敌国。

就西西里远征的交战理由而言，令人惊异的是叙拉古虽属多里安族和西西里人，却**不是**寡头制的。甚至在战争爆发前许久，一位匿名的保守派观察家就说每逢雅典不支持境外的民主制，它就境况糟糕，因为它天然地亲近民众政府。叙拉古人可能不像雅典那么非常民主，但他们的政体在古代意义上自由开明。一个拥有最高权力的叙拉古民众大会保证了穷人与富人之间有取有予，自由交易，这意味西西里远征一开始就背叛了自称的雅典价值观，即促进泛希腊的民主文化。对保守的修昔底德来说，反常不仅在于雅典丢弃了它保护民主分子免遭反动派侵害的意识形态，还在于希腊经验中首次两大航海民主城邦彼此相战。它们要将这类想象力丰富和资源丰饶的社会典型地拥有的军事资产投入

205 冲突。不仅如此，这些有利条件——战舰、金钱、人力和得民望的民选领导——为数众多，不可小觑。

民主城邦使全体公民参与决策。它们不为一个重装步兵阶级的缘故而将它们的集体防务押在农田上。由于这样的政府赋予穷人权力，鼓励社会流动性和移民，享有较高的人口增长率，灌输较高的公民纪律性（“像一个民主制惯常的那样”），并且给舰队和筑防工事两者造就资金，因而与其寡头制对手（被修昔底德称作“迟缓”和“怯懦”）相比，它们远为强劲可怕地进行战争。

有如修昔底德进一步说的，“在雅典已投入战争去打击的所有城邦中间，只有叙拉古人最似雅典，像雅典人本身一样是民主的，而且舰队强，马匹多，规模大”。他后来断定，“由于叙拉古人最似雅典人，因而他们最成功地对他们进行战争”。尽管经历了瘟疫恐怖和十年以上战争，仍有数以千计的雅典年轻人自愿迎受危险的海上航行挑战，以便在一场猛攻希腊语世界最大城市的斗争中，与极少了解的希腊同胞打仗。虽然一个人可对他们的疯狂怀抱反感，但他们的十足大胆更令人印象深刻。[6]

修昔底德用他的史书的整整两篇写这场战役——他的全部史述的25%写20年编年史中的仅仅3年——因而留有一部关于这场灾难的诸多主要事件的良好记载。经过两次争论激烈的公民大会，雅典人在公元前415年6月投票决定派一支巨型舰队去叙拉古。三位将军将三驾马车似地合力指挥：可靠的老资格将领拉马胡斯、年长保守但生性怯懦的尼西阿斯和总是玩弄阴谋诡计的亚西比得。虽然起初的想法是派出一支有约60艘三列桨战舰的规模适中的兵力，约等于多年前即公元前427年至公元前425年为试图恫吓叙拉古而徒然远航的那么多战舰，但在随后的公民大会上，漫天大话和尖刻指责促成了一种彻底的重估，那行将证明是灾难性的。

与先前入侵西西里不同，现在雅典人适逢狂热，授权出动一支更大的兵力：134艘舰船（其中100艘为雅典的），包括90多艘三列桨战舰，连同5 100名雅典及帝国重装步兵。种种安排被做了出来，以便聚合480名弓箭手、700名投石兵、30名骑兵及其坐骑，以及30艘货船。[7]

在物质意义上，被设想为又一场惩罚性袭击的行动现在被重新界定为一场征服和兼并努力。在它扬帆起航时，比雷埃夫斯港内列队招摇的耀武扬威的庞大舰队无论可能显得多么不可抗拒，但要臣服西西里那么大的一整个海岛或许仍规模甚小，特别是如果它没有一迄抵达就采取 206
迅即的决定性行动，从而确立一种威慑性存在。学者们有时谈论雅典帝国的压迫性质，但它在公元前 415 年的总兵力多少薄弱可怜——约 200 个盟邦只贡献了 5 100 名重装步兵中的 2 850 名。雅典人感受了一类开拔远去的军队的虚假安全：全都按照他们给自己而不是只给敌人造成的印象去判断自己有多强大。

就雅典远征军而言，令人惊异的是它起初的运气。舰队行经途中天气甚好。它渡越数百英里海域，完成了棘手的航行而无损失或延宕，因而就这一趟可以是特别危险的旅行，修昔底德的叙事里罕见详情。尽管其起航大加炫耀，大事声张，三列桨战舰抵达西西里却仍似晴空霹雳，令叙拉古人近乎完全吃惊。相反，接下来两年里，伯罗奔尼撒增援部队在抵达叙拉古途中远不那么幸运，经常被暴风雨天气刮离航线，船只失事遇难，或被延误。换言之，在这第一波里，雅典人大概跨海运送了不止 25 000 名战员而无任何真正的损失，兵力完好抵达，令其敌人完全意外和大感恐怖。可是，几乎随即，悲剧便莫名其妙地起步展开。

瘫　痪

灾难的根本症结是三头指挥生性糟糕。这不是说会战责任在三位而非更通常的两位将军中间分摊。毕竟，众所周知，喜好猜疑的雅典人有时在战场上同时设置太多的互相争吵的指挥官。问题在于这三位在性情上如此不同，此外还在一路航行中心怀非同小可的政治考虑。排名第一的指挥官，生来谨慎的尼西阿斯，系体弱患病，且从一开始就不赞成这场远征。因而，在接下来两年里，他始终杂乱无章地作战，总是害怕回国后受到玩忽职守的指控。雅典指挥权的特性在于，有时不赞成征伐的将军被责成指挥他们，依据的是一个可疑的逻辑，即在战场上以及后来在国内可以拿他们是问。

亚西比得不久据渎神指控被召回。出航前夜，几十个年轻的右翼
207 好斗者仗着酒醉和政治用心激励的鲁莽大胆胡作非为，被指控公然渎神，给即将出发的远征蒙上凶兆。或许，他们的真实意图是吓唬迷信的投票穷人，令其全然取消远征。只有以此方式，雅典才可能保证寡头制的斯巴达依然中立，它的军队因而不侵犯阿蒂卡腹地。虽然亚西比得可能参与了胡闹，那亵渎了在埃莱夫西斯的隐秘繁殖力崇拜仪式，但他大概与一项更大胆的恶作剧毫无关系，那就是肢解赫耳姆，供奉赫耳墨斯神的石制图腾物，它们点缀在阿蒂卡原野上，以保证神灵庇佑旅行者和私人宅邸。无论如何，舰队在阴云下驶离，但有讽刺意味的依然是，通过缺席指控亚西比得犯有不赦之罪，然后试图将他从西西里召回，大怒的雅典人也许就恰恰中了阴谋者的诡计：最要为引领一个民主城邦从事一场巨大的帝国冒险负责的那个人将被损坏，被他先前的支持者损坏，以致不能贯彻他们自己的激进想法。

抵达西西里后不久，亚西比得接到要他返回雅典的传唤。懂得引渡无异于死刑，他躲避了缉拿者，转而驶往伯罗奔尼撒。在那里，他很快就最后置身于斯巴达，敦促它重开战争，既经援助西西里，亦经驻军阿蒂卡。与此同时，全不糊涂的拉马胡斯显然缺乏政治地位或财富去说服其他两位，以便采用他的有先见之明的计划立即进攻叙拉古。一年不到，他便在围攻该城时阵亡。他的无能为力和随后死亡是悲剧性的，因为在他的领导下，雅典不仅可能使叙拉古在震惊之中屈膝投降或丧魂落魄，而且本将在撤出乡村前从那里夺得大量劫掠物。

雅典人差不多立刻漠视了任何大规模入侵的基本准则：径直行动的必要。抵达敌方领土时，得胜时机有限，务必只争朝夕，因为僵持有利于防御者。然而，雅典人未像拉马胡斯主张的那样直奔叙拉古，只要发现大多数西西里人不急于得到解放，并且发现随叙拉古人自己开始见到一支威严的舰队犹豫拖沓而非果断进取，他们就不被震慑。

尽管如此，雅典人仍在接下来两年里勇敢战斗，竭尽几乎每一种可想象的方式，正如契合一个富有才智的民主人民的。可是，在于公元前 415 年夏季抵达之后，他们将永不重获美国将军乔治 · S. 巴顿有一次称的“无情瞬间”——昙花一现的机会窗口，其时闪电般的行动能使敌
208 人不知所措，赢得一整个战区，并且不经大残杀而招致戏剧性结果。

一旦震惊的叙拉古人发觉他们不是雅典庞大舰队的即时打击目标，变得大胆的公民们便恢复过来，要求对雅典人进攻性作战。[8]

雅典人抵达后近乎一无所为。不去进攻叙拉古，他们却经激烈辩论而驶往雷吉姆。到了那里，他们没有获得任何帮助。更糟的是，他们不久便了解到，他们的据称富裕的塞吉斯塔们破产了。既无多少盟邦金钱前来，亦无众多部队兵员抵达，他们现在直奔朝北约50英里的卡塔那镇，以便造就一个基地，用于今后对叙拉古作战。

经几个月闲荡，他们的首次告捷是夺占一个小邦希卡拉。在他们接近20年的攻破小城镇——从波提狄亚到弥罗斯——的经历之后，雅典人几乎全无烦难地拿下了这个意义微小的镇子。在新的战争仪规之下，他们将每个居民卖为奴隶。然而，现在已近秋天，战役的头四个月几乎一无所成：亚西比得已被令召回，逃之夭夭，正在给雅典的敌人出主意；懒散拖沓的尼西阿斯是实际的统帅；雅典人尚须进攻一个愈益自信的叙拉古。

争夺骑兵优势

在雅典熟知战争的人大都误判了在西西里取胜所需的兵力类型，那是个遥远的海岛，有广阔的平原和绿地，风景更像帖撒利，而非阿蒂卡或伯罗奔尼撒。关于西西里战法、盟邦可靠性和敌方资源的情报要么多有错讹，要么纯属乌有。用草率敷衍的方式，尼西阿斯已告诫雅典人说他们需要骑兵部队，然而作为一名传统的军人，他仍可预料地将过多的注意力放在重装步兵的需要上。甚至亚西比得，饶有经验的骑兵，也向雅典人作了保证，说他们能够轻而易举地击败叙拉古，恰因西西里各邦在步兵方面弱得臭名远扬！然而，差不多一迄抵达，雅典人就转而发现他们数以千计的重装步兵就打赢而论大多不相干，发现他们缺乏一种资源充裕的骑兵，那可以给他们提供一场成功的围城战所需的保护。要解释这样的战略幼稚，除重装步兵沙文主义之外几乎全无理由。毕竟，雅典人已经知道，更多的骑兵本将在斯巴托洛斯（前429年）起一种关键作用，且依凭骑兵，他们曾一直使斯巴达人在阿蒂卡遭到不断的攻袭——尼西阿斯和亚西比得都深入地参与了的作战行动。[9]

209 一旦留驻于卡塔那，雅典人便认识到西西里幅员巨大，需要有与其城镇网络的近乎不息的交通联络。入侵者要有任何可能力克叙拉古——有数以百计精良骑兵的规模大如雅典的一个城市——骑兵优势实乃关键。反过来，叙拉古人家常便饭似地策马奔赴在卡塔那的雅典基地，侮辱栖身营寨的雅典人，蓄意地试图刺激入侵军，后者在抵达后几周内就更像被围困者而非真正的侵略者。要赢得这场战争，就需有巨量雅典骑兵，以保护石匠和散兵，只有他们才能以筑防工事将叙拉古与其腹地断开。

如果叙拉古人要现身打一场常规的重装步兵会战，那么雅典骑兵必不可少，以便保护侧翼和在西西里平原施行追击。而且，当雅典人开始蹂躏乡村和阻绝农夫入其田地时，骑兵同样必不可少。拉马胡斯作为一名与斯巴达人战于阿蒂卡、对袭击和劫掠颇有所知的老兵，认为一经抵达，雅典人就应当立即搜索叙拉古乡村，从未加守卫的农庄寻求供给，并且切断该城前往其腹地的通道。

必须做某种剧烈的事，以便造就威慑，遏阻那将证明是半个多世纪之前波斯入侵以来雅典人所面对的最大的敌方骑兵部队。然而，骑兵是雅典人在西西里不幸短缺的一项资产。要么由于害怕希腊西部与意大利南部之间的大海，要么也许认识到有必要保持一支骑兵巡逻部队以护卫阿蒂卡乡村，如果斯巴达人趁其不在而返回的话，结果雅典人起初只带了单独一艘马匹运输舰和 30 名骑手。对任何从事了希腊西部与西西里之间风浪烈度中等的海上航行的人来说，也许这可以理解：想象一下由 10 艘左右马匹运输舰组成的舰队——300 匹矮种马在改装过的、甲板只高过水面寥寥几英尺的三列桨战舰上——乘风破浪，那往往令我们时代的旅游者在巨型现代轮船上晕船呕吐。雅典不大可能拿它的整个马匹运输舰队和它至关紧要的阿蒂卡骑兵防卫兵力在大海上冒险。

从其卡塔那基地发现他们的重装步兵和散兵无法摧毁叙拉古农业，全不甚于斯巴达人之破坏阿蒂卡，然后雅典人力图找到某种办法，据此回过来对付叙拉古而不受骑兵不断攻袭。终于，经虚假情报，他们诱

使叙拉古人投入其步兵部队。 与此同时，他们偷偷地沿岸往下航行，
未遭叙拉古阻抗。 在那里，赶在被愚弄了的骑兵能够返回以前，他们 210
安然离舰上岸。 虽然得逞，但这计谋预兆不祥：几百名骑兵一直将数万雅典兵员囿于他们的基地。 只是靠欺骗，雅典人才能够仅仅接近他们整个远征的目标本身——况且他们不得不海上航行而非陆上进军。

甚至当雅典方阵集合在受惊的城市前方时，它也小心部署，仅置身于“实际会战或会战以前斯巴达骑兵最不能伤害他们”的地方。 有一项古代史料相信，孤注一掷的雅典人在军队周边设置了带尖桩的马匹陷阱，以便挡开可怕的敌方骑兵——等于羞辱地承认重装步兵不再立足于“最好最平坦的地面”去战斗。 为什么不？ 其时上当受骗了的叙拉古人怒火中烧，会以全部兵力策马奔回，那是约 1 200 名骑兵，急欲从阵列中挑出任何人予以击灭。 虽然在接下来的实际会战中，雅典重装步兵击破了较缺经验的叙拉古步兵——后者显然惊恐雷鸣般的杀声且不惯于徒步厮杀——但无法摧垮他们，鉴于这大量骑兵兵众再次提供的掩护。 在伯罗奔尼撒战争中，雅典人从未有什么时候一次投入一支 600 人以上的骑兵部队。 1 200 名敌方骑兵将随心所欲来回驰骋于希腊战场：这想法本身是某种超出他们理解的东西。

甚至这场小小的重装步兵会战，也意味着只有一项诡计才能允许雅典人在会战前聚集成阵，只有对地形的聪明利用才能在会战中保护他们，而且只要有一支敌方骑兵来回驰骋于战场，胜利就永不能被用足以致胜上加胜。 突然间在西西里，希腊人所知的希腊战争方式改变了。 1 200 名叙拉古骑兵在场挽救了一场对峙，使之不沦为彻底溃败。 当雅典人驶回卡塔那和放弃冬季作战时，数量占压倒性优势的骑兵将后卫行动转变成一场胜利。 一旦回到基地，眩晕之余的雅典人便做出种种准备，以求尽可能快地找到尽可能多的骑兵。[10]

在西西里战争的这些离奇状况下，雅典人的唯一希望，是从盟友那里拼凑出一支他们自己的充足的骑兵作反制力量，或者用什么法子从国内找来骑兵增援。 一旦雅典人获得骑兵优势，他们就能任意进兵、劫掠和筑防；但若他们未做到，围攻者就很可能被囿于营寨，从而变成被围攻者。[11]

尽管住在临时搭建的营房里，数以千计的雅典人现在不得不准备在

卡塔那镇外过冬，与此同时尼西阿斯做了专门安排，以便尽可能快地获得马匹，并向潜在盟邦派出使节。他天真地期望西西里人和迦太基人
211 可能援助一个只赢了一场重装步兵小会战的入侵者。相反，叙拉古人几乎全未因遭受小挫而沮丧，却反而士气振奋，因为一支愈益目中无人的骑兵近乎全盘掌控了乡村。雅典人延误之际，叙拉古人改进了自己的指挥部，并且着手强化该城的防御工事，以便迎对未来不可避免的围攻。他们给远方的斯巴达人——很快将落到他们新得的助言人亚西比得的影响下——送去令人鼓舞的消息，说现在是重开战争和消灭一个正在大出血的雅典的时候了。

逃脱雅典监押之后，亚西比得已在伯罗奔尼撒飞快地将自己重构成一名勇猛强悍的拉哥尼亚人，编造了一个个异想天开的故事，称雅典人一直力图重开战争，取得对整个地中海地区的霸权：首先西西里，接着意大利，随后迦太基本身。从亚西比得心中还涌出了甚至更多的奇谈：这样的征服将赢得来自伊比利亚的新盟邦，获有用意大利林木建造的三列桨战舰，并且攫取出自各被征服民族的金钱。远征迦太基是只存在于他心中，还是逻辑上必随西西里战捷而来？回答各有不同，但关于雅典民主帝国主义扩张的这类想象肯定能激发极为偏执多疑的斯巴达人去重开战争——而且此刻这符合流亡的亚西比得的一己利益。

满怀皈依者的热忱，急于报复他的同胞，渴望保全自己，并且急欲获得新主子的欢心，亚西比得进一步大讲故事，说狂热的雅典人阴谋海陆包围伯罗奔尼撒，以此来恐吓他的震惊不已的斯巴达听众。他以勾勒摧毁他的故城的唯一途径，将他的背叛臻至顶点，其方式冷静明智，恰如他就雅典帝国目的讲的种种故事一样大概狂野不经：伯罗奔尼撒人应当迅速入侵阿蒂卡，在德塞利亚建造一个工事筑防基地，向西西里发送援助，并在爱琴海地区煽动反叛。[12]

回过来说西西里。春季来临时，雅典人尝试了几次袭击。然而，大部分时间里，他们等待被要求的骑兵从雅典到来。驻在卡塔那的八个月根本上被浪费了。从雅典终于来了250名有经验的骑手、30名马上弓箭手以及为从塞吉斯塔和卡塔那购买马匹的300塔兰特资金。事实依然是，从前一年夏季以来，雅典人本质上一无所成。由于无所事

事，他们使叙拉古人壮了胆，而且很快也使希腊主陆上的伯罗奔尼撒宿敌壮了胆。 尽管如此，随很少数西西里骑兵抵达，尼西阿斯拼凑了一支 650 名骑兵的临时部队，以此为足够的掩护，使他的围城工兵能够开始攻击叙拉古本身。[13]

尽管有尼西阿斯那里近乎致命的弛缓，雅典人依然拥有很可能从失
败虎口挖出胜利的多项有利条件。 随亚西比得离去和背叛后，一向可 212
靠的第三位将军拉马胡斯慢慢回复自我，能够激励雅典人驶回叙拉古，并且终于开始本应在抵达第一天就开始的真正的战争。

在那里，他们可以使用自己新得的骑兵去保护围攻者，与此同时启动为围攻该城而认真建造防御工事的努力。 叙拉古人拒绝又一项重装步兵会战的提议之后，雅典人突然显出迹象要施展他们的老技能，那已经攻克了一批城邦，从波提狄亚到弥罗斯。 他们几乎立即夺取了厄庇波利——这座要塞的上部——的很大部分高地，并且开始施行一项精致的计划，要从上面筑墙，将全城与其腹地断开。 为此目的，他们迅速建造了一座圆堡（“圆圈”），而且开始将这中心用作一个基地，从那里延伸出围闭墙，既伸往特罗吉鲁海畔，由朝南伸往叙拉古的大港，从而隔离该城本部，使之得不到步兵增援或海军增援。

经过成功地对付自身领土遭受的五次入侵，且经过攻克波提狄亚、密提林、锡翁尼和弥罗斯，雅典人取得了陆海联合作战方面的大量攻防经验。 与雅典城不同，叙拉古既没有比雷埃夫斯似的工事强固的港口，也没有一支优越的舰队或任何有如雅典长墙的东西。 假如雅典人完成他们围绕城市高地的墙垒，巡逻南部围墙直至海畔，并且监守大港出口，那么叙拉古确实能被锁闭，得不到本土出产和外部输入的补给，从而输掉战争。

至少依凭充足的马匹供应，战局开始慢慢变得对雅典人有利，在他们开始围绕要被攻打的城市自由自在地来回驰骋的时候。 或许饥馑和瘟疫不久将随之而来，因为比起沦入了流疫和混乱的公元前 430 年时的雅典，叙拉古将更容易被断开。 流言纷纷，说随着墙体朝城市缓慢伸展，叙拉古人处于投降边缘，准备承认一点，即雅典人姗姗来迟的将他们从腹地断开的努力意味着该城必定完蛋。[14]

加剧着的绝望

关于雅典人下一年的作战败绩，可悲之处不在于愚蠢的错误与失去的机会相交织，却在于雅典人的勇敢无畏多么经常地近乎抵消指挥错误和接近取胜。冬季相对无为期间，尼西阿斯没有做任何努力去制止叙
213 拉古修建反制性筑防工事。他听任新近抵达的斯巴达将领吉利普斯带一支盟邦援军从陆路进入该城。雅典人还让科林斯海军将领龚基拉斯麾下的一支科林斯小舰队驶入叙拉古海港。他们未能在其修建的初始阶段攻击敌人的反制墙，接着费力砌设一道精致过头的双重围墙，而不是首先以单独一道专用工事立即将该城锁闭。然而，尽管这一切，雅典人仍在公元前 414 年春他们开始认真围攻后几周近乎拿下了叙拉古。

因为对伯罗奔尼撒海岸的某些攻击，斯巴达现在有了口实，称尼西阿斯和约遭到背弃。它开始不受拘束地组织增援，向叙拉古源源不断地派送援兵，同时还准备十余年来首次入侵阿蒂卡。斯巴达在公元前 421 年冬季就皮洛斯一役和在阿蒂卡及西北部的失败沮丧透顶，作为一个泄了气的国家同意媾和。可是，经过在门丁尼亚获胜和敌人愈益深陷于西西里，它现在没有任何理由等待、不去动手了结雅典，尤其是一场雅典大败可能使波斯确信要认真资助建造一支斯巴达舰队。[15]

建成其环垒之后，雅典骑兵和步兵立即打退了叙拉古人的一场反攻。依凭优越的步兵纪律和新得的骑兵支援，身处被称作厄庇波利的叙拉古上城各高地，雅典人在一场悲喜剧式的对垒工事战中系统地攻击叙拉古人：一方不顾一切，力图在延伸到海畔的岩石嶙峋的地面上建成它的围墙，与此同时它的敌人竖起一条条陡峭的围障。在这建造努力和摧毁尝试同时并存的古怪的混合中，拉马胡斯殒命于一场短暂的遭遇战，雅典人由此丧失他们唯一有才能的将领。

更糟的是，尼西阿斯在各个最关键的时刻闲混无为，而且看来低估了伯罗奔尼撒人抵达的心理意义。他全未认识到，在绝望着的叙拉古人见到伯罗奔尼撒重装步兵和舰船这生力军而振奋起来以前，建成围墙

的时机极为短暂。鉴于尼西阿斯拥有或许1万名劳力可用于这项任务，并在环垒的两边各有仅约5英里长的工事要建造，因而没有任何理由可解释，为何一位大有决心的将领不能抢先完成这工程，赶在来自伯罗奔尼撒的增援侵蚀他的心理优势和兵力数量优势之前。

战争早些时候，雅典人在尼塞亚、第力安和皮洛斯快得多地建造了
围障。甚至据称行动迟缓的斯巴达人，也在不到三个月里用一道双重 214
屏障围闭了普拉提亚。差不多五个世纪后，提图斯以一道工事围闭了耶路撒冷，其长度约等于雅典人在厄庇波利的，所用人员多不了多少，所用时间仅三天。因而，尽管地形崎岖，抵抗顽强，但雅典人的工事线未能延至海畔大多是因为领导乏力，了无生气。

尼西阿斯继续延误。双方就高地墙垒彼此相战。而且不知不觉，往往闲着无事的雅典海军——安然返回故乡的唯一手段——渐次恶化：它的战舰被水浸透，盟邦船员和奴隶水手弃军脱逃，意味着雅典人不再能施行铜墙铁壁似的封锁，也不再能在叙拉古大港赢得一场自动的胜利，要是叙拉古人的舰队和他们新得的科林斯盟友最后驶出来战斗的话。

科林斯舰队的出现是随吉利普斯的陆上救援进军之后。伯罗奔尼撒的人力和领导的这突然到来不仅给叙拉古的事业增添了军事资源，而且开始将中立的西西里诸邦争取过来。于是，数天时间里，叙拉古便免于已定的失败。作为反应，因某种肾病而身体不佳的尼西阿斯在夏末加重了他已经一长串的错误，因为给国内送去一项吁救请求。面对可能的选择，即要么死在西西里，要么经军事大灾返回后在国内遭处决，尼西阿斯力图将战役胜败的责任再度往回转给公民大会。于是，他建议雅典人要么撤销整个远征，要么给他派送巨量增援。

有一个场景跻身于他的史书里最令人难忘的场景之列，在其中修昔底德以伯罗奔尼撒援军出现于围城战的最后时刻来开始他著名的第七篇，恰逢叙拉古人处于投降边缘：

> 吉利普斯恰巧在关键时刻到来，其时七八斯塔德[差不多一英里]长的双重墙已由雅典人建造完成，往下一直到大港——除了他们

> 仍在建造的临近大海的一小段。关于环墙的其余部分，就伸至特罗季鲁和外海的墙线的大部分而言，石头已被储备起来，而且某些部分完工了一半，其他部分则已建完。因而，叙拉古人已经如此临近灭顶之灾。[16]

俯瞰叙拉古的关键的雅典最终工事建造被伯罗奔尼撒人打断：这证明是整个冲突的最重要时刻。双方现在都力图将追加兵力注入混乱不
216 明和往往不停的拼斗，那在俯瞰该城的高地上进行：雅典人不顾一切地要建完他们的延至港口的双重墙，连同他们在厄庇波利的更长的墙垒，现已振奋起来的叙拉古人则同样急于阻止他们的进展，与此同时他们骚扰敌人的建造人员。

尽管有间或的战术成功，但随吉利普斯精明地以一系列堡垒和反制墙梗塞他的进路，筑墙战是尼西阿斯最终输掉了的一场拼斗。叙拉古骑兵在一类场合助成击溃雅典人。他们策马崎岖之处，冲击重装步兵，逼迫全军退回到他们未建完的工事后面。这样的阻截根本上取消了一种可能性，即雅典人能突破反制墙，进而将他们自身环墙的关键的最后部分伸展到两边之中任一边海畔。

在他往回送给公民大会的间歇性书面叙述中，尼西阿斯宣称军队失利有多种原因，从缺乏足够的骑兵到舰船和水手损耗不断。然而说到底，问题在于先后两支舰队总共仅 45 000 人的总兵力只允许有很小的犯错余地。西西里远征确实一向是一场大赌博，因为几乎不过 200 艘战舰的雅典舰队竟要在约 800 英里之遥大海对面去攻灭希腊语世界最大的城市之一：一场总是取决于有无勇猛果断的领导的大赌博。

诚然，亚历山大大帝和朱利乌斯·恺撒两人的征战经历证明，不足 5 万人的兵力能够成功地征服和占领巨大的敌方领土地带，可是这么一种大胆的军事谋算要求有更大胆的统帅，他们懂得只有士气、意志和进攻精神才能抵消敌人的兵力数量优势。在这方面，尼西阿斯——老迈体病、生性怯懦且立有存照反对整个入侵——极不相称，因而自然力求有规模越来越大的资源来提供一个优势，那是他自己的领导提供不了的。将才糟糕往往意味着频频索求更多部队。

215

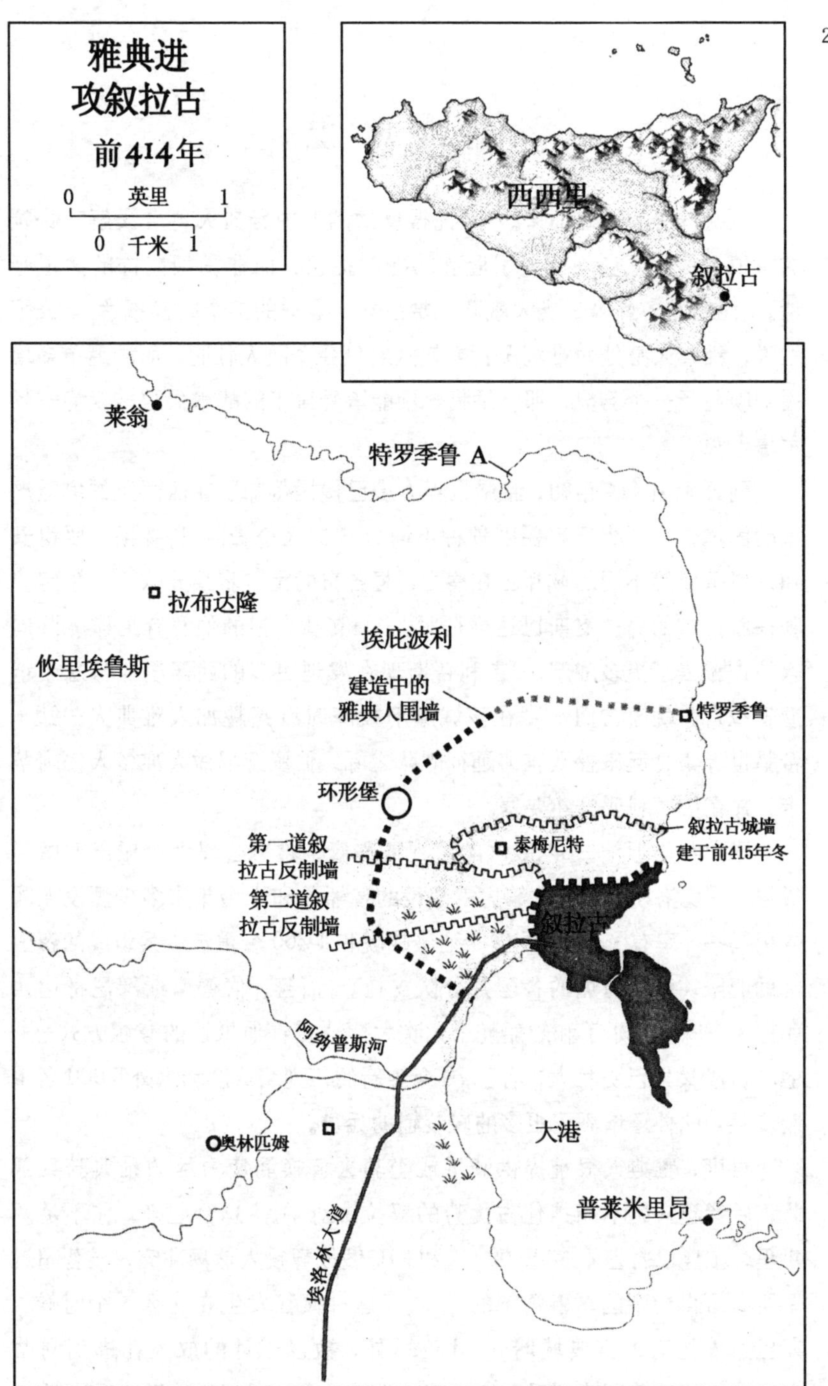
雅典进
攻叙拉古
前414年
0 英里 1
0 千米 1
西西里
叙拉古
莱翁
特罗季鲁 A
拉布达隆
埃庇波利
攸里埃鲁斯
建造中的
雅典人围墙
特罗季鲁
环形堡
叙拉古城墙
建于前415年冬
泰梅尼特
第一道叙
拉古反制墙
第二道叙
拉古反制墙
叙拉古
阿纳普斯河
奥林匹姆
大港
普莱米里昂
埃洛林大道

两 难 境 况

更甚的愚蠢随之而来。愚钝得反常的城内雅典人再度误解其将领的审慎评估，将它认作关于取胜的冷静提议，而非稍加掩饰的撤退吁请。他们准备好第二支大舰队，要在一年春季的某个时候抵达。公平地说，雅典人身处两难境况：拔脚撤出只会令敌人壮胆，而派遣更多增援则唤起了一个幽灵，那就是将一场能承受得了的战术失败转变为一场军事大灾。

217 到公元前414年初，希腊世界大多已慢慢得知了在西西里的愈益严重的困境，并且准备着要以种种不同方式加入杀戮。科林斯、西锡安和维奥蒂亚等不同的城邦正在凑力，将各自的重装步兵分队添入预定要驶往叙拉古的另一支斯巴达远征军。一支壮大中的伯罗奔尼撒舰队向叙拉古派去了更多战舰。吉利普斯现在发现更多的西西里邻邦急于帮助叙拉古，就像它们一度在该城濒于投降时有兴趣加入雅典人一边。希腊世界集合起来挫败雅典远征舰队之际，伯罗奔尼撒人准备入侵阿蒂卡，并在德塞利亚修建要塞。[17]

雅典从不退缩。以威严的蔑视或愚蠢，雅典公民大会派出德摩斯梯尼——皮洛斯的英雄、第力安战役的替罪羊和十余年来多少湮没无闻的黑马——率有一支另65艘三列桨战舰和1 200名重装步兵组成的帝国辅助舰队，得到追加的各盟邦分队支持。而且，俟德摩斯梯尼抵达西西里——以风笛乐手和舰船舵手大吹大擂地宣告他抵达的夸耀方式——他的合成兵力已更壮大，有了70余艘新的三列桨战舰和另外5 000名重装步兵，此外还增添了更多的轻装辅助兵员。

再度，雅典人很难提供骑手或坐骑去替换筋疲力尽的雅典骑兵部队，后者越来越不能挡住占优势的叙拉古对手。总合起来，在不足两年里，雅典已将差不多45 000人和216艘战舰投入这场冲突，显著超过了所有可得的帝国军事资产的一半。这种疯狂发生在这么一个时候：斯巴达人扎营于雅典城墙外13英里处，数以千计的奴隶在逃离阿蒂卡，而且从赫勒斯滂到爱琴海南部，缴纳贡金的属邦正处于造反边缘。

正是这适应力令修昔底德如此惊异。他反复强调雅典丰富得难以置信的资源，还有它不顾压倒性的损失和愈益增多的各邦敌手而继续进行战斗的能力。不仅如此，正值数以千计的兵力围攻叙拉古之际，波斯行省总督们也在策划，要资助一支新的伯罗奔尼撒舰队撕碎这海上帝国。修昔底德可能惊骇于这么一番大错背后的愚蠢的逻辑，然而他也敬畏虽如此仍与赌博一起前奔的民主精神，并且惊愕雅典竟能够实现这一切。[18]

德摩斯梯尼勇猛大胆，程度恰如尼西阿斯胆怯懦弱。然而，一旦雅典人动员了第二支救援部队并将其遣往西西里，他们就发现该岛上的事态已变得更糟，糟过前一年秋天尼西阿斯发回阴郁凄凉的书信的时候。在厄庇波利高处受挫沮丧，无法突破敌人的反制墙，尼西阿斯突然将注意力转向了海洋，去策划一种新的战略：海军将转而在叙拉古大 218
港采取攻势，虽然地面部队在高地陷于僵持而不拔。

然而，在大港之内和它周围的一系列残忍的海战中，雅典三列桨战舰遭受技能不敌的科林斯舰队和叙拉古舰队粗暴打击。得益于锡勃达海战(前 432 年)的经验——当时科林斯人通过将海战转变为陆战似的登船搏杀和迎头攻击而赢了较擅长的科西拉人——敌人增强了舰首撞角，并且发觉港内的狭窄受限状况对他们有利。

更糟的是，尼西阿斯丢失了在拉布达隆的一个关键要塞，那位于厄庇波利的北部脊顶上，对提供兵力去保护进行中的围墙建造至关紧要。作为反应，他将作战基地移到了海港南入口处的普莱米里昂——近乎无法防守的一个几乎无水和少有燃料的地点。不过，那时尼西阿斯已经放弃围闭叙拉古城。他更挂念取得一个基地，在那里装备三列桨战舰，以便事态一有任何恶化就迅即开拔返乡。这选得很糟的要塞很快也被丢失，连同舰队的大部分索具和补给。

雅典人早先力求用撞槌击倒叙拉古的反制墙，但未能得逞。新来者德摩斯梯尼立即概览的正是这愈益惨淡的构想，它影响了他，使之做出一个极端的决定：夜攻叙拉古人的反制工事。德摩斯梯尼推断，雅典只是在短短一时重获了势头，或许还有人力方面的局部优势，经不起抛弃这第二回但昙花一现的得胜机会。

这场进攻是个灾难，就像人们或可预料的：数以千计的重装军人往上进军岩石嶙峋的陌生高地，以便在午夜时分与陌生的敌人拼搏。德摩斯梯尼的新到援军很快发觉自己顺山坡往下全面撤退，黑夜里不知所向，往往跌倒在地和自相厮杀，最终遭总是警觉的叙拉古骑兵屠戮。短短几个小时里可能有两千人被杀，这对雅典人来说是卑污的死亡，他们几周前还身处一个相对和平时分，在集市上轻松闲逛。

修昔底德有个断言，跻身关于希腊步兵战的混乱性质的最著名断言之列。他就雅典人在厄庇波利的深夜惨败断定，“不易从任一方辨识
219 出究竟发生了什么；当然，白天事情较清楚，但甚至那时，那些在场的人也极难知道进行着的每件事——除了每人在他自己身旁带着难处感知到的”。德摩斯梯尼现在彻底沮丧，估量种种不同抉择，然后断定最明智的大概是集合两支兵力，扬帆返乡。他算计，雅典人仍拥有战舰和微弱的海军优势。而且，在阿蒂卡聚集的斯巴达人，而非约 800 英里之遥的民主的叙拉古，构成对雅典的更大危险。新的两难不是打赢或打输，而是接受失败或遭遇毁灭。[19]

彻底毁灭

经过漫长的辩论和不必要的延宕，双方都准备好在大港打一场最终的大海战，甚至大过几周前初始的几战，后者间或涉及约 160 艘战舰。雅典人倾其所有，将约 110 艘三列桨战舰统统投入。修昔底德暗示，此乃希腊海战史上最拥挤和最孤注一掷的会战。他可能是对的，因为有显著超过两万名雅典海员和帝国水手在海上，连同登上甲板的投射兵和舰载陆战队。或许还有同样多的步兵和奴隶在岸上观战。然而，甚至在这会战打响以前许久，入侵者已是败军残师，因为他们在西西里开始了的大多数事业皆已失败，包括召集该岛各中立邦的努力、用墙锁闭叙拉古的尝试、与敌方舰队打的海战和靠变节背叛拿下叙拉古的政治诡计。甚至间或的胜利，无论是围攻小城镇还是在战场上击败叙拉古重装步兵，都未导致战略性成功。

到日落时，雅典人已被彻底击败。在叙拉古海港的最后一战是一场真正的希腊悲剧，其时集合起来的雅典士兵观看两支庞大的舰队彼此

进击：时而万头齐动转向一边，从岸上欢叫“我们在赢”，时而忽又情绪沮丧，高声哀号“我们在输”。最终，认识到在这么一个狭窄的港口水域，自己一方优越的海员既不能充分利用他们的人数，又不能充分施展他们的技能，水手和重装步兵都一样领悟到他们舰队的失败不是一番挫折，而是一场死刑。这些三列桨战舰毕竟是返回家乡的唯一手段。[20]

接着，尼西阿斯和德摩斯梯尼决定让他们依然庞大的、有 4 万生存者的联军按一条曲折的路线行进，往西而后往南跨越该岛，以冀在友邦中间寻找避难所。尽管经历了全部灾难，德摩斯梯尼和尼西阿斯依然指挥更多的部队，多过伯罗奔尼撒人和西西里人的兵员总和。诚然，在两年的消耗战里，大量雅典人阵亡或病死。然而，令人惊讶的事实依然是，抵达西西里的战员或许有五分之四仍旧活着，并且决心在西西 220
里的某个地方找到庇护所。这并非徒然妄想：十余年后，一支规模小得多的 1 万人的希腊雇佣重装步兵队伍顶着悬殊的兵力差距，从美索不达米亚中部到黑海杀出了一条生路，尽管以寡敌众，不断受到一连串亚洲骑手和部落族民的攻击。

这仍然是雅典在整个战争中曾经投入战场的最大军队。确实，自从差不多 20 年前阿基达马斯入侵阿蒂卡以来，它或许是曾经大规模行军的最大的希腊兵力。然而，即使活着且体况大致良好，大多数军人却仍是败兵残卒，士气低沉，因为他们一度宏伟威严的舰队化为乌有，返乡的唯一手段也随之消逝。雅典人身处敌对的陌生领土，不断受追击，在 8 月下旬的炎炎烈日之下被迫行军而无便利的饮水途径。

叙拉古骑兵毫无怜悯地策马踏倒他们。步兵和轻装部队则无休止地骚扰他们。撤退很快成了溃逃，接着成了一场屠戮。约行军 8 日和走了 20 余英里之后，他们最终到了阿息纳鲁斯河的河床泥地，口渴万分，士气丧尽，无法前行。有多少帝国兵员最后回到了家乡不得而知。被俘的盟邦人和奴隶遭廉价出售，7 000 名雅典人则被活捉，拘押在叙拉古采石场。第奥多鲁斯相信 18 000 人在短短几小时内被杀，一个令人毛骨悚然的数字，属实的话将代表古典希腊战争史上最高的单独一日死亡率，而且真的可与特拉西美尼湖、坎尼和卡莱战役之类罗马梦魇并驾齐驱，甚或比得上像安提塔姆或索姆河战役的头几日那样的现代大浴血。德摩斯梯尼和尼西阿斯皆屈膝投降，继而被处决，他们麾下一度宏大的远征军颇为确实地化为乌有，与其说遭遇失败，不如说遭遇全歼。叙拉古的煽动家们论辩说，雅典人在锡翁尼和弥罗斯肆行野蛮之后，俘虏不配得到任何宽恕，因为他们试图在西西里重演其野蛮暴行。

以后的岁月里，在雅典兴起了整个一套神话，都围绕这失去了的一代。只有极少数死者的点滴消息从尚存的雅典石刻阵亡名单浮现出来——数万丧命者中间的不到 200 人，名曰尼孔、埃夫阿耶、弗莱皮鲁斯或阿塞米翁等等。可以读到一个叫弗里努斯的人被杀，一个叫卡尔皮德的人丧命，但永不会知道他们怎样死去，或在何处死去。

然而，某些死硬分子据称作为游击队员继续战斗，为其战友的死亡复仇。另一些人通过诵读欧里庇得斯的剧中诗行救赎自己，他在叙拉古人中间很是流行，或许因为他被看作是个反战喉舌，激起了对雅典侵略受害者的同情。在他整部史书的最扣人心弦的段落里，修昔底德记
221 载了绝命的雅典人的最后时刻，他们挣扎着，要在阿息纳鲁斯河的泥水中活下去，当他们被敌人从上面的河岸逐个瞄准射中的时候。曾在雅典那么洋洋大观地开拔离去和以同样的浮华盛况抵达叙拉古的大军现在遭遇毁灭，毙命于溺水、敌方标枪和自相扭杀：

> 由于他们不得不拥挤成堆地移动，他们便互相叠压，彼此践踏。他们当中有些人立时毙命，因为被他们自己的长矛刺穿，并且陷身于他们的装备中间而动弹不得。另一些人被水流冲走。叙拉古人正站在对面陡峭的河岸上，从上面用标枪飞击雅典人。可是，雅典人正上气不接下气地呛饮河水，并在下凹的河床上互相扭缠，乱成一团。然后，伯罗奔尼撒人下水将他们砍死，特别是那些淹在河里的。河水马上变得污秽不堪，但仍被呛饮不止——那与泥土混合并被鲜血染红。确实，他们大多数人是与水搏斗。

陷身这杀戮的是成千上万来自雅典帝国远疆和友邦的人——哈尔息狄斯人、优卑亚人、亚哥斯人、爱琴海岛民和来自克里特、阿卡迪亚及意大利的雇佣兵，几个月前全都毫未想到，在遥远的西西里，面对他们所知很少的一个敌人，他们将遇到什么命运。希腊众部的最终毁灭是个怪异可怕的大场景，令修昔底德惊心动魄甚于任何别的战役惨败。今天

222

最后的军事行动，
前415年冬至前414年
0　英里　100
0　千米 100
意大利
蒂勒尼安
亚德里亚海
库马埃
蒂勒尼安海
苏里伊
梅萨那
雷吉姆
爱奥尼亚海
埃杰斯塔
那克索斯
西西里
卡塔那
迦太基
伦蒂尼
叙拉古
卡马里纳

读来令我们想起普鲁塔克的一番可怕的叙述，写的是公元前 53 年罗马三巨头之一克拉苏在卡莱的覆灭，当时数量近乎同样的罗马军团官兵被策马奔驰的帕提亚弓箭手包围和杀戮。历史不幸地满载此类可怕事态：远离本土的久经沙场的步兵被马背上的敌人摧毁，后者是他们无法拉入对阵激战的：1187 年 7 月在赫淀，一支舌焦口燥的东征十字军被萨拉丁的 12 000 名骑兵击破；或者，拿破仑在俄国哥萨克面前仓皇撤退。雅典人在公元前 415 年夏末抵达西西里岛时发现自己需要骑兵，而他们两年后在 8 月间遭灭顶之灾，仍后悔自己缺乏足够强的骑兵去保障自己撤退。成千上万人受制于他们无法与之正面交战的敌手，成了一大群乌合之众。这反差不仅令修昔底德惊骇，而且令他悲伤：

> 在战争期间所有那些发生了的事情中间，这是最显著昭彰
> 223 的——确实在我看来是我们知道的所有希腊事态中最异乎寻常的，对胜者来说极为卓越辉煌，对败者来说极具灾难性质。那些彻底战败的人绝非以任何方式遭遇小挫，而是像人们说的那样遭遇彻底毁灭，就他们而言，他们的陆上兵力、舰队和其余一切统统完蛋，返回本土的仅百里难遇，千里挑一。这就是在西西里发生了的事情。[21]

小个子马战

伯罗奔尼撒战争骑兵——这些在西西里杀了千百名雅典人并毁了其帝国希望的致命骑者——外貌如何？公元前 5 世纪后期的典型骑士几乎全非一名全身披甲的中世纪征服者，甚或一名牵有一溜坐骑的大草原袭击者。相反，想象一位年轻的贵族吧，披挂胸铠，头戴护盔，脚蹬长筒皮靴——年轻、骄傲、拥有特权，有如伯里克利的帕特农神庙雕饰排柱上永世引人注目的石雕骑士。他们极少有人在战斗中持盾。这样的保护意味着增添 15 磅至 20 磅重量，从而能令骑者失衡，并且干扰缰绳。

骑马人高约 5 英尺半，重约 120 磅。他们骑在矮种马上，后者高过地面约 4 英尺半(在马肩胛骨隆起处 13½手长)。这些大多为牡马的

小坐骑只受部分保护，即有少量薄织物垫衬在脸部、大腿和胸部，且比阉过的马难骑。没有马镫之助，骑者需经艰苦的训练，才能学会如何用他们的大腿紧夹住这畜生的两侧。大多数骑者携持一根短戳矛，还有一两支辅助标枪。就打密集阵列战而言，一柄小马刀证明有效，以便向下砍击步兵的头颅、颈脖和后背。马上弓箭手大受重视，但实属稀少，因为他们依凭马术和射术相兼的结合技能。

在瓶画上，骑兵往往看似践踏步兵，像从远处用众多标枪猛击他们一样常见。拉马胡斯在厄庇波利的灾难性殒命反映了一点：正在逃跑或追击的老资格重装步兵要是发觉自己脱离了阵列，面对即使单独一名骑兵，那就会遭遇不测。如果说鉴于小马体轻个矮，被踏死似乎不大可能，那么重要的是记住，步兵本身的个头大致如同现代 12 岁的少年而不似当代成年人，在没有标枪或战弓的情况下像笨拙不灵的重装步兵一样打仗。[22]

虽然理论上大多数希腊城邦的骑兵被松散地组织为 500 人左右的大型骑兵团队——而且后来希腊化时代里将密聚在 120 人的长菱形战术阵 224
列内以击破轻装步兵——但在伯罗奔尼撒战争的大部分时间里，较小的分队 30 人到 50 人一群驰骋野外，往往成松弛的矩形。诚然，他们在索利基亚、第力安和门丁尼亚的对阵激战中，很可能按照密集阵列部署；然而，同样经常的是古典骑兵分散开来，攻击小群劫掠者或散兵。与步兵协同冲锋的重装骑兵和长矛轻骑是后来腓力和亚历山大的成就，晚于伯罗奔尼撒战争爆发差不多一个世纪。

尽管骑兵速度最快，也尽管马背上的军队有能力以每日 30 多英里持续行军成百上千英里，但出于多种原因，伯罗奔尼撒战争以前有个怪事，即马匹对希腊各邦军队来说一直不大重要。当然，就监视和侦察而言它们总是可贵的。作为重装步兵会战中的辅助兵力，数量很少的骑兵还能保护未受庇卫的两翼，且能在追击期间直刺逃跑中的步兵后背——在骑兵没有面对密集的长矛阵列的地方和时候。然而，有种种原因，导致在东地中海地区希腊城邦从未很重视骑兵部队，那里传统上决定战争胜负的一直是中东的战车大冲突，或是波斯骑兵在亚洲广袤平原上的令人畏惧的猛烈冲锋。[23]

在希腊主陆，小山谷里养马几乎全无道理。牧草稀少，山岩常见。食马肉被认作邪恶，由希腊宗教和神话中对马的广泛尊崇反映出来。奇怪，马在希腊社会里的辅助和从属作用赋予它们一种尊崇性质的例外主义光环，使其地位有别在大草原上的，那里按照较为实用和功利的方式看待它们。不仅如此，在精致复杂的挽具出现以前，轭架之下的公牛证明是更可靠更经济的牵引牲畜，无论拉车抑或拉犁。用来种植小麦、大麦、葡萄或橄榄的一英亩田地会更好地维持一个家庭的生计，好过将这土地转变为牧场以养育绵羊、山羊或家牛——更不用说马。[24]

骑兵演算

关于养马的任何讨论总是提到成本，那是一种限于富人的行当，富人则反过来抱怨它那让人破产的开销。到伯罗奔尼撒战争结束时，甚至一匹普通的矮种马，所费也可相当于普通非熟练工人差不多一年半的工钱。反过来，一匹典型的马的价钱可以维持一个六口之家差不多长
225 达两年的生计。一匹坐骑显然是一项奢侈品，只有人口中的很小一部分才能经受得起。徒步进城或用牛犁地的普通雅典人不是将一匹马视为紧要资产，而是将它视为奢侈品。它在一个非常民主的社会里或许吞噬了雅典的社会资源，使之不能为更需要的人所用。简单的真相在于，在大多数城邦周围，没有成千上万英亩能便宜地放牧的公共牧场。

要获得某些较好的坐骑，所花的单价可能超过 1 000 德拉克马，例解了民主雅典人的另一个困境：尽管随着战争拖延下去和马匹对集体生存更加紧要，但只有甚为富裕者才经得起备马驰骋，巡卫本土。如果再加上喂养马匹这额外的成本——而且往往还要加上一名骑在较廉价的马上携载补给和装备的马夫——那么一位骑士可能每天需要 1 德拉克马去购买大麦饲料。诚然，国家往往为购马和养马提供部分补贴，但随帝国岁入愈益减少，雅典发觉自己钱财告罄，更加依赖私人的慷慨去勉力保证骑兵继续巡逻乡间。

理论上，只有像帖撒利或叙拉古那样的富邦，拥有周围草木葱茏的乡村，才经得起将一支 1 200 名骑兵的庞大马队投入战场，那代表一笔

至少 100 塔兰特的初始投资，此外还有每月超过 5 塔兰特用以集体喂养。用这笔钱，一个城邦本可转而在战场上部署两万名重装步兵，甚或装备 100 艘三列桨战舰的舰队。[25]因而，骑兵部队是大多数城邦负担不起的奢侈品，唯叙拉古、维奥蒂亚和帖撒利除外，它们都享有广袤的牧草地。大多数将领会认为，与投在仅仅 12 匹马上的等量资金相比，一艘三列桨战舰或 60 套青铜重装铠甲是远为明智的开支。[26]

然而，近乎莫名其妙的是，伯罗奔尼撒战争以前，在典型的城邦惯例之下，重装步兵和农业社会的势利观念**还传染给了非常富裕的人们**，亦即拥有也许 100 英亩或更大面积的农庄、因而能设法拥有一两匹马的精英。极少——即使有——别的这类古代社会：在其中，一名富裕公民能向公民大会自夸，说自己下马罢骑，转而选择作为阵列中的一名步兵效力国家，尽管骑兵在护卫步兵方面起可贵和特殊的作用。战争爆发时，希腊人认为骑兵任务轻而易举，骑马人与重装步兵相比不那么果敢。在斯巴达，直到伯罗奔尼撒战争的第七年为止，基本上没有任何
正式骑兵部队。在雅典，甚至到战争于公元前 431 年爆发时，才有约 226
1 200 名骑兵刚刚被召集起来，不到有投票权的公民人口的 3%。[27]

历史上难得一刻，对土地的拥有就希腊城邦时代而言比较平等。因而，非常富裕的人不享有当然的威望，而且肯定不被给予政治军事问题上的敬重和遵从。他们的土地可能是普通农庄所有者土地面积的十倍，但肯定不是百倍。在土地占有方面，这相对平等的图景极不同于帖撒利养马领主或马其顿王公，后两者在巨型地产上养育一大群牧畜。

与北方相反，甚至在寡头制的斯巴达，国家也是由颇多精英即“同人”运作。这些步兵往往拥有平等的土地份额，并在方阵中站在同等的位置，那是他们的威望的真正基础。在雅典，无地的第四等级逐渐扮演了城邦政治中的主导角色，这个事实说明一切，从伯里克利的大规模建造计划到给政府公职的国家补贴，再到一支巨型舰队的存在和长墙的首要地位。在务农的底比斯，尽管有平坦的原野和深厚的 *hippotrophia*（养马）传统，真正的权力同样寓于重装步兵农夫，他们到公元前 4 世纪将变得充分民主，并且成为希腊最可怕的军人。

推翻雅典民主制的两次寡头革命，即公元前 411 年和公元前 404 年的两次，分别发生在战争期间和战争结束之际，尾随在西西里和伊哥斯

波塔米的军事大灾，那被归罪于激进民主派。相反，所谓骑士是享有特权的骑马人，他们在战争期间的雅典城防中起了一种愈益紧要的作用，并且为之付出了高昂的代价，仿佛厘清了劣于他们的下等人造成的混乱。确实，在雅典进行的差不多每一场陆上交战——斯巴托洛斯(前429年)、索利基亚(前425年)、第力安(前424年)、安菲玻里(前422年)、门丁尼亚(前418年)、叙拉古(前415年至前413年)、以弗所(前409年)、阿卑多斯(前409年)和凯拉塔(前409年)——之中，雅典骑兵都起了关键作用，赢得了一类奇怪的赞誉，出自通常怀抱敌意的较穷的大多数公民。多半远征期间，雅典总兵力的十分之一由骑兵构成。

关于骑兵的劣势，除了此类对希腊来说特殊的政治经济考虑，还有其他更实际更广泛的军事解释。无所不在的多岩地形意味着没有蹄铁的马匹往往落得瘸腿，或被限于仅在洼地奔走。希腊马离地高不过5英尺，因而在一个没有马鞍、马镫或马蹄铁的时代，它们未被装备去载运一名哪怕只披挂轻甲的骑士疾驰突击。无论是古代喜剧中的玩笑还
227 是马术文献中的告诫，都经常提到从马背摔下来的危险，即使不是在需考虑攻防的会战中。

无鞍骑手可以是致命的武士(试想北美土著人)。然而，骑马的同时刺矛或射箭仍是一项艰难的技艺，倘若没有一具现代马鞍，也没有依靠多年训练——色诺芬在他论古代骑术的论著中很详细地勾勒过的那类训练——取得的专长。城邦国家不像19世纪民族国家，无法将数以千计的新兵置于矮种马上，然后在有马鞍、马镫或马蹄铁的情况下期望他们成为当真的矛骑兵，能击碎重装持矛步兵阵列。相反，更经常的是只有极少数富人在马背上成长，学会在一块简单的垫毯上坐骑的同时投掷标枪、引弓射箭或用短矛戳刺——但不懂以后来亚历山大大帝的骑步协同进攻方式。[28]

新 骑 兵

伯罗奔尼撒战争改变了这现存骑术规程的大部分，因为军事效率而非社会陈规、经济理性或政治考虑决定人们现在如何打仗。马匹并未

突然长得大些。马镫还未被奇迹般地发明出来，贵族则未取得对政府缰绳的控制。随着战争进展，随着从蹂躏农业到重装步兵会战在内的种种战略被证明成效不佳，城邦国家开始懂得骑兵至关紧要，对在决定战争胜负方面将起重大作用的所有各类作战行动都是如此，从踏倒逃遁中的重装步兵和轻装部队，到巡查乡间和令敌人经久远离营寨、工事和农田。

希腊人曾以战舰和重装步兵在萨拉米和普拉提亚打赢，随后50年则以经典的对阵激战在塞皮亚、塔纳哥拉、伊诺斐塔和科罗尼亚互相拼搏。然而，与前几十年的大多数会战经历不同，骑兵在伯罗奔尼撒战争中到处出现，杀了大量希腊人，数以千计地远远多过那些在重装步兵方阵中的军人杀了的。通常，骑兵会疾驰冲杀小队步兵，后者要么松散行军，要么三两成群。他们往往以每小时30英里的短暂爆发性速度奔驰过来，投掷一枪或射出一箭，接着轻而易举地比追兵跑得快，希望令任何蠢得要主动追逐的步兵精疲力竭。

骑兵单用自己的手臂投掷，因而几乎不可能接近一名娴熟的徒步标枪投手的两三百英尺掷程；他可能至多将他的武器掷出三十四英尺远， 228
然后仅在撤退中安然无恙，鉴于他的机动性和速度。如果骑兵人数多过步兵群——这在西西里因为叙拉古骑兵部队的庞大规模而并非罕见——他们就能结阵奔驰，戳刺劣势者的后背或两侧，如同第二次世界大战中的德国战斗机飞行员蜂拥打击脱离了保护性阵列的美国B-17轰炸机。

阿基达马斯战争(前431年至前421年)中，雅典骑兵分别五次攻击在阿蒂卡的斯巴达蹂躏者。他们在年度入侵梅加拉地区期间陪伴每支雅典军队，参加对伯罗奔尼撒海岸的众多海上袭击，竭尽马力骚扰在德塞利亚的斯巴达常设要塞，而且在最后十年的爱奥尼亚战争中积极有为。公元前424年梅加拉战役期间，600名骑兵保护数以千计的步兵，提供了十年后他们将在西西里急需的那种掩护。在梅加拉地区，他们挡住了同样似有600骑众的更令人恐惧的维奥蒂亚骑兵，双方千余骑兵彼此拼搏打成平手。[29]

至少修昔底德相信，在多个场合中，雅典骑兵的出现保证了胜利，例如公元前425年在科林斯平原上的索利基亚会战期间。[30]在克里昂的安菲玻里——他和伯拉西达皆于公元前422年夏季殒命该地——最后一战中，至少有300名骑兵在场。战争头15年里骑兵的价值提示，雅典人懂得在西西里他们将是关键性的。然而，由于某种原因，雅典人仍然误算了从自己的盟友取得坐骑的容易程度，且不真正明白叙拉古骑兵的效能和规模。

整个战役的胜负间或取决于骑兵。例如，在第力安会战中，修昔底德笔下的雅典将军希波克拉底宣称，击败维奥蒂亚人将全然终止斯巴达对阿蒂卡的入侵，因为维奥蒂亚骑兵将永不再度冒险闯入阿蒂卡去保护斯巴达蹂躏者。会战期间，维奥蒂亚人的胜利大体上归功于骑兵。作为后备兵力，他们令得手的雅典右翼大惊失色，并且导致全军士气崩溃。只是几百名雅典骑兵的在场才使雅典人的逃遁没有变成彻底的灾难，因为他们拼死掩护奔逃中的重装步兵不遭马上追击者戳刺后背。在战争的仅有的另一场重装步兵大战即公元前418年门丁尼亚会战中，修昔底德评论说，假如雅典骑兵不在，雅典人本可能损失更多，不止是他们的200名死者和两位将军。[31]

229 西塔尔塞麾下入侵马其顿的15万庞大兵力包含5万骑兵。作为回应，马其顿人以重装骑兵反击，他们披挂胸铠，配有戳矛和裹护甲的坐骑。西塔尔塞的入侵必定是亚历山大大帝以前时代里古代世界最大的骑兵战。

事后状况

公元前415年春天，雅典人扬帆驶往西西里。其时，他们仍与斯巴达和平相处，并且处于继续着的恢复当中，从瘟疫和战争的蹂躏恢复过来，同时由于适才征服小小的弥罗斯而兴奋鼓舞。两年后，4万至5万雅典人、盟邦人和奴隶死亡、失踪或被俘。约216艘帝国三列桨战舰化为乌有。雅典国库破产。战争中头一回，雅典人经不起照旧巡弋伯罗奔尼撒海岸。它那积极袭击敌后的老战略现在完了。盟邦和纳贡属邦在谈论造反，恰逢雅典需要其金钱、物资和帝国水手去建设一支全新的舰队的时候。在将远不止3 000塔兰特耗费于一项失败了的事业之后，雅典只赚到了一场重开的战争，敌手是一个愈益壮大的伯罗奔尼撒同盟。将有一座站在雅典城墙上可望见的经久的斯巴达要塞、一个新近被设想的波斯—斯巴达—叙拉古同盟和一个伯罗奔尼撒舰队幽灵，其规模远超过它自己现由很少数叙拉古三列桨战舰加大了的舰队。

奇怪的是，叙拉古的命运几乎全不好些。两年的围城战耗费了这个城邦大量钱财，像它令雅典耗费的一样多。尽管有在该岛及其南面的各个敌人，叙拉古本身现在对斯巴达人负有责任，要从它精疲力竭的公民那里抽调部队和战舰奔赴 800 英里外爱琴海地区的另一个战场。五年之内，叙拉古人就面对一场规模巨大的迦太基入侵，因为这些北非人欣喜地坐视了希腊人的自相残杀大流血。

还有更进一步的讽刺。舰队和轻装部队中的穷人觉得自己对胜利所作的贡献被低估了，他们贡献的每厘每分都与更受承认的贵族骑兵的贡献一样重要。作为回应，他们在公元前 409 年剥夺了温和派的权力，将叙拉古的保守民主制转成更像他们的雅典压迫者的激进政府。赫摩克拉底本人，规划了叙拉古得胜防务的精明的国务家，遭到放逐，后来在国内动乱中被杀。

然而，这个较激进的叙拉古民主制连四年都未持续到。公元前 406
年，在叙拉古对抗迦太基的危急时刻，只有强人第奥尼西乌的专制设想 230
才能将西西里团结起来，拯救除西部以外的全岛，使之免受迦太基的征服。同样，悖论在于，假如雅典人赢了他们的霸权事业，西西里本来大概会较早地团结在它后来欢迎的那种民主之下。它本将保持大致自主，不受迦太基统治，恰如伯罗奔尼撒人大概本将要求延续公元前 421 年的停战，因为害怕雅典权势的这最近发威。迦太基随雅典战败而入侵西西里，是为希腊史上最残暴的冲突之一，某种小型伯罗奔尼撒战争，在其中迦太基人不时施暴，几小时内大事张扬地处决了 3 000 名西西里人，夷平了希梅拉和塞利努，屠杀了数万的平民，然后他们全军一半死于瘟疫。[32]

雅典入侵有一项最后遗产。一旦僭主第奥尼西乌巩固了他对叙拉古人的专制统治，他就在公元前 401 年将他们大规模聚集起来，以保证没有任何外邦会在任何时候能够用墙将叙拉古城与上面的厄庇波利隔开——或许事后证明雅典人早先有足够的人力但缺乏胆量去在两年内做第奥尼西乌不足一个月就做了的事情。约60 000名叙拉古人与6 000对公牛一起，仅20天就建造了差不多4英里石砌防御工事，表明雅典人从其高地摧毁该城的努力对叙拉古人有挥之不去且痛苦难忘的影响。[33]

理论上，斯巴达人是主要得益者，因为吉利普斯麾下的小规模远征队激发了一番对雅典人的大规模回应，那导致了敌人的巨大损失，超过战争中任何单独一场会战。然而，尽管该岛有自我吹嘘的广阔幅员和名气远扬的殷实财富，气力耗竭的叙拉古人后来只给愈益壮大但遥远的伯罗奔尼撒爱琴海舰队贡献了20艘战舰：该承诺使脆弱的政治平衡紧绷破裂，导致了寡头派的毁灭，而寡头派正是斯巴达一直希望靠它的干涉来扶植的中坚分子。虽然如下假定可能符合逻辑，即事后来看叙拉古在重新开始的伯罗奔尼撒战争中的这么一点微薄作用令雅典的干涉理由羸弱无力，可是必须记住，雅典对西西里的进攻导致敌人遭受了巨大损伤，且更好地解释了为何叙拉古可以只给最后了结雅典人做这么小的贡献。

西西里的教训

一个人要从西西里得出什么道理？问题不仅在代价。帝国雅典人
231 战前在埃及丧失过同样多的人员和战舰——以后还将在爱奥尼亚战争中遭到更大的伤亡。如果说征服叙拉古的计划狂野不经，那么它虽如此却仍非必不可行。该岛不易防守，在史上常被攻克：公元前211年罗马人，公元878年穆斯林，接着还有先后一连串，即法兰克人、西班牙人、诺曼人、意大利人，以及1943年在乔治·巴顿和伯纳德·蒙哥马利麾下的美英盟军。甚至近乎自杀性的三头指挥结构、身后本土进行着的揭发奸贼喧闹、亚西比得的背叛、尼西阿斯的病恙和与斯巴达战争的重新爆发，亦非不可避免地令雅典的计划注定完蛋。毕竟，这场努力一直是险胜险败之事，或许在斯巴达人和科林斯人出乎意外地抵达以前，离胜利只有几日之遥。

就一项关于裨益对风险的终极分析而言，事后来看入侵西西里似乎荒唐。诚然，假如雅典人赢了，他们就将获得巨大的威望，吓坏斯巴

达人，使之绝缘于西西里贸易，或许还得到某些物质酬赏、追加谷物和更多盟友。然而，西西里路途遥遥，将任何“间接路线”的想法——即击败敌人而不在常规会战中与之迎头相撞——推到了极限。因而，尽管对雅典人来说，倘若一切顺利，在西西里就有某种收益，但倘若在更大的战争本身当中任何事出错，在那里就会失掉更多的东西。这含糊不清的评价看来是修昔底德本人的，当他自相矛盾地承认下面一点的时候：雅典本可能打赢，但尽管如此，战役展开的方式却构成它的最大战争错误。[34]

什么出了错？

在差不多每个紧要关头，都是缺乏足够的骑兵这一点毁了雅典人。虽然打的是一场多面战役，包括围城战、重装步兵会战、农业蹂躏、恐怖行动和戏剧性的三列桨战舰海战，但到头来，很大程度上决定胜负的是出乎意外的骑兵遭遇战。战役头几个月里，雅典人受阻于叙拉古骑兵，无法从他们在卡塔那的基地出发造就任何伤害。只有寥寥几天里愚弄了敌方骑兵部队的欺骗，才允许他们仅安然迫近叙拉古；一旦他们身处该地，一场重要的重装步兵胜利却未带来什么战略成功，因为有1 200名骑兵在场，他们制止了一场小败变成溃不成军。这些骑兵——我们既不知他们的姓名也不知关于他们的任何其他详情——令胜利者大惊。加上早先的巡逻，他们令雅典人士气消沉，颇大程度上说明为何公元前415年冬季期战事实际停止，其时雅典人绵羊般地不敢远离他们在卡塔那的营地。

相反，一旦雅典人集合了一小支哪怕只有650人的骑兵部队，战役 232
脉冲就急剧改变。骑兵使雅典人能够登上厄庇波利，开始居高着力于围困该城。接下来长达一年的高地战往往由骑兵部队决定，最显著的是在叙拉古人打退拉马胡斯的进攻和在混战中杀了他的时候。吉利普斯从希梅拉出发的陆上进军——战争中真正的转折点——得到骑兵保护。假如雅典人有一支叙拉古骑兵那么大规模的马上兵力，他们本可将它打退，加上建成他们的防御工事而径直赢得战争。无论如何，吉利普斯此后的唯一挫败归咎于他那愚蠢的决定，即在没有骑兵护卫的情况下进攻雅典人，一个他为之后悔和不再重犯的鲁莽的错误。

在最后一年，雅典失掉了它在城南港口处普莱米里昂的筑防基地，很大程度上因为数以百计的叙拉古骑兵的不断袭击，他们踏倒任何冒险出堡寻求饮水或燃柴的雅典人。这海军基地及其补给的丧失很大程度上助成雅典舰队开始毁灭。而且，尼西阿斯已将自己的注意力转向从海上封锁该城，只是鉴于围绕厄庇波利进路的敌方骑兵起的突出作用，那保证他永不能猛攻阻碍他自己的防御工事向前推进的反制墙。德摩斯梯尼夜取厄庇波利的大胆计划终归失败。叙拉古骑兵的致命的夜间追击将它转变成一场大浴血，摧毁了军队本身的士气，终止了陆上的进攻性作战。

仅 1 200 名叙拉古人就扭转了战局，令 45 000 敌方入侵者势将一命呜呼。西西里马战的经验本身并未独自径直导致一个结果，即腓力和亚历山大精通的骑兵和步兵之有机整合。然而，尽管有西西里地形和文化等特殊环境，令人震惊的失败仍教导希腊人重装步兵独大的时代终告结束。一种地方狭隘观念同样一去不返，即贵族骑士将仍是方阵两翼上的腾跃者而非一群马背杀手，后者若不遇上同类，就能够限制哪怕是最庞大的兵力的作战行动——而且改变围城战和海军交战的进程本身。[35]

雅典人在西西里登陆时，亚西比得 35 岁。如果说任何单独一人要为西西里远征设想的问世和死灭负责，那肯定就是他。他的如簧之舌和蛊惑煽动起了作用，在一开始令反复无常的群氓扬帆出征上。然而，他的希望，即能够经诡计而非铁血征服一整个大岛，证明像尼西阿
233 斯的懦弱胆怯和无所作为一样的灾难性。诡计和欺骗肯定是亚西比得所长，他先前在门丁尼亚拼凑了一个民主城邦联盟，要将斯巴达从伯罗奔尼撒霸权权位上掀倒下来，但不料未能激发雅典人自己派遣必需的兵力去保障胜利。

个人无度、傲慢自大和放荡不羁——你想称它什么就称它什么——给他的敌人提供了弹药，他们将他从叙拉古召回，理由好坏相兼，包括正当的和捏造的渎神和猥亵指控。不清楚亚西比得是否总是说谎，或是否将准确的战略情报泄露给斯巴达人，但要不是他身处伯罗奔尼撒，斯巴达人就很可能延误他们的援助。记住，假如吉利普斯或龚基拉斯晚到几天，叙拉古本将业已陷落。

尽管亚西比得在波提狄亚围城战中勇气有加，入侵和瘟疫期间在阿蒂卡从军效力，在第力安显示英雄主义，并且搞了导致门丁尼亚会战或

许还有弥罗斯事件的策划，然而战争正在转离名人大鳄，现在更多地取决于人力和物资。马匹本将为雅典赢得西西里——现在战舰则将决定战争的最后阶段，一场亚西比得将重返舞台的斗争，然而是一种极意外和最终悲剧性的方式重返。

西西里梦魇有一最终的悲哀的悼文。在给骑兵——他们打赢了战争——献上的一种相称的赞礼中，叙拉古人在他们抓获的数以千计的雅典俘虏前额上烙火印——将一匹马的标记烙入每人的皮肉。

第八章

战　舰

海上战争(前 431 年至前 404 年)

235

山雨欲来风满楼

西西里并未结束与斯巴达的旧日冲突，而是使之炽烈重燃。突然间，整个战争再度进行，且其焦点从西面猛然向东远转，到了小亚细亚外的近岸海域。随一个得胜的斯巴达争取到足够的盟邦和波斯的金钱去兑现约 20 年前它夸下的海口，即靠创建一支庞大的舰队打赢，雅典人的惨败将继之以在东爱琴海的一场最终的末日海军大决战。尽管如此，西西里过后仍有一种广泛的共识：雅典注定马上完蛋——没有足够的战舰、公民武士或资金去将敌人经久地挡在比雷埃夫斯之外。

如果说伯罗奔尼撒人无法猛攻一个被削弱了的雅典或摧毁它的重装步兵，那么他们将挤压该城，并且希望经过在爱琴海上的一场摊牌摧垮它的制海权。在德塞利亚的阿基斯国王命令他的盟邦立即筹集资金，建造一支有 100 艘三列桨战舰的新舰队，以便协调贯彻一项陆海合成战略去了结这伤残了的对手。不清楚战争头二十年里，先前的伯罗奔尼撒舰队遭遇了什么；然而，甚至建造 100 艘三列桨战舰的新计划也并不那么野心勃勃——且还依赖波斯资助，那将涉及多年的让步和谈判。

在西西里惨败刚过后的这个不定的时期里，由强有力的优卑亚人、莱斯博斯人和希俄斯人发起，雅典各属邦开始就背离帝国与斯巴达阴谋策划，恰逢波斯行省总督提萨斐尼派特使前往斯巴达、主动提议支持伯罗奔尼撒获取海上霸权。雅典的盟邦意识到末日临近，而且无论如何 236
怒火中烧，愤恨这帝国城市率领了它们的那么多子弟奔赴在西西里的大屠杀。与此同时，跨过边界在底比斯，维奥蒂亚人加剧劫掠阿蒂卡农庄，并且随时准备夺回争执的边界地区奥罗珀斯，这一举动将加强附近优卑亚岛的成功造反。“每个人，”第奥多鲁斯断定，“都想当然地认为战争已告结束——因为没有任何人预期雅典人甚至能片刻撑过这么严重的挫败。”[1]

在雅典，一个专门的审察官(*probouloi*)委员会得到任命，负责策划拯救该城的途径，同时阻止公民大会作任何进一步的轻率冒险。战争爆发以来未被碰过的1 000塔兰特应急基金现在得到动用，以开始重建舰队。这一新想法，即任命雅典高级国务家——年迈的剧作家索福克勒斯跻身其列——将提供对大众意愿的清醒的节制，预示了公民们中间正在加宽的裂隙，而且的确预示了行将到来的公元前411年寡头革命。与此同时，由于在德塞利亚的愈益壮大的伯罗奔尼撒兵力仍旧被雅典城墙挡在外面，由于全无希望在阿蒂卡平原上打一场最后的重装步兵会战，还由于整个希腊的注意力现在转到流入比雷埃夫斯的粮食和资金供给，因而伯罗奔尼撒战争的这最后一章的结局将大多取决于数以千计的希腊海员，他们远渡爱琴海，登上陌生的划桨战舰互戮互杀。

一种极特别的战舰

大概从未有过像希腊三列桨战舰那么古怪但成功的单层甲板帆船。无疑，此前此后，没有任何像它那样的划桨舰船在地中海被建造出来、摇桨破浪。如果伯罗奔尼撒战争以前的重装步兵会战可能有一部约两个半世纪的前史，那么三列桨舰船战争则相对新颖。三列桨战舰本身大概只是在公元前6世纪中叶和后叶才首次出现。虽然腓尼基人或埃及人也许最先掌握建造三列桨战舰的技艺，但经历了精致的海战战术问世的是公元前5世纪中叶雅典帝国的成长。

轻捷和平衡，而非适航和防护，似乎是建造优良的三列桨战舰的首要宗旨。如果说中产阶级土地所有者在其传统的重装铠甲内几乎不可伤害，那么没有土地的人是绝无护卫地打仗，当他们在这些相对新颖的
237 舰船上近乎赤裸地划桨过海的时候。虽然三列桨战舰不是一个特大的平台，舰首到舰尾约120英尺，中部20英尺宽，但它仍能载运200名水手、军官和陆战士兵。船员一分钟差不多能划桨50次，以便在它以撞角投送毁坏性威力之际，取得短暂的差不多达到10节的爆发性战斗航速。在航行中不大可能有战斗的时候，一面船帆得到使用，以便让海员休息。

这种战舰的三列桨体系是那么独特，以致直到前几十年为止，学者们甚至仍不能就三列桨战舰(trireme，出自希腊语 *trieres*，意即“三套装”)如何被驱动达成一致。三列桨战舰异常轻快，难得配备压舱物，因而它们从未完全沉至海底——这样就导致当今极少遗存以便水下考古学家审验。这种战舰的名称里的“三”究竟有什么意义？是三个人并排坐在一条横搁在船舷的坐板上？还是三名桨手推划三条桨？或者，是否像最可能的那样，有三排桨手，坐在三个层面，从三个不同的高度和角度用其形状相似的14英尺长桨击水？

自文艺复兴往后一直激烈辩论的谜团很大部分据称已在1987年解决，其时一个英国—希腊联合研究组制成“奥林匹亚号”下水，那是古雅典三列桨战舰的一个现代原尺寸复制品。尽管“奥林匹亚号”的航行表现有种种问题，但它的哪怕有限的航海测试仍然证实了一点：关于三列桨战舰的往往互相抵牾的古代证言大概意味着能有三层桨手，每名桨手都配有其标准形状的划桨。然而，“奥林匹亚号”上的模拟也提醒我们，对数以千计的海员来说，效力海军是多么悲惨——尽管不像罗马单层甲板大帆舰的划桨奴隶那样带着枷锁镣铐——而且划桨手们以其轻木桨同步击水有多么精妙。确实，至今现代技能从未很充分地达到可与古典文本提示的古代战舰成就媲美的表现水平。

在120英尺长的战舰上，最受约束、最不惬意的位置大概属于54名内室兵(thalamites)。这些可怜的船员从深处的底舱(*thalamos*)划桨，挤在高出水面不足18英寸的地方。他们的桨孔内的皮垫按理说挡住水浪，但海水无论如何总是溅入——战舰浑身布满100个以上这样的

孔洞——而且船舭处的水还经他们双脚近旁的铺板渗进来。水手们很可能在整个航行中始终断断续续地全身湿透。随一名桨手后仰拉桨接着前倾推桨，他的臀部沿坐板急速来回移动，说明为何水手们认为坐垫像好浆一样重要——还有为何臀疱是一种常见的病痛。

由于顶梁和在他们头顶正上方划桨的其他水手，因而内室兵几乎什 238
么也看不见。上面两排桨手的汗水——上面的水手的臀部多少贴近内室兵的脸庞——同样淋湿他们。喜剧诗人阿里斯托芬开玩笑说，内室兵往往从上面紧张使劲的划桨手那里闻臭屁，甚而被淋屎：一项粪便学了解，可能是他得自剧场观众中间老兵们通常的集体真实惨况。汗水、口渴、病痛、力竭、尿水、粪便——这一切还要加上大海浪涛和敌方兵器。[2]

划桨手互相肘抵之际，号叫、对抗甚或放手殴斗乃司空见惯。任何人，只要试过盛暑时分在一个水泄不通和潮湿闷热的更衣间穿上橄榄球衣，就能多少懂得甲板底下的琐事争斗和脾气发作。有时，划桨手们碰撞各自的桨，或者侵犯另一个人的狭窄受限的划桨空间。到战争结束时，数以千计的公民桨手早就死去，穷汉、外邦人、居民和奴隶已经被召入伍，全都坐在一起，在船舷坐板上找到了一种即使在民主公民大会上也不为人知的混乱的平等。

船员们总是偏爱在平静的海面上击水航行，以便取得最大效率。然而，由于三层桨手不和谐，在约 170 名划桨者中间，任何时候只有 30 名才真正击打完全平静的海面。因而，大多数划桨者跟随别人划桨，发觉难以真正发力击打波涌打旋的水面。

低层的内室兵头顶上坐着 54 名中层的主梁桨手(zygite oarsmen)，栖于战舰主梁(*zyga*)上。他们同样见不到水，透过舷孔划桨。然而，至少这些在中层的“横梁兵”有较大的空间，而且不必与上面的划桨手的小腿和臀部抵撞。

顶上两排是最有威望的位置，往往酬报也最优厚，由总共 62 名在左右两舷的顶层兵(thranites)占据。这些精英划桨手高高在上，不受海水溅泼，并且享受不断的微风吹拂。他们坐在舷外托座上，除新鲜空气、日照和较大空间外，船员中间唯有他们才能看见自己的划桨击水，并且与下面的桨手沟通。如果说他们最易受敌方投射武器伤害，那么顶层兵也最有可能活着逃出战舰，如果它被撞角撞沉的话。

据信这些桨手要么最有经验，要么具备可显示的优越本领，不管是根据经久的全动作击水还是根据连续几小时保持稳拉的耐力来判断。他们被挑选出来，坐战舰上的这些优越的坐板。顶层兵看来为全体船
239 员确定划桨的节奏。他们最适应变化无常的风和水流、附近舰只以及它们对三列桨战舰的速度和稳定性的结合影响。确实，由于精英桨手的专长和经验，名义上的顶层兵有时可被分散在全舰所有三层，以保证此类稳定的角色楷模离众桨手不远。

一支舰队内，桨手们的能力大有不同。有时，桨手可被挑选出来，集合在一起，以便造就一支小的精英舰队，它能达到持续地快过普通速度的航速。经验看来是划桨优秀的先决条件。因而，很可能大多数最佳桨手年龄是三十四岁，而且——至少在雅典——战争爆发之际是已经打过许多场战役的老兵。[3]

海上浮动会战

当一个方阵——数以千计的士兵披挂锃亮的铠甲集合为严整的的阵列——霎时一齐放低长矛，它就被赞颂为一头竖起尖刺凶猛异常的豪猪。对希腊人来说，一艘三列桨战舰疾驶海上，其排排划桨以完美的韵律嗖嗖齐划，出水入水，给出一个同样深刻的呼吸不息的活物印象。当许许多多如此可怕的舰船以相配的序列和节奏扑向敌人时，船员和旁观者都一样被这壮观的景象深深吸引。在舰首，漆画的或镶嵌的驱邪大眼犹如海中妖兽，怒视前面注定完蛋的打击目标。

平凡的木制三列桨战舰能转变为令人战栗的瞩目壮景，部分奥妙集中在它们的五花八门的装饰上：大眼、名牌、艏饰像和各色饰品。或许，要区别不同城邦的三列桨战舰的唯一的途径，是按照装在撞角上面的特殊守护神的木雕像——就雅典而言是帕拉斯·雅典娜的形象。这些战舰许多由私人公民支付和装配，因而富人们中间存在天然的竞争，争取投放舰队里最令人瞩目的三列桨战舰，即一艘不仅可以惊吓潜在敌人、而且可以鼓励较优秀的桨手前来签约划桨的战舰。

舰队能够成为国力的象征，而且常经专门装饰，以便激发公众的支持和喝彩。班师回国的海军将领往往给其三列桨战舰饰上荣誉物，用缴获的武器打扮它们，拖曳许多俘获的战舰入港——例如亚西比得从赫勒斯滂得胜后返回比雷埃夫斯的洋洋大观，其时雅典舰队拖曳着200艘俘获的伯罗奔尼撒三列桨战舰。[4]

“令敌胆战”，“令友欢欣”，色诺芬就一艘划桨战舰的撞击战法写道，那是首要的进攻方式。一艘疾驶向前的三列桨战舰，其桨之嗖 240
嗖齐划，即 *rhothion*，乃素有盛名。声响和景观给这戏剧增色添彩，预示了某种即将来临的可怕事情。修昔底德强调“对嗖嗖齐划的恐惧”（*phobos rhothion*），那只是加剧了一艘三列桨战舰迎面扑来的视觉恐怖。三列桨战舰有如后来的全桅杆军舰，是外观亮丽动人和间或声响嘈杂的舰船，以一种大多数别的技巧性战舰——从罗马大帆舰到铁甲舰——未有的方式抓住了同代人的想象力。长度六七倍于宽度，且有个硕大的撞角，一艘造型优美的三列桨战舰某种意义上说纯为一根浮动的长矛。[5]

刻意的海上会战的规程有如水面上的一场重装步兵交战。登舰出海以前，将军们向其部队慷慨陈词，大声训话。双方通常都力求彼此撞击，击碎对方。战斗者们吼唱战号。战罢时，死者据停战协议被交出，附近岸上竖起一根胜利纪念柱。如果说希腊步兵嗥叫“埃勒勒罗！”或“阿拉拉！”冲入会战，那么水手大多数时候保持沉默，至少直到最后一刻为止。有时，当他们开始冲撞，在撞击之前还有最后一两千码，他们便齐声吼唱“里帕帕伊！ 里帕帕伊！ 里帕帕伊！”和“欧—奥普奥普！ 欧—奥普奥普！”——阿里斯托芬如是说。

同样常有的是，他们仿佛方阵中的重装步兵，迸发出一阵更长久更刻板的作战号叫或吼唱，即派安战歌，以便保持节奏，激励锐气，恐吓敌人，抵挡邪祸。随三列桨战舰逼近敌人，战鼓鸣响，作战呐喊回荡全舰，将领迸发吼叫，久经沙场的划桨手们尤其急于率先猛击敌方舰队。[6]

划桨战舰上，在令人分心的嗖嗖齐划声和风笛吹奏乐中间，后者是为了保障良好的划桨节奏，秩序和统一至关紧要。喋喋不休的闲聊和由此引起的漫不经心可以导致一件事：一艘希腊三列桨战舰的170根划桨很快将不再同步。分秒间，较轻的战舰就可能停下来或被风阻止。因而，例如在公元前429年，当其麾下水手出海从事在科林斯湾对伯罗奔尼撒舰队的第二场交战时，雅典海军将领福米奥就提醒他们“小心保持秩序和沉默”——会战成功的关键——“特别在海战中”。就三列桨战舰作战而言，挑战不仅在于敌方战舰，还在于非常复杂的划桨驱动机理本身。[7]

大多数三列桨战舰水手划桨时有如睁眼瞎，靠的不仅是墨守成规，而且是决然无法眼见底下的海。确实，170名划桨手中间，有108名即处于较低两排的那些是封闭性地坐在船壳内。他们甚至无法偷瞥一眼，以目睹自己的桨击打水面。要了解敌人的位置和距离，这些睁眼
241 瞎般的桨手只能指靠舵手的预警，或许甚至栖身于舷外托座的顶排桨手。后者可能很短暂地举头察看划桨状况，告诫种种问题，周期性地评价其余船员盲目击水的效能。

然而，鉴于三列桨战舰甲板低离海面，即使在顶排桨位上的军官和海员也极少将会战尽收眼底。希腊普遍存在的岬角和海崖往往在会战中阻断视线，而会战典型的是在近岸处打。就爱奥尼亚战区论，特别在伊哥斯波塔米、塞诺西马、塞西卡斯和塞托斯的各场赫勒斯滂海战中，三列桨战舰往往离岸几乎不过两三英里。与陆战不同，没有山丘可让战舰司令官从上俯瞰其部署状态，无论是在会战之前还是在会战期间——也没有后来的军舰的高桅杆，领航员靠此能派送守望者，以便向下面的军官喊报坐标。

在三列桨战舰撞击敌舰或它自己被撞之际，一艘希腊战舰的盲状突然结束。“很简单，整个海港响起互撞的战舰的破裂声，还有拼死搏斗的人们的呼叫，他们杀戮，或被杀死，”第奥多鲁斯述及雅典舰队在大港冲入叙拉古对手的舰阵时写道，“一旦舰船彼此撞击，其桨一起粉碎，就没有谁听得见任何指令，与此同时还有舰上战斗者及其岸上支持者的喧嚷声。”第奥多鲁斯提醒我们，“当一艘舰只被多艘三列桨战舰逮住，在每个方向上遭到它们硕大的撞角猛击，那么一旦海水涌入，该舰与其全体舰员就被大海吞噬。”

三列桨战舰被撞时，人们立即被剧烈震离座位，喧闹混乱接踵而来。如果他们在进攻，那么命令——水手长的命令如何能在战斗中间

被听见不得而知——发出，要求立即后退，将撞角从被撞的战舰中拔出来，唯恐遭殃的敌方海员和陆战兵涌上自己的甲板。

反过来，如果舷侧遭到速度为10节的撞击，撞来一个重达四五百磅并在尖端部套上青铜的木制撞角，那么分秒之间水手们要么跳水入海，要么登上攻击的战舰，抢在自己的三列桨战舰——已在吃水线处被撞穿——部分地沉入大海以前。雅典公民大会投票决定镇压密提林叛乱或出动大舰队打击西西里时，挤上岩石嶙峋的平克斯(卫城下面的开会地)的六七千名投票者当中，大多数人就是这类令人毛骨悚然的海战的老兵：首先是划桨手和撞角兵，其次才是民主参与者。

以最高速度，一艘三列桨战舰能够将相当于50吨的摧毁力突入一 242
个目标船体，并且在分秒之间送入成千上万加仑海水。确实，有时头一撞就在敌方船体上戳出一个巨大的洞口，以致该舰立即淹没。然而，一艘希腊战舰只能在一个方向上进攻。某些场合，熟练的船员能够协调撞击多艘无法调头的敌舰，在后者力图迅速逃到岸边的时候将被瞄准的那些三列桨战舰撞破。

大　混　战

在三列桨战舰交战中，事先的有利位置决定一切。在海风、海浪和其他舰只中间，一旦战斗开始，要使那么大的一艘划桨战舰转身面对进攻之敌，就要花费关键的几分钟。在一艘普通配备的战舰上，仅有约四五名弓箭手和十名左右陆战兵位于甲板，一旦三列桨战舰进入射程，就用投射武器打击经行的舰只，或随时准备登上敌舰甲板战斗。如果是在港内平静的水域战斗，船员们还能储备石块。然后，当两舰深插在一起时，许多人虽非经过训练的弓箭手或陆战兵，却仍可以投石猛击对手，希望杀死敌方可用的桨手。这辅助的舰载士兵至关紧要：如果一艘战舰丧失了自己的步兵卫士，敌方重装步兵就能轻而易举地屠戮陷在底下挤成一团的船员，在他们大多半裸和手无寸铁乱糟糟地往上爬出来的时候。还有，如果一艘三列桨战舰往下沉，那么敌方水手可以四周盘旋，用矛刺死一再拼命浮出头来吸气的毫无自卫能力的桨手。

在叙拉古大港会战(前413年)中,“那些游离其沉舰的人被箭射伤,或在被矛刺中时一命呜呼”[8]。

海军将领通常从领舰上指挥舰队。没有处于后部的满是军官的旗舰。有些最著名的司令官——以纳尔逊勋爵的方式——死在海上,例如在叙拉古的雅典将领攸里密顿和在塞西卡斯战役中的斯巴达将领门达鲁斯。很少时候,战败的将领自杀,他们的尸体被耻辱地冲涤到岸上——公元前429年在科林斯湾二度败北的斯巴达将领提摩克拉底就是如此。[9]

划桨手不得不感知会战的脉动,因为大多数口头命令不可能在木头相击时听见。水手大半很可能被训练得能摸黑划桨,并且将其划桨节奏调整得符合他们感知的而非见闻的。易受伤害的舷侧被撞并非唯一的忧虑。有时战舰彼此迎头撞击,锁结在一起,在这场合胜利归于这
243 样一方:它能够较快拔出来,而且较少遭受被损的撞角引起的海水渗漏。理论上,10余名船员用额外的划桨急忙转弯、铺板和匆匆堵洞,以保证一艘伤残了的战舰能保持浮动。事实上,哪怕一个小漏洞也会在几分钟内部分地淹没一艘三列桨战舰。在两三百艘战舰的交战——伯罗奔尼撒战争后期有好几场这样的大摊牌——之中,等于一个希腊大城人口的4万到6万人一起投枪、划桨、登舰、紧附残骸和游向岸边。因而,几分钟内,海上就处处漂浮残物:破碎的战舰,死者的尸体,还有紧附残片溅水游泳的活人。

因为没有制服和清晰的海军标记——夏季航行期间划桨手大概不过系一条腰带——所以船员有时甚至攻击己方的战舰,在会战的白热和恐慌之中杀死己方的水手。舰只往往被钩住,难以动弹。因而,在陆战兵和划桨手投身于一场乱如麻的混战的时候,“老式”海战可以更像一场陆战。眼前目的是杀掉比失去的己方海员更多的敌方水手,然后选择两艘战舰当中较适于航海的那艘,同时试图解脱和划离毁坏了的那艘。修昔底德就战争爆发两年前打的锡勃达海战作结语道,杀戮如此喧闹,以致没有任何人能在喧嚣中听见什么。他还补充说,胜利更多地取决于蛮力而非技能:

海战残忍,并非那么多地归因于技能,而是归因于它更像一场陆

> 上步兵战。因为，每当它们彼此撞击，战舰都无法轻易分开，部分的是缘于舰只数量太多，拥挤不堪，但更多的是缘于它们信任被部署在甲板上的重装步兵，他们在舰只持续动弹不得的同时站着搏杀。[10]

伯罗奔尼撒人和后来叙拉古人了解到，要击败雅典人，就必须抵消他们
优越的航海能力——因为整个东地中海地区差不多所有希腊航海城邦都
已“三列桨战舰化”，建造形状和构造方面显然一样的战舰。克服雅
典的专长有时靠狭处拼搏实现，运用那依凭强化了的撞角的迎头撞击，
或用配备投枪部队的小船在旁并排划行，用密集如雨的标枪攻击敌人。
恰如雅典人学到永不在平原上的所谓公平战斗中迎对斯巴达重装步兵，
雅典的敌人认识到战争早年在大海上与饶有经验的雅典舰队较量乃同样
危险。理解伯罗奔尼撒战争的关键不仅在于雅典是个海军城邦，斯巴 244
达则在陆上战斗；宁可说，雅典是大约 1 500 个希腊城邦当中最强的海
军强邦，斯巴达的重装军士则是在希腊首屈一指的优秀步兵。

鉴于风和水流变化多端，同时害怕敌人进攻，因而只有经绝佳训练的船员才能将其三列桨战舰保持在无论何种阵位上。例如，雅典海军将领福米奥在第一次纳夫帕克托战役中完全包围了科林斯舰队，使之阵容大乱，苦于惊恐万状莫名的水手挣扎划桨，乱转在波浪滔滔和挤满战舰的海上。在赫勒斯滂或其附近进行爱奥尼亚战争的困难之一，在于该海峡的强劲海流往往使得作战近乎不可能。

甚至当战斗开始时，即使寥寥几名战员在甲板上的奔跑、投射和跳跃，也必定令下面的桨手差不多无法仔细运作，原因不只是他们的体重。这解释了为何三列桨战舰在甲板战斗进行时往往“原地不动”。海战史上，难得有选择余地如此严重地受限于所涉战舰的脆弱性。海上的失败往往不是归因于敌方行动，而是归因于拼命挣扎的划桨手们的十足困惑和方向错误，他们试图顶着风和水流的变化，将自己的战舰保持在恰当的攻击阵位上。例如，斯巴达将军吉利普斯在叙拉古(前 413 年)向麾下船员保证，雅典人要在其三列桨战舰上载运额外的陆战兵员的计划——将大港会战转变为一种步兵混战——势必自招其害，恰恰因为那么多人挤在甲板上，并且坐着缺乏投掷标枪训练，从而将导致桨手惑乱和船体倾覆。[11]

现代模拟已经提示，哪怕单独一人在三列桨战舰的舱盖甲板上四处走动，都可能对划桨有负面影响。而且，鉴于平台和目标都在波涛上摇晃，投射部队的投射精确性乏善可陈，除非在很近的距离内。因此，船员的部分训练不在于单纯划桨，而在于没有外部无关运动的情况下操作的能力，这运动可以打断战舰的进攻行动，甚至在航行途中危害战舰的安全。

所有各方都尝试将创新应用于标准的三列桨战舰，以图在大多是同类战舰彼此撞击的场合博得一点优势。随三列桨战舰疾驶投入会战，船员们往往升起舷侧隔板(*pararrumata*)，使得以扁平轨迹飞来的标枪偏斜转线，不击中顶排桨手(顶层水兵)，或使得呈弧线飞来的箭矢不致雨点似地落到全体船员中间。此类空袭的用意不在于杀死全体船员，而或许在于使足够多的桨手受惊、受伤或失能，以便打乱战舰行进本身，因为一艘三列桨战舰的顺利划行可以毁于关键桨手的负伤或惊惶。[12]

245 在另一些场合，舰对舰交战甚至不是海战的焦点。相反，有时在港口会战中，潜水员钉桩浅水区，以便出其不意地撕裂三列桨战舰的舰壳。对应于这些近岸战术，专门装配的三列桨战舰配备有起重机，用来从港口水底拔掉这些障碍物，与此同时陆上兵力争夺堡垒和码头，所据的前提假设是舰队将迟早不得不开进来，以求再补给或经历修理。[13]

回应和反回应的同等的足智多谋构成了普拉提亚围城战的特征，现在它被延伸到海上，或至少被延伸到近岸较平静水域的战斗。商船可围绕港口或避难处聚合起来，给自己一方正在撤退的三列桨战舰提供庇护所。在难得的场合，船员们从长得多的圆木上悬挂庞大的铅重物(“海豚”)甚或重石块，它们此后可被恰中时机地落入正在疾驶进来的敌方战舰，击穿坐板和甲板，并在舰壳上击出大洞。[14]

甚至径直干脆的海战也难得导致两艘对抗的三列桨战舰迎面相击。更常有的情况却是三艘战舰打两艘，或四艘战舰打一艘——而且在撞敌舰的时候自己被撞。除了撞舰和登舰，还有摧毁三列桨战舰的第三种办法，即切断它前往大海的路径，逐渐迫使它朝陆地航行，那里它能被逐至海岸，搁浅海滩，它的船员走投无路，陆基步兵乘机冲上来砍死挣扎着要离开战舰的水手。

修昔底德着重写了声名狼藉的锡勃达海战中的这种混乱，那发生在战争前夕，当时科林斯人全然不知自己是在走向胜利，还是正在被科西拉舰队征服。摆脱这种混乱后，一两小时内出现一种广泛的共识，即一方——战争头几年里通常是更有技能和数量更多的雅典人及其盟友——正在摧毁更多的战舰，多过它在损失掉的。接着，败者中间传出命令，要求每艘战舰自救，拼命划桨撤回基地。三列桨战舰代价高昂，并且有如全套青铜铠甲，在伯罗奔尼撒战争中被所有各方普遍使用，因而失能的战舰甚至漂浮着的残骸实属可贵。它们还容易得到拯救，因为没有压舱物，遭到毁伤的舰只难得丧失，而是四处漂浮，仅局部沉没。三列桨战舰依赖速度而非稳定性去保障生存，因而舱内很少有作为压舱物的沙或石头，水罐大概是提供稳定性的唯一重物。

三列桨战舰的轻快浮力解释了一点：对海战的古代叙述为何大量描 246
写海面上破船狼藉，木板漂遍。胜者立即试图用绳系住任何可能值得拯救的舰船，并将它们拖走，因为理论上这些引人注目的战利品要修理起来花费不多，远少于建造全新的三列桨战舰，而且可以弥补海战涉及的巨大成本。如同重装步兵的全套铠甲，三列桨战舰的战争装备能回收使用，胜者有时打完甚为艰苦的会战，却拥有比开始时更多的战舰。紧接一场三列桨战舰交战后，必定有一幅奇景，即许许多多残骸被系在胜者的战舰上，后者用拖绳将它们拖走。确实，它们各自的舰队在外表上那么相像，以致双方往往吃不准突然前来的增援究竟是友还是敌。

一般而言，海战延续之久远甚于重装步兵会战，因为与在海上划桨相比，身着重甲挺进、前去矛戳刀砍是一项更耗体力的任务。

多样死法

希腊水手熟悉海洋，而且在差不多每场海战中，战斗都发生在离岸数千码之内。大规模溺死本该较能避免，不同于在萨拉米的大惨败，那里或许有4万波斯人及其盟友——许多人穿着齐全且不习水——在舰船残骸中间丧命大海。阿吉纽塞海战丑闻之后，得胜的雅典将军中有六名被处死，因为他们听任数以百计的同胞水手在疾风掀浪的海中紧抱残片溺死，但这是个反常，从而解释了雅典公民大会的异常暴怒，那甚至不能由敌人的损失更大这个事实得到平息。

频繁的溺死相对常见，因为极少希腊人经常游泳，以保障他们在波涛汹涌的海里活下去。一艘战舰被击中时，不容易从狭窄的划桨座上逃出来，许多惊恐失措的海员往上爬，避开凹凸不平的木制残片、标枪箭矢和船舷木板，然后游上几千码抵达岸边。在一艘伤残了的战舰上，活下去的关键是设法解脱，划桨逃离，并且允许船员远离敌人跳下去，就像在公元前 406 年败于诺丁姆之后逃脱了的雅典人那样，损失 22 艘战舰但拯救了大多数水手。

未经记载，一艘三列桨战舰沉没时舰上水手丧命的占多大比例。然而，希腊文献中有大量叙述，提示有时一艘舰上的全体海员都能被
247 杀、溺死或被俘。恶劣天气——例如公元前 411 年在阿索角外(1 万人中间仅 12 人得救)或公元前 406 年在阿吉纽塞海战中——似乎保证一点：下沉着的战舰将使它们的全体舰员殒命黄泉。[15]

负伤流血者要被友舰捞起或游到陆地并非易事。而且，未受伤者也很少能够安全迅捷地爬出狭窄的船身——在仅仅着手干这事也因船员都试图找到各自合适的位置而花费几分钟的情况下。即使桨手们不受大伤地摆脱了一艘被损坏的战舰，他们也不肯定成功。汹涌的大海、恶劣的气候以及寒冷等等能够轻而易举地导致数以千计的人沉没，甚至在紧抱着漂浮的残片的时候。

在希腊大众宗教中，溺死被认作最令人恐惧的死法。对数百名同伴的这可怕终结而感到悲痛，导致了雅典人在公元前 406 年阿吉纽塞海战胜利后将他们的将军送上审判台。返回家乡的数千人悲叹他们同胞的灵魂在阴间游荡不息，与此同时他们的无人领取的尸体腐烂不堪而无适当的葬礼。阿吉纽塞海战后寻找替罪羊的行动，连同关于密提林战俘命运的一再表决和对苏格拉底的战后审判，通常被当作雅典民主史上最糟的时刻之一。亚里士多德《雅典政制》一书中最怪异的场景之一，是他讲述的作秀公审：陶醉不已的煽动家披挂胸铠，漫步迈入公民大会厅堂，准备随时诽谤、吓唬或指控任何阻碍者，阻碍他屠宰那些正是给雅典带来了它的最大胜利的人们。无论如何，人民很快就后悔自己的愚蠢和不道德的行为。卡利克塞诺斯，以全体死罪审判所有阿吉纽塞战役将领的非法动议的提议者，“遭人人憎恨，至于饥

饿而死”[16]。

胜利者往往比寒冷刺骨和波涛汹涌的大海更残酷。有如航空母舰舰员，划桨手毕竟也是高级军事资产，花费多个月时间训练，一旦失去就不易替补。虽然战争规则在理论上保护海上战俘，但随冲突久久持续，仁慈宽厚弃如敝屣，更野蛮的围城战和伏击战规程主宰作为。往往，较明智的做法是划桨离去，将敌方伤者留给大海。只有以此方式，才能经久减少熟练桨手的人力储备，同时不招来可能激起报复的违背公认习俗的臭名：是大海而非凡人，杀了在水里的手无寸铁者。

然而，有时被俘的船员被带到岸上，然后被砍死或被伤残——往往伤法怪异，即砍掉右手或拇指，以保证他们永不能再度划桨。不清楚 248
哪一方开启了这么残忍的做法。然而，在爱奥尼亚战争后期，雅典将军菲洛克莱斯说服雅典公民大会明文规定一条：允许三列桨战舰舰长砍去所有在海上抓到的俘虏的右手。可能他的想法在于，只有这么强暴的措施才会制止诸多帝国海员逃亡，这些人受给予较高报酬的许诺诱惑，欲加入斯巴达人的行列。

菲洛克莱斯本人据知下令将被俘的桨手从甲板扔入大海，那解释了为何斯巴达人随在伊哥斯波塔米获得最后胜利而处死他们逮住的差不多每个雅典人——其数可能骇人地多达 3 500 人。在公元前 5 世纪初期的一只黑描画瓶上，海上俘虏被画成由绳索捆绑，从舰上扔下去，然后被人用棍棒和长矛戳到水下——使人想起这样的残酷命运并非罕见。[17]

伊哥斯波塔米海战之后处决雅典俘虏——菲洛克莱斯本人据莱山得的命令被处死——或可被列为整个战争中处决希腊人最多的一天。很可能更多的人被屠杀，多于在米提林、锡翁尼和弥罗斯被砍死的，而且死者的数目超过被臭名昭著的三十僭主杀害的，这些人在战争结束时推翻了民主制。伊哥斯波塔米的死亡数首屈一指，直到亚历山大大帝为止，他于公元前 335 年夷平底比斯时杀了差不多所有底比斯男性，下一年又紧随格拉尼卡斯河战役砍死了大多数希腊雇佣兵。莱山得本将干得较好，即饶船员活命，将他们卖为奴隶，然后与他自己的划桨手们分红，那也是一种到战争结束时已经常见的做法。[18]

或许，处置战败了的海员的最常见办法，是行驶在战舰残骸中间，像戳鱼一般用长矛戳死他们。公认的想法是会战还未完全结束，因而紧附在敌舰残骸上的人依然是准予捕猎的动物，可以被杀而无道德谴责或报复恐惧。锡勃达岛外的海战过后，科林斯战舰划行在船体残骸中间，杀死他们能够发现的所有科西拉存活者。他们那么意欲了结无助的敌人，以致忽视拖回损伤了的敌舰，最终甚至不经意地开始杀害在水里的自己人。在第二次纳夫帕克托岸外海战中，一队雅典舰只被围隔，然后被驱赶到岸。一旦搁浅，所有无法爬出其三列桨战舰的舰员都被登舰者杀死在他们的坐板上。[19]

得胜的基督徒在勒班陀(1571 年)搜索战舰残骸，以便处死任何被发现在海上活着的奥斯曼土耳其人——据估计那场海战后至少有 3 万土耳其人被杀死，然而在此之前两千年，从事伯罗奔尼撒战争的希腊人已
249 接受这么一种残忍的谋算：杀害无助的水手意味着较少可能在下一轮会战中遭遇此等受过训练的划桨者。所有各方的重装步兵皆为农夫或有产者；相反，划桨者却是穷人和外邦人，甚至有时是奴隶，并不同样持有关于某种神话似的共同务农地位的绅士般虚荣。往往是本身大多为重装步兵的海军陆战兵，干下了很大部分用矛刺死无法逃脱的划桨手这事——何况一旦战舰淹没他们本将披裹胸铠最先毙命。那些在甲板上被杀的人本来很可能死于标枪箭矢，而非溺水身亡。可是，修昔底德和其他史家差不多总是按照被毁或被俘的三列桨战舰去记载海军损失，因而使人近乎不可能将这样的泛说转化为任何精确的死伤人数。海洋的特殊状况、附近陆地的特性、对敌人所持的态度和战舰的具体情形，都能决定有多少水手逃脱一艘被毁了的三列桨战舰。[20]

声誉和恐惧

在阿吉纽塞海战中，斯巴达人基本上被扫荡一空。然而在伊哥斯波塔米海战后，雅典舰队不复存在。前一场合，雅典人享有立竿见影的海军霸权，斯巴达人寻求媾和。后一场合，雅典人在单单一天里就输掉了战争，与此同时莱山得的舰队随时可以驶入雅典。

认识到自己的海员缺乏经验的整个舰队往往恐惧一件事：一支占优势的海军将迅速摧毁之。正是这恐惧，促使雅典维持 1 000 塔兰特后备

资金和 100 艘“最佳”三列桨战舰去保护比雷埃夫斯，作为倘若伯罗奔尼撒人一旦取得海军优势时的最后手段，那时他们将在爱琴海任意游弋，然后直入雅典本土港口。甚至雅典人也接受一个事实：在海上任何事都可能发生，整个舰队连同数以千计的水手可以在几个小时里一败涂地。[21]

战争早些年里，全然无法制止伯里克利的海军，因而科林斯战舰往往一见雅典三列桨战舰就怕得要死。在科林斯湾面对福米奥，它们被优越的雅典航海术搞得心神无主，以致放弃自卫，试图划离避险。因应这明知的不对称，叙拉古的赫摩克拉底对追随者们承认了他的雅典敌人的高超技能——“你们如此格外害怕的敌人的技能”——但坚持说他们自己的更大的战舰数量和勇气仍能胜过雅典的长处，如果他们将会战 250
局限在有利的地点的话。*Phobos*，即对“可怕的雅典存在”的恐惧，往往被提及，作为西西里大惨败之前与雅典人打的所有海战中的一个主要因素，似乎大多数别的希腊人承认，在对这类海员的一场十足的战斗中，他们几乎全无存活可能。[22]

战争爆发时，雅典人本身傲慢自大，在经过管理一个海洋帝国长达 50 年之后，自信事实上无敌于大海。“海上霸王”，像他们被普遍公认的。犹如 19 世纪的英国海军，雅典舰队觉得它的质量优势意味着它能在任何时候攻击任何敌人——不管战区兵力数量方面有何不平衡。在著名的公元前 429 年科林斯湾海战中，福米奥告诉手下人不要管敌方舰队规模：“因为他们是雅典人，他们将永不在伯罗奔尼撒战舰面前撤退，无论其数量多大。”在雅典人心目中，眼前胜利支付日后红利，因为其余希腊世界将不断被提醒挑战雅典战舰徒然无用。有如福米奥进一步说的，“人们一旦经历了失败，他们便不愿就面对同样的危险保持同样的想法”。

有讽刺意味的是，这句老生常谈从未比雅典人遭灾西西里之后更正确；雅典人因恐惧而瘫痪，恰如斯巴达人经他们自己的皮洛斯惨败而在先前十年里那般。转眼之间，雅典人失去了在海上的自信。二十年里第一次，他们系统地开始折舰沉船，输给新近建造的伯罗奔尼撒舰队。两年里，帝国海员始终全然惧战，直到公元前 411 年夏天为止，其时在塞诺西马的胜利恢复了一点他们旧日的神气活现。[23]

由于海军会战发生在脆弱的、置身于往往凶险的水域的战舰中间，并且涉及数万战员，因而事实证明伯罗奔尼撒战争的真正致命战区不是重装步兵战场甚或围城战。历史学家巴里·斯特劳斯曾经系统地点算过同时代史料记录的、雅典步兵及其无地对应者的精确的阵亡数，那只是实际数目的一小部分，因为大多数古希腊史家远更经常地使用“多人丧命”之类模糊不清的词语，或全然不提具体会战中的伤亡数。尽管如此，他仍注意到27年战争期间，与重装步兵相比，多达两倍以上的雅典第四等级人众(大多为水手)丧命，其中大多死于凶暴残酷的最后十年海战。如果说，战争头十年期间，重装步兵和骑兵在围城战和两栖作战中遭难非凡，那么公元前413年以后更大的损失差不多全在划桨手
251 们中间。讲说伯罗奔尼撒战争时，西西里、大瘟疫、弥罗斯处决和锡翁尼死刑的幽灵萦绕我们的想象。然而，真正的大残杀在战争中来得较晚，发生在名称当今大多被人遗忘了的海战中。[24]

舰 上 人 员

古代海军力量的最古怪的方面，在于给三列桨战舰配备人员的一般方法，那是私人资金与公共资金、私人控制与公共控制的一种混合，在大多数城邦国家乃常见做法。例如，每年在雅典，400名最富有的公民被列于通告，应当履行担任三列桨战舰司令官(trierarchs)的义务，包含在海上实际指挥一艘战舰以及其他责任。战争期间舰队有约300艘战舰——某个时候250艘三列桨战舰同时在海上——因而四名年度被指派者中间有三名接着进一步中选，且前往在比雷埃夫斯的船码头，接手他们的被分派掌管一年的战舰。

国家通常提供舰身、各色装置和舰上人员，虽然在很少数场合某些富人整个买下和装配他们自己的战舰。可是，三列桨战舰司令官大多负责战舰的很大部分日常花费——修理、食物和舰员饮水——而且通常在巡航期间担任事实上的舰长。尽管很少数显贵试图节省开支，但更经常的是三列桨战舰司令官花费远超过所需，因为互相间激烈竞争，以求最好的桨手和舵手。如此显然是军事慈善工钱。

大显于公共战舰的私人慷慨——使用更好的索具、雇用最佳的领航员、在划桨手的日常工钱之外添上奖金——不仅可以给三列桨战舰司令官带来声誉，还可以增加会战中他们自己的生存机会。修昔底德说，雅典人启程前往西西里时，带着最好的舰员、战舰、索具和艏饰像动身。在战斗能力和外观两方面，公元前 415 年的海军纵队都远比先前的任何舰队引人瞩目，甚至远超过往昔的那些在战争开始时前往埃皮道鲁斯和波提狄亚的大远征，后者规模虽大，却带着“蹩脚装备”启程。

乍看来，这样的私人主动性似乎不符合帝国雅典政府之类包揽一切的国家政府的特征。事实上，三列桨战舰司令官职责乃是富人对国家的一种被迫的贡献，即希腊人所称的一项公共礼拜服务（liturgy）。除了找到一种敲打出富人资金的办法，城邦还希望它的最富公民在海上的时候与最穷者并肩效力。某些重装步兵和骑兵，即农庄所有者和政治思 252
想上的保守派，可能不满一个海军国家的兴起。然而在战时，全民中间的首富们发现自己因为效力于雅典权势的锋刃而受到尊崇。换言之，三列桨战舰是民主雅典国家的延伸，服务于更广泛的、受着同化的成千上万公民的利益，在他们身处狭窄空间和可怕环境而一起劳作的时候。[25]

遍布古典文献，到处有一不断的老话，即需有熟练的划桨手。三个不同层级上的三个人使劲划大约同样长度的桨，必须维持同步挥动，总是不停地击水，从不打碰近旁的桨，从而保证希腊人所说的“同时桨击”（*kôpês symbolê*）。不断需要同步划桨练习，那显然是一种容易经无所事事而失掉的技能。不仅划桨手必须有良好体力并练就同步划桨，他们还必须习惯用自己的桨击打浪涛汹涌的海面，习惯于经受战时撞击和吼叫，并且预期在冷热交替的状况中长时间游弋海上。[26]

伯罗奔尼撒各邦总是期望达到在海上与雅典和科西拉势均力敌，办法是许诺它们可在公开市场上比竞争者出更高的价钱，以此从显然有限的市场中雇走饶有经验的雇佣桨手。然而，甚至伯罗奔尼撒领导人也承认，追上雅典早就拥有的划桨专长“将花费时日”。因此，他们同意伯里克利的自信的战前预言，即制海权是“一种全时关注”，不是农夫和业余航海者那么容易取得的。二十年里，斯巴达的三列桨战舰始终差不多全无机会对抗雅典人，从而证明了他的趾高气扬的评估，恰如 19 世纪早期的拿破仑舰队发觉自己绝好地建造了的战舰仍然无法匹敌英国几世纪的海上霸权。伯里克利警告斯巴达人将几无机会在一场真正的战争中取得晚来的专技（好像雅典舰队系统地攻击其海岸时敌人能突然通晓划桨），其时他显然准确无误。战争结束时，斯巴达人达到了与雅典人势均力敌的地步，难以辨明究竟是伯罗奔尼撒人已成为素质更佳的桨手，还是雅典人在瘟疫和西西里远征使其毙命无数之后已变得糟糕得多。[27]

沉没中的战舰

那么，古典时代希腊人的目的何在，要采取这么一种别扭棘手的海军造舰和作战方式，这么一门看来战争爆发前不久在雅典臻于极致的航
253 海学问？显然，对快速和与倾覆相较的威力的渴望是个核心驱动力：海战胜负将不总是由陆战兵员决定，而是由能够撞击、撤退和机敏迂回以求再度打击的快速战舰主宰。为获撞击威力就需快速，快速转过来又导致须有 170 名实际划桨者身处一艘较轻的舰船：关于重量、速度和人力的这近乎不可能的谋算解释了排列三名桨手的复杂方法，以便这么多人能够容身于这么小的一个空间。被打动的哲学家们往往评论这特别的划桨方式，将划桨战舰称作“工场”，一座拥挤的制造厂，生产出作为其产品的肌肉推进力。

在其公民大会同侪中间任意叫喊的雅典人用种种名字（显然总是阴性的）给他们的三列桨战舰命名，不仅有“帝国”（*Hegemonia*）或“最强者”（*Kratistê*）之类，还有“自由”（*Eleutheria*）、民主（*Dêmokratia*）、“言论自由”（*Parrhêsia*）和“正义”（*Dikaiosynê*）。或许，所以频频提及雅典的海上卓越，不是因为这个城邦立意建造许多三列桨战舰，甚或提供缘于监控一个海洋帝国的悠久服务。至少战争伊始，异于伯罗奔尼撒舰队，划桨手在雅典大多都是有表决权的自由公民，使人想到他们在海上的独特锐气反映了一点，那就是划桨手们觉得他们的利益与他们划桨保卫的那个社会本身休戚相关。无论如何，广泛的哗变在雅典舰队内实属难得，但也许在伯罗奔尼撒人中间较为常见，甚至在战争的最后十年里，当时战局在开始变得大有利于斯巴达。[28]

雅典人——他们重视航海技能远甚于舰上的重视重装步兵和强登敌舰者——精通两种一般撞击方法。两者都需要有训练有素的舰员和轻快的战舰。运用“穿透行驶”(*diekplous*)法，一排舰只试图猛冲向敌方三列桨战舰的防线。一旦闯入，攻击舰就能接下来从敌方阵列以内撞击它们的目标。相反，按照更精致的“周边行驶”(*periplous*)法，舰队试图翼侧包抄甚或包围敌舰。大多数舰队缺乏这样的航海术，如果问题是在一场严守规矩的战斗中撞击雅典的三列桨战舰，那么伯罗奔尼撒人通常会输掉，使人想起较孤注一掷的替代性战法，即登舰拼杀和投射枪矢。

雅典人的目的依然是迂回突入暴露在外的舰舷行列，那能被疾驶的三列桨战舰纵队撞击——无畏级战舰问世以前时代里的一种“T 形战 254
术”(crossing the T)。雅典人相信，在相对开阔的大海上，己方战舰的更大迂回能力和更快速度终将保证通常较笨拙的敌人会变得困惑无主，暴露在轻而易举的进攻面前。换言之，在最佳条件下，敌我较量将是一场真正的海军会战，而非重装步兵和投射兵员之间在近岸的铺连甲板上进行的陆上战斗。[29]

好莱坞电影里，有时见到一艘单层甲板大帆舰撞碎另一艘的桨杆。许多古典学学者怀疑这种可能性。毕竟，一艘三列桨战舰怎么能绝好地驶到与另一艘并行的几英尺之内，攻击舰的桨手们将自己的划桨猛拉出水以前最后猛一拉进，在其舰只因敌舰而滑移时连续撞断敌人的毫无防备的桨杆？然而，尽管这无疑是个罕见的战术，伴随娴熟的桨手们碰上一艘人员低劣的三列桨战舰，有时撞断划桨一法看来奏效。例如，公元前 406 年在密提林海岸外，雅典海军将领科浓被迫撤退，然而是在“切断某些舰只的桨杆”之后。[30]

舰员们往往依靠抓钩。大概每艘三列桨战舰甲板上都有抓钩。攻击者试图逮住一艘敌舰，将它拉过来以便登舰，为此预期他们自己的桨手能提供优越的力量和拉劲，而非相反被猛拉过去。而且，如果一艘目标舰遭到损伤，或它的某些舰员被杀，那么它可能被钩住并被拖走，拖向舰队或己方海岸，在那里舰员将被俘获或被杀掉。登舰者喜欢沿舷而来，用矛戳敌；然而同样常见，他们可能跳上敌舰，挥剑了事。[31]

三列桨战舰之战成了一种真正的展示。舵手为撞击而灵活调动其战舰的技能，舰上人员在撞击前最后一刻飞速行进的内在凝聚力，170名桨手撞入敌方舰船的爆发冲击力：无怪乎第奥多鲁斯将这一切称作“惊人奇观”（*kataplêktikon*）。有时，数以千计的观看者一线立于海滩，凝视众多战舰冲撞、登船和彼此投射枪矢如雨如雹。士兵们渴望察看这致命的差事，为他们各自一方喝彩欢呼，冲进碎浪去帮上一手，并且消灭或援助任何使其舰只搁浅的舰上人员。无论何处，这可怖的海上战斗都不比在叙拉古大港的更声名昭著。那里，在前后一系列海战中，成千上万雅典人以差不多每一种可想象的方式与西西里人相战——撞角冲击、登舰厮杀、投枪射箭、抛甩抓钩、驱舰搁浅、吊机落
255 石、使用潜桩。虽然大海冲走了会战的漂浮残片和弃物，至少紧随一场大海战之后，但在战斗水域仍可有成千的尸体和成百的船骸，与此同时海岸很快被搞成一副可怖的场景，布满肿胀的尸体和破碎的垃圾。[32]

伯罗奔尼撒战争爆发以前，科林斯人与科西拉人之间有一场海战，其中双方都以“古老方式”打仗，即标枪投手和弓箭射手登上战舰，在一场“更像陆战”的冲突中密集投射舰员。修昔底德的叙述的潜台词在于，这两支舰队与雅典海军相比皆何等低劣，后者永不会允许其战舰被钩住和被登舰，因为它们的优越的桨手们能够轻而易举地赢得一场迂回和撞击之战。

斯巴达将军伯拉西达曾经概说了两支舰队各自的海军战略：雅典人依靠在大海上的速度和灵活机动，以便随心所欲地撞击较笨拙的敌舰；相反，伯罗奔尼撒舰队只有如下时候才可能赢，即在风平浪静和狭窄有限的近陆水域战斗，在一个局部战区里拥有数量更多的战舰，而且如果它的训练得更好的、甲板上的陆战兵员和岸上的重装步兵能将一场海战转变成一场步兵较量。阿里斯托芬的同代喜剧中的一个人物就这海军霸权说道：“雅典是优良战舰的出处所在。”大多数希腊人都同意。对雅典人来说，划桨乃“第二天性”，一种“自童年起”学会的技艺。[33]

伯罗奔尼撒战争的第一场重要海战发生于纳夫帕克托海岸外（前430年），在其中福米奥以仅仅20艘雅典战舰击溃一支有47艘舰只的规模较大的科林斯舰。这样的优势将延续近20年，直到西西里惨败削弱了雅典为止，使得一项重造战舰和雇用新手舰员的应急计划势所必须。这未经预料的大灾难促使斯巴达重振努力，去造就一支一流的舰队，从

而为战争最后十年在爱琴海的殊死决战准备了条件，那将结束战争。

在某个时候，各邦海军开始用侧面横梁强化撞角，旨在保证更重的三列桨战舰可经迎头相撞存活下来。战争后期在纳夫帕托克海岸外的情况便是如此，但是某些专门的科林斯三列桨战舰设法以迎头冲撞令 7 艘雅典战舰失能。整个战争期间，伯罗奔尼撒人的技能较差的海军始终谋求用这类方式去抵消雅典的航海术优势：如果说科林斯人不那么精于机动迂回，以便使用一种较难用的船舷撞角，那么或许在会战伊始他们可以径直冲入迎面而来的雅典舰队，期望较重的撞角可以让他们尽得冲撞之利。因而，虽然雅典人长久艰苦练习，掌握较为困难但可使战舰存活下去的船舷撞击技能，但是他们的敌人指靠优越的造舰去迎头撞毁敌舰。修昔底德说下面的话的时候，似乎假定了许多东西：“科林斯人自认为胜者，只要他们不被决定性地击败，相反雅典人自认输掉， 256
只要他们并未明显得胜。”[34]

然而，整个战争期间，是伯罗奔尼撒人而非海上能手雅典人，表明自己最精于采用新的战术和改造战舰，去抵消传统的雅典航海术优势。在叙拉古大港的雅典悲剧是个关于自满甚而傲慢的故事。敢作敢为的叙拉古人及其伯罗奔尼撒盟友装备新型撞角，在狭窄水域迎头撞击更灵巧敏捷的敌人，并且将大桩钉入港底，用链封锁海港入口，还从甲板上运用投石器。只是在战争末尾，雅典海军将领科浓才采取专门措施，以保证他的三列桨战舰像敌人的一样，经得起大风大浪和得到强化。

生嫩的桨手未曾妥善支撑他们的战舰。撞击时，人员低劣的这类三列桨战舰往往死死嵌入被撞的舰只，希冀重装步兵和轻装部队能杀死敌方舰员，并且最终使战舰解脱出来，连同它的被俘获的战利品。有时，撞击造成的剧烈震动击倒甲板上的军官和陆战兵员，因为突然失稳的甲板全无围栏。斯巴达海军将领卡利克拉提达斯的命运便是如此，在阿吉纽塞跌出他的战舰，时逢会战期间它猛遭撞击。[35]

零 和 游 戏

三列桨战舰常被认为或“快”或“慢”，取决于舰员素质、舰只构造特性和舰壳状况。理论上，较新的战舰，全员配备170名老练的桨手，比陈旧的三列桨战舰远为灵巧快捷，后者舰底渗漏或浸透，配备的又是新手，如果舰只不被允许在两次航行之间作岸上晾干，舰壳不经定期拆修和嵌缝，那么这种恶化就能在几个月内开始。事实上，在其舰龄和保养以外，船匠的技能、木材的质量和设计的改动也全都影响一艘三列桨战舰的速度。

尽管如此，使一艘三列桨战舰“快”的所有标准仍不清楚，然而一个公认的事实是“舰员的优秀仅延续不长时间”。在仅仅一段短暂的海上航期之后，鉴于身患疾病和体力耗竭的可能性，只剩下很少数熟练的舰员尚能使一艘战舰保持平稳航行和“及时击桨”。甚至航行于大海的舰队内部，也常进行筛选，以便将最好的桨手置于很少数挑选出来
257 的三列桨战舰上，它们能作为一种前锋小舰队起作用，在主舰队前面快速行驶。前提假定在于，总是有很少数桨手比大多数更强壮或更有经验——或两者兼备。

一艘战舰的表现如何，其军官至关紧要。在看管桨手和发布命令的三列桨战舰司令官(trierarch)和舵手(*kybernêtês*)以外，成功取决于舵柄处的领航员(*proratês*)和桨手长(*keleustês*)，他们要么吆喝桨拍，要么一起击石，以便使桨手们保持节奏。他们对舰员们来说有如指挥之于管弦乐队，而在战争的很大部分时间里，雅典拥有数千名这样的老兵，他们已长达几十年交叉往来于帝国的各个海域。

这么一种优美典雅的船只，其净重很可能不过25吨，全员满载也不远超过50吨。此外，它还有若干别的欠缺。首先，一艘三列桨舰在装配成一艘十足的战舰时，除桨手外只能载上约30名舰员和战斗兵员，包括陆战兵、弓箭手、舰长、舵手、水手长、风笛吹奏者和负责用具、风帆和修理事项的杂类舰员。这意味着要载运任何较大的陆上兵力，170名桨手就不得不兼任某种步兵，结果桨手或步兵就不那么内行。

换个办法，桨手的数量可予削减，或许减少三分之二，战舰便本质上转变成一艘慢速运兵船或“重装步兵母舰”。通常，只有顶排桨手划桨，因为携其重装备的重装步兵坐在较低的两排。多大程度上一艘“重装步兵母舰”意味着全无步兵帮着划桨，还是有某些或所有步兵帮

着划桨，不得而知。

在雅典舰队中，10 艘左右专门的三列桨战舰仅有 60 名桨手，被用作马匹运输船。它们能够短途载运坐骑达 30 匹之多，如果较低两排的所有坐板都被拆除。一支有 10 艘这样的运输船的船队将赋予雅典在紧急状况中运送约 300 匹马的能力。随着战争持续下去，所有各类部队愈益经常地经海上围绕各战区得到运送。确实，在西西里的雅典人的最大恐惧之一是一个传言：伯罗奔尼撒人正在用商船派送大量最佳的重装步兵和被授予自由的希洛人兵员。[36]

因而，不可能以机巧逃脱这么一种零和游戏的算术逻辑：要运输任何大数量的步兵，战舰就不得不如此削减桨手，以致使它航速缓慢，且易受伤害；相反，保留全员桨手保证了速度，但只允许有很少量优质步兵。由重装步兵或轻装兵员划桨意味着他们不能被用在海上，而且由于他们是低劣的桨手，因此反而妨碍了战舰的最佳使用。如果娴熟的 258
水手要变成登陆的重装步兵，那么整个军队的质量从一开始就有疑问。

约 3 英尺高的海浪可以淹没战舰，因而即使海风不大时，舰队也往往停留在岸边。一些古代评论家反映了古老的格言“海战只能在风平浪静时打”。例如，修昔底德回顾雅典人与伯罗奔尼撒人之间在相对平静的科林斯湾的战斗，谈论后者如何一有小风刮来海面波涛涌起就立即陷于致命的混乱：

> 他们马上沦入混乱：战舰互相碰撞，舰员则忙着用篙将其推开，而且因为他们互相吼叫、咒骂和争斗，舰长的命令和水手长的呐喊全都一样无法听见，还有因为缺乏练习，不能在翻浪的水中理顺他们的桨，从而使战舰无法恰当地服从各自的舵手。

伯罗奔尼撒战争中，绝大多数海战都发生在三四个海区，那都是相对受到拱护的海域：科林斯湾，叙拉古海港，赫勒斯滂海峡，还有小亚细亚海岸与岸外对面爱琴海大岛之间的受护水域。虽然所有这些区域都可经历突如其来的波涛翻滚和疾风劲吹，但它们至少比爱琴海中数英里之外的地方安全。

没有任何一场三列桨战舰大海战是在地中海或爱琴海的大海上，如同史上所有伟大海战——例如萨拉米、勒班陀、特拉法加、中途岛和莱特湾海战——全都发生在比较靠近群岛或大陆的地方。海军将领，无论古代的还是现代的，都喜欢风平浪静的海域、靠近的避难所和不远的停靠港。而且，如果突然一场风暴袭来而全无预警，那么三列桨战舰会战告停，因为舰员们几乎立即一头驶向海岸；他们发觉不可能在波涛翻滚的海上撞击甚或航行——就像亚西比得公元前411年学到的那样，当时他驶近赫勒斯滂，碰上了那么汹涌的波涛，以致他放弃了对斯巴达舰队的所有追击。[37]

难以在通常意义上谈论伯罗奔尼撒战争中有何真正的“海上封锁”，甚或“航海”或“游弋”，因为三列桨战舰每天只能冒险出海几小时。他们完全依赖己方海岸每晚提供食物和饮水。在舰上储藏食物和饮水的空间很小，因为桨手多，而且需要给索具和零部件腾下地方。
259 然而，每人每日需要差不多两加仑饮水，以防身体脱水。不知道桨手们固留于坐板时如何被给予定期的口粮和饮水，但每个舰长都不得不每夜将他的三列桨战舰停泊在某个地方，那里有充裕的活水。大多数场合，桨手们购买自己的某些口粮，将其储藏在自己的坐板近旁。桨手如果被过久地留在海上而不进膳，那就很快开始疲劳乏力。高温、日晒和密不通风对划桨的效率究竟有多大影响不得而知，然而现代模拟提示，一艘三列桨战舰的速度能被显著减慢，如果它的舰员遭受不断的日晒，吹不到使人清新的微风，而且缺乏饮水的话。[38]

突然伏击正在搜寻食物、饮水和柴火的水手是常有的事，特别是由骑兵和轻装部队。确实，筹集补给是雅典人在叙拉古败北的一个主要原因。他们的水手不得不露营和搜求补给。相反，叙拉古人有充裕的马匹去捕获他们。整个战争的胜负说到底取决于后勤问题：极少从西西里惨败学得教训，雅典舰队没有为在伊哥斯波塔米有顺利的补给作任何准备，从而在莱山得突袭大多数离舰去搜寻食物的舰员的时候遭到摧毁。[39]

为甚至短距航行，三列桨战舰也需要彼此间距50英里左右的安全港口，在那里战舰能找到食物（大麦面包、洋葱、干鱼、畜肉、水果和橄榄油）、饮水、葡萄酒和供舰员睡觉的栖所。并非所有港口都一样。战舰极经常地被迫驶上沙滩，或者冒险驶入溪川或河流，有时伴有灾难性结果。例如，公元前423年——他在西西里被杀9年前——拉马胡斯试图为他的有10艘雅典三列桨战舰的小舰队找到一个避难所，那在特洛伊附近从赫拉克利亚旁边流过的卡勒斯河内。然而，暴风雨突如其来，造成了那么凶猛的河浪，以致三列桨战舰在一条据料安然受护的内河里失控狂奔，撞在岩石上完全被毁。

甚至一支约20艘至30艘三列桨战舰的小舰队，也可以有显著超过5 000名舰员的总兵力——大过希腊多数城邦——全都一下子扑向一个港口去寻找食物和饮水。如果没有仔细的规划，那么在一支舰队从地平线逼近时，海边群居点的资源能遭灭顶之灾。大多数小群居点不在乎一项有利可图的生意，即向孤注一掷的水手们售卖补给品——只要此类不可信的海员不入城镇，将自己囿于海滩上的临时市场。[40]很大部分雅典对外政策，包括它在爱琴海维持一个海外帝国、结交亚哥斯和科西拉之类盟友、在遥远的安菲玻里和波提狄亚设立附庸的种种努力，全都恰恰基于造就经久基地以利长途巡航的需要。三列桨战舰港口类似大 260
英帝国遍布非洲和太平洋的加煤站网络，服务于它的19世纪后期的全球舰队。

三列桨战舰的局限

现代“奥林匹亚号”发现，三列桨战舰每5天左右须被清洗一次，因为光是170名划桨手的汗臭就那么强烈，他们至少还离开自己的坐板去使用厕所设施，而不像古代做法那样在舱内排泄。在威尼斯时代，出海返回的单层甲板大帆舰被定期沉入己方港口，以便漂洗掉舱内的粪便、垃圾和寄生虫。对伯罗奔尼撒战争中的军人来说，很少有什么事能像划桨那么难受，不管划多长时间，鉴于200人被塞入这么小的空间连续多个小时，经受疾风、寒冷、日晒和人类体臭的无常煎熬。

船壳很快被水浸透，浮力大减，而且若不定期被弄上岸晾干就会漏水。[41]古代文献经常提到三列桨战舰在战役期间的不断重整，这提示对绳索、桨具、船舵、桅杆和风帆也需有连续不息的关注。在海滩上晾干船壳的需要往往使一整支舰队易受攻击，在后晚和初晨，如果敌人扑向战舰而无预警的话。跻身于希腊史上历时最久的持续部署之列，由200多艘战舰组成的雅典帝国舰队除了在叙拉古周边海岸短暂上滩外，几乎毫不间断地置身水中，从它公元前415年离开比雷埃夫斯开始，直到它公元前413年9月在大港终被摧毁才罢。[42]

即使保养极好的战舰，也只持续约25年。以此损耗率，和平期间雅典必须近乎每年建造20艘，仅为维持一支有300艘三列桨战舰的舰队。这个最佳数目在公元前446年至公元前431年即所欲的三十年和约期间达到过，当时雅典不仅保持了对它的海军——有200艘战舰和赢得了希波战争的海军——的定期维护和替换，而且给它的庞大舰队增添了另外100艘三列桨战舰。雅典海港的周边海岸长年缀有旧舰残骸和船壳，那是一旦无法再修就被弃朽败的，在雅典弃舰和造舰的一个连续不断的循环中。对雅典海事官僚部门来说，挑战不仅在于理论上6万名海员——雅典的穷人、某些农夫、居留的外邦人、盟邦和属邦的划桨手、自由民和奴隶——要随叫随到，以便给300艘战舰配备所需人员，还在于或许有多达另外1万名至2万名工作者忙碌于比雷埃夫斯的各个船坞，建造和修理船壳，并且装配起这么一支庞大的舰队。

261 关于一支舰队的适航性逐季减退，最动人的故事见于雅典将军尼西阿斯的一则哀婉的叙述，讲在叙拉古港外持续不断的海上巡航中，一度宏伟壮观的大舰队多么快地耗损破败，伴有一大堆显著降低其战斗效能的问题。“战舰，”尼西阿斯叹道，“浸透海水，浮力大减，因为它们已在海上那么长时间，而舰员则损耗不已，人数愈少。原因在于不可能将战舰拖上岸和将它们晾干。”相反，封锁圈内的叙拉古人至少能定期保养他们的舰壳。[43]

跨地中海航行，像在威尼斯单层甲板大帆舰时代可能的那样，差不多从未听说过，而在被尝试的时候往往是灾难性的。驶往西西里的雅典舰队策划了一条沿希腊和意大利海岸的蛙跳路线，因为它不得不遵循跨越亚得里亚海的最短航途，从科西拉（现今科孚岛）到意大利之踵约84英里。它从未设想从希腊到克罗顿直航（约200英里），那将不允许有任何过夜停泊。

取决于风向和海流，三列桨战舰可能轻而易举地在肌肉力驱动下航行6小时至8小时，速度每小时4节至5节——或者说每分钟划桨击水

30 次左右不变。难得，如果碰上逆风，战舰就可能更久地划桨前行，行驶 50 海里至 60 海里。然而，如果起了强风，风速例如 20 节，那么它能差不多全然抵消桨手的努力，迫使舰只靠岸躲避，以免在海上无休止地遭受风袭。难得，绝佳的桨手和崭新的舰只能划桨行驶 16 小时，从而一天穿越 120 海里。修昔底德记载了一艘被派往密提林的信使船的独特成就，24 小时内从比雷埃夫斯到莱斯博斯(184 海里)，每小时差不多疾行 8 海里。然而这成就，由一批精英舰员大胆地一举划桨渡越爱琴海，显然实属例外。就 70 艘至 100 艘战舰组成的舰队来说，这么庞大的大舰队通常不得不以最慢战舰的速度行进，为的是保持阵列。而且，领航员必须小心，不要过早地令其舰员筋疲力尽；有时过于热切的追击能导致舰员体力耗竭，后者反过来无法保持阵列，从而沦为敌人伺机反攻的受害者。为一艘三列桨战舰的桨手确定划桨速率至关紧要，因为任何战舰，只要桨手体力耗竭，都会沦于好多分钟的基本僵死状态，在水里全然无助，全靠风力驶离到安全处——倘若因预期会战而将索具留在了岸上，那么甚至这个得救办法也没有可能采取。[44]

也没有经记载的“强力追击”的例子，在其中帆和桨同时被使 262
用——或许因为近乎不可能将桨手击水与不可预料的轻风吹拂协调起来。任何速度接近 15 节的劲风将要求战舰降下风帆，直奔海岸，以便保持龙骨平衡，避免海水溅入较低的桨孔或涌过船舷。大多数场合，舰只每逢可能就在风力之下扬帆而行，舰速慢至三四节，从港口行至港口。三列桨战舰然后通常只靠划桨，在径直驶出去战斗的时候，其时桅杆和风帆要么被收藏起来，要么更可能被留在后面岸上。

可是，伯罗奔尼撒战争中的海战并非仅仅受制于这些脆弱的划桨战舰在海上的种种局限性。三列桨战舰的造价高昂，通常需要的劳作相当于约 6 000 人干一天。对一个像雅典那样的城邦来说，建造一支有 300 艘三列桨战舰的舰队花费巨大，约等于用全副盔甲装备一支有 18 000 人的重装步兵大军。然而，甚至这也是个浅薄的比较：重装步兵通常自己购买全副盔甲，然后前去会战，几天内回返，因而极少需要出自城邦的进一步的后勤开支。

相反，每艘三列桨战舰耗费一塔兰特用于建造，然后每月又耗费一塔兰特的私人和公共开支，以便将它保持在海上。如果雅典平均有三分之二的战舰在海上，持续 240 天，即 3 月至 10 月底共 8 个航行月，理论上这 200 艘战舰就可以耗费掉该城邦 1 600 塔兰特，或曰来自帝国的全部年度贡金的两倍以上。这花费无法持续到超过一两年。要进行一场多面的海军战争，其中这么一支大规模的舰队每年都出海巡航，共约 27 年，从西西里到科西拉，从爱琴海到爱奥尼亚海，能够耗费 43 000 塔兰特以上，七倍于雅典在战争开始时的全部财政储备，超过它在约三十年里的帝国收入总计。是帝国为供给一支海军而存在，还是海军造就了帝国？或两者皆是？

富人对穷人

甲板上的三列桨战舰司令官也承担某些保养开支。因而，城邦军事预算的颇大一部分由私人贡献涵盖，不计入城邦财政核算，这解释了舰队何以能耗费得超过城邦收入。或许，雅典全部开支的一半以上来自富裕公民的被迫捐助。在海军开支直线飙升、西西里和伊哥斯波塔
263 米海战的灾难性惨败使之更加如此的背景下，公元前 411 年和公元前 404 年两场革命中的反动派自然力图削弱海军游说集团的权势，并且力求与斯巴达达成某种和平。公元前 413 年后，土地精英往往被阻绝，无法进入他们自己在阿蒂卡的地产；其时，还有侮辱添加在这伤害之上，那就是要求他们出钱，以便替换一支在 800 英里以外丧失了的舰队，一支不会做任何事情去保护城邦土地免受几英里以外斯巴达蹂躏者摧残的舰队。

因而，这场战争真的在使雅典富裕的保守派人士破产，他们出钱雇用穷人去打一场看似永久的战争，那吞噬了数以百计的雅典三列桨战舰。某种意义上，这些国内革命运动可以标志战争的一些最重要事件。假如雅典，民主的灯塔和给爱琴海各地激进平等派提供帝国援助的源泉，“急速变脸”，变成寡头制的，那就根本不会有一个帝国的任何意识形态基础，至少不会有这么一个帝国：它宣称自己的理由是保护“人民”免受压迫性精英侵害。这样的急剧变更后来一向是柏拉图之类右派的希望，他觉得雅典的道德沦落始于提米斯托克利创建一支海

军，始于重装步兵战法衰微——该过程由伯罗奔尼撒战争加速，仅经革命才被抑制。[45]

然而，财政挑战不仅在于建造战舰和支付舰员。还在于船坞和舰棚方面需要巨额投资。造舰材料不得不进口(大多来自希腊西北部)、储存和保护，以防恶劣天气损害，因而在比雷埃夫斯建造了一座名副其实的军工场，以建造和修理战舰，差不多比在威尼斯的铺张的单层甲板大帆舰制造场早了两千年。它在古代世界独一无二；战舰部件清单与其工场的复杂精致解释了一点，即为何各城邦中间只有雅典才能建造和保养一支有300艘适航的三列桨战舰的舰队。长期保养涉及彻底清理战舰吃水线以下的板材，那里镶满海中生物，浸透海水，并经昆虫蛀食。将一艘昂贵的三列桨战舰保持在海上约20年意味着一点：它必须停泊在陆上，栖身于一座有盖的舰棚，那里对精致脆弱的舰只的维护保养工作近乎持续不断。

珍贵的投资

最快的舰只大概以冷杉建造，或在某些场合用松树或雪松，它们是较轻的材料，缺乏橡树之类间或被用的硬木的强度和弹力。现代仿造还透露出一艘三列桨战舰的大量精致部件能多么快地断裂。“奥林匹 264
亚号”下海航行的时间不超过所需的直接保养和即时修理。仅在一地装配约300艘至400艘三列桨战舰，像在伯罗奔尼撒战争的最后几场巨型海战中发生了的那样，是一项令人惊异的后勤伟业，其时横跨爱琴海，数以千计的人们在脆弱无常的舰只上划桨，没有可靠的补给、导航术或任何真正意义上的气象学。[46]

然而，三列桨战舰作战的首要难题总是人力。理论上，雅典自身有2万名以上惯常划桨的第四等级人众。可是这么多人只能配备100艘左右战舰，即使每个公民都离开市政雇用和他自己的私人劳作以在雅典舰队效力数月。因而，要给一支有200艘至300艘三列桨战舰的帝国舰队配备人员，就需数万名来自爱琴海各属邦的划桨手，连同居留的外邦人和在许多场合数以千计的奴隶，即使不算上淡季雇农。临近战争结束时，在十数万人丧命于瘟疫和西西里之后，非雅典人可能构成某些战舰人员的20%到30%之多。给这么一大群人支付报酬实属不易，而在海上丧失他们更是灾难性的，削弱帝国的根本稳定。

不同于难得是毁灭性的重装步兵会战——此类陆上交战的平均伤亡率通常为战斗兵力的10%到15%——海战包含一种可能性，即在单独一场冲突中灭掉一个城邦的整支舰队与其巨大的人众投资。在伯罗奔尼撒战争前夕和战争期间，除了西西里之灾，各场海战包含的毁伤数大得惊人：锡勃达(前433年)，300艘战舰，60 000名海员；塞诺西马(前411年)，162艘战舰，33 000名海员；阿吉纽塞(前411年)，263艘战舰，55 000名海员；伊哥斯波塔米(前404年)，300艘战舰以上，60 000名海员。因而，理论上说，如此的海上损失能在短短几小时内近乎击倒整个国家。派往西西里的两支大舰队丧失了216艘战舰和45 000名人员，连同或许多过3 000塔兰特的薪饷、资金投入和补给：这改变了战争的进程，确实代表这么一笔总数，它差不多等于战争前夕雅典的全部财政储备，经约50年帝国统治取得的全部资本。差不多十年后，雅典在伊哥斯波塔米遭遇大惨败，这立即令战争在公元前405年末达到大危急关头，一旦近乎空虚的雅典已孤注一掷，将它最终的后备即180艘战舰连同36 000名舰员投到海上。不到一小时左右时间里，雅典人丧失了170艘战舰和绝大多数舰员，后者要么被杀或被俘，要么溃散于赫勒斯滂各处。伊哥斯波塔米乃单日财政灾难，一天里仅丧失的战舰和薪饷就值约400塔兰特——此外还有未来多年里的追加开支，要花费在失掉了的数以千计的军民两类劳作工时上。

265

海 权 优 势

既然三列桨战舰作战有种种危险和可怕代价，那么究竟为何在海上打仗？修昔底德显然感到，必须以相当明确的方式去解释为何战舰如此可贵。他用关于早期希腊制海权(thalassacracies[sea powers])的一番教训来为他的史书开头。而且，几百页之后，他对伯罗奔尼撒战争的长篇叙述突然终止，止于中途，只写到公元前411年雅典在塞诺西马的胜利。纵贯全书，主题性的是他的一项信念，即金钱、城墙和战舰代表战争方式的一个新水平，一条直到强大的海洋城邦兴起为止始终未被预想到的标准线。它们的商业与其强有力的中央集权政府浮现于希波战争之后半个世纪的繁荣期，只有这些才能够提供充足的人力和资金去创建真正的海军。然而，伯罗奔尼撒战争是否证明修昔底德关于海权优势的看法正确？毕竟，战前斯巴达以小得多的代价，在伯罗奔尼撒造就了一个与雅典权势分庭抗礼的陆上同盟体系。

诚然，公元前 4 世纪后期的斯巴达努力保有一支大舰队，但它仍然最终仅被底比斯的长矛兵而非划桨手搞得虚弱无力。总的来看，纵观历史，一个人虽能数出世界上若干令人敬佩的海战将领——提米斯托克利、奥地利的唐约翰、纳尔逊、琼斯和尼米兹——但对照起来伟大的陆战统帅却多得多，例如亚历山大、汉尼拔、恺撒、成吉思汗、萨拉丁、科尔特斯、拿破仑、威灵顿、格兰特、隆美尔和巴顿。一些战争——第二次布匿战争、十字军东征、美国独立战争和南北战争、两次世界大战中的西线战争——大多完全在陆上进行而无决定性的海战。毕竟，人们生活在陆上而非水上，大多数食物在地里而非海中生长，而且人们无需为在陆上打仗而造舰船。维多利亚时代的英国无法封锁德意志帝国；可是，只有摧垮强大可怕的德国陆军，胜利才有可能。反过来，德国本来很可能不击败英国舰队就在欧洲大陆赢得两场世界大战。苏联靠美英远洋商船队才保住生存，但在东线击破第三帝国的各场会战全都是陆战。

那么，古代和现代国家为何眼望大海，如果它们是强国和帝国的话？战舰对步兵这两难的最佳解决办法不是非此即彼，两者择一，而是按照成本效益分析来决定。在严格的军事意义上，建造和维持一支大舰队是否带来好处，以致证明巨大的人力物力投资合理正当？还有，这是否招致风险，以致在单独一天倒霉日子里迅即丧失此类总合投
资？亚历山大、拿破仑和希特勒或可作别种论辩；毕竟，他们的权势 266
系由大体上独自对抗同类军队的步兵兵力造就和维持。然而即便如此，后两者仍终告毁败，而前者往往仅经海上支援和运输才打赢。

在最基本的层次上，战舰赋予一国多种多样的替换选择，既有军事的，也有经济的。有一支现役战舰 200 余艘加后备战舰 100 余艘的潜在舰队，雅典发觉在 300 英里半径之内它能联合(或宁可说强迫)近 200

个希腊城邦——由差不多100万人组成，而且每个都能靠一支三列桨战舰舰队在略久于三四天的时间内抵达。不像陆上国家，已将其海军弃让出去的各海岛城邦轻而易举地遭到隔离和孤立，而且全无联合手段。反过来，它们的帝国统治者能用它宏大的舰队零敲碎地打强制它们全体，使一个海洋帝国比其陆上对应物容易控制。阻断和包围一个内陆城邦是个困难的任务，但围闭一个海岛就不那么难，后者能被封锁，被阻绝贸易、通商和外援。[47]

希腊各邦中间，只有雅典才有能力往外抵达得更远，抵及在塞浦路斯、埃及、俄罗斯南部、意大利和西西里的另外数以百万计的地中海人民，很像16世纪弹丸小城威尼斯依靠在东地中海的众多贸易据点致富。然而，“抵达”是什么意思？或许，它意味着只有战舰在场，海洋商业才有可能，前者能保护商船免遭海盗和敌对国家侵害，并且提供一定程度的强制去建立有利的通商关系。从这么一种自由、安全的贸易中兴起了一个爱琴海经济，它经不断的货物进出口——还有人员往来——被整合成一体。

比雷埃夫斯，连同将它与雅典城连接起来的长墙，简直成了雅典人脑海里的一个世俗宗教实体。整个战争期间，始终有一种无时不在的极端多疑，即神经质地担忧这海港的安全，在爱琴海的这一帝国商业中心的安全。修昔底德曾说，伯罗奔尼撒人对比雷埃夫斯的一次未遂攻袭在雅典人中间造成了“一场惊恐，像整个战争期间的任何惊恐一样厉害”[48]。阿里斯托芬用了差不多恭敬的口吻讲述港口的忙乱喧闹，其时雅典舰队准备扬帆出海：舰长嗥叫，钱被付出，舰艏饰像镀上金色，食物饮水运上甲板，还有告别聚会、挥拳击斗和最后一刻的匆忙修理。一位匿名的雅典保守派评论家，有时被称作“老寡头”，痛恨本城的海军力量和它助长的民主文化，但接着就大唱赞词，讲它如何保证了有利可图的贸易和在希腊世界无可媲美的活跃。[49]

267 因此，雅典人认识到此类筑防工事是整个民主繁荣的生活方式的关键。尽管他们的舰队被歼，面临饥馑，且有斯巴达人扎营墙外，勒令投降，但雅典公民大会起初仍然规定任何雅典公民有下述行动即为犯罪：接受斯巴达停战要求，去拆倒大段长墙——并且由此毁坏全部雅典激进民主制理念的实在拱卫和象征性保障。[50]

军事上，海上雅典能比内陆斯巴达做得更多：向皮洛斯派遣部队，袭击伯罗奔尼撒海岸，给在希腊西北部的一场持久战输送补给，镇压莱斯博斯岛上的造反，并且封锁哈尔息狄斯海岸上反叛的各邦。如伯里克利所说，海权不能被比作“使用房屋或农田”。宁可说，它代表一种全然不同的实力，某种无与伦比的东西，赋予雅典人想去哪里就去哪里的自由，无论是波斯国王还是“那些目前在大地上的任何别的民族”都比不上。他用这类堂皇辞藻来表示的意思，是雅典舰队令雅典城能够取得在差不多任何局部战区的兵力数量优势，同时无需集合一支巨大和笨拙的陆军，像在战争头十年里隆隆开进阿蒂卡的那类军队。

雅典的海上灵活性，连同长墙提供的对城市本部的保护，乃是差不多所有勾勒雅典战时战略的伯里克利演讲的主题。战争伊始，雅典人认为通过争取邻邦和获得伯罗奔尼撒海岸外的各关键海岛——锡西拉、塞法伦尼亚和萨辛修斯——“他们可以包围伯罗奔尼撒并征服它”。

此外，食物、补给、武器和部队本身全都能经海上运输，而其代价只及陆上支持的一小部分。除了希洛人随从，斯巴达军队本质上全无任何“载运”能力，只能在一种程度上从事境外作战，那就是它能带上寥寥几天的食物补给，加上从周围乡村搜寻其余。希腊人鄙视斯巴达人从事围城战的能力，但内在于这被认为的羸弱的是他们在战舰方面的劣势，因为攻城最常针对港口城邦进行。希腊不似美索不达米亚或尼罗河流域，那里陆上行进意味着在供水良好的地面上作水平进军；相反，希腊是个山岭遍地和往往荒凉的地区，甚至当今它的某些多山近海社群也只能经海上进入。只是在莱山得的三列桨战舰栖身其海港时，阿基斯国王才从斯巴达在德塞利亚的基地进兵攻击雅典。陆上强邦能彼此相打而无海上战争。例如，底比斯与斯巴达后来将如此行事长达近30年，在公元前4世纪的头50年间。然而，针对一个有城防工事的 268
海洋强邦，它们在陆上能取得的进展微乎其微。

雅典海军重负

只有当战争转变成一场真正的跨大陆事业时，大量三列桨战舰的价值才有所衰减。例如，公元前4世纪，在丧失帝国和贡金之后，雅典舰队达到了它曾经有过的最大规模，到公元前300年已有400艘三列桨战舰。然而，已有亚历山大的多兵种合成新型军队——包括重装骑兵、投射部队、方阵步兵和精致复杂的后勤系统——被创制出来，以便进军成千英里，进入波斯帝国腹地。在这么一个世界上，老的地方性海港和城邦咽喉点变得不适用了，而且与之相伴，三列桨战舰本身的价值也大不如昔。

甚至在公元前5世纪三列桨战舰的鼎盛期，海军优势的获得仍有其代价。寥寥几个战季里的耗费能令一个海洋国家近乎破产，有如英国人在20世纪开初差不多学到的，亦如俄国人在该世纪末发现的。某些年里，雅典一次派出200艘至250艘三列桨战舰，开支令城邦近乎告罄。[51]公元前454年在埃及的单单一场海军灾难，一场可怕的梦魇，在那里至少有100艘三列桨战舰被毁和与之相联理论上多达20 000名帝国水手和辅助兵员丧命，令余震波及整个雅典帝国各地。那么多战舰和人员那么快地毁灭，这大概解释了为何紧随灾难之后，提洛同盟的钱库被移至雅典以保安全，主陆上的陆地战争遭到减抑，在爱琴海的帝国被拧紧螺栓，同时向波斯作出了媾和试探。[52]

哲学家们否定性地掂量海权的社会效应。满心厌恶的柏拉图鄙薄大海是个“坏邻居”，开创了海权的萨拉米大捷则令雅典人变得“更糟”。他发怒道，派雅典青年去见神话中的克里特岛牛头怪本将好些，好过该城经一支可恨的大舰队觅得它的自主和安全！亚里士多德也无法否认海军的价值，但他极力主张将海员隔绝出该城，圈在一个隐蔽的港口里保持隔离，以防航海生活导致社会杂交化。一个建立在海权基础上的城邦多么险恶：付酬给它的奴隶去划桨，向他们许诺胜后自由，使穷人有权有势。按照此类不切实际的抨击者，混乱的结果是良莠不分：沿雅典街道行走的高尚的绅士无法将自由民与其仆人区分开来，更不用说期望奴隶不挡他的道！[53]

269 然而，到头来似乎不可置信，雅典竟能建造和丧失至少两支全规模舰队，拒绝了斯巴达的至少三次媾和请求，奋力坚持战争达27年之久。然而，利害关系不仅在于雅典的胜负。宁可说，对战争爆发时占该城公民总数一半的两万名雅典穷人来说，胜利意味着自由和富足，失败则被许多人认作复旧的前奏，回复到一种可恨的地主寡头制之下的无权状态。穷人，而非反动的精英骑士或保守的自耕农夫，想打伯罗奔尼撒战争，想要保证他们的激进民主制堡垒、一支帝国舰队和一个由纳贡的各民主制属邦构成的帝国将是希腊的未来。因而，最后十年的海战所以那么剧烈和残暴，恰恰是因为在拜占庭、希俄斯和萨摩斯之类地方的数十万穷苦希腊人现在懂得，他们将要么继续在一个往往严苛的雅典帝国主义主持下投票决定问题，要么随雅典的败北而被迫接受寡头统治。

雅典的富人们觉得，自己只有能被征税的那么多资金。尽管有国有银矿产出的财富，但若三列桨战舰要依然航行海上，来自境外的追加收入便实属必要。到战争的第二年或第三年，由于围绕伯罗奔尼撒不断巡航，该城已在接近财政破产。作为回应，早在公元前 428 年就采取了种种措施，以便增加贡赋和帝国岁入。然而，伴随在西西里、弥罗斯和密提林海岸外的持续的海军行动，到公元前 426 年三列桨战舰的耗费已变得饥壑难填。对约 200 个帝国属邦的老的战前年度贡金估定额一直在 500 塔兰特至 600 塔兰特左右，当时雅典是个保护性的敲诈者，向其附庸要钱，以弥补给它们提供自身安全的成本。可是，刚到战争第四年，这估定额就已经飙升到 800 塔兰特。

终究需要更多的贡金，如果理论上 200 艘战舰一年服役 8 个月，从而能耗掉近乎 2 000 塔兰特去配备装置和人员的话。到公元前 425 年，帝国年度征收已飙升到 1 200 塔兰特到 1 300 塔兰特之间。然而，雅典的无法填饱的三列桨战舰依旧缺钱。一个城邦，曾就过度花费 1 000 塔兰特去建造雅典卫城神庙而难题缠身长达 20 年，目前却在每年耗费比这更多的钱，同时显得在战争中殆无进展，尽管作了这一切牺牲。

战争最后十年里，所有这徒劳的开支将会改变，其时斯巴达最终出来在海上迎战雅典人。公元前 411 年后，更多希腊人将在爱琴海拼搏和丧命，多过在战争头二十年的所有会战期间的，因为交战者终于同意彼此面对面决战，一劳永逸地了结这场战争。[54]

第九章

极　点

在爱琴海的三列桨战舰拼搏（前 411 年至前 405 年）

271 斯巴达造舰队

福米奥于公元前 429 年击败很大部分科林斯舰队之后，伯罗奔尼撒人基本上放弃了在海上打败雅典人的想法，颇像后者规避与斯巴达重装步兵的对阵激战。与此相应，雅典人往往被允许自由自在地巡航帝国各处。纵贯接下来 16 年，他们将近乎不受惩罚地差不多始终这么做；相反，伯罗奔尼撒人更像两次世界大战的规模较小的德国海军，只是在英国舰队身处别地或高枕酣睡的时候，才冒险出海去恐吓商人和中立国。

接着，突然间，意外来了公元前 413 年雅典人在西西里的大惨败，216 艘帝国三列桨战舰（或许其中至少 160 艘是雅典的）和差不多 45 000 名帝国人员被灭或被俘，这给了斯巴达的努力以新的推动力，刺激它急赶直追，建造一支由波斯金钱资助的新的泛伯罗奔尼撒舰队。雅典的庞大舰队一向无比侥幸，超出任何单独一个城邦本应有的资源限度。确实，它在公元前 482 年的创建只是在洛里温银矿意外大有斩获的一个结果，而它后来的维持依靠数百个属邦缴纳的帝国贡金。相反，没有银矿或纳贡的属邦，斯巴达在战争伊始的旧日幻想即创建一支有 500 艘战舰的巨型舰队就无法实现，除非依靠一个与波斯帝国的亵神同盟。

问题不仅是雅典丧失了一度宏大壮观的帝国舰队的三分之二，也不仅是仍留在比雷埃夫斯的大约 100 艘后备三列桨战舰处于种种尚未准备好的状态。更大的两难反而是在西西里的人员损失，连同导致成千成 272
万人丧命的瘟疫，扫灭了整整一代有经验的雅典桨手、海上教练和航海学徒，全都几乎不可能马上替换。有个相似的例子，即输掉勒班陀海战(1571 年)之后，奥斯曼土耳其的灾难不仅是丧失差不多 30 000 名海员和 200 艘单层甲板大帆舰——或另外数以千计的失踪的水手。更准确地说，成千上万训练有素的弓箭手——使土耳其战舰置人死地但用了多年去恰当训练的弓箭手——归于毁灭，必然导致即使到下一年已匆匆重建起舰队后，奥斯曼土耳其人仍将难得再度冒险驶入意大利人控制的水域。

在丧失于西西里的数以千计的帝国桨手中间，有三分之一到一半很可能是雅典公民和居留雅典的外邦人。剩下来两万名外邦人和盟邦海员丧命或被俘，不仅令帝国人力大减，还在丧失亲人的属民中间造成了针对雅典的怨恨浪潮。当宏大的舰队在公元前 415 年从比雷埃夫斯扬帆起航时，有欢呼雀跃和兴高采烈的庆祝景象，有对轻易掳掠和廉价荣耀的一心期望，可是它们早就烟消云散。与雅典人扬帆同行真的能使你和你的儿子们惨遭杀戮，丧命他方。

西西里之后，还有某个事情攫住了希腊人的心灵。或许那是战争的经久性；现在，自从斯巴达入侵雅典以来，差不多已有 20 年，近乎绝望的双方都在开始意识到终点不可能离得太远。也许，愈益增进的凶残可以归因于节节上升的损失和在锡翁尼、托罗内和弥罗斯放任肆虐的野蛮。然而，在战争的最后阶段，双方都有一种真正的愈益剧烈的狂怒感，以致在东爱琴海的三列桨战舰战斗也许更像第二次世界大战的日本战区而非欧洲战区，其时大多数军人毫不留情，心怀对其敌人的一种深切的肺腑恶恨和种族厌憎。

如果一个岛民要在未来划桨，那么可能更明智的做法，是为更高的给付而应募新的、规模更大的伯罗奔尼撒舰队。它很可能以数量更多的战舰在东爱琴海巡航，那里现在越来越少见老的雅典三列桨战舰。随战争在东爱琴海加剧，随希腊人力限度在约二十年持续不断的战斗损失后变得一清二楚，最后的海战成了竞相出价争夺雇佣桨手的斗争，不亚于航海技能的考验。换言之，战争将沦为一场强弱不等的财政较量，一边是黄金取之不尽的波斯，另一边是财源接近枯竭的雅典。[1]

273 雅典开始战争时有 5 000 塔兰特储金。可是西西里之后，它眼下在它的财库中仅有不到 500 塔兰特，几乎不足以建造 100 艘三列桨战舰并将它们保持在海上仅四个月。为保障比雷埃夫斯安全的 1 000 塔兰特专门紧急储金突然不那么神圣了。修昔底德断定，除了缺乏人员去弥补损失和配备留在舰棚里的很少几艘三列桨战舰外，也“没有钱存在财库”。不仅如此，雅典海军资金的两个传统来源——出自洛里温的白银和来自爱琴海的贡金——现在受斯巴达的蹂躏者和战舰侵害而岌岌可危。大多数希腊人认为，西西里之后“战争到头”。因而，倘若斯巴达不知怎地找到资金去建造一支舰队和给它的新舰员付饷，那么有一点就很有可能，即到公元前 413 年，它的桨手将不比大多数雅典替换桨手更少经验。[2]

在给伯罗奔尼撒海军提供几年可贵的帮助后，波斯人决定发挥一种积极得多的作用，其时自行其是的斯巴达海军将领莱山得与谋反青少年、阿契美尼德王朝王子小居鲁士在公元前 407 年达成一种权宜伙伴关系，那意味着伯罗奔尼撒人将拥有近乎无限的资金供给去建造战舰和雇用舰员。依凭压倒性的兵力数量优势，斯巴达人经得起在海上有恃无恐地持续挑战雅典人，因为有了损失将得到弥补的保证，当他们在一个对持续获得进口食物和宝贵贡赋来说至关紧要的战区耗竭雅典舰队的时候。[3]甚至早先，公元前 410 年春季败于塞西卡斯之后，波斯行省总督法纳瓦祖就已鼓励士气消沉的斯巴达人记住，波斯有充裕的木材去造战舰，还有大量替换武器、金钱和衣衫去重新装备任何在战败后幸存下来的水手。[4]

紧接雅典在西西里遭遇大灾之后，要求集聚伯罗奔尼撒三列桨战舰的时机到来，可是维奥蒂亚人、科林斯人、洛克里人、福基斯人、梅加拉人和阿哥利德诸邦派出的战舰不超过 75 艘。这连同斯巴达人自己的区区 25 艘，仍只构成一支仅有约 100 艘战舰的联合舰队。西西里诸盟邦证明同样令人失望。尽管靠一支伯罗奔尼撒舰队及时抵达而在叙拉古海港被救，但作为回报，它们仅给斯巴达的事业添上了几乎不过 22 艘舰只——因为它们担忧附近咄咄逼人的迦太基。如此，浮现出一个可能，即在公元前412年伯罗奔尼撒人或许不久将取得在海上的兵力数量均势，一种短期局面，意味着斯巴达至少能依凭同等数量的战舰和并非更少经验的舰员，以此与稚嫩的雅典再生舰队交战。

来自叙拉古和科林斯的老练的海军军官早就组织过舰队，他们被包 274
括进来或可说明伯罗奔尼撒大舰队的指挥将领中间何以有航海经验的某种共享。例如，时常提到科林斯人阿里斯顿那样的娴熟的领航官，他是“叙拉古舰队的最佳导航”。他设计出一种让海员在岸上迅速进膳的办法，使他们的三列桨战舰尽可能快地重返海上行动。同一位创新者还极可能导致叙拉古战舰装有较短和较低的撞角，以保证它们撞击吃水线以下，而且载有更多兵员。[5]

尽管如此，仍然从未得到充分解释的是，一个像斯巴达那样的极端保守的内陆国家，一个不仅极少航海经验、而且公然厌憎伴随海军力量的全部社会涵义的国家，怎么在不到十年时间里，将稚嫩的舰员和崭新的战舰转变成雅典伟大舰队的一个强大可怕、成熟老练的对手。东爱琴海斯巴达舰队的创建，与布匿战争期间的罗马舰队和20世纪开初时候的日本帝国舰队一起，跻身于史上最大的海军成就之列。

古代观察家们谈论斯巴达海军的胆大包天，通常是经斯巴达人自己承认他们并不真正懂得自己在做什么。“派全无经验的人员出海”去替换“刚开始了解海军事务的人员”：这就是斯巴达东爱琴海政策的概括，似乎甲板上的斯巴达重装步兵个个一样好。[6]想象一下斯巴达人乘着摇晃不已的三列桨战舰在爱琴海中央，人们或可套用萨缪尔·约翰逊的话，不是惊异于事情干得好，而是惊异于毕竟干了事。

大　浴　血

然而，如果说公元前429年往后爱琴海一直相对平静，那么突然，从公元前411年至公元前404年，雅典人在至少七场大海战中与斯巴达人及其盟友相遇。无论何时何地，彼此敌对的舰队难得愿意彼此反复交战，直到一方不仅被击败而且被歼灭为止。在汪洋大海上小心保护其可贵资产的海军将领们秉持这样的保守态势。有如英国人系统地摧毁拿破仑的舰队，或如美国第七舰队与日本人的残酷的殊死搏斗，那最后以第二次世界大战以前世界最致命的航母和战列舰兵力的彻底毁灭而告终，现在雅典和斯巴达都不再谋求单纯的战术优势，而是愿冒丧失一切的风险去了结敌人。

275 要赢，斯巴达就须杀灭、俘获或打散最后一大群雅典及其盟邦的水手，人数至少高达另外5万名，并且击沉另外200艘战舰，否则十年一过它们就可完全弥补西西里远征的损失。这最后几场横跨爱琴海的海战——往往被总称为爱奥尼亚战争——是在小亚细亚西部（爱奥尼亚）岸外水域和在赫勒斯滂（现称达达尼尔海峡）或其附近一决胜负的。如果说维奥蒂亚——到公元前4世纪九场重装步兵大会战的所在地——曾被底比斯将领伊帕米浓达称作“战争舞场”，那么人们就可以将赫勒斯滂和毗邻的普罗彭提斯（马尔马拉海）称作“死亡之海”。仅在这些区域就大概有5万人被杀、失踪或被俘，在位于塞诺西马、塞西卡斯和伊哥斯波塔米的仅三场海战中，它们全都处于一个半径60英里的范围内。此外，从公元前412年至公元前404年，数以千计的更多的雅典人、波斯人和伯罗奔尼撒人死于爱奥尼亚沿海四处的伏击、海上攻击和胡乱杀戮。[7]

伴随在德塞利亚建起一个经久的要塞，新的伯罗奔尼撒舰队自信现在有足够的实力去阻止谷物船抵达阿蒂卡。因而它认为，这次在一年数季连续的陆海联合打击下，雅典城不久将破产，即使不闹饥荒：始终令阿蒂卡农夫远离其土地，摧毁输入食物的船只，阻绝前往产粮区的通道，保证属邦能安全造反和不纳贡金，与此同时击沉雅典的三列桨战舰。德塞利亚是阿基达马斯早先失败了的战略的对立面，后者没有提供经久的存在，也没有相伴的海军战略。

雅典人败于叙拉古大港后不久，一支变得大胆和经过重构的斯巴达舰队在一系列胜负未决的爱琴海海战中与雅典剩余舰队交战，地点为斯皮里昂（前412年）、锡梅（前411年）、希俄斯（前411年）和埃雷特里亚（前411年）。虽然双方在这些颇为朦胧不清的海战中损失很小，然而前后相继的冲突开始损耗一个衰弱的雅典，且有摧毁另外30艘左右雅典三列桨战舰的实效。

更重要的是，或许有5 000名海员被杀、被俘和被打散。尽管在重建舰队上花费了它的最后1 000塔兰特关键储金，但战略上雅典不再能控制哪怕它自身海岸外的海区。它还处于丧失很大部分爱奥尼亚和随之丧失一个贡金丰厚的帝国的边缘。雅典人败于优卑亚附近的埃雷特里亚，丧失了22艘战舰，大多数舰员阵亡或被俘，此后惊恐降临该城，大于两年前西西里惨败的消息传到比雷埃夫斯以后爆发了的准骚乱。[8]

战争的最后阶段接着转向赫勒斯滂北岸。那里，靠近被称作色雷 276
斯的科瑟尼兹的那个半岛，斯巴达人现在拉紧索套，希望切断普罗彭提斯与雅典之间的海上航道。公元前411年夏天在塞诺西马，卓越将领色雷西布卢斯麾下的76艘雅典战舰击退了规模更大的伯罗奔尼撒舰队，后者有86艘三列桨战舰。或许32 000名海员参与此战。在横跨约11英里海峡水面的这场战斗中，至少损失掉36艘战舰。伤亡总数不得而知——虽然可能有多达7 000人被杀死、打散或击伤。雅典人宣称得胜，理由是他们至少保全了他们最后的舰队。他们在西西里惨败后的第一场重大战斗中重振了士气，击败了一支舰队，其中包括若干艘上次在大港灾难中遇到的可恨的叙拉古战舰，并且确保了与雅典的商业往来照旧畅通。有如修昔底德正确地指出的，“他们不再认为自己的敌人在海军方面非同小可”[9]。

然而，在这样的消耗战里，资源优势正开始向伯罗奔尼撒人倾斜。他们新得的海上勇气将鼓励其盟友和密切观察着的波斯人增加投入。相反，要赢得海上战争，雅典人将不得不令斯巴达人遭受压倒性损失，同时保住他们自己的现在弥足珍贵的每艘三列桨战舰。例如，修昔底德这么谈论雅典人在塞诺西马的胜利(战斗地点离加利波利不远)，说它来得“恰逢其时”，因为伯罗奔尼撒人在前两年的小损失和雅典人在西西里的大灾难已经使他们“害怕伯罗奔尼撒舰队”。[10]

令伯罗奔尼撒人更惨的是，几周后在离得不远的阿卑多斯，斯巴达人再度逼战。那里，他们将丧失另外30艘战舰，还有数千名舰员。然而，塞西卡斯海战前，亚西比得——公元前411年他已改头换面回到雅典担任海军主帅——最好地概说了雅典的困境。解释他的舰员们为何不得不“在海上打、在陆上打、对着墙围的要塞打”之后，他以承认一个艰难的现实作为结尾：“原因在于，我们没有钱，敌人却有他们希望从波斯国王得到的一切。”[11]

斯巴达不会被在阿卑多斯的损失吓阻，不去从事它的雄心勃勃的努力，即摧毁曾经宏大的雅典舰队的所剩舰只。在会战与革命之间的时段里，斯巴达人在公开市场上用波斯给的津贴招徕桨手，正确地估计伯罗奔尼撒海军的较高给付将诱人逃离雅典舰队，后者现在倚赖雇佣桨手。[12]

277 大约六个月后，公元前 410 年 3 月，在离塞诺西马 35 英里远的地方，靠近塞西卡斯，斯巴达舰队再度公然逼战。在爱奥尼亚战争的这继塞诺西马和阿卑多斯之后第三场连续的海战中，伯罗奔尼撒人遭受又一次挫败，尽管他们现在惯有兵力数量优势。老牌将军色雷西布卢斯和亚西比得令人鼓舞的领导，连同新一代雅典桨手引人注目的航海技能——他们在一场风暴中出海且殆无瑕疵地运用“周边行驶”(*periplous*)法，解释了何以赢得这非凡的胜利。事实上，塞西卡斯海战证明是整个战争期间任何希腊舰队遭受过的最大海军灾难之一。然而，这是爱琴海大浴血的开始，而非其结束。

另 60 艘舰只，包括 20 艘叙拉古三列桨战舰，现已丧失，其中某些是沮丧的舰员见到盟友失败后烧毁的。人员损失不得而知，但必定很多。或许有远不止 1 万名海员被俘获、打散或杀死，包括斯巴达将军门达鲁斯。在其希腊史的最著名文段之一里，史家色诺芬援引一封送回斯巴达老家的简洁的书信。该信出自幸存的海军副将希波克拉底之手，但被得胜的雅典人截获。信中写道：“战舰毁灭。门达鲁斯身亡。兵众在挨饿。我们不知所措。”[13]

怎么办？不到一年，斯巴达就遭受了大得惊人的损失。约 130 艘至 160 艘战舰毁灭——差不多等于两年前它的伯罗奔尼撒和叙拉古盟友的全部贡献。究竟多少人死伤或失踪则未有记载。理论上，有 2 万至 3 万名海员置身于这些覆没了的战舰；实际上，无疑有几千人很可能逃脱或被俘。

突然间，战争的整个进程开始改变。西西里之后，希腊人已普遍认为雅典完了。现在，他们却不那么有把握。雅典的食物供给依然安全。盟邦中间的造反已较少可能。雅典的海军威望再度不受质疑。而且，最重要的是，色雷西布卢斯、提拉门尼和亚西比得之类将军已经证明是更胜一筹的战术家，远优于差不多所有伴着斯巴达人去爱琴海的海军将领。

塞西卡斯之后，垂头丧气的斯巴达显然回想起一点：它为何在约20年前未寻求对雅典海战。沮丧之余，斯巴达迅速给雅典发出和平试探。“雅典人，我们想与你们媾和”，他们的使节吁请道，提议返回战前现状。然而，或许由克莱奥丰之类蛊惑性的煽动家领导，雅典公民大会现在雄起，陶醉于胜利，同时经公元前411年失败了的寡头政变而极端多疑。约三年里首次，雅典人设想光复整个爱琴海。也 278
许，他们真的能一劳永逸地摧毁斯巴达舰队，并将波斯人逐出希腊事务。对他们辉煌取胜后接着如何干没有把握，雅典人不明智地玩了四年防守，从公元前410年至公元前407年，与此同时斯巴达人重建了他们的舰队，而且给他们自己找到了一位真正的军事天才莱山得，虽然此人直到公元前407年即战争临近结束为止，始终没有脱颖而出起重要作用。

对雅典人来说不幸的是，该城的政客当中极少有人明白这场新的爱奥尼亚战争的真正复杂性，且不理睬三位卓越的将领即亚西比得、色雷西布卢斯和提拉门尼的提议，他们为之带来了那么惊人的胜利。真实情况是，战争现已急剧改变，不再能按照过去几十年老的斯巴达/雅典陆海简单对抗予以看待。斯巴达新获的、经其西部诸省总督直接援助而染指波斯帝国财库的能力保证了一点：雅典的敌人有不可穷尽的雇佣兵、新战舰和金银钱供给，这些钱用来雇富有经验的桨手，而非来自伯罗奔尼撒的乡巴佬农夫。

要抵消斯巴达的兵力数量优势，要打消它反复速战的决心，雅典就不得不**在每场大会战中**依靠高超的航海技能和优越的指挥，而无任何犯错余地。它不能打防御战，因为它正试图维持一个帝国，涉及的不止是仅仅挡住斯巴达舰队。而且，雅典在塞西卡斯得胜的一个未预料到的结果，是斯巴达指挥部被复审重整，导致任命一位新的海军统帅莱山得，他甚至超过伯拉西达，将证明是整个战争中无论就哪一方而言的绝对的军事天才，希腊自提米斯托克利往后产生过的最无情、最卓越和最多面的战役统帅。绝大多数斯巴达将军是斗士(有着索拉克斯意即“胸铠”和莱昂意即“狮子”之类凶名)，但难得是既英勇又富有战略洞察力的人物，领悟到如何打败像雅典帝国那样阴恶的强权。莱山得是个

279

色雷斯
塔索斯
伊哥斯波塔米 405
塞诺西马 411
朗普萨库斯
塞西卡斯 410
塞托斯
赫勒斯滂
阿卑多斯 411
莱斯博斯
波斯帝国
阿吉纽斯 406
爱琴海
优卑亚
维奥蒂亚
埃雷特里亚 411
哈尔基斯
希俄斯 411
奥罗珀斯
卡里斯图
埃莱夫西斯
诺丁姆 406
萨摩斯
以弗所
阿纳亚
雅典
安得罗斯
科林斯
泰诺斯
厄基那
米利都
弥罗斯
特里奥皮乌姆角
哈尔凯
克里特海
罗得斯
克里特
地中海

爱琴海战

0 英里 100
0 千米 100

素质类同于伯拉西达和吉利普斯的人物(俱非斯巴达王族成员，因而都被认为多少可被牺牲掉)，他的出场加上波斯资金的更大注入几乎立即被感觉到，随这位斯巴达自行其是者系统地捕获谷物船，猛烈袭击雅典要塞，并且奴役被俘族民。下一场大海战是在诺丁姆(前 406 年春季)——斯巴达利用海军对抗方面的三年空隙重建舰队——其中亚西比得将指挥权暂时留给一名低级舰长安提奥库，严令当他不在时规避交战。

相反，雅典人匆忙在以弗所海岸外与莱山得相战，立即失掉 22 艘 280
无可弥补的战舰。无论怎样衡量，这在塞诺西马、阿卑多斯和塞西卡斯战捷之后令人眩晕的兴奋中只是小意思。另一方面，每艘雅典三列桨战舰现在都弥足珍贵。尽管事实上，当亚西比得在其下属败北后返回诺丁姆的时候，雅典人仍有像莱山得一样多的战舰，可是这损失在一个极感危机的雅典激起狂怒，引发了关于亚西比得的幽灵，即他过去的阴谋诡计和两面三刀。

亚西比得再度被放逐，雅典由此失去了它的最为能干、最得民望的海军将领。诚然，雅典仅丧失很少舰只，它的由剩余的 108 艘三列桨战舰组成的舰队在规模上大体等同于伯罗奔尼撒舰队。可是，雅典的困境不仅是它必须止住波斯出资的舰队，而且是它还有一个在爱奥尼亚的帝国要保护：这一事实在战略上意味着需要战舰方面的数量优势，而非均等。[14]

几个月后在密提林，科浓麾下的雅典人将另外 30 艘战舰葬送给斯巴达舰队，后者再度壮大到有 140 艘至 170 艘舰只。作为回应，雅典人开始拼命寻求更多人力，将老人和年轻人、奴隶和自由民、穷人和富人一概送上三列桨战舰，以图给足够多的舰只配备人员去阻挡滚滚压来的斯巴达大军。到同一年春末，这生死搏斗继续下去，舰队再度出海，在爱奥尼亚海岸外彼此交战。前五年里，在斯皮里昂、锡梅、希俄斯、埃雷特里亚和阿卑多斯等较小海战和塞诺西马、塞西卡斯和诺丁姆三场大战中，雅典至少丧失了 84 艘三列桨战舰，连同也许多达 16 000 名海员。反过来，斯巴达遭受的毁伤近乎翻倍——160 艘战舰被击沉或俘获，还有与之一起或许多达 30 000 名水手。[15]

最后大战

总合起来，爱奥尼亚战争的未经预料的头几年已证明更具灾难性，超过更为著名的雅典西西里惨败。总计差不多有50 000名希腊人溺死或被俘、阵亡、被处死或溃散，连同近250艘三列桨战舰——就实际而非相对的损失来说等于巨大的美国海军丧失10艘现代航空母舰与其每艘5 000名舰员。然而，更糟的还在后面。

到夏末，对雅典人来说，过去七年的得失已无关紧要。现在要紧的是，在前两次的密提林和诺丁姆败北后，舰队已减至不足80艘三列
281 桨战舰，可能无力保证从克里米亚的谷物进口或守住小亚细亚的纳贡希腊城邦。与其放弃他们的帝国，雅典人孤注一掷，设法给60艘新的三列桨战舰配备人员并投放出海——不分奴隶和自由民一概作为桨手登舰——并且急令它们驶往爱奥尼亚，与在海上所剩的战舰会合。造船匠在短短一个多月里就建造了几十艘生嫩的战舰，随该城从卫城山上的雕像刮取贵金属饰面，将其熔铸以发行钱币，用来建造草草拼凑的战舰和为之配备人员。希望在于重建一支舰队，有140艘以上三列桨战舰，那或许有机缘去抗击愈益壮大的伯罗奔尼撒舰队。这功业并非不可能，因为约70年前(前483年至前480年)，提米斯托克利以少得多的经验，在仅仅两年多时间里建造了第一支伟大的雅典舰队，有约200艘三列桨战舰。事实上，借助于萨摩斯人的援助，新舰队现在已有三列桨战舰155艘：鉴于晚近的灾难，这多得令人惊讶。

斯巴达令一系列新舰队下水可以理解，因为它们由波斯资助，而且在战争早先二十年里损失较轻。然而，难以想象的是，雅典历经瘟疫、西西里和爱奥尼亚战争中的持续消耗，怎能在战争的第三个十年之末投放这么一支海军力量。极少同时代人预想到，到公元前406年，经25年战争和成千成万人丧命之后，雅典竟会发动一支大舰队，大得几乎不亚于希腊史上的任何舰队。

在阿吉纽塞列岛外，尽管大部分替补舰员缺乏经验(数以千计的阿蒂卡奴隶现在依据授予自由的许诺被征召，与此同时城里最富的骑士自

愿划桨)，尽管匆匆建造的战舰在质量上劣于伯罗奔尼撒舰队，但雅典人自西西里惨败以来首次享有旧日的兵力数量优势。约 120 艘伯罗奔尼撒三列桨战舰被集合起来，在卡利克拉提达斯麾下去迎战它们，此人最近在密提林击败了老练的雅典海军将领科浓。除了援引几十艘战舰的数量优势，至今学者们还纳闷雅典人依凭未经训练的战舰和奴隶充任的舰员，且刚经历过失败，竟能那么决定性地歼灭久经实战的伯罗奔尼撒舰队。

阿吉纽塞战役证明是伯罗奔尼撒战争中最剧烈的海上会战。这场交战也许标志了萨拉米海战往后在一次遭遇战中最大的战舰集合，因为有超过 270 艘三列桨战舰和 50 000 名桨手冲突拼搏。第奥多鲁斯认为，它是史上希腊人对希腊人的最大海战，同时大多由奴隶划桨的雅典战舰给了民主制自萨拉米往后它的最大胜利。

在一阵凶残惨烈的舰只互撞后，雅典人摧毁了约 77 艘斯巴达及其 282
盟邦的三列桨战舰，自己仅损失 22 艘：3：1，一个令人惊异的击杀率。伯罗奔尼撒舰队的 64%在几个小时里被毁，显著超过先前在阿卑多斯、塞诺西马和塞西卡斯的非常严重的损失率——平均为不可持续的 28%——的两倍。由于在阿吉纽塞损失了其兵力的三分之二以上，斯巴达及其盟邦现在仅 5 年时间就已遭 250 艘战舰沉没，损失了其上配备的 50 000 名划桨手和陆战兵：一场很少被认识到的灾难，令公元前 413 年雅典人的西西里之灾相形见绌。

然而，差别在两方面。第一，斯巴达将领回首向一个寡头制国家汇报，那里普通公民极少能将演讲者轰下讲坛并且煽动起群氓大众。第二，泡汤的钱财和被杀的舰员大多不属拉哥尼亚，而是雇佣海员和波斯出资的三列桨战舰。这些差别可以解释为何雅典人在艰难得胜之时堕入绝望，斯巴达人却在大灾大难当中继续自己的步步消耗政策。[16]

阿吉纽塞悖论不是雅典人近乎歼灭了斯巴达舰队，而是他们在此过程中损失了约 26 艘三列桨战舰，连同其上的大多数舰员。耸人听闻的故事很快渗回雅典，说有被弃的“数以千计的”未亡者在风浪汹涌的海里上下浮动，抱住舰只残骸挣扎保命，还有“被弃的”死者尸体同样未经收殓。在随后的众声咆哮中，10 名将军中有 6 名因玩忽职守而被处决(其中有伯里克利的最后一个活下来的儿子)。其余将领——雅典最有才能的军官——落荒而逃，流亡境外，因为害怕同样被判死刑。

然而，离在西西里丧失200艘帝国战舰和在爱奥尼亚战争中丧失另外100艘不到十年，即便在阿吉纽塞失去26艘战舰或曰舰队的16%这一小损失也仍是个挫败。斯巴达处于又一次绝望时刻，现在可能已再度遣使求和，许诺撤出德塞利亚，不打扰已遭伤残的雅典帝国。而且，作为交战结果，民主雅典本可在半个世纪里最大的三列桨战舰会战中赢得一项关键性胜利；可是，公民大会里的群众胜后仍觉痛苦，比获胜前更加痛苦。因而，他们拒绝和平试探，同时却未能以再次直接进攻斯巴达舰队去胜上加胜，根本上浪费了艰难赢得的势头，使之成了毁灭它自己的顶级军事指挥的开胃品。[17]

一个往往胜时甚于败时去怪罪自己的城邦是在显露一种晚期疾病的
283 征象，为本身生存而战之际却举行役后听证会去评估罪责。在爱奥尼亚战争的几场像塞诺西马、塞西卡斯和阿吉纽塞那样真正的恶战中，雅典每次都赢了。然而，它现在不知怎地却比斯巴达更丧气，后者遭受了两倍于它的损失。因为每名水手都被视为无可替代，从而每位经选举产生的将军都要为无论什么损失负责。有如阿基达马斯曾告诫过的，这场战争最终将取决于金钱；可是，甚至他也全未想到，四分之一个世纪之后，竟是他的斯巴达同胞而非帝国雅典会有更多的金钱和人力储备，连同一位比任何最有经验的雅典海军将领都远更大胆和多才的统帅莱山得。

两年后，雅典的运气终于在伊哥斯波塔米（“山羊河”）耗尽，那位于阿吉纽塞北面几英里。亚西比得和色雷西布卢斯之类将军流亡在外或被逐出，因而指挥才能实属稀缺，但不知怎地仍有大量未经训练的桨手、草草拼凑的战舰和各色各样的门外汉，他们急于为帝国雅典的理念而领兵战斗。离赫勒斯滂岸边的塞托斯不远，莱山得突然向位于或靠近滩头的自鸣得意的雅典舰队袭来；大多数舰员在斯巴达人四天佯装全无动静之后，确信不大可能摊牌恶战。可是在第五天，莱山得突然出击，适逢数以千计的雅典人分散在岸上搜寻食物和补给。有欠明智，海军将领们在其补给地塞托斯两英里（约15斯塔德）以外扎营，从而发现后勤支持不断与备战抵牾。仅寥寥几艘战舰设法出海，以对付斯巴达人的突袭。绝大多数战舰只有一两排桨位满员。[18]

结果是一场凄惨的屠戮。斯巴达舰队摧毁、伤残或俘获了180艘三列桨战舰中的170艘，击散了数以千计的桨手，然后处死了3 000名至4 000名被俘的雅典舰员，仅饶属邦人和奴隶活命。几分钟里胜者大肆屠宰，杀人超过战争中两场最大的重装步兵会战——第力安和门丁尼亚战役——期间的死亡数。这场希腊城邦史上最为决定性的海军败仗甚至没有真正在海上打，而且某种意义上根本不是三列桨战舰会战。宁可说，莱山得的战舰趁成千成万人在滩头上进食、睡觉和闲逛之际发动突袭。而且，设法离岸的雅典战舰近乎全被击沉在岸边浅水区。[19]

紧随该战之后，莱山得的胜利舰队壮大到200艘战舰，或许是近80年以前雅典舰队与盟邦会师萨拉米往后，一个城邦的三列桨战舰进行的最大一次集中航行。伯罗奔尼撒人的这支新的巨型舰队有计划有步骤地游弋于爱琴海各处，在各关键港口驻扎战舰，并且宣布雅典帝国归 284
于覆亡。伊哥斯波塔米之战是欧洲史上最为决定性的海战之一，有如薛西斯的三列桨战舰在萨拉米被摧毁(前480年)，奥斯曼土耳其舰队在勒班陀海岸外被消灭(1571年)，西班牙无敌舰队在1588年会战中败北并撤退，以及法国人遭灾特拉法加岸外(1805年)。然而，与早先的海军大灾难不同，伊哥斯波塔米是史上极少的如下战役之一：在其中，这么一场极严重的挫败不仅导致撤退和收缩，而且导致整个帝国的真正崩溃。[20]

我们的亚西比得现在怎样？作为一名19岁青少年，他曾那么英勇地在波提狄亚围城战中开始了战争经历。虽然另一位亚西比得，他的同名亲戚和流亡伙伴，紧随诺丁姆战役之后被雅典将军色雷西卢斯逮住，当作叛徒被石头砸死，但亚西比得本人再度活了下来。[21]

血腥的爱奥尼亚战争使他成了英雄、替罪羊和——最终——不相干者。在波提狄亚令他少年成名的才智和英雄主义在塞西卡斯表现得淋漓尽致，昭彰无比，当时在击败斯巴达舰队和结束海军将领门达鲁斯的军旅经历上，新抵达的亚西比得起了一个关键作用。公元前410年至公元前408年，亚西比得将熟练桨手整合进雅典舰队，开始从赫勒斯滂的波斯行省总督法纳瓦祖那里筹得金钱，并且主持夺取哈尔西顿和拜占庭这两个关键城邦。

亚西比得现在40岁，处于他的权势顶点，通晓从事了约20年的政治诡谋和一大批战役。他饰有波提狄亚围城战的荣光，巡逻过阿蒂卡乡间，在第力安败战中参加后卫队，策划了一个与亚哥斯的政治同盟，操纵发动西西里远征，为斯巴达无中生有创建了一支舰队，还试图靠许诺毁灭雅典和斯巴达两者将波斯拉拢过来。

确实，整个战争期间，亚西比得没有参加过的关键会战简直极少。公元前411年，他神气活现地返回雅典一边，因为大众原谅了西西里一事，交还他的财产，而且盛赞他在爱奥尼亚海岸外复兴了雅典舰队。然而，鉴于他本人的浮夸和公民大会的无常，这么一种简单的和解不可能长久。将他在诺丁姆的三列桨战舰留给低级下属安提奥库之后，后者不明智地与莱山得交战并败北，结果公元前406年亚西比得再度遭到诅咒，并被解除指挥职务。二十年前的老指控重新浮现——公然伤风败俗、与波斯人和斯巴达人三角勾结、玩忽职守——既出于妒忌心也不无理由，他现在第三次也是最后一次离开雅典。[22]

就雅典在这场可怕的三十年战争中的全部经历而言，亚西比得的终结是个适切的隐喻。战争最后两年(前406年至前404年)，他流亡境
285 外，寓居他在色雷斯周围的私人据点之一，无疑是在暗中策划某种异想天开的第三次返回。伊哥斯波塔米之战——讽刺性地在爱奥尼亚岸上他的临时寓所看得见的地方进行——排除了这一切。再次，适逢莱山得进攻之前几小时，他给将军们提出了正确的战术建议，然而遭到拒绝，理由全都关乎对这位业经证明的智多星的妒忌和不信任，与他的军事思维的敏锐性极少关系。

迟至是时，仅有的一位或许能拯救或毁灭雅典的雅典人被告知滚蛋。能干的将军们无视他的明智劝谕，即在他们的外邦桨手中间贯注纪律，同时立即移往一个较能防守的位置，于是他们输掉了伊哥斯波塔米战役，输掉了他们的舰队，乃至输掉战争本身。投降后不久，亚西比得在弗里吉亚被谋杀。不知道肇事者究竟是谁：是“三十僭主”的右派代理人，他们害怕他对雅典大众的广泛吸引力；是波斯行省总督法纳瓦祖派去的杀手，他担忧亚西比得将披露他本人的反国王阴谋；是出自记得对斯巴达的旧日背叛的莱山得的使者；还是又一名他诱奸了的年轻处女的暴怒的兄弟？没有任何雅典人展现出这么一种既拯救又毁坏其母邦的能力，也没有任何人有这么多强势的朋友和危险的敌人。有

如雅典本身在伯罗奔尼撒战争中的经历，亚西比得的一生同样反映了这场冲突，并且以同样悲剧性的方式，证实了一番非常巨大的浪费。 到头来，雅典城和它最为浮夸、最有才华的公民共有同样的命运，巨大的潜在被毁的而非充分实现了的命运。

然而，在紧随战争结束后的悲苦岁月里，梦想仍未死灭。 公元前403 年夏季最压抑的时候，在斯巴达重装步兵巡逻卫城和“三十僭主”统治雅典之际，据说雅典人仍不绝望，只要他们相信流亡的亚西比得依然活在某处：

> 尽管有他们目前的苦境，某种模糊的希望依然流行，即雅典人的事业并未彻底失败，只要亚西比得还活着。过去，他从不情愿作为一名流亡者过一种懒散和平静的生活，现在他也不会——如果正好有个可用的计策的话——宽恕拉栖第梦人的傲慢和三十僭主的疯狂。[23]

可是这次，曾经宏大的舰队和传奇般的亚西比得都消逝已久，它们是一个受了惊吓的民心的十足幻影，这无法真的相信地平线上没有另一支三列桨战舰舰队。

梦想死灭 286

伊哥斯波塔米之后，不再有雅典战舰横在斯巴达舰队与比雷埃夫斯之间。 现在，就任何实际意义而言，战争和雅典本身都已完结。 希腊文献中最动人的段落之一是史家色诺芬的见证，讲述了伊哥斯波塔米之灾的消息最初传到比雷埃夫斯时雅典的大不幸：

> “帕拉洛斯号”是在夜里抵达雅典，带来了对灾难的述说，哀嚎恸哭声便从比雷埃夫斯经长墙奔入内城，因为消息逐人相传。而且，夜间无人入睡，不仅为那些死去的人们悲伤，还更多的是为他们自己断肠，疑惧他们是否将遭受他们对拉栖第梦人的殖民后裔弥罗斯人做

> 了的同一些事情，在经一场围城战征服他们之后，还有他们对赫斯替亚人、锡翁尼人、托罗内人、厄基那人以及许多别的希腊族民做了的那些。[24]

按照任何公平的估计，伊哥斯波塔米残杀堪称爱奥尼亚战争的终结，这场战争是十年之久的灾难，在其中不止270艘雅典战舰和超过50 000名帝国海员被俘、失踪、被击溃或被毁被杀。总计，约500艘希腊三列桨战舰很可能在爱奥尼亚战区被击沉或损伤。或许双方共遭受100 000人伤亡。

就名人而言，爱奥尼亚战争同样一点不差的是一场大浴血。斯巴达人失去了多位将军，像卡利克拉提达斯、门达鲁斯、拉波塔斯和希波克拉底之类坚韧顽强之士，雅典人则从公元前412年到公元前403年在会战中牺牲掉、放逐了或处决了城内剩下的差不多每一位有才能的海军将领。伊哥斯波塔米之后，环顾四周找不到一位富有经验的海军指挥官。**所有**久经沙场的人都要么已命丧黄泉，要么流亡在外——亚西比得、亚里斯多基尼斯、亚里斯多克拉底、科浓、第密敦、埃拉辛尼德、利西亚斯、小伯里克利、普罗托马胡斯、色雷西布卢斯和色雷西卢斯。对一个希望理解为何雅典输掉伯罗奔尼撒战争、为何斯巴达胜出却无真正的能力强行贯彻其意志的人来说，爱奥尼亚战争这场大浴血，水手和将领的大量死亡，大概将说明许多。

公元前405年10月败于伊哥斯波塔米后，雅典拒不投降约达6个月，直到公元前404年3月为止——被有约150艘三列桨战舰的莱山得舰队封锁，同时两位斯巴达国王逼近其城墙，即阿基斯从德塞利亚出发，波桑尼阿斯偕同一支庞大的兵力从伯罗奔尼撒进军北上。然而，
287 鉴于希腊攻城术的原始性质，该城的防御工事依然固若金汤。因而，斯巴达人转而等待饥馑和政治不满发生作用。

伊哥斯波塔米之后6个月，饥饿和革命终于促使雅典寻求让步条件。某些寡头争取到了斯巴达的保证，即该城本身不会被夷平，尽管底比斯人、科林斯人和一大批别的人怒火中烧，他们渴望灭了雅典。伊哥斯波塔米战役的底比斯海军将领伊里安索斯提议——如同美国财政部长亨利·摩根索旨在将战后德国变为一个永久农牧国家的臭名昭著的

计划——雅典不仅要被夷平，而且所有雅典人要被奴役，城址转变为牧场。 到头来，帝国雅典与其代表的一切终归完结就够了——因为该城同意拆倒其长墙，拆毁在比雷埃夫斯的防御工事，让其纳贡属邦获得自由，维持一支不多过 12 艘战舰的海军，允许右翼流亡者返回，建立寡头制，并且加入一个与斯巴达的军事同盟。[25]

第十章

毁 灭?

胜方与败方(前 404 年至前 403 年)

289 死灭还是更生?

雅典——或者希腊本身——是否毁于战争？ 一整堆古典学学问曾经论说战后希腊“衰落”，还有在伯罗奔尼撒战争之后出现的公元前 4 世纪的贫困、社会动乱和阶级斗争浪潮。 转过来，维多利亚时代的人觉得这损失不止是“本来可能之事”，战争不仅终止了雅典理念，而且终止了“希腊盛景”本身和在更广泛的地中海世界的希腊文明化影响。

例如，伯纳德 · 亨德森以下述伤感的反思结束他的伯罗奔尼撒战争军事史：希腊史的浪漫“半个世纪始终照亮雅典和人民领袖的帝国民主制。 雅典沦落，照射在她上面的光芒消逝。 尽管有德摩斯梯尼即使错误但也激昂的雄辩，该城仍从此往后栖于永久的阴影之中”。 阿尔弗雷德 · 齐默曼，一位深深介入国联运作的乌托邦主义者，最好地概括了维多利亚时代的观点，即伯罗奔尼撒战争是古代史的——而且确实是世界史的——悲剧性分界线：

> 在一个极妙的半世纪里，在这任何单个共同体的成文史上最丰富、最愉悦的时期内，政治与道德——民族和个人生活的最深刻最强

> 劲动力——始终携手前行,迈向一个完全的理想,即在完美国家里的完美公民。人类生活中的一切高尚事物似乎沿这条道路尽现:“自由、法律和进步”,真理和美,知识和德性,人道和宗教。现在,众神已 290
> 将它们摔得粉碎。[1]

就短期而言，这样的惨淡评价听来真确。战斗在公元前 405 年秋季终止后不久，确实负有羞辱和人命的民主制开始瓦解：军事失败的羞辱，成千上万不幸的支持者的丧命，他们在近十年之久的爱奥尼亚战争期间丧生于爱琴海。公元前 404 年春天的正式投降之后，民主制被一个狭隘和气质卑劣的寡头制（“三十僭主”）取代，与此同时雅典的境外旧日纳贡属邦得到“解放”，被留待自行其是。伊哥斯波塔米败北确实标志了雅典—斯巴达直接战事的结束，但直到被围困的雅典在公元前 404 年春天放弃民主制为止，战争并未正式告终。

取代了进步的民主霸权，一个低能的斯巴达保护国手脚笨拙，试图将寡头制强加于雅典的前属邦，那使小亚细亚的最易受伤害的各邦任由波斯予以直接或间接的宗主控制。在和平时期，施行征服的莱山得很快被证明是一种与伯里克利不同的国务家，一名寡头的而非民主的帝国主义者，其残酷未经任何尊严感淡化。

一场短暂的内战推翻“三十僭主”后，民主政府到公元前 403 年末已重新牢固地管控雅典——样式荣光，形态辉煌。它将提供又六十年的相对安宁和稳定，如果不是危险的疏懒的话，直到公元前 4 世纪 40 年代马其顿的腓力猛攻直下。第二个雅典海上联盟，没有可憎的纳贡或强制没收土地，在公元前 378 年建立起来，离战争结束不到三十年。爱琴海将由又一支 300 艘三列桨战舰组成的舰队巡查，更像平衡匀称的提洛同盟，而非先前盘剥敲诈的帝国。雅典公民现在甚至有报酬地出席公民大会，或许因为有那么多曾经例行这么做的城市穷人已在爱奥尼亚战争的海战中被杀。

某些学者甚至相信，公元前 4 世纪的雅典舰队有时发展得比公元前 5 世纪的规模还大。莱山得一度伴着长笛手的乐曲夷平了的护墙在 11 年内得到重建，连同一条愈益壮大的经重修的阿蒂卡边境堡垒线，那使雅典城能有更大的战略灵活性和理论上在敌人抵达城周围较富饶的庄稼地以前就制止他们的更大可能。由于对阿蒂卡农业的真正战时损害一直限于年度谷物损失和无法抵达农田，因而战争一结束，农夫们就差不多立即返回其葡萄园和果树园劳作。一旦公元前 404 年春天雅典投
291 降，六个月的围困被解除，就令人惊异地几乎全无战后饥馑，亦无大量被毁了生计的雅典农夫急于应征境外充当雇佣重装步兵。[2]

在烦难的战后世界，雅典终究并非看来那么糟。相比之下，真正的波斯威胁卷土重来，斯巴达证明残忍凶蛮，不那么有展现戏剧娱乐和宏伟神庙的帝国大气。尽管有密提林、弥罗斯和西西里，下述问题依然是关于历史的大争执之一：事实上，斯巴达摧毁了的昔日雅典帝国是否真是个强制性的霸权，逼取钱财，践踏当地自主权？或者说，伯里克利的雅典是不是希腊的一个文化引擎，将资金转入艺术，同时作为遍及爱琴海地区各处的穷汉和被剥夺者的庇护人起作用？[3]

就它们自己来说，斯巴达和雅典不久便经历了一种和解，那基于它们的共同疑惧，针对底比斯的愈益增长的权势，针对它控制下东山再起和重新聚合的维奥蒂亚联邦。伯罗奔尼撒战争过后 20 年，是否过去的毁灭和大规模屠杀已变成一番噩梦？按照这么一种修正性观点，修昔底德(据称是决定论者，很可能活到了公元前 4 世纪 90 年代)将他的史书半途中止于公元前 411 年是否出于患病或早逝以外的原因？也许，当他在公元前 4 世纪 90 年代辛劳了结他关于雅典的愚行及其不可避免的惩罚和衰败的宏大故事时，恢复了的民主制却径直在他眼前兴起，兴起于战争和寡头制的废墟，使得这位史家在其战时流亡期间形成的许多广泛的悲观判断成了可疑的。

叙事始于公元前 411 年的色诺芬看来是极少数这样的当时史家之一：他们接受了修昔底德的关于一场历时 27 年之久的战争的观念，那始于公元前 431 年，因在伊哥斯波塔米败北而终于公元前 405 年，随后继之以公元前 404 年雅典城投降。其他观察者，例如史家提奥彭普斯和克拉蒂帕斯，觉得伯罗奔尼撒战争直到公元前 394 年为止并未真正结束，因而它是一场总共历时 38 年的战争。按照这一看法，战争实际上终止于斯巴达舰队在尼达斯海战中被雅典击败(前 394 年)。然后，它的陆上远征军被迫从爱奥尼亚回返斯巴达本土，以便应对出自底比斯的新兴威胁，与此同时雅典长墙得到重建，从而一劳永逸地结束了公元前

5 世纪雅典和斯巴达两极霸权世界的昔日史诗。

除了很少片断，提奥彭普斯和克拉蒂帕斯的史书佚失绝传。然而，它们可能反映了一种被广泛持有的看法，即雅典在公元前 405 年至公元前 404 年未像遭受两年挫败——不似西西里之灾——那样输掉“伯罗奔尼撒战争”，而是接着就奋力进逼，在公元前 394 年左右形成与斯巴达的大致均势和经久和平。

伟大世纪的终结? 292

在其史书靠近开头的地方，修昔底德部分地依据战争中发生的苦难之规模巨大，辩解其长篇叙事合理正当：

> 可是，伯罗奔尼撒战争经年累月，旷日持久；而且，战争过程中，一场场灾难在希腊展开，与之类似的情景从未在任何类似的时段内发生过。从未有这么多城镇被拿下和毁坏：有些是被蛮族，别的是被希腊人自己，在它们彼此相战的时候。确实，那些被夺占的城镇当中有些惨遭居民更换。从未有那么多人被迫流亡，也从未有那么厉害的大流血——不是作为战争本身的一个结果就是出自内部反叛。[4]

显然，在事实上是西方史上第一场巨大内战的 27 年鏖战中，某种东西丧失掉了。然而，这损伤究竟是什么？是什么损伤或可解释为何雅典——曾经作为一个泛希腊联盟的前锋打败了一场有 25 万战员的波斯入侵——到公元前 4 世纪中叶竟不能保护自己免遭另一场北方入侵征服，那只有 4 万马其顿战员？在马拉松和萨拉米辉煌地战胜波斯人(前 490 年和前 480 年)，在喀罗尼亚被腓力和亚历山大痛苦地击溃(前 338 年)，其间横亘伯罗奔尼撒战争，其殊难承受的代价既是物质损伤，也一样多的是心理创伤。

当今的一种观念，即有一个被丧失了的灿烂的公元前 5 世纪希腊文化，很大部分是公元前 4 世纪希腊演说家们自己的创造。德摩斯梯尼和伊索克拉底之类擅唱高调的修辞家惯常提醒他们的听众，说在大雅典战争爆发以前，他们的祖父辈曾经何等杰出。按照一种被理解的普遍共识，令希腊人变成像他们自己那样的卑微之徒，现在向波斯国王和一名来自马其顿贫瘠之地的半希腊血统的恶棍磕头作揖的，正是这场大灾难。战争结束后半个世纪，伊索克拉底仍能以夸夸其谈的、哪怕往往不准确的细述方式，提醒一群雅典听众记起这场可怕的战争给该城带来的大残杀：

> 在德塞利亚战争中，他们丧失了 1 万名自己的和盟邦的重装步兵，而在西西里，损失高达 4 万人和 260 艘战舰。最后，在赫勒斯滂，200 艘战舰片甲不归。可是，谁能总计出那些以 5 艘、10 艘为舰群被摧毁的战舰——或在兵众各达 1 000 名或 2 000 名的诸多军群里丧命的人们?[5]

293 按照伊索克拉底的世界观，帝国和傲慢毁坏了雅典，后来又毁坏了斯巴达，一旦希腊各邦遗弃了它们针对共同敌人波斯的泛希腊同盟。一个复兴了的公元前 4 世纪雅典是个全然不同的地方，尽管它的完好无损的帕特农神庙照旧巍峨耸立，阿里斯托芬和柏拉图的杰出天才卓越昭彰，还有朱红人物画陶瓷艺术和理想主义大理石雕刻兴盛繁华。表面看来，雅典的衰落出于下列原因：丧失贡金，舰队被毁，海军重建代价巨大，巨额储金消耗一空，再加政治局面动乱不定，邦土被占辱莫大焉。惨遭瘟疫蹂躏，经受西西里梦魇，爱奥尼亚战争损失可怖，连同对密提林、锡翁尼和弥罗斯横施的暴力萦绕公民脑海，使之时时胆颤：这一切结合起来，亦令雅典今非昔比，貌改神移。

这么一个观念，即希腊战后文化衰落不已，乃是当时和当今的普遍共识：公元前 5 世纪伟大辉煌，公元前 4 世纪衰败式微，伯罗奔尼撒战争则是两者间的大分界线。当然，这一想法亦有武断之处，是现代历法的一个人为产物。只是在后来，我们现在的年代界定体系才被制定出来，取代古老的希腊和罗马的算法——分别基于奥林匹克运动会创设和罗马始建年代的两个古典体系。接着，一个古怪的历史人为做法问世：经一系列分明的、以基督生卒标划的“世纪”去看往昔。于是，古代雅典在接近“公元前 5 世纪末”的某个时候输给了斯巴达。在战败与世纪末的一则转变之间，是否有一种固有的关联？[6]

至少长达14个世纪，研习希腊的人们始终认为是如此。因而，西方人一直笼统地将大致始于战胜波斯之后那伟大的雅典百年的终结等同于伯罗奔尼撒战争的终结。现代人相信种种满含价值取向的、关于各个世纪的独特性的观念——18世纪美国、19世纪价值、20世纪现代主义——因而他们变得惯于将公元前4世纪的雅典视为一个赝品，它的恢宏伟大的前驱即公元前5世纪雅典的衰败暗淡的赝品，后者因一场结束于公元前404年的可怕的战争而遭严重伤残。

加上苏格拉底——公元前5世纪雅典启蒙的化身——在公元前399年被处死，关于急剧背离先前壮丽百年(或宁可说从此急剧衰落)的那幅图景便近乎整个完成。按照这一思维方式，像伯里克利那样伟大的一个人，连同他的清醒冷静的对应者阿基达马斯，开启了战争。然而，它伴着亚西比得和莱山得那样秉性大为不同的人物扶摇而下，他们与较老一代雅典人和斯巴达人相比，既更多才多能，也更当受指摘。

另外，剧作大师索福克勒斯和欧里庇得斯很可能都死于公元前406 294
年。这巧合加强了一种普遍信念，即埃斯库罗斯、索福克勒斯和欧里庇得斯这巍峨三杰是公元前5世纪而非公元前4世纪的智才。是否一旦帝国雅典的独特氛围被斯巴达毁坏，悲剧的卓越便即成过眼烟云？还有，是否随阿里斯托芬在战后十年的最末几部剧作，公元前5世纪的经典喜剧终告消逝？

肯定，假如战争始于公元前470年并终于公元前440年，现代人的看法就将截然不同。可是如此，仍有个同样令人不安的事后想法：伯罗奔尼撒战争本身的混乱和苦难是否与该世纪最后三分之一期间希腊成就骤然迸发有某种关系？修昔底德的辉煌才智能否只靠这场冲突去解释？欧里庇得斯的最伟大剧作——《美狄亚》、《希波吕托斯》、《特洛伊妇女》和《酒神的女祭司》——能否被解释为一种对在雅典持续着的残忍凶暴的回应？柏拉图在公元前4世纪80年代和70年代的思考能否同样被说成是老师和学生的一个共同产物：老师苏格拉底战时在雅典城悄然踱步到处徘徊，学生自己则在这先前的冲突期间心生背异情感疏离？还有，阿里斯托芬的最佳喜剧——《阿卡奈人》、《和平》和《利西翠妲》——能否被说成是对战争的持续挫败的反应？此类关于只有战争才造就天才作品的观念或许太令人不安，以致无法被当真采纳，特别是鉴于一个事实：安替芬、高尔吉亚和修昔底德之类智者不仅受战争影响，而且跻身于这活剧本身的关键表演者之列。尽管如此，仍然要问在这可怕的27年期间，就精神和物质而言究竟丧失了什么？

希腊残骸

从物质角度看，这三十载内战对希腊世界的直接损害大得惊人。由于这个原因，十年里急剧的物质复兴甚至更令人惊异。毁灭和死亡的清单读来压抑沮丧。差不多整整一代雅典领导被战争吞噬，其成员比他们的斯巴达对应者更广泛地在境外冒险，输掉了多得多的会战，结果不是阵亡就是流亡，或者以某种方式毁于战争引起的政治余波。就此而言，当伊索克拉底做如下宣称的时候并非真的夸大：熬过了早先革命梦魇和波斯占领而存活下来的雅典"诸大家显族"被扫灭一空。最显赫的雅典人中间，极少有自然寿终或至少遭遇别种死亡的，与他们助成的战争事态无关的死亡。

在雅典，**每一位**国务家，凡在战争期间起了重大的军事或政治领导作用的，几乎全都毙命。对死了的将军和政治领导人作一番简短的审
295 视实属可怕，因为整个战争期间，年复一年，死亡损失居高不下：亚西比得(前404年死，两度遭放逐，紧随战争过后即遭暗杀)；安得洛克利(前411年死，在雅典遭暗杀)；安替芬(前411年死，在雅典被处决)；阿索皮乌斯(前428年死，在琉卡斯被杀)；哈罗阿德斯(前426年死于西西里)；克里昂(前422年死于安菲玻里)；克莱奥丰(前404年在雅典被杀)；德摩斯梯尼(前413年在西西里被处决)；米利特的欧里庇得斯(前429年在斯巴托洛斯担任指挥时被杀)；攸里密顿(前413年在叙拉古海战中被杀)；希波克拉底(前424年在第力安被杀)；海柏波拉斯(前414年在萨摩斯被杀害)；拉契斯(前418年在门丁尼亚被杀)；拉马胡斯(前414年在西西里被杀)；梅莱桑达(前429年在利西亚被杀)；伯里克利(前429年死于瘟疫)；他的三个儿子(死于瘟疫，或在雅典被处决)；菲洛克莱斯(前405年伊哥斯波塔米海战后被处决)；福米奥(前428年

死，受控犯有腐败罪之后）；弗里尼胡斯（前 411 年在雅典遭暗杀）；普罗克利（前 426 年在埃托利亚被杀）；色雷西卢斯（前 406 年在阿吉纽塞海战后与另一些将军一起被处决）；色诺芬（前 429 年在斯巴托洛斯被杀）。

战争期间，至少 22 位经选举产生的雅典将军阵亡，或紧随会战过后被杀，与此同时斯巴达领导者中间的杀身群祸仅由于一个事实才略微轻些，那就是在战争的头二十年里，斯巴达人不将他们的指挥官派往希腊世界的远近各处四面八方——而且随后斯巴达最终打赢了战争。尽管如此，斯巴达最机智的将才（并非总是个自相矛盾的说法）大多被战争吞噬，往往是它最后十年里在东爱琴海地区：亚加美尼（前 412 年在斯皮里昂被杀）；伯拉西达（前 422 年在安菲玻里被杀）；卡利克拉提达斯（前 406 年溺死于密提林附近）；哈尔息底乌斯（前 412 年在米利都附近被杀）；厄庇塔达斯（前 425 年在皮洛斯被杀）；攸里洛卡斯（前 406 年死于奥尔皮）；攸西德穆斯（前 413 年在西西里被杀）；希波克拉底（前 408 年在哈尔西顿被杀）；拉波塔斯（前 408 年在赫拉克利亚被杀）；马卡里乌斯（前 426 年死于奥尔皮）；门达鲁斯（前 410 年在赫勒斯滂海面被杀）；萨莱修斯（前 427 年在雅典被处决）；托拉克斯（前 404 年因财政不端行为被处决）；提摩克拉底（前 429 年在纳夫帕克托岸外被杀）；色纳雷（前 420 年在希腊北部被杀）。仅在修昔底德的文本内，就有 22 位斯巴达或雅典的步兵将领被明确记作陆战阵亡。

有多少普通希腊人死于战争？古代史料中，形容词“大量”（*polus arithmos*）或“许多”（*polloi*）与确数相比更为常用。此类笼统说法指的是成万成万希腊人，他们的生平照旧永远湮没无闻，永久被人遗忘。尽管如此，倘若一个人要总计 27 年战争期间由修昔底德、第奥多鲁斯和色诺芬述说的所有明确的死者数字，死于远不止 150 项交战、296
伏击、围城、处决和形形色色的各种战斗，那么有大约 43 000 名希腊人被记作阵亡——那同样是真正总数的一小部分，因为在古代史家叙述包裹的战斗报道中，绝大多数根本不给出任何数字。

至少就雅典的战斗损失，巴里·斯特劳斯曾做了一项类似的努力，去检点我们的全部文献证据，结合符合经验常识的猜测，得到了一个最低限度和非常保守的数字：大约 5 470 名重装步兵阵亡，连同至少 12 600 名较穷的第四等级战死者。在某种意义上，一个事实即战争的最后十年证明是一场穷人大浴血——他们划桨驱动在爱琴海对面毁灭了的三列桨战舰——或可解释为何战后在公元前4世纪民主雅典多少较为平静。因而，伯罗奔尼撒战争的又一项遗产在于，无地穷人与中层重装步兵公民之间的关键的平衡改变，被在海上的极大损失改变，那将第四等级人数相对于境况较好的中上层公民砍削掉也许20%。[7]

然而，甚至保守的数字，即大约有两万名雅典人在被记载下来的战斗中阵亡，也仅是露出水面的冰山一角。该城的成年男性公民人口本身，不是由于超长服役的种种效应，就是由于瘟疫或饥馑，从战争爆发时的大约4万人减少到投降时的1.5万人，或者说约三十年里丧失了60%。如果在重装步兵以外，死于瘟疫的至少约8万名不分青壮老幼的阿蒂卡居民都被算上(全无数字表明其他年中死于饥饿或疾病的人有多少)，那么有远不止10万名所有各阶级的雅典人(遑论帝国属民和盟友)作为战争的直接结果丧失性命。按照我们当代的方式，去想象一下总计三分之一人口死去对阿蒂卡的影响吧：假设第二次世界大战期间，美国约1.33亿总人口当中不是有略超过40万人阵亡(0.3%)，而是百倍于这个数字以上——或者说在欧洲和对日战区有大约4 400万人阵亡!

相反，底比斯从未被占领，第力安战役后也从未在任何遭遇战中拿自己的重装步兵兵力去冒险，因而到头来就相当好。与其传统对手相比它损失轻微，且维奥蒂亚最终民主化，这就部分地解释了它何以在公元前4世纪愈益显赫。底比斯人还跨越阿蒂卡农村边界任意劫掠，那是个在古典时代已因其富饶而变得传奇式的地区。在第力安，只有500名维奥蒂亚重装步兵丧命，外加1 000名轻装兵员。或许另外1 000名左右维奥蒂亚人因进攻或防守普拉提亚、密卡利苏斯和特斯皮埃之类小
297 城镇丧命。无论如何，伯罗奔尼撒战争有利于底比斯，不利于雅典和斯巴达，而接下来30年的政治事态将反映这一现实。

恰如斯巴达与雅典在一马当先赢得对波斯的泛希腊胜利之后彼此闹翻，底比斯与斯巴达一迄雅典被击败，便几乎立即要置对方于死地。表面看来，它们为争夺取自阿蒂卡的丰饶的共同赃物而战，那已累积在德塞利亚。然而，将在接下来半个世纪分裂希腊的难题很难解决：底比斯像斯巴达一样强大；它的步兵规模更大，而且很快就优越无比；还

有，它的政治体制正在变得更自由开明，而排外的斯巴达的政治体制却蜕化得更闭塞褊狭。[8]

关于其他城邦的那些被杀者的数目，几乎全无信息。例如，根本没人知道，在爱奥尼亚战争八年里总共近乎 500 艘雅典和伯罗奔尼撒三列桨战舰沉没的同时，有多少盟邦兵员丧失性命。更无记载表明那些在密提林、科西拉、锡翁尼或弥罗斯惨遭屠杀的希腊人究竟有多少，或者死于不止 21 场围城战、数以百计的小遭遇战和袭击或西西里远征的总人数是多少，这远征夺走了差不多 45 000 名雅典及其盟邦的海员和重装步兵，还加上数目未知的死去的西西里人。

物质损失同样严重，但它们甚至更难测定。战争结束时的雅典舰队只有不多过 12 艘三列桨战舰。战争期间，或许有远不止四五百艘雅典战舰——即使不算上帝国属邦的那些——付之东流。就作为一个整体的希腊来说，损失可能高达此数的两倍。雅典的全部财政储备荡然无存。在公元前 4 世纪，造舰礼拜仪式由若干富裕公民分担，意味着不再有数以百计的足够富裕的雅典公民能一季装备一艘三列桨战舰。

虽然阿蒂卡的农业基础设施未被每年一度的伯罗奔尼撒入侵摧毁，例如树木和葡萄藤太多也太难根除，以致无法保证全面损坏农业，但是雅典平原上最富的农庄有许多已遭反复劫掠长达近十年。古代文献资料谈到有超过两万奴隶逃往德塞利亚，并且谈论邻近的维奥蒂亚愈益富裕，一旦其掳掠者和袭击者在战争最后几年里可以为所欲为。[9]

例如弥罗斯、锡翁尼、托罗内和普拉提亚之类别的希腊城邦不再存在。它们的物质基础设施被一举夷平，或者它们的被弃房屋由外邦人口移入定居。某些大城邦，如亚哥斯、希俄斯、科西拉、莱斯博斯和
萨摩斯，因内战而分裂不堪。其他城邦，包括安菲玻里、科林斯、门 298
丁尼亚和梅加拉，已是各邦军队穿梭之地，战事不断的搏杀场所。在阿基达马斯战争的大部分时间里，梅加拉一年两度遭受入侵。它大概比阿蒂卡、或确实比希腊的任何其他地区遭受了更甚的农业损坏——当数以千计的伯罗奔尼撒人往来阿蒂卡途中穿经时给他们供应粮食，而后当他们不在时遭到狂怒的、一心报复的雅典人大肆蹂躏。

梦 想 破 灭?

然而，杀戮、劫掠和流疫的结果不是希腊沦入凄惨的贫困，更不是它的农庄被毁长达半个世纪，或农村因战争死亡而荒无人烟。宁可说，代价更多地在于希腊的物质丰饶和智识精力急剧消减。于是，前几个世纪累积起来的繁荣和富裕丧失殆尽。在随战争过后的岁月里，几乎全无安全余裕以资助和补贴往昔的艺术和文学努力。伯罗奔尼撒战争的心理创伤——无尽的族裔大恨、政治派争和私家血仇——将祸害希腊几十年，虽然它的后果只是经过后来尚存的文献里点滴零碎的附述轶事和流言蜚语才显露真相。

阿里斯托芬的战后喜剧、色诺芬的次要论著和柏拉图的空想文献全都反映雅典国内的某种信心危机。隐含的政治主张和经济劝谕被提了出来，讲说如何经超越私利提升公益去复兴失去了的荣光。例如，公元前 4 世纪的雅典雄辩术反映了一种意识，即无休无止地争执一块愈益缩小的馅饼——用关于一度殷实繁荣的家庭的故事来说事，说它们因战争而破败，其粗野无礼的孤儿和后裔依然哀叹死去的父亲叔伯，或悲悼被没收或毁掉的上辈财产。同样，关于丧失了的光荣和财富的意象，而非凄惨的贫困，看来构成战后忧惧的特征。[10]

斯巴达至少一度觉得自己业已大功告成，尽管在爱奥尼亚战争中遭受了可怕的损失。像雅典人警告过倒霉的弥罗斯人那样，斯巴达人的行动和牺牲从未跟得上他们的大话，至少在远离家乡部署斯巴达精英武士真冒风险的时候。除了伯罗奔尼撒海岸遭受袭击，拉哥尼亚本土实际上未受损伤地躲过了战争。伊帕米浓达半个世纪后将它付之一炬时，多项不同的史料记载说希腊世界大为惊诧，因为看到了一片先前近 700 年里始终“未经劫掠过的”(*apothêtos*)田园景象。

299 然而，战争能以种种意外后果改变胜者，就像改变败者一样。被拉入全球战争的共和国，不管是公元前 3 世纪的罗马还是 20 世纪 40 年代的美国，都能发觉自己随后的成功——累积起来的财富和为迎对新发现的军事责任所需的资源——就如失败一样充满挑战性。因而，斯巴达领悟到，公元前 4 世纪 90 年代期间，它在心理、经济和文化上没有能力经管一个帝国，即使那比雅典统治了半个世纪的帝国小得多，也远不那么费时费力。在境外，它的乡气十足的精英轻易腐败，而他们脱离武士公共食堂的时间越长，从各色波斯显贵得到的黄金越多，就腐败得愈甚。随斯巴达重装步兵在小亚细亚承担起新责任，他们身后国内的希洛人就变得较强，斯巴达国家则变得较弱。到公元前 398 年，已有一位被剥夺了选举权的斯巴达精英武士基纳顿被发现有罪，罪在组织拉哥尼亚和美塞尼亚的所有非精英武士大规模造反，要推翻据他声称他的支持者们恨不得“生食其肉”的精英武士。

战争结束不满 30 年，海外军役和为维持其新获帝国而作的不断征伐就创设出了一个经久的阶层，那由斯巴达的都督和将军们构成，其净效果是斯巴达精英武士的人数急剧减少。无可惊奇，美塞尼亚和拉哥尼亚的全部土地的 40%很快将归妇女所有，因为精英武士殒命黄泉和长久在外，人数愈益减少。到留克特拉战役(前 371 年)之际，斯巴达精英武士已减至仅 1 500 人，与此同时，大战输家雅典战后已恢复到有 25 000 名以上公民人口。[11]

战争的军事教诲

三十年鏖战释放出成千上万希腊人的创造性才能，在这互相杀戮而无伦理制约、亦无对往昔仪规有多少表面尊崇的独一无二的努力之中。恰如第二次世界大战的恐怖情景甚至当今仍在预示所有现行的军事战略和军事惯例——从战略轰炸和原子武器到大规模坦克进击和航空母舰战争——三十年鏖战的种种创新终结了种种旧概念，并为直到罗马来临为止的接下来三个世纪释放出希腊人旨在杀人的创新才干。

战争仪规要被破除

伯罗奔尼撒战争以前，希腊人至少对仪规或曰“希腊人的法则”(*nomima*)观念报以口惠。它们是朦胧含糊和据称广泛共有的希腊理想，业已浮现，以便减轻战争的毁坏性。尽管过去几个世纪里总是有 300

违规行为和战争暴行，然而仍有一个理想，即战争能够并应当仍由两支对立的陆军在正面会战中决一输赢。是否在一切城邦间战争中实际上都真有这类复旧式理想境况的问题并不重要。宁可说，这怀旧情绪倾向于阻碍军事创新，抑减许多战争的残酷性和持续时间。[12]

伯罗奔尼撒战争终止了这类狭隘观念，有如第一次世界大战这大残杀以其巨量征召军队、机关枪、毒气和大炮终止了关于 19 世纪君子战的浪漫观念一般。战争结束 60 余年后，演说家德摩斯梯尼哀叹有加，悼惜一个已逝时代的旧理念如何没有留存到他自己的时代：

> 虽然所有技艺都有了重大进步，全无一物如同过去，但我认为没有什么比战争事务有了更大的改变和改善……拉栖第梦人像所有别的人一样，过去惯于花四五个月时间——暖季——用重装步兵和民军入侵和蹂躏其敌国领土，然后再度撤回家乡……他们那么受传统约束，或宁可说是那样的城邦好公民，以致不为寻好处而花钱，而是循规蹈矩打仗，外出正面会战。[13]

“循规蹈矩打仗，外出正面会战”被正确地视为一个障碍，鉴于种种时空制约而有碍于尽可能多杀的纯效率。冬季征战在双方都常见。第力安战役之后，从西西里到小亚细亚，雅典的死者被留下不管，任其尸体腐烂。俘虏，无论是在普拉提亚、弥罗斯还是在锡翁尼，都常遭屠宰，或许整个战争期间累计有好几千。在密卡利苏斯，平民乃唯一的屠宰对象。

尼西阿斯和约的准则几乎立刻遭到违背。奴隶对双方的舰队来说都至关紧要，正如他们的逃亡和解放构成战时关键方略。圣地圣所，无论是在第力安还是在西西里，都不被认作神圣不可侵犯。那些投降了的人，伊哥斯波塔米海战后不是遭屠杀就是被断肢，皮洛斯战役后则被扣为人质，久遭处死威胁。德摩斯梯尼和尼西阿斯之类将军在败后被处决——某种公元前 5 世纪在维奥蒂亚的早先各场战争中没有发生过
301 的事情。甚至复旧的斯巴达人也在战时早早认识到，老的重装步兵仪规已变得“低能”（*môria*）和牛头不对马嘴，这附和了波斯人早先的诽言，即徒步的希腊人曾经“愚蠢”、“乏智”和“荒唐”地作战。[14]

在斯法克特里亚岛上的战斗中，斯巴达重装步兵不仅输给了曾被鄙视的轻装部队，而且缴械投降，愿成人质，那是一种半个世纪以前在温泉关会令列奥尼达和他的三百壮士深感可耻的行为。重装步兵神话一去不返。为打赢伯罗奔尼撒战争，斯巴达不仅建设了一支舰队，还招收了数以千计的希洛人，并且创建了一支大规模的骑兵部队。在紧随战争过后的公元前4世纪岁月里，战斗变得远为致命，远不那么定形，远更关心目的而非伦理手段。[15]

别了,那一切

身份、财富和名誉："那一切"，对公元前431年以前在希腊如何进行战争来说内在固有，不可离异。可是，到战争结束时，一个雅典人的财富或出身已不再必然决定他的军役性质。这同样是个革命性突破，而且很快将在下几世纪里从头到尾始终改善希腊军队的总体能力。当然，贵族体制从未死灭，它们的孪生产物即势力影响和裙带关系总是有利于那些得福于金钱或出身的人。可是，对绝大多数希腊人来说，那老旧的战前程式，即豪富骑马从军，农夫担任重装步兵，穷人作为桨手和散兵，奴隶充当行李挑夫、步兵随员和厨子，已变得陈旧过时。

出自瘟疫、西西里远征和爱奥尼亚战争屠戮的种种损失全都意味着一点：急需人力，很少注意财富或身份。不仅如此，不清楚一名骑兵是否总在价值上超过一名步兵，或后者转过来是否总比一名划桨手可贵。结果，在危机时刻，豪富有时作为步兵去战斗，农夫上舰划桨，穷人则经国家装备去当重装步兵。

如此新建的兵力实际上优于按阶级划分的老式军役，因而最终的酬报是军事效率增进和战法民主化。半个世纪后，马其顿的腓力的新国民军大得其益。虽然他是个恶棍，但他还是个军事先知，不可能比他还更少在意他麾下受雇的杀手是富还是穷，是正规的公民还是先前的奴隶；然而，他确实对有一点大为烦心：他们能否被训练得以他的方式去作战并遵从他的命令。[16]

伯罗奔尼撒战争教导西方人：军事效率的逻辑应当胜过部落意识、悠久传统以及财富和权势的武断构建。紧随三十年灾难之后写作的柏 302
拉图更清楚地看到了这一点，甚于任何别的希腊思想家——而且强烈怨恨之。[17]

他　者

伯罗奔尼撒战争以前，充分公民权的一个根本表现是入伍当步兵或骑兵。亚里士多德认为，城邦的兴起本身是小土地所有者阶级愈益壮大的一个直接结果，这些人能够备得起武器。据此，农夫们通过替代出身的财产资格规定，确立起一种比较广泛的公民权，而新的底线在于能够自备重盔甲，从而作为方阵中的重装步兵去打仗。[18]

遭受了伯罗奔尼撒战争起初几年的毁伤性损失之后，这么一种狭隘观念的局限性很快就明白可鉴。在雅典，可能有 2 万以上年龄适合从军的外邦男性居民，其中许多殷实富有并强烈爱国。他们的人数不及 10 万以上奴隶——颇能战斗的成年男子。斯巴达坐在由 25 万希洛人构成的火山顶上。甚至科林斯、亚哥斯和底比斯，也都有大量农村仆役，他们往往在为时短暂的战役中携运重装步兵的盔甲和补给。

窍门在于获取如此巨大的人力储备，同时不伤害狭隘城邦国家相当排他的公民社会前提。希腊人很快发觉自己处在某种两难之中，如同美国内战期间摇摇欲坠的旧日邦联：危机时节，奴隶能够是可贵的战斗者；然而，倘若他们的战斗表现卓越，那么他们的勇气本身就可能伤害关于他们据称低劣的全部逻辑。在美塞尼亚和拉哥尼亚以外，希腊的动产奴隶制并非基于种族或族裔身份。因而，它避开了由无可依据的种族低劣伪科学招致的种种悖论。人们经事故——城镇被夺、会战打输或父母为奴——变成奴隶。尽管如此，一旦不自由者被允许为换得自由而战，一个自然而然的问题仍油然而起：究竟是什么任性的逻辑，使他们永久保持低人一等？

例如，伯拉西达将数以千计的希洛人征召入伍，授予他们自由。来自此类解放的终极回报可能不单是斯巴达人力的增长，而且是战后几十年里希洛人中间随之而来愈益高涨的骚乱不安，其时这类刚毅的伯拉西达老兵返回家乡，将他们的颇为险恶的已故统帅描述成一位伟大的圣战“解放者”。

在雅典，从战争一开始，居留的外邦人(metics)就充作后备和驻防
303 部队，与此同时奴隶大概远更经常地在雅典帝国舰队划桨，甚于被贵族

气质的修昔底德记载下来的。阿吉纽塞海战中，公民大会许诺给任何奴隶自由，只要他登上一艘三列桨战舰。数以千计的奴隶接下去证明他们对雅典获胜来说必不可少。会战之前的观察家们可能认为，伯罗奔尼撒人有好得多的舰员；然而，雅典的胜利证明，存在关于帝国的民主活力的某种东西，它能将奴隶和穷人转变成好桨手，好得如同斯巴达的更有经验和技能的雇佣海员。[19]

后来的希腊史和罗马史反映出伯罗奔尼撒战争的这一革命性遗产，因为公元前 4 世纪希腊、泛希腊和罗马的军队是多文化、多种族和职业性的。紧随战争之后，雅典军队和斯巴达军队满是雇佣奴隶和前奴隶，舍此它们便永不能弥补先前三十年的人力损失。在继战争而来的混乱中，跟随小居鲁士追求波斯王位的“一万佣兵”是一堆杂烩，由伯罗奔尼撒战争老兵、前奴隶和居留的外邦人组成，仅靠他们的武技、他们对钱的共同需求和往往有的身为希腊人这观念才合为一体。

战前，多得多的成年希腊男子并非城邦公民。然而，是战争剥去了这外表虚饰，表明一个人的身份不预先决定他在战场上的价值。战争，那时和现在，乃仪规、特权和传统的摧毁者，而且这不全然总是一件坏事。[20]

金　钱

在修昔底德史书第一篇里，伯里克利勾勒了伯罗奔尼撒敌手的局限。他们没有资金。不像斯巴达精英武士，伯罗奔尼撒联盟中的大多数盟友是农人，需要恰在最适于打仗的时节料理农田。相反，雅典是个复杂精致的城邦，拥有巨量在流通的和作为贵金属储备的铸币。伯里克利的对手阿基达马斯国王持有同一看法，而且如此警告他的伯罗奔尼撒乡村同胞，说即使有一支老练善战的民兵，他们也未装备得能打一场旷日持久的多面的战争。他告诫道，这场新冲突大为不同，“战争更多的是金钱花费问题，而非人员问题”。事实证明他的观点绝对正确。[21]

这场战争的大讽刺在于，胜利的先决条件——庞大的舰队、用于支付桨手薪饷的金钱和为长期帝国军役而被部署在海外的军官——全都有 304
害于从事农耕和孤立独处的斯巴达的历史性前提，它至此一向全无货币经济。波斯最终填补了空白，给了斯巴达将军们数目不详的黄金，差不多立即弥补了人员和物资方面的损失。只要希腊人正在杀希腊人，波斯帝国的行省总督就很乐意资助这大残杀。

然而战争结束之后，随波斯津贴告终，斯巴达帝国坍塌。这可直接归因于它的新的财政责任，即要去经管一支舰队和遥远的各个属邦，那与它的孤立保守的传统道德规范那么格格不入。确实，赢得战争的是金钱和人力，而非总是仅凭勇气和阶级。伯罗奔尼撒战争提供了另一项苦涩的教益，一项也将在罗马从共和国转变为帝国期间浮现的教益。经共同同意产生的政府作为一项规模有限的事业始于希腊。这些宪政国家基于一支覆以业余性质和地方主义外观的公民民兵，决意保护其少数公民的财产。然而，正如从柏拉图到亚里士多德雅典保守派的辱骂例解的那样，历时几十载和横跨数千英里的战争要求全力动员、全套武器和巨额资金——只有一个更集权和更强大的国家的种种新资源才能够支承这些巨大的负担。[22]

技 术

按照希腊精神，战争传统上被指称为对勇气和纪律的考验，不由谋略诡计、武器质量或偶发事变决定。在这准则之外，还要加上对机械式劳作的内在固有的贵族式怀疑，那在希腊思想中是那么常见。奴隶制的独特性也起作用，因为奴隶的廉价劳动趋于阻抑技术创新。因而，可以提出充分的理由来说明，尽管有希腊城邦的全部才智，但直到公元前5世纪后期为止，它在将它的显明的科学、哲学和建筑成就应用到毁伤性武器这实用技艺方面异常缓慢。一个社会，能够雕塑帕特农神殿的立柱中楣，且能轻而易举地将它们升高到神殿的立柱下楣，却显然全无手段在一场围城战期间捣毁一道简单的敌墙。

也是在伯罗奔尼撒战争中，这停滞开始告终，因为双方都手忙脚乱地仓促发明，搞出在普拉提亚的新围攻技术，在第力安的火炮之类古怪装置，还有在叙拉古的连续不断的海军改进。从马拉运输，到前沿工事基地（*epiteichismata*）理念和蜂群般的大量投射部队，种种创新在整个战争期间常见常在，而且往往深遭怨恨。修昔底德报道了一名出自斯法克特里亚的斯巴达俘虏的抱怨，此人在就希腊的最佳步兵向可鄙的标枪手和弓箭手投降而受人责骂时匆匆反诘道，当敌人用阴柔歹毒的箭

矢和飞矛如雨地攻击他的方阵、不加区别地既杀死懦夫也杀死勇者的时 305
候，传统的重装步兵勇气没有多大价值。[23]

大围城战给攻击者和被围者都留下了一种不可磨灭的印象，尤其在交战者们实验了攻城塔、投火器和复杂精致的围墙的情况下。作为一个结果，战争结束六年内，叙拉古的第奥尼西乌在围攻莫特亚（前 399 年）期间，制造了史上第一门真正的炮，被称为“凸弓”（*gastraphetes*）的粗陋的非扭力弩炮，多少有似尺寸过大的中世纪弩。

这种临时的炮很快便导致真正的扭力弩炮，也许最初是由马其顿腓力二世麾下的技师在公元前 4 世纪 40 年代制造的。经使用砧木、曲柄或弹簧，非同小可的推进力能由绞股的头发、绳索或肌腱储存起来。松绞时，这样的机械或可将石头或专门制作的弩箭投射出 300 码以上，有如 17 世纪的火药炮一般高效和准确。所有这些创新不仅标志了一种技术延续，接续在普拉提亚、第力安和叙拉古围城战中被显示出来的那种才智，而且靠伯罗奔尼撒战争期间发生了的解放——解脱对战争操作的传统道德约束——才成为可能。这场战争的诸大战役的成功，从波提狄亚和普拉提亚到密提林和叙拉古，依靠能以最有效最迅捷的方式建墙或毁墙的工匠。

随一种真正的、以不断的回应和反回应为特征的军备竞赛接踵而来，防御技师也迅速地领悟了种种教益，那是关于防御工事的价值和用更强有力的石炮去反制它们的必要的教益。当今点缀希腊乡村的处处废墟，大多数其年代不在公元前 5 世纪，而在公元前 4 世纪及其后，因为军事建造和军事摧毁的技艺密切互动，加速发展。

门丁尼亚、梅加洛波利斯和梅塞内等一大圈伯罗奔尼撒城镇，还有在阿蒂卡、梅加拉地区和阿哥利德边境上的诸多乡间要塞，都正是在公元前 4 世纪初期和中期这一时段内建造的。从伯罗奔尼撒战争期间的试验和错误学得的首要改善由系统地使用下列设置构成：琢石砌块、结合式砌层、漏斗状斜面、内构架支撑、加宽墙基和凿槽墙角，以便在高度和宽度大为增加了的情况下保证墙的稳定。要塞外框建有高过 30 英尺的塔楼，内置小型杀伤性非扭力弩炮，以防围攻者太靠近围墙。斜面窗洞装有精致的百叶窗系统，意在随带轮弩炮连续发射而或开或闭。

历史学家可以争辩下列问题：战后时期里急忙大建城乡防御工事是 306

否不明智，分散了希腊的很有限资源？ 或者，这本身是否促进了经济活动，同时提供了所需的防御？ 然而，希腊应当保持没有城墙这古老理想一去不返，除了在斯巴达。 不仅军人，而且公民，开始规划他们在战争中的集体防御，这战争颇可能在他们门前爆发，就像在遥远的战场上爆发一样。[24]

新 指 挥

伯罗奔尼撒战争以前，希腊人难得将太大的权力付托给任何一位统帅掌握。 大多数将军身先士卒率领军队或舰队，这并非斯巴达的亦非雅典的一项特性，而是整个希腊世界的一项惯例，因而他们那么经常地死于会战——事实上既排除了历时长久的军事生涯，也杜绝了战术创新的逐渐演化。 古旧的理想或许最好地反映在公元前 7 世纪诗人阿基罗库斯的一则颂词里，那是给奋勇打斗的重装步兵头领的：“身材矮敦，两腿外弯，足跟站定，屹立不惮，精神勃勃，勇气满满。”[25]

然而，在为时三十年的整个战争期间，从头到尾指挥官们都发现，与仅在方阵右翼挥舞长矛、表现冷静和自律（*sophrosynê*）这头号美德相比，一位将军可以做更多的事情去杀死大量敌人。 军队不再是黏合剂，将旧日城邦的经共同同意产生的政府黏在一起，却成了一种纯军事资产，不带任何特殊的公民意义或政治分量。 亚西比得、克里昂、德摩斯梯尼、色雷西布卢斯、伯拉西达、莱山得和吉利普斯之类人物不是名不彰显、无人知晓的武士，而是被期望行使智识选择的领导者，这些选择可通过优越的后勤、战术、财政或公关去赢得胜利。 像伯拉西达或莱山得（后者背景可疑）那样的人被视为一项可贵的资产，其价值近乎无可估算，现在却得到了前所未有的赏识。[26]

例如，对赢得第力安大捷，帕冈达起的作用更大，大于他麾下的底比斯农夫步兵的实力，恰如雅典所以在斯法克特里亚和皮洛斯得胜，大多归功于克里昂和德摩斯梯尼的远见。 倘无亚西比得和莱山得，斯巴达永不会成功地建起一支大舰队。 只是吉利普斯抵达叙拉古，西西里才得拯救。 要统领由雇佣兵、奴隶和多兵种组成的新的形形色色的部队，就需足智多谋之士，而非一介武夫。

一场革命，将才观念方面真正的革命，在伯罗奔尼撒战争期间及紧

接其后展开，尤其就对它的歇斯底里似的反应而言，其时哲学家和演说
家们激烈辩论军事领导的适当的资格条件。[27]战前，将军们被视为普通
百姓；其后，他们往往公开显得是骑马武士，被畏惧，被崇拜。伊帕 307
米浓达和亚历山大大帝的征战生涯证明一种观念，即单个一人能够激励
一整个国家——无论其民主或不民主——并经十足的辉煌才华和大胆无
畏集结起老练精致的入侵大军。

无论有何争执，紧随雅典战败便立即出现了一整类供专家解读的军事文献。某些游走各处的智者派学士，例如色诺芬《大事记》里的第奥尼索多罗斯，许诺说他们能够教一个人"如何当一位将军"。紧随战争过后，老兵往往被征募为雇佣兵指挥官——例如像维奥蒂亚的法利诺斯那样的人，他声称自己是个"关于战术和武器操练的专家"。公元前4世纪的乌托邦文献强调对职业化、专门化和仔细训练的新需要。[28]

在雅典，一整群雇佣兵首领，例如伊斐克拉底、提摩特奥斯、哈布里亚斯和哈里斯，接管了军队，其方式在早先公元前5世纪根本不可想象，当时尼西阿斯和亚西比得首先作为政客辩论，其次才作为将领斗嘴。伯罗奔尼撒战争的最大谜团之一，在于为什么斯巴达和底比斯之类内向和蒙昧的城邦竟产生了才华卓越的战略家和战术家，例如伯拉西达、吉利普斯、莱山得和帕冈达，而自由开明、思想奔放的雅典却将它的那么多关键性指挥职位付托给尼西阿斯之类胆怯的蠢货，付托给亚西比得、克里昂和德摩斯梯尼之类富有灵感但往往轻率鲁莽的冒险家，或付托给毫不显扬的官吏，其名字大多仅靠其战败身死才为人所知，例如否则便暗然不闻的希波克拉底或拉契斯。也许，原因在于公民大会侵扰军事决策，一个在雅典的激进民主制内在固有的因素，或者在于一种海军传统，即过去的伟大将帅——例如提米斯托克利、伯里克利和福米奥——是海军将领，而非步兵将军。无论如何，伯罗奔尼撒人而非雅典产生了更好的军事智士。在紧要关头——尤为突出的是西西里远征和伊哥斯波塔米海战——战争本身的胜负恰恰取决于有无这样的优越领导。[29]

战争邪恶

伯罗奔尼撒战争的遗产不全是物质的、社会的或政治的。还有意

识形态和哲学性质的附带后果。在伯罗奔尼撒战争以前和以后的希腊文献中间，无论是前苏格拉底哲学家赫拉克利特的格言“战争乃吾等全体之父”，还是柏拉图在其《法律篇》内做的战后评价即战争是一种比和平更自然的现象，有许多文献将战争想作悲剧，但不必然邪恶。宁
308 可说，那些时代的道义全景——谁打谁、为何打、如何打以及有何结果——决定对历来大多短暂和节省的战争的伦理评价。

同样，这么一种对战争的希腊的悲剧式接受，从荷马到索福克勒斯那么通常的接受，还基于两项更加实际的现实情况。公元前8世纪至前5世纪希腊人互相间的战争大多很可能既为时短暂，又依照季节。罕有旨在民族生存的无限拼搏，例如前490年至前479年的两大希波战争，完全针对外族人进行，且仍以单独一场臻至顶点的对阵激战告终。

伯罗奔尼撒战争截然不同。当希腊世界在差不多长达30年的民族自杀中将自己撕碎时，某些希腊思想家——以20世纪20年代曾蜷缩于一战堑壕的战后一代人的方式——开始将他们自己对这场特定战争的操作样态的不满与战争本身的性质联系起来。于是，战时戏剧，例如阿里斯多芬的《阿卡奈人》、《和平》和《利西翠妲》，还有欧里庇得斯的《安德洛玛刻》、《海伦》、《赫卡柏》和《特洛伊妇女》，虽然全未流露对斯巴达人的任何爱戴，却显得在希腊人对战争的态度上拨起了一阵新涟漪：此类冲突本身是极可怕的人类体验，超越战争原因。阿里斯多芬《阿卡奈人》、《和平》和《利西翠妲》剧中的农夫和妇女，有如欧里庇得斯《赫卡柏》、《特洛伊妇女》和《安德洛玛刻》剧中被俘和受难的平民，显露出普通希腊人跨越战线尝受共同体验。于是，剧作家推出了一种观念，即战争本身——并非只是斯巴达人——有其邪恶。

虽然战后思想的总体从未成为疗伤式的，远更谈不上是和平主义或乌托邦，但伯罗奔尼撒战争至少将一种广泛的观念导入西方哲学，即战争并非总是高尚或爱国，却往往是愚蠢荒谬、自戕自杀和也许本性邪恶的，尤其是在它延续了27年而非一个夏日里短短几小时的情况下。当然，荷马在《伊利亚特》内质疑了不动脑筋的武士们的动机和牺牲，质疑它们是否合乎道德和逻辑，但阿基里斯不怀疑武装冲突内在固有的高尚和英雄主义。

然而，公元前4世纪的希腊人认识到，伯罗奔尼撒战争是全希腊经验中某项独一无二的极可怕事态。它摧毁了理想主义和泛希腊统一精神，那在捍卫希腊抵御波斯人侵者时那么紧要。这场战争在它身后留下了一种较为自私自利的观念，即希腊人，如果他们要那么野蛮地杀人，就至少应当去杀波斯人：腓力和亚历山大不久将如此才华卓著地操
纵的一项符咒。无论如何，为打赢战争，斯巴达人利用了波斯去摧毁 309
雅典——短期而言一项绝佳的战略，但紧随冲突过后却是灾难性的，其时斯巴达重装步兵驻扎在小亚细亚，以求制止波斯在爱奥尼亚卷土重来，那是他们通过早先将波斯行省总督引入战争努力而确保了的。

为何雅典输掉?

鉴于爱奥尼亚战争以前20年里缺乏决绝果敢的行动或富有灵感的斯巴达领导，一个人问这个问题，而不是问“斯巴达如何胜出”。修昔底德本人强调伯拉西达、吉利普斯和莱山得之类能干人物在斯巴达多么难得，而雅典又如何连连犯错，尽管民主政府有应用于战争的诸多长处。

在他的叙事里，浮现出了四个原因，说明斯巴达何以得胜；其中没有哪个能归功于这寡头政府的战略洞察力或战术想象力。瘟疫乃自然灾星。西西里远征乃雅典自身的战略错误，由战术蠢举加剧。在德塞利亚创立一个要塞，还有使用波斯资金建设一支舰队，被修昔底德和色诺芬归因于亚西比得的主张和计谋，而他是一名雅典人。因而，观察家们自然去看雅典做错了什么，而非斯巴达做对了什么，以解释这样一个充满活力的帝国城邦为何不仅被击败，而且近乎被毁灭。[30]

然而，雅典输掉与斯巴达的战争，程度上不超过纳粹德国输掉它对法国或波兰的进攻战。到公元前425年，即战争第七年，按照伯里克利的初始目的，即一个暂时的僵局——或也许被较宽容地视为不在一场消耗殆尽的战争中战败——雅典的有限目标差不多全已实现。雅典的帝国依然完整无缺。它对一切潜在敌手行使持续不断的海军霸权，而且确实将以仍在其300艘战舰这战前水平上的舰队，去结束头十年的战

争。诚然，与斯巴达的纠结未经解决，只是被拖后；但是，该城至少已经显示，要摧垮它，斯巴达的初始联盟或许力所不逮。

毕竟，雅典已经向斯巴达证明，虽有可怕的瘟疫，但对阿蒂卡的重装步兵入侵不会令该城屈膝就范。依凭抓获和扣押出自斯法克特里亚的斯巴达精英武士俘虏——他们会在伯罗奔尼撒军队再度跨过阿蒂卡边界的那一刻被处决——将于四年后问世的尼西阿斯和约的大体轮廓已被
310 确立。伯里克利的远景设想虽然被搞得支离破碎，但看来得到了实现。那个时代的人在公元前 421 年认为，经皮洛斯战役和阿蒂卡境内挺进未遂，斯巴达被迫止步，斗志消沉。摇摇欲坠的和平和战前状况的恢复是否值得付出十年奋战和惨遭瘟疫的代价，则全然是另一个问题。

相反，雅典后来的在和平破裂后的彻底失败大概出于两方面原因。首先，即使西西里远征之前，雅典也并非只对斯巴达打仗，而是历经十年阿基达马斯战争一直在抵挡斯巴达、它的整个伯罗奔尼撒同盟以及科林斯和底比斯。这后两个城邦通过一种行为证明了它们的暴烈，那就是甚至不参与签署公元前 421 年达成的不牢靠的和约。在科林斯湾的三列桨战舰会战中，还有在索利基亚和第力安，这两个盟邦都常常大致独自对雅典战斗，没有来自斯巴达的襄助。

战争大部分时间里与斯巴达正式结盟的城邦并不孱弱。伯罗奔尼撒诸邦如伊利斯和提基亚，有时甚至还有经重构的门丁尼亚和亚哥斯，给斯巴达领导的一项事业或后来在德塞利亚的占领提供了重装步兵。维奥蒂亚的军队像斯巴达的军队一样强大可怕。它的强烈敌意保证了一场两线战争——雅典在第力安努力未遂后的一种经久状况。科林斯控制了海湾内外很大部分近岸海上交通，连同来往伯罗奔尼撒的所有陆上道路。雅典持续未能拿下梅加拉地区，只是保证了伯罗奔尼撒人无论何时都有进入阿蒂卡的经久便利，只要他们认为与早先失败了的年度入侵相比，他们能设计出某种较好的战略，例如最终占领德塞利亚。

在战争的最初很少几年里，雅典进行了多次大规模的境外作战，但很快就悟到经久部署约一两百艘战舰是在耗竭它的财库而不带来决定性结果。然而，依凭公元前 425 年夺得皮洛斯和斯法克特里亚，它取得了一项惊人的心理大捷，而一旦斯巴达人因其一流重装步兵投降大感耻

辱，并愿永久撤出阿蒂卡，情况就更是如此。

一如既往，到公元前421年，雅典人没有赢；然而，他们已经证明，甚至在因瘟疫遭受极可怕的损失之后，他们仍能找到创新性的不输掉战争的新办法。可是，这个城邦的最有原创性的头脑，从亚西比得到德摩斯梯尼，判定僵局令人失望，而非令人惊喜。于是，他们开始策划在伯罗奔尼撒的进一步的探测性作战行动，那可能削弱斯巴达而不与它的可怕的重装步兵交战。结果是一种双料灾难性政策：与伯罗奔尼撒人重开战争，同时将信心错置于扩展战区，而非径直对抗斯巴达军队并击败之，以此方式解放希洛人和捣毁斯巴达的种族隔离制。

接着，在公元前415年，雅典入侵叙拉古，尽管它同时与三个最大 311
城邦斯巴达、科林斯和底比斯较量，因瘟疫而损失了它的人口的远不止四分之一，而且未曾摧垮它的三个敌手中间任一个的重装步兵或海军资源。迅即，它发觉自己投身于新的战争，与一个比它自己更大、且差不多和它一样的民主城邦交战。雅典不仅将它的宝贵资源分散到一场非常遥远的战争，在斯巴达人很快将离它的城墙仅13英里的时候，而且因为它进攻民主的叙拉古还削弱了它的宣传，即它的战争很大程度上是意识形态性质的，是为各邦民主人民而战，为他们抵抗外国强加的寡头制而战。

西西里抽血如涌，而这大放血又吸引了一整群新敌人。或许最糟的是，西西里之后，雅典自己对自己打仗，如公元前411年的革命和最终失败的寡头政变证明了的。到公元前412年，波斯将很快是个事实上的交战方。没有用于舰员和三列桨战舰的波斯巨额资金，斯巴达就永无能力从事最终迫使雅典投降的爱奥尼亚战争。在这狭义的战略方面，雅典确如第二次世界大战时的德国，后者对老的欧洲盟国法英两国作战，与美国的巨大工业实力较量，而且力图入侵苏俄。希特勒本可能单独或前后相继地击败这三强中的任何一强，或与之打成平局，但永不能对联合的两强做到这些，更不用对说联合的三强。

修昔底德相信，如果说民主城邦将多方面长处用于战争，那么它们的吵嚷喧闹的公民大会、连续不断的事后指责、哗众取宠的政治表演和吹毛求疵的严苛批评却严重妨碍了军事行动。只有一位像伯里克利那样卓越的人物才能驾驭在开放的讲坛上释放出来的粗野激情，并且作为第一公民，以他的纯道义权威力量，靠近乎命令经管国家，同时仍充分利用民主制的蓬勃动能。不管这位史家的这种悲观主义对民主制来说是否有理或公允，有一点肯定清楚，那就是斯巴达对间或放肆的伯拉西达、阿基斯或莱山得有更多的耐心，多过雅典任何时候对它自己的将军曾有的。

诚然，斯巴达能够处决托拉克斯之类将军，回避从皮洛斯返回的俘虏，但与雅典相比它给司令官们自由余地，其程度在雅典闻所未闻。如果说修昔底德由于未能使安菲玻里免遭伯拉西达夺占而被放逐，那么后来在同一战区，伯拉西达在未能及时抵达托罗内、从而将该城整个丢失给克里昂之后，极肯定未被召回斯巴达。雅典公民大会放逐、处决或罚钱惩治了差不多每一位它发令征战的著名的将军，但这只是使司令官们内心胆怯和倾向于事前预测，而非同等程度地更负责任。于是，在任何挫折之后，不管是在第力安战役还是在阿吉纽塞海战中，他们都
312 极可能避不返回雅典，因为怕受审判。如此，该城往往没有从自己的错误学到教益，却差不多总是把将军们吓得太谨慎或太鲁莽，其决定基于预测——预测身后国内的投票者们在任何特定的日子可能赞成什么。

垂诸永远？

修昔底德是否就战争的本性怀有预先存在的看法，力图用伯罗奔尼撒战争的桩桩事件来证实他的悲观主义？反过来，他的哲理是否从暴力毁伤归纳出来，那是他历经三十载始终见证了的？抑或，两者皆非真正为人所知。然而，他的史书不只是一部叙事，讲述现已朦胧不清的会战和屠杀。相反，如他预见的，它起一种永恒指南的作用，指明战争本身的悲剧性质，因为人性不变，从而灾难时代的战争运作总是可以预见。

如果说，伯罗奔尼撒战争依然就战争中的人教给我们什么东西，那么它是这么一项教益：间歇的停战可以平息战斗，但无法以任何程度的连贯性结束冲突，除非它们针对为何一方最初决定投入战争。更经常的是，决绝果断的行动，不管是善是恶，能招致持久和平，通常在一方经改变心灵或改变政府——无论自由抑或暴政——而接受失败和停止怨愤的时候。在这如何永久结束一场战争的意义上，讲究实际的莱山得与庄严的

伯里克利以及幼稚的尼西阿斯相比，远更懂得这场可怕冲突的性质。

雅典和斯巴达起初都在把握不定如何打败对方的情况下投入了战争。然而，接近20年徒然的杀戮后，战争在约7年里就决出了胜负，其间斯巴达认识到了雅典如何能被击败(将其人民困堵在墙内，将其贡金和食物阻隔在墙外，同时击沉其舰队)。在此令人不安的教益是，商议尾随战局的波动，外交解决在它们准确地反映军事强弱时最为奏效。

人们通常给这一对权势及其国务作用的赏识贴上标签，名曰“现实主义”或“新现实主义”。然而，修昔底德——他真正是伟大史家的原因就在于此——乃是一位太具洞察力的评判者，不可能将冲突简单地归结成关于权势及其种种表现的认知。战争本身并非一门纯粹的科学，而是一种更加易变无常的事请，往往受制于命运或偶然，实乃十足的人世间事。因而，《伯罗奔尼撒战争》并非单纯的国际关系研究入门书，这位史家也不相信“强权即公理”。他述说出来的是悲剧，而非传奇剧。

然而，修昔底德确实承认人还受制于别的莫名其妙的情感，那驱使 313
他们去做没多大道理的事情，不管那是指什么人：是“恐惧”雅典成功的斯巴达人，还是选择抵抗围攻的可怜的普拉提亚人；是据称坚毅但在斯法克特里亚陷落后惊恐不堪的斯巴达人，得知区区120名精英同胞可能被处决的消息便停止了对阿蒂卡的所有入侵，还是徒然坚持不屈以冀斯巴达援助的弥罗斯人，或是曾经傲慢的雅典人，扬帆驶往叙拉古，继而愚蠢地同样坚持依赖“希望”，那是他们先前因此责骂天真的弥罗斯人的。如果现代人惊讶为何有千百万人民的整个整个国家能被据为人质，当蒙面罪犯在全球电视上威胁要斩掉其公民中间单单一名的首级的时候，那么我们可能比想起下面一点更觉得诧异：为何惊恐和震惊的斯巴达人干脆放弃了他们入侵阿蒂卡的整个战略。[31]

就一位据称关注权势而非悲剧的写作者而言，修昔底德不失任何机会，反复指出一支支具体的军队的损失是多么令人断肠。看来抓住这位史家的注意力的，不像那么经常被声称的那样是武力在国家间关系中起的作用，而是战争对成千成万必须打仗的人——该书的主体——滥施的苦难。

修昔底德有时认为一场特定的战役明智或愚蠢，但他近乎总是添上足够的细节和编排，以便使我们感知一点：那些信仰他们在为之死去的事业的军人值得纪念，值得按照与其牺牲相称的方式去纪念。因而，一个人发现，在第力安丧命的特斯皮埃人下一年不在了，不能在他们先前的盟友底比斯人捣毁城墙时挺身拯救他们的城邦。密卡利苏斯镇不仅失去了它的学童，甚至还失去了它的畜禽——而我们即他的读者应当知道这些，且仔细思虑之。雅典人在阿息纳鲁斯河不只惨遭屠戮，而且在他们彼此厮打以致饱饮血水和河泥时丧失性命。历史学家们就修昔底德嵌入其文本内的“教益”搜文索句，一般读者却恰恰是从那些令人铭记的文段里毫不犯难地迅即感悟到他的史书有何道理，那些文段将永不磨灭，提醒我们被滥施到否则正常的人们身上的激情和狂怒，当他们投身战争时。

斯巴达最初入侵前夜，或就西西里远征辩论期间，雅典的青年人总是热切求战，因为他们从未经历过战争。相反，“该城年纪较大的人”，更有经验的人，多少了解瘟疫、暗杀、恐怖和三列桨战舰沉没，总是不乐意入侵，且从而常在艰难的谈判期间努力给敌人某种出路，否
314 则那样的谈判可能将战争留作唯一的替代。修昔底德式的战争能有效用，能解决问题，而且它往往遵循一种无情的逻辑类型；可是，一旦它开始，就很可能在整个希腊世界延续 27 年，而不是在阿蒂卡的预计的 30 天，并且终究杀死它开始时还未出生的成千上万人。

这样的认识不一定是和平主义的理由；宁可说，在修昔底德看来，它要求接受一点，即成千上万人到头来将在阿息纳鲁斯河和埃托利亚之类罕有人知的地方腐烂湮灭，那是逻辑结果，尾随遥远地作出的决定，在斯巴达或雅典的被崇敬的公民大会作出的决定。一位拙朴愚蠢的塞内拉伊达，或一位精于诡辩的亚西比得，可以激发他的朝三暮四的公民大会在没有好理由的情况下决定开战，同时一位阿基达马斯或伯里克利可以认为，他本人的冷静和理性将要么阻绝要么减轻厮杀。然而，激情与逻辑之间驻留着数以千计的人的命运，他们大多卑微无名——例如在普拉提亚(前 427 年)遭处决的阿斯蒂马克和拉孔、在第力安(前 424 年)被砍倒的塔纳哥拉人绍根内斯、在密卡利苏斯(前 413 年)遭屠宰的锡尔芬达和在赫拉克利(前 419 年)殒命的斯巴达人色纳雷——肯定将在此时或彼时被要求经暴力解决仅有言辞不能解决的事情。记住他们吧，因为伯罗奔尼撒战争只是他们的战争。[32]

附录一：术语和地名汇编

（按汉语拼音字母顺序排列）

阿蒂卡·地理上围绕雅典并由雅典控制的那个地区，一块囊括一千平方英里的边地。

爱奥尼亚·说希腊语的小亚细亚西海岸地区（现当代土耳其西部），其北部居民宣称与雅典同祖先。 不要混同于爱奥尼亚海，那是南亚得里亚海的古称，在意大利与西部希腊之间。

比雷埃夫斯·雅典的商港和军港，离卫城约 5 英里，极显著地由两条平行的“长墙”与之相连，该墙确立了一条安全的陆上走廊，以便海上货物输入雅典城。

伯罗奔尼撒·希腊南部，由科林斯湾以南的那个大半岛构成。 该地区面积约 8 500 平方英里，其大多数城邦在族裔上是多里安人，并且与斯巴达结盟或臣服于它。 伯罗奔尼撒战争以该地区为名，是因为我们的史料来源的雅典中心性质：对雅典人来说，他们的战争系针对斯巴达及其盟邦——被宽泛地界定为伯罗奔尼撒人。

波斯行省·一个波斯省级邦。 该术语最常指小亚细亚北部（赫勒斯滂地区）和中部（萨迪斯）的一些行政区，它们在伯罗奔尼撒战争后期分别由法纳瓦祖和提萨斐尼经管。

城邦（polis，复数 poleis）·古希腊的任何自治的城镇国家；该术语既用来描述一个政治实体，也用来指围绕中心城镇的那个地区。

德拉克马·希腊货币的最通用单位，往往相当于一名获酬良好的劳作者的最高日工资。 6 **奥波尔**等于 1 德拉克马。 100 德拉克马合为 1 **迈纳**。 一个**塔兰特**等于 6 000 德拉克马或 60 迈纳。 如果说当今半熟练成年劳力往往获酬约每小时 10 美元，那么我们可以想象 1 德拉克马近乎有约 80 美元的当代价值。 直接比较不可能，但按照当今美国货币计，一个塔兰特因而可能相当于 480 000 美元左右——或者说大约是在雅典也在美国的一座城市大房屋的代价。

德塞利亚·雅典平原上的一座小丘，离雅典城墙约 13 英里，由斯巴达人在公元前 414 年至公元前 413 年建造工事，作为一个在阿蒂卡的经久的占领要塞起作用，并且充作一个用于持续劫掠的赃物结算和交换场所。

第四等级・雅典的依人口统计的最低等级，极少或完全不拥有土地，通常要么在舰队划桨，要么在方阵外作为散兵作战。到伯罗奔尼撒战争爆发时，雅典的第四等级成年男子可能已数达20万以上。

地峡・连接北部希腊主陆与伯罗奔尼撒的那条窄陆带，由科林斯人定居和治理，他们获利巨万，依凭控扼爱琴海与科林斯湾之间的南北陆上通道和东西海上贸易。

方阵・希腊重装长矛兵(重装步兵)的一种阵形。这种密集的兵阵被用来在开阔地会战中连续猛击对方类似的兵阵，以求击溃之。

寡头制・局限于那些拥有财产者或资金充裕者的经共同同意产生的政府，因而是"一小撮人的统治"。寡头们由从事反民主派的意识形态战争的斯巴达撑腰，而民主派则是得到帝国雅典支持的较穷和往往无地的人。

赫勒斯滂・现代达达尼尔海峡，或曰经马尔马拉海将爱琴海与黑海连通、从而将欧洲与亚洲分开的那条非常狭窄的水峡。它是战争最后四年里数场可怕的雅典—斯巴达海战的拼搏场所。

居留外邦人(Metics)・有特权的常住外邦人，他们即使没有充分的公民权也可以从事军役。这个术语最常被用来指在雅典的外邦人，那里到公元前5世纪中叶已住有约两万名这样的人。

科林斯・雅典的一个传统海上敌手，斯巴达的坚定盟邦，依靠对地峡的控制获取其财富和威望，而该地峡控扼希腊东西海上交通和南北陆路通道。

民主制・"人民权力"或政府，特征为无地的穷人跻身于投票表决的全体公民，且依公民大会多数决定进行统治。从前507年至前338年，古代民主制往往与雅典同义，后者是最强大最有影响的民主城邦。

三列桨战舰・一种行驶快速的单层甲板战舰，由三排划桨手提供动力，装备一个青铜撞角。三列桨战舰通常载有大约170名划桨手和另外30名各类高级舰员，航运和巡逻期间能使用一面辅助风帆。

斯巴达・领导伯罗奔尼撒同盟的一个寡头制城邦。若干不同的术语被用来宽泛地表示斯巴达及其帝国。**拉栖第梦**既是个政治名称，又是个区域名称，指那些由斯巴达人直接统治的伯罗奔尼撒东南部的周围城邦和市镇。**斯巴达人**指该城及其郊区各种不同身份的居民。某些人被进一步区别为**斯巴达精英武士**；这些完全的公民构成一小群精英。**拉哥尼亚的**更多的是个族裔和地理形容词，用来表示斯巴达周围的土地和居住在斯巴达及其周边的人众，而宽泛得多的形容词**伯罗奔尼撒的**则大致涵盖所有位于科林斯以南的主陆的那些城邦，其中大多与斯巴达结盟。**多里安的**是个南部希腊人的宽泛的族裔和语言范畴，大多涉及伯罗奔尼撒、西西里、南爱琴海地区和小亚细亚南部。

维奥蒂亚 · 阿蒂卡以北希腊中部的一大农业地区。它的近一千平方英里乡村的大部分城邦在政治上被联合起来，组成一个以其最大城邦底比斯为首的寡头制邦联。在整个公元前5世纪，雅典始终试图削弱它的这个毗邻的敌手，办法是间歇性占领、煽动民主革命和鼓励普拉提亚和特斯皮埃之类维奥蒂亚城邦保持自主自治。

希洛人 · 拉哥尼亚和美塞尼亚的继承性契据农奴，公共所有，在被强迫的奴役下劳作，给他们的斯巴达监管者提供食物和补给。

亚哥斯 · 伯罗奔尼撒东北部的著名大城邦，战争大部分时间里体制民主，独立于斯巴达，且往往与雅典结盟。周围从伯罗奔尼撒东北海岸延伸至爱琴海内的半岛被称作阿哥利德。

月牙盾长枪兵 · 轻装兵员，后来往往是雇佣兵和外邦人，装备为标枪和一面月牙状的轻盾(*peltê*)，被训练为散兵，在地形崎岖处战斗。

附录二：紧要人物

（按汉语拼音字母顺序排列）

阿基达马斯·（前 467—前 427 年在位）伯罗奔尼撒战争爆发时斯巴达两位世袭国王当中的一位。他率领了对阿蒂卡的首次入侵；因而，公元前 431 年至公元前 421 年的十年战事后来被称作阿基达马斯战争。修昔底德记载了阿基达马斯的一些富有洞察力的演讲；然而，他的战场表现显露了斯巴达保守主义，而非后来伯拉西达或莱山得等人的锐气。

阿里斯多芬·（约前 450—前 386 年？）雅典喜剧诗人，他的留存下来的 11 部戏剧漫画式地表现了公元前 5 世纪后期许多显要的雅典人，而且往往提供了关于伯罗奔尼撒战争期间帝国雅典战时生活的可贵信息。

伯拉西达·（前 422 年卒）或许是斯巴达产生过的最有才能的步兵将领；他麾下的远征部队由斯巴达精英武士、盟邦兵众、被解放农奴和希洛人组成，在希腊东北部给希腊人造成了大破坏。他在安菲玻里的突然死亡减抑了斯巴达的境外进攻努力近十年之久，帮助导致了公元前 421 年至公元前 415 年的战局僵持。

伯里克利·（约前 495—前 429 年）作为一位年年当选的将军和政治领袖，他领导雅典长达近 30 年，主持决定在卫城山上建造纪念性宏伟殿堂，主持扩展雅典帝国，并且对投入与斯巴达的战争起了首要作用。他在战争第二年死于瘟疫，伴有对他促成创立的帝国的诸种灾难性后果。

德摩斯梯尼·（前 413 年卒）创新性的雅典将军（勿与同名的公元前 4 世纪演说家混淆），其勇猛大胆和非常规战术导致了在安菲玻里、皮洛斯和斯法克特里亚的惊人成功，但助成了埃托利亚、第力安和西西里诸战役期间的灾难。公元前 413 年雅典人投降后，他被西西里人草草处决。

第奥多鲁斯·罗马时代的一位西西里史家，大约在公元前 60 年至前 30 年写作。他的 40 篇通史大多为编纂，内容出自佚失了的希腊史著（最显著的是伊弗鲁斯的史著），但往往就伯罗奔尼撒战争的战斗给出详情，否则仅依修昔底德就无从得知。

法纳瓦祖·（前 370 年卒）赫勒斯滂外围达西利乌姆地区的波斯行省总督，采取一种更积极的亲斯巴达态势，甚于南面与他作对的行省总督提萨斐尼。

吉利普斯·富有才能的斯巴达将军，公元前414年率一支伯罗奔尼撒援军突然抵达叙拉古，由此令战局转而不利于雅典人夺取该城的努力。

克里昂·（前422年卒）臭名昭著的雅典煽动家，被阿里斯多芬和修昔底德认作是象征，标志随伯里克利去世而走上前台的危险的蛊惑者。他强劲有力地支持帝国主义，在斯法克特里亚赢得了一场对斯巴达人的惊人胜利，反对尼西阿斯在公元前422年的谋取停火的努力，接着在安菲玻里会战中阵亡。

拉马胡斯·（前414年卒）在雅典的坚毅顽强、军务称职的典型，往往在战场上成功地率领雅典部队，继而在夺取叙拉古的会战中英勇阵亡。

莱山得·（前395年卒）残忍无情的斯巴达海军将领，对爱奥尼亚战争期间斯巴达舰队骁勇善战，对在赫勒斯滂和在小亚细亚海岸外经一系列浴血海战最终战胜雅典人，他最为有功。他战争期间鏖战不死，但9年后在哈利阿图被杀，在对维奥蒂亚人的一场小规模冲突中。

门达鲁斯·（前411年卒）成功的斯巴达海军将领，将自己的作战基地从爱奥尼亚转移到赫勒斯滂，以便获得更多的波斯资助和阻断雅典的谷物输入。他在塞西卡斯海战中殒命，斯巴达获取海上优势的希望由此遭受一次挫折。

尼西阿斯·（前470—前413年）一位持重、保守的雅典国务家，在随伯里克利去世而来的权力斗争中反对激进民主派；公元前421年至公元前415年的和约冠以他的名字。他的众所周知的审慎导致他反对西西里远征。然而，一旦他被选为将领，他起初对庞大兵力的要求，加上他在使用兵力方面的怯懦，将一场很可能是战术性失败转变成一场不必的战略性巨灾。

普鲁塔克·（约公元50—120年）罗马时代的希腊传记作家，其《希腊罗马名人传》（*Parallel Lives*）将卓著的希腊国务家和将军与类似于他们的罗马对应人物作比较。他的《亚西比得传》、《莱山得传》、《尼西阿斯传》和《伯里克利传》是对修昔底德史书的可贵辅助。

色诺芬·（前428—前354年）希腊史家、哲学家和军事著作家，其希腊史接续修昔底德的叙事，从公元前411年到战争于公元前404年结束，然后续写希腊史，直至第二次门丁尼亚战役（公元前362年）为止。

提萨斐尼·（前395年卒）在小亚细亚中部海岸诸省萨迪斯地方的波斯行省总督，推行促进斯巴达与雅典互斗而从中渔利的政策，同时声称支持创建一支斯巴达大舰队。

卫城·一个城邦的筑防山丘和中心；最经常的是在提到雅典和提到伯里克利建造的诸大神殿时被使用。

小居鲁士·(前 401 年卒)大流士二世国王的次子，波斯王位的声索者。伯罗奔尼撒战争结束时，他对小亚细亚的很大部分行使着权威；而且，他与莱山得有密切关系，予以金钱资助，这解释了最终赢得战争的斯巴达舰队何以奇迹般地问世。

修昔底德·(前 460—前 395 年？)伟大的希腊史家，其叙事涵盖伯罗奔尼撒战争的来源、它的爆发和每年的事件，从公元前 431 年直到公元前 411 年为止，其时叙事突然中断。修昔底德本人是一位选举产生的雅典将军，但在公元前 424 年被判放逐 20 年，表面罪名是听任伯拉西达夺占安菲玻里。

亚西比得·(前 450—前 404 年)雅典的最有争议的将军；其悲剧般命运反映了雅典本身的衰败。作为倒霉的西西里远征的缔造者，他逃脱了必判的雅典死刑，反而敦促斯巴达人建造一支舰队和工事筑防雅典城墙外的德塞利亚。以后，他谋求靠损害雅典和斯巴达双方的利益去取悦波斯人，并且时而得到雅典人的拥护，时而因各色据称的罪行被他们放逐，继而于战争结束后不久在弗里吉亚遭刺杀。

注　　释

涉及修昔底德《伯罗奔尼撒战争史》时，仅注明篇次和节次。涉及其他古代史家如第奥多鲁斯、希罗多德和波利比阿时，倘若他们是仅仅一部带题著作的作者，则仅注明人名。

序　　言

1. 对战争结局的戏剧性描述，见色诺芬所言：*Hellenica*，2.2.19—25。修昔底德(2.8.4；参见1.139.3)提醒我们，斯巴达人起初宣告他们正在“为解放希腊”而投身战争，那是冲突结束时大多数希腊人显然集合在其下的一个口号，尽管斯巴达人一贯残忍。然而在别处，修昔底德似乎提示许多城邦根本不很注重意识形态。它们大多只是希望不受干预(“民主制或寡头制都不错，只要它们自由”)，从而预示了它们会忠于斯巴达人，因为认定他们可能赢，而且赢后可能证明不那么有能力重设一个强制性帝国；例如见3.82.2—3，8.48.5。

2. 1.23.4；参见3.23.5。在我们责怪修昔底德多少散漫地将自然现象与战争相联以前，我们应当考虑到即使在我们当代，地震和饥荒也往往被视为与持续中的冲突密切关联。2003年12月末，伊朗北部巴姆的一场大地震立即在西方报纸上与正在进行的反恐战争相联得到讨论，相关的还有这场灾难和西方援助队的在场多大程度上会加强或削弱神权政体，连同它被指称的对恐怖分子巢穴的支持。

第　一　章

1. 关于批评新保守派，连同批评他们刻意使用修昔底德史书去支持一种努力，即力求以伯里克利帝国主义方式将美国投入战争，见Gary North，“It Usually Begins with Thucydides”（http: www. lewrockwell. com/north/197.

html)，以及从不同视角出发的一项抨击，即 D. Mendelsohn，“Theatres of War：Why the Battles over Ancient Athens Still Rage”（*New Yorker*，January 12，2004）。参见 L. Miller，“My Favorite War”（*New York Times Book Review*，March 21，2004）。关于提及克列孟梭和韦尼泽洛斯，见 Lebow and Strauss，*Hegemonic Rivalry*，2—19。

2. Isocrates(伊索克拉底)，*On the Peace*，4，88，那里哀悼三十载战争过程中丧命的雅典显赫人士即贵族，说他们本将好得多地以自己的才能去反对希腊人的共同敌人即波斯帝国。伊索克拉底的论辩与现在懊悔第一次世界大战的那些人的相似，那场大战被看作欧洲自杀悲剧，毁掉了一个使人文明的不列颠的帝国使命。总的论述见 N. Ferguson，*The Pity of War*（New York，2000)，457—462。

3. 1.22.4.这项大胆的断言或许是修昔底德全部史书内最著名的话语——自信得惊人的话语，确信这位史家的观点将永久长存，超过他本人的题材的重要性。在他撰写《伯罗奔尼撒战争史》之后约 2 500 年，修昔底德史书的英译本每年在美国卖出约 5 万本。

4. 见他对伯里克利的评论：2.65；对伯拉西达的评论：4.81.2；对公元前 411 年寡头革命的评论：8.97.2；对安替芬的评论：8.68.1—2。看来最打动修昔底德的那些人——伯里克利、尼西阿斯和安替芬——是贵族性质的，怀有对普通民众的集体智慧的不信任，如它在公民大会内不管哪天被显示出来的。

5. 4.65.3—4.关于雅典有如美利坚的种种提法，见 Sabin，“Athens，”237—238。

6. Xenophon，*Hellenica*，2.2.23.对雅典在外的名声的议论复杂多样，涉及每个城邦内部的穷人与较富的人的相反看法，且涉及一个特定国家与雅典或斯巴达的物质环境相近性。如下假设并非过分玩世不恭：假如雅典打赢了战争，长墙被毁时欢呼雀跃的同一群希腊人就将同样乐见斯巴达战败，有如事实上三十年过后那样，其时伊帕米浓达的庞大泛希腊军队势不可挡地涌入伯罗奔尼撒，去摧毁斯巴达帝国。G. E. M. de Ste. Croix，*Origins*，42—44 极著名地谈论了希腊大众所持的雅典意象。

7. 2.8.4—5.希腊人对斯巴达人出现好感，只是在后者随希腊赢得希波战争而逐渐退出与雅典的同盟之后。希腊人越少见到斯巴达人，就越喜欢他们。确实，爱奥尼亚人和其他希腊人有一次“乞求”雅典人成为霸主，以便减抑斯巴达的境外存在；参见 1.95.1—2。

8. 见发自在斯巴达的雅典使节的抱怨(1.76.4)，他们提醒反对者“甚至我们的平等意识也很不公正地使我们遭到了抨击而非赞许”。在就密提林人质进行的辩论中，雅典的煽动家克里昂重申了同一主题(3.37)，当时他做了一种怪怪的现代的论辩，即自由开明的雅典人不适于对付帝国的种种紧急状态。置身于自己国内的舒适平安，他们显然错误地假定外面的爱琴海世界也按照同一些准则行事。

9. 著名用语一场“独一无二的”（*hoia ouch hetera en isô chronô*）战争——本书的书名即由此而来——见于1.23.1；参见1.1.1。希腊人照词义说到出自这场战争的“苦难”(pathêmata)，那在希腊史上是独特的。

10. 虽然希腊人一向明白争掐与战争之间的这些区别，但恰恰是伯罗奔尼撒战争这梦魇，导致柏拉图和伊索克拉底之类哲学家在这两类现象之间做出一种明确的区分：针对波斯人之类民族的对外战争，那有时是好的；希腊城邦中间的内部争掐，那总是坏的。见 Plato，*Republic*，470B；还有一项漫长的讨论，即 Price，*Thucydides and the Internal War*，68—73。到公元前4世纪，很久以前的希波战争已被奉为“好战争”，晚近的伯罗奔尼撒战争则被认作“坏战争”——类似我们当今对第二次世界大战和越南战争的说明，将其分别说成是高尚的和可争议的努力。

11. 1.1.2.“震荡”概念饶有趣味，隐然指社会骚动、恐怖、革命、瘟疫和一批别的灾难，它们超越那与一场常规战争的会战相联的通常军事伤亡。修昔底德不是一位信教者，但他将地震、瘟疫和海啸算作剧变的组成部分，给他那关于一场自招自受的末日大决战的故事增添戏剧性效果。至少他明白，在可怕的战争时期，人们会以某种方式，将一批自然祸患与当下的人类争斗约莫联系起来。

12. 阿蒂卡、其陆上盟邦和爱琴海各处的属邦或许共有100万人。关于某些现代战争的数字，见 Keegan，*Warfare*，359—361。

13. 1.23.6，1.86.5，1.88，1.118.2.注意，侧重点在权势意象，不在经仔细界定的真实怨艾；还要注意，在斯巴达关于衰落势难避免的意识中，尊荣和地位起颇大作用。

14. 两方的恐惧：1.44，1.118；雅典的规模：1.80.3。关于帝国的裨益，见[Xenophon]，*Constitution of the Athenians*，2.12。对斯巴达的疑惧做的一番深切的谈论见 Cawkwell，*Thucydides*，26—39。是否得人心并非决定雅典帝国能否稳定的唯一问题：公元前5世纪的很大部分时间里，在大多数希腊城邦，穷人能经常得多地指望在其港口见到雅典的三列桨战舰，远超过富人能指望伯罗奔尼撒重装步兵方阵进军直达城门。有一种观念，即斯巴达人在境外任意难测地残暴和苛刻，就此例如见 4.80.4—5， 4.81.3(伯拉西达是一种不同的斯巴达人)。 多里安人为爱奥尼亚雅典人而战：7.57。

15. 3.61.2.正如全球化以英语、美国大众文化和美元的广泛散布为特征，“阿蒂卡化”的标志是雅典铸币和阿蒂卡方言广泛渗入爱琴海地区，还有帝国三列桨战舰到处游弋，关于雅典悲剧和喜剧的知识广布境外。

16. [Xenophon]， *Constitution of the Athenians*， 3.10—13. 这项论雅典社会的同时代论著的匿名作者表现了某种讽刺性的赞许，赞许雅典民主制的逻辑，那大异于他本人的寡头主义偏见，其方式或许相当于一位贵族也许惊骇于沃尔玛和说唱乐，但至少会承认，这样的大众场所和大众趣味远比家庭小店、博物馆和歌剧院符合大众的物质需求和娱乐需要。

17. 关于斯巴达与雅典之间导致战争的固有政治差异，见 3.36.6 和 3.82.1。科林斯人指责斯巴达人，抨击他们不能抵制躁动不安的雅典文化，最后还说出了那个著名的对雅典人的评价，说他们是个“生来为自己的目的既自己毫不安宁也不让别人享有安宁”的族群。 参见1.70.9， 1.76—77， 4.55.2。 关于证实斯巴达的恐惧和雅典的先发制人愿望的古代证据，见一项审视：de Ste. Croix， *Origins*， 64—67。

18. 2.64.3.前法国外长于贝·韦德里纳有“美国超级权势”（*l'hyperpuissance américaine*）一说，指的是在柏林墙倒塌后的后冷战世界里兴起了的美国压倒性影响力，而在对它的当今使用中，可见希波战争过后雅典控制的一种现代翻版。到公元前 431 年，希波战争在希腊人的回忆里已经太悠远，维持不了就一个先前反对共同敌人的同盟断言的友好和睦的多大残余：雅典过分强大，旧日的敌人则似乎早已烟消云散。

19. 斯巴达的要求罗列于 1.139.1—4。 关于雅典从一个农业城邦急剧转变为一个富有的、都市型和帝国性的权势源泉，见 Hanson， *Other Greeks*， 351—396。 复旧派渴望回到梭伦式城邦，那时在一个世纪以前，雅典没有帝国，一向依据一种有利于财产拥有者的政治体制运行。

20. 7.18.2；参见 1.33.3， 1.76.2， 1.102.2—3 和 5.20。 无论每方有怎样的怨愤，到头来是斯巴达人而非雅典人首先跨越对手的边界。

21. 见 Kagan， *Origins of War*， 8—9， 567—573；他最佳地谈论了这些原生情感，连同它们在修昔底德对战争爆发所作解释上起的作用。

22. 1.86—87.注意，尽管有其敌人罗列的针对雅典的一切先前怨愤，但斯巴达的正式表决取决于斯巴达的“光荣”和对雅典“权势”的恐惧。

23. Herman， *Idea of Decline*， 14—19.就罗马帝国的著作家诸如佩特罗

尼乌斯、苏埃托尼乌斯、塔西佗和尤维纳利而言，社会“衰落”或一国的自然“老化”被视为缘于奢侈、闲暇和广泛富裕，而非出自粗野蛮族、瘟疫、饥荒或入侵。

24. 1.123.科林斯人的断言里有讽刺意味，因为在战争爆发时，希腊人中间最奢侈的恰是科林斯人自己，而最粗犷的仍是斯巴达人。

25. 关于苏格拉底在这些会战中的从军事迹，见 Plato, *Symposium*, 220E, 221A—B; *Laches*, 181B; *Apology*, 28E。他之反对西西里战役见于 Plutarch, *Nicias*, 13.7。苏格拉底可能在他 40 余岁中段，在三场会战和围城战中鏖战过。然而，我们未听说过公元前 421 年后他有任何进一步的军役，因而应当想象他 50 岁和 60 岁开外时，与年事较高的重装步兵和外侨一起，在卫戍职责上度过了战争的后二十年。

26. Plato, *Protagoras*, 359E.柏拉图的无论哪篇对话都几乎全无和平主义，相反它们设定战争是一种虽则悲剧性但仍自然的事态。他对战争本身的批评是实用主义的，而非我们会认作是道德性质的，并且相反是就战斗的特殊样式而提出，那涉及希腊人被希腊人所杀，或优良的重装步兵被其社会劣等人撂倒，在不那么英雄主义的小规模战斗中，还有在海上。

27. 参见 1.44.2 和 1.144.3。伯里克利往往被准确地比作丘吉尔，那就是到他俩的漫长的任职生涯结束时，这两位年迈的贵族帝国主义者都已经见识得太多，以致全不幻想姑息一个兵营国家及其反民主联盟会带来和平。

28. 1.122.1.在就其守旧落后的对外政策痛斥斯巴达人之后，科林斯人提倡立即入侵阿蒂卡——倚靠所有战略中间最复旧的战略即破坏农业以图激发重装步兵会战的一项建议。斯巴达人曾在公元前 446 年为自己的缘由而放弃入侵阿蒂卡。他们确信，在公元前 431 年，没有任何障碍阻止他们进入雅典地盘，好像这事实本身就会立即激发会战或多少严重损害雅典似的。在此，他们误将蹂躏阿蒂卡这成功的战术等同于一个近乎不可能的战略，那就是将在阿蒂卡的此等兵力支配转变为长期优势。

29. 存在希腊史的一整个分支领域，以图弄清为何伯罗奔尼撒战争在那个时候爆发，还有哪一方对最终毁掉和平负有罪责。强烈指责雅典的论辩见于 E. Badian, *Plataea*, 125—162。关于雅典的立场，见德斯特·克罗伊克斯的著名辩解，被简短地概述于 G. E. M. de Ste. Croix, *Origins*, 290—292。卡根在审视一个世纪的有关学术争论时公允和全面，见 Kagan, *Outbreak*, 345—374。尽管如此，他仍质疑修昔底德的相当命定论的观点，即鉴于斯巴达害怕一个越来越强大的雅典，因而战争不可避免。

30. 1.68.4. 难以发现伯罗奔尼撒人对下面一点有所认识：战前几十年里雅典舰队的迅速壮大要求一种反制努力，即针锋相对地竞相建造三列桨战舰。雅典建造300艘战舰的决定肯定没有激发任何军备竞赛，像20世纪头十年初期臭名昭著的英德无畏级战舰大竞争似的，那近乎使两个帝国破产。按照我们的史料来源，情况差不多像是冲突爆发时伯罗奔尼撒人才迟迟发现，在这冲突中新战舰将至关紧要——同时他们自己拥有的新战舰很少很少。

31. 2.8.1. 修昔底德对缺乏经验的评估就斯巴达来说足够真确。然而，整个公元前5世纪初期和中期，雅典事实上几乎连续不断地始终在陆上和海上打仗。例如，战争爆发前的二十年里，雅典打了在维奥蒂亚的战役(前447年)，镇压了在优卑亚和梅加拉的反叛(前446年)，还围攻了萨摩斯和拜占庭(前440年)。年轻人全无对战争恐怖的先前体验，鲁莽冒失地冲入战争：这个想法在修昔底德史书里是主题性的，而且部分地解释了为何公元前416年缺乏经验的一代年轻人与年长者对立，要求远征西西里。

32. 2.65.7；参见2.13.2和1.144.1。对伯里克利战略的一项批评见Kagan，*Archidamian War*，352—355。在我们的史料来源里，无处可见有任何雅典的战争规划少许类似于后来伊帕米浓达的大胆，他设定战胜斯巴达的唯一办法是进军突入其本土，摧毁其种族隔离体制，并且用一圈友好的民主制堡垒围闭其领土。

33. 1.10.2. 同样，值得注意的是，在战前的考虑中，斯巴达寻思组织一支舰队去击败雅典，办法是击毁其巨型舰队和驶入比雷埃夫斯港，然而雅典从未规划造就一支大规模陆军去猛烈攻入拉哥尼亚。

34. 1.71和1.141.3；参见1.142.3。至少，伯里克利做的斯巴达虚弱无力这战前诊断大多正确，且与战争最后十年的情况截然相反，其时波斯的金钱令整个战局幡然改观。关于这些和别的段落，见Hanson，“Hoplite Battle，”215—216。战争爆发时，斯巴达没有投掷武器部队，极少骑兵，全无轻武装分队，而且差不多没有战舰——为赢得胜利将必不可少的分支兵力类型。

35. 1.102. 战争爆发前约30年，雅典人曾赶来帮助斯巴达扑灭公元前462年的希洛人起义，那位于美塞尼亚境内伊索梅山的山麓上。他们的技能和激进性格吓坏了斯巴达人，后者突然将雅典人遣回国去，生怕他们更多地成为一个麻烦而非部分解决办法。

36. 1.36.3. 在这场战争中，奇特的是实战多么经常地戳破战前假设，特别是斯巴达和雅典多么密切地注意确保科林斯和科西拉各自的好意，而它们每个后来实际对战争的最终结局起的作用却那么微小。这两个城邦并非不像墨索里尼的战前意大利，那既被丘吉尔也被希特勒认为是个可贵的潜在盟友，然而一旦战争实际开始，便证明几乎全不提供军事好处。

37. 关于斯巴达创建一支舰队的努力，见 8.2—7，另参见 Kagan，*Fall*，14—16。

38. 有关易于变卦造反的希洛人的后世评论可见：Aristotle，*Politics*，1269A；Xenophon，*Hellenica*，3.3.6；参见 Thucydides，1.101—102 和 4.80.3。大多数希腊人拥有各种不同身份和民族的奴隶。然而在斯巴达，希洛人完全是农村居民，毫无例外的是希腊人，而且就美塞尼亚人而言具有一个自豪的族裔传统。虽然雅典的奴隶划桨，并为他们的步兵主子携运行李，但他们远不那么有机会享有互相间的共同密切关系，那可能超越他们的奴隶身份，从而导致大规模造反。

39. 阿基达马斯国王就雅典享有的人口优势作警告：1.80.3。关于希洛人和人口状况对斯巴达进行反雅典战争的能力的极多涵义，见 Cartledge，*Agesilaos*，37—43。

40. 参见 1.80.3，1.81.1，1.114.1 和 1.101.1。古典时代的大多数军队仅随身携带只够吃三日的口粮，因而速度和时机至关紧要：一支途中遭到伏击或在作物收成已被撤运转移之后才抵达的军队很少有战术回旋余地。在某种意义上，亚历山大时代以前的希腊军队与第二次世界大战早期的护航战斗机一样易受伤害，后者对攻击目标的近距离激战受制于燃油储存有限，从而往往只持续战斗使命时间总量当中的一小部分。

41. 参见 4.85.2，5.14.3 和 7.28.3。阿里斯托芬的剧作（例如 *Acharnians*，182—183，512）强调阿蒂卡农民深感羞耻，无可奈何地看着敌人蹂躏他们的财产，特别是无力改变官方的伯里克利式克制政策。

42. Xenophon，*Hellenica*，1.1.35. 到公元前 411 年，斯巴达已有舰队、资金和新盟友，从而能够保证自己可以经久立足阿蒂卡，同时不很担忧雅典人像过去那样能够严重威吓伯罗奔尼撒人。就雅典自给自足的程度有激烈的辩论。加恩塞（Garnsey，*Famine and Food Supply*，105—106）的争辩很可能是对的，他认为古典时代的阿蒂卡能够供应公元前 5 世纪末期雅典国家所需的差不多一半谷物。

43. 1.144.4. 在薛西斯杀戮以前撤离阿蒂卡乡村往往被提出来当作雅典的勇气和牺牲精神的证据——恰在雅典人做了永不再遭此等耻辱的种种安排之时。

44. 1.80.3 和 1.82.2。 归功于修昔底德的天才，我们才有这自相矛盾的阿基达马斯形象：一位精明的斯巴达人，告诫不要采取他随后遵循的战略，并且永远与他试图避免的那场战争的头十年相联。

45. 在亚哥斯和帕特拉的长墙：5.52 和 5.82；参见 1.93.1。 颇为讽刺：尼西阿斯(7.77.6)论辩说，重要的不是墙，而是墙后的人。 然而，墙在叙拉古确实重要：只要在厄庇波利再多几千英尺防御墙体，他麾下现已心灰气丧、军纪荡然的士兵就本将切断该城，主宰局面。 科林斯似乎用了长墙去将它的港口与城市连接起来而未亡于民主病毒，可是它有一种悠久的贵族经商传统，从事跨地峡贸易，并且鉴于它的战略性地理位置，从未将防御墙体与有意放弃农田联系起来。

46. 1.69.1；参见 1.90—93。雅典的保守派始终反对长墙，希望斯巴达会为制止其建造而干涉；参见 1.107.4。

47. 关于雅典财政，见 2.13.3—5。 新战争耗费巨大，大多花在围城战和支付划桨手的薪酬上，其证明是到战争的第五年或第六年，雅典基本上钱已花光，正在寻求新的收入来源(同时削减开支)，以免投降。

48. 1.19.1.帝国的规模见 Aristotle，*Constitution of the Athenians*，24.3 和 Cawkwell，*Thucydides*，101—102。 我们只能猜测雅典的未来，假如它在公元前 431 年避免了战争，继续增长它的储备和确保它的贡金收纳。 几位英国保守党人做过类似的假定推测，觉得他们的帝国是因为 1914 年至 1918 年间与德国的不必要的自相残杀而被丧失的。 绝境中的亚西比得给斯巴达人勾勒过所有各类帝国密谋，说出了一个即将更大的雅典帝国，那很快会吞并西西里、意大利和迦太基(例如见6.90.2—3)——即使在成万成万人已经死于瘟疫和先前 15 年战争之后。

49. [Xenophon]，*Constitution of the Athenians*，1.10—12. 雅典人口增长见 Sallares，*Ecology*，95—99。

50. 1.81.2；参见 2.13.6 和[Xenophon]，*Constitution of the Athenians*，2.1—3。 斯巴达人最终认识到，与其摧毁帝国属邦，毁坏雅典资产可能在心理上驱动当地寡头，后者事实上整个战争期间始终给雅典带来巨大的祸殃，在萨摩斯、莱斯博斯和希俄斯。 雅典的属邦究竟有多少素有争议，但同时代的雅典人认为帝国非常庞大——以致喜剧诗人阿里斯托芬(见 *Wasps*，707)给出了一个不可能的数目，即一千个纳贡属邦。

51. 修昔底德认为，在战争中，雅典的单边主义自由余地是个真正的优势(例如见 1.141.6)；然而它利弊相兼。 像瘟疫或西西里兵败那样的单独一项大挫就能立即引发反叛，只要属邦觉得自己对如此糟糕的规划几乎全无责任，且认为自己靠疏离一个明显的输家可获大利。关于雅典战略的弊端见 Henderson，*Great War*，47—68。

52. “生存”（*periesesthai*）：1.144.1 和 2.65.7；参见 Lazenby，*Peloponnesian War*，32—33。关于战争开始时斯巴达创建一支巨型舰队和要盟邦作贡献的白日梦，见2.7.2；参见1.121 和1.27.2。这个想法显然没有令雅典人大为害怕(例如见1.142.6)。

53. 虽古怪但伟大的历史学家 G.E.M.德斯特·克罗伊克斯一生聚焦研究雅典帝国的作用，连同它作为各地民主派抵御寡头剥削的一个保护者的广泛声望。特别见他才华横溢、往往使用夸张法的一番论辩：G. E. M. de Ste. Croix，*Origins*，34—49。关于斯巴达强加寡头制的努力，见5.81.2。雅典同样力求靠武力传播民主：5.82.14。

54. 见卡根的预算数字：Kagan，*Peloponnesian War*，62—63；这些数字提示，雅典无法维持其舰队的充分部署四年以上。

55. 见5.26.2—5，修昔底德在那里对一个理念做了著名的辩解，即那27年要被视为一个内在连贯的战争时期，而非一系列战区冲突时期。“十年战争”后来往往被称作“阿基达马斯战争”(公元前431年至公元前421年)。尼西阿斯和约时期(公元前421年至公元前415年)和同样独特的门丁尼亚战争随这头十年而来。插进来的西西里战争(公元前415年至公元前413年)导向战争的第三阶段，往往同时分两个战区进行，那在陆上被称作德塞利亚战争(公元前413年至公元前404年)，在海上被称作爱奥尼亚战争(公元前411年—公元前404年)。

第 二 章

1. 3.26.3；参见 Xenophon，Hellenica，4.5.10 和 5.3.3；Polybius 18.6.4。“除吸根”是任何培植果树或葡萄藤的农场主每年都要做的一项工作，他须在每年春天派手下人进果树林或葡萄园砍掉从主干长出的不需要的新枝杈。

2. [Xenophon]，*Constitution of the Athenians*，2.14；修昔底德本可补充说，穷人还指望因为国家给服役支付报酬和他们伺机从事劫掠而在战争中得利，那或许基于一种期望，即尽管有对其土地所有者阶级裸露无防的庄稼地的逐年攻袭，但雅典城本身能生存下去。

3. 庄稼收成被蹂躏后遭遇真正困难的陆围国家的例子，见 Xenophon, *Hellenica*，5.4.50 和 7.2.10。当今以巴冲突中的双方看来都了解橄榄树作为象征资本的重要性，有着远超过产出橄榄的价值。从 2000 年到 2002 年，巴勒斯坦人始终援引一件事：以色列人用推土机铲除了他们的大约 15 000 棵橄榄树——按照通常种植密度计大约 100 英亩——以便为防止狙击手袭击而清空战略区沿途的道路。然而，《基督教科学箴言报》(2000 年 12 月 8 日)报道说，无论是摧毁者还是所有者，都像传统的地中海地区各民族那样，对这策略深感郁积。“我们被教导说不要掘倒一株幼树，因而这对我们作为以色列人来说，留下了一种苦涩的味道，”一名以色列政府官员约尼·费盖尔说。反过来，哈雷斯的巴勒斯坦市长叹道：“橄榄树对我们来说像水一样。你无法想象一家没有橄榄油。橄榄树是我们人民的一个象征，在这些小山坡上生存了许多个世纪”(《每日电讯报》，伦敦，2000 年 11 月 3 日)。

4. 总的来说见 Aristophanes, *Peace*，511—580。他的剧作《阿卡奈人》和《和平》中的英雄是原型的“草民”农夫，其聪慧明断、讲求实际和高尚道德与一种商业的和激进民主的新文化格格不入。

5. Xenophon, *Oeconomicus*，6.9—10. 在另一项最最自相矛盾的悖论中，浪漫的色诺芬认为希腊美德的完美典范是本身根本不干农活的斯巴达人，而他的死敌却是希腊世界的卓越农夫底比斯人。

6. Sophocles, *Oedipus at Colonus*，694 ff.；Euripides, *Medea*，824. 认为阿蒂卡土地神圣不可侵犯的意识也反映在艺术上。在帕特农神殿的西三角墙上，塑有波塞冬与雅典娜争夺对阿蒂卡的统治权，而在雅典卫城近旁，一棵神圣的橄榄树显赫昭彰。

7. *Supplementum Epigraphicum Craecum* 21 (1966)：644. 12—13；Xenophon, *Memorabilia*，2.1.13；Plato, *Republic*，470A—471B；参见 5.23. 1—2 和 5. 47. 3—4；Aristotle, Rhetoric, 2. 21. 8, 3. 11. 6；Isocrates, 14.31。关于这些和其他文段，见我在一本书里对这些例证的讨论：Hanson, *Warfare and Agriculture*，9—13。

8. 1.21.2—3. 科林斯人显然多少接近雅典人的创新，因为他们有自己的长墙、规模可观的舰队和海洋经济。可是，尽管有其全部自然禀赋和可贵位置，寡头政府却缺乏激进民主制的勃勃动能，从而到公元前 5 世纪，科林斯与雅典帝国相比已弱得可怜。关于战争中的民主制城邦和寡头制城邦，参见 1.118.2，2.39，4.55.3—4，6.18.6—7，6.93.1，7.55.2，8.1.4，8.89.3 和 8.96.5。

参见 Herodotus，5.78。关于古代民主制国家的战时优势，见我的一篇文章里对古代例证的审视：Hanson，“Democratic Warfare，”特别是 17—24。

9. 短暂的战争：5.14.3 和 7.28.2。不清楚这些起初的无限乐观估计究竟基于什么：被预计的因毁坏农田而来的饥荒？雅典财政储备的告罄？雅典方阵的所望的一举被歼？或雅典人方面的恐慌和投降？关于伯拉西达，见 4.85.2；参见 3.79，5.14.3 和 Hornblower，*Commentary*，2.38—61。

10. 1.114.1 和 2.21.1。传言普雷斯托阿纳克国王先前受了富裕的雅典人贿赂而退兵回国，这可能解释了后来的故事，即伯里克利自己的地产将得救，途径是类似的私下交易或与阿基达马斯勾结。事实上，普雷斯托阿纳克所以在埃鲁西斯退兵，是因为事先听说雅典人将向斯巴达做可观的让步，那解释了为何阿基马达斯国王停顿不前，希望在公元前 431 年有个类似的经掮客达成的交易。

11. 1.124.1；参见 1.121.4。科林斯人的信心也许基于他们自己关于跨地峡长墙的经历，它将敌人挡在科林斯领土之外的记录颇为糟糕。不过，那比起雅典—比雷埃夫斯走廊，是个难筑防得多的地段。

12. 1.81.6. 我们吃不准究竟是阿基达马斯在公元前 431 年真的讲了这话，还是过了多年，在阿基达马斯战争有了定论之后，修昔底德将这样的“先知之明”话语塞到他青睐的斯巴达人之一的嘴里去讲出来。然而，这感觉很可能是一批悲观的斯巴达保守精英广泛持有的，他们听说过雅典防御工事的发展与其舰队的壮大，这舰队拥有 300 艘三列桨战舰。另见 2.11.6—8，2.12.1 和 2.18.5。

13. 储备金：2.24.1；斯巴达偷袭：2.93.3。假如雅典人在阿蒂卡平原迎面而上，与斯巴达人进行重装步兵会战，那本将代价较小，小于派遣数以百计的战舰在爱琴海和在伯罗奔尼撒外围游弋，以便监察盟邦和袭击敌方村庄。远非纯然消极，伯里克利式战略雄心勃勃，因而开支巨大。

14. 关于击败底比斯人就会将斯巴达阻绝在阿蒂卡外的断言，见 4.95.2。Krentz，“Strategic Culture”一文指出了如下有讽刺意味的情况：一支意在骚扰从而激发会战的斯巴达兵力那么强大可怕，以致适得其反，保证没有任何头脑健全者会开出来与之对抗。

15. 见 Thorne，“Warfare and Agriculture，”249—251，那里就将其收成撤入雅典的雅典农民面对的困难，提出了种种虽属推理但饶有趣味的假设情况。他的修正派著作的很大部分论辩道，我们低估了能由焚毁粮食作物造成的损害；也就是说，将一次入侵定在恰逢小麦和大麦可燃的成熟期不那么难，可是防御者要将它及时收获和运入城内却难得多。这些是有趣的假设，但他的许多论点看似不大可能，例如在一个经过火焰烧烤的阿蒂卡乡村，蹂躏者能够将足够多的水灌入谷仓，以便败坏储存的谷物。

16. Plutarch，*Pericles*，33.4；参见 Thucydides，1.143.5。雅典青年，或宁可说新一代缺乏经验的雅典鲁莽汉，也给伯里克利造成了一个挑战：年长的重装步兵战前见识过在维奥蒂亚和梅加拉的冲突；然而，年轻人最有可能愚蠢地冲出去打斯巴达人。参见 Diodorus，12.42.6 和 de Ste. Croix，*Origins*，208—209。关于阿基斯，见Diodorus，13.72—73，他将此事说成是在公元前 408 年。

17. 参见 Diodorus，12.42.7—8。参见 Thucydides，2.25.1—2，2.26.1—2，2.30.1—2，2.56.1—6，还有总的来说 Westlake，“Seaborne Raids”。就摧毁大量斯巴达战争物资而言，袭击成就甚微。然而，伯罗奔尼撒农夫像阿蒂卡农夫一般，受制于同样的恐惧。因而，有个想法令人不安，那就是雅典舰载袭击者正在攻袭伯罗奔尼撒蹂躏者身后家乡的农村村社。

18. 6.105.修昔底德说，蹂躏拉哥尼亚土地给了斯巴达人一个“颇为更似有理的借口”(*euprophasiston mallon tên aitian*)，因为毁坏农作物以“最显著的方式”违背了和约。

19. Aristotle，*Politics*，1269B.关于斯巴达的希洛偏执狂和这恐惧怎样被它的敌人利用，最佳叙述仍见于 Cartledge，*Agesilaos*，170—177。

20. 3.18.5；参见 1.101.2。密提林人在公元前 427 年能这么说，但只是鉴于斯巴达人四次入侵阿蒂卡失败。战前，诸如科林斯人之类海洋城邦事实上一向敦促入侵阿蒂卡腹地，作为一种办法去松弛雅典对其海外帝国的控制。

21. Plutarch，*Pericles*，33.4—5.我们没有资料表明伯里克利在任何时候思忖过一种焦土政策。假如雅典人能毁掉他们的一切农作物，那么抵达的斯巴达蹂躏者仍将仅离维奥蒂亚心脏地区的边界几英里之遥，那是友好的和特别富庶的地区。

22. Euripides，*Medea*，824；Plutarch，Pericles，31.1—2.参见3.851；4.84，88，130；5.84。这场战争的另一项讽刺意味在于，在它的早先岁月里，城墙内公民气息浓厚的很大部分悲剧和喜剧所以有更多观众，只是因为成千上万人被迫撤离乡野——因而或许首次开始认真地描述农村主题。

23. 关于撤出阿蒂卡的创痛，见 2.17 和 2.52.1；Diodorus，12.45.2；Aristophanes，*Knights*，792—793。修昔底德集中于公元前 431 年首次撤入雅典城激起的情绪和痛苦。然而，还有另外四次这样的撤离，是他全未以此类生动的方式讲到的，而这些迁移可能同样困难。一般来说，这位史家充分描述了一次“典型的”围城战、会战或内部冲突，然后假定读者熟悉那被写得比较粗略的以后各次事件的细节详情。

24. 2.54.1.我们不很懂伯里克利做如此暗淡的评估是什么意思。也许，围绕伯罗奔尼撒海岸，雅典在公元前430年以后的反制措施本来可以更加有力和有效，假如这个城邦未受疫病如此蹂躏的话。普鲁塔克相信，假如没有瘟疫袭来，斯巴达可能不久就会放弃全然击败雅典的想法（Plutarch, *Pericles*, 34.2）。

25. 亚西比得的警告：6.18.7（原注为8.18.7。有误。——中译者注）。关于伯里克利的巨大权势的实际法律依据，学者中间长久以来一直有争论，对这争论的很好的概述见Hamel, *Athenian Generals*, 9—12。操作雅典政治的间接手段之一，在于决定是否召开公民大会。显然，在危机笼罩和激烈争吵的时候，一位像伯里克利那样清醒冷静的将军会宁愿推迟辩论，让情绪降温，不使国家政策从属于一种集体智慧，那是7 000名左右公民们的，他们挤满在[公民大会会址]普尼卡小丘上，个个怒火中烧。

26. 2.65.9；参见2.65.4，4.83.3，6.17.2，6.63，8.2。在别处，修昔底德用了*ochlos*和*homilos*等词，用法并非一概贬义，而是或许反映“人民”朝三暮四、易变无常的可能性而非必然性。参见Cawkwell, *Thucydides*, 7—8。

27. 2.12.参见2.10.1—2。虽然修昔底德以公元前431年3月底比斯人袭击普拉提亚开始其史书第二篇，但他显然觉得战争本身只是伴随两个多月后斯巴达军与雅典军的直接对抗才开始。关于约65 000人组成的行进中的大军有多长，参见Gabriel and Metz, *Sumer*, 104。

28. 2.8.4.也不清楚这种反雅典情绪在多大程度上基于一种玩世不恭地要站在胜者那边的估算：斯巴达很可能在一场迅捷、便宜和有大利可图的战役中击败雅典，或至少羞辱之。关于阿蒂卡农夫，见*Hellenica Oxyrhynchia*, 12.3—5。撰写此书的匿名史家提出，雅典人自己可能将他们得自境外军事行动的劫掠物和战利品部分地储存在他们的农庄里。参见Hanson, “Thucydides,” 212—226。究竟什么是古代世界的乡村“劫掠物”？极可能是留在身后的任何有价值的东西，从住屋固定装置（家具、木门、窗框）到屋顶瓦片、大车、农庄工具和家畜。关于撤离和焚烧谷物之难，见Foxhall, “Farming and Fighting,” 140—143。

29. 关于在斯巴达和雅典两地的最后时刻商谈，见Kagan, *Outbreak*, 310—342。

30. Plutarch, *Pericles*, 33.3.阿卡奈乡区的性质及其与雅典的关系见Jones, *Rural Athens*, 92—96。关于阿基达马斯的想法，即试图通过打击保守的雅典重装步兵的农庄去激发内部摩擦和争斗，见Foxhall, "Farming and Fighting," 142—143。

31. Plutarch, *Pericles*, 33.5.这里确有讽刺意味：所有雅典人中间最愤怒的人，即阿蒂卡农夫，难得在骑兵部队或海军从役，因而当别人冒生命危险去报复他们的敌人时，只能稳坐不动。

32. 已有整个一大批文献评价伯里克利的战略：它是否真的那么消极？它是否有效？骑兵和海上巡航是否构成一种进攻性的思想倾向？见对种种论辩的一类审视，即Ober, "Thucydides," 186—189和Spence, "Perikles," 106—109，它们称赞伯里克利有一种比通常被认识到的更精致复杂的战略。克伦茨(见Krentz, "Strategic Culture," 68—72)认为，斯巴达人适得其反，带那么大的一支兵力登场，以致取消了他们希望的雅典重装步兵应战的任何可能。关于作为战略家的伯里克利，见德尔布吕克的经典谈论：Delbrück, *Warfare in Antiquity*, 135—143。

33. 后来，在第力安战役前夕，雅典将军希波克拉底敦促他的部队记住一点：一场对维奥蒂亚人的胜利可以使伯罗奔尼撒人丧失骑兵支援，从而保证敌人将永不再入侵阿蒂卡。这是个奇怪的说法，因为到公元前424年秋，它们已有差不多一年半不在阿蒂卡，而且十年多不会再回来。参见4.95.2。

34. Isoctates 7.52; Aristotle, *Constitution of the Athenians*, 16.5; Alciphron, *Letters*, 3.31.我们假定"雅典人"这无处不在的术语乃雅典居民；然而事实上，每三个"雅典人"中间，或许有两个实际住在阿蒂卡乡村，要么在小村庄里，要么在城墙外落单的农屋里。这些乡下人可能根本难得进雅典城。

35. 1.82.4.阿基达马斯的主张表明，甚至在战争爆发后，就这冲突而言有某些东西仍是假的。斯巴达人相信，如果他们不无所节制地攻袭雅典农村，那就有商谈余地。

36. 2.13.1.修昔底德(2.55)和第奥多鲁斯(12.45)往往讲"所有"土地俱遭蹂躏，即使他们假定它未被严重损伤(例如3.26和7.27.4)。在阿里斯托芬的差不多每一出同时代喜剧中，都多少提到对阿蒂卡的破坏，那是一番必定令雅典人伤痛了许多年的经历。见Hanson, *Warfare and Agriculture*, 138—143。

37. 2.14.1—2和2.16.2。长墙伴有的问题在于，虽然它们效法成功的雅典战略，即在一个占优势的陆上敌人面前往后撤退，但现在牺牲大多落到乡下人肩上，而不是像萨拉米海战以前那样，由城市人口和农村人口共同承担。关于随撤离而来的急剧的文化变动和社会变迁，见琼斯的一番论辩：Jones, *Rural Athens*，195—207。对斯巴达入侵的预感见 Lazenby, *Peloponnesian War*，23—24。

38. 蹂躏工具：Plutarch，*Cleomenes*，26.3。关于蹂躏阿蒂卡的古代文献段落：Aristophanes，*Acharnians*，232，509—512；*Peace*，319—320。参见 Hanson，*Warfare and Agriculture*，164。波斯人对阿蒂卡的占领留下了进行摧毁的明确遗迹，最突出的是在雅典卫城和阿蒂卡诸多神祠，它们遭到焚烧。相比之下，几乎全无阿基达马斯战争期间斯巴达五次入侵的考古证据——或就此而言显示占领德塞利亚的效应的证据，这占领延续了近乎十年。

39. 参见 3.26.3 和 *Hellenica Oxyrhynchia*，12.4。当然，可能这位公元前 4 世纪的匿名史家事实上用修昔底德本人的史书作为一个资料来源，谈论阿基达马斯战争期间的边际性损害。

40. 关于阿里斯托芬，见 Aristophanes，*Acharnians*，1089—1093；*Peace*，557—563，573，1320—1325。对阿里斯托芬剧中的农业损害证据的性质有一详细讨论，即 Hanson，*Warfare and Agriculture*，138—143。关于橄榄树之不可摧毁，见 Sophocles，*Oedipus at Colonus*，694 ff。对任何一个开始履行砍倒或拔除一棵橄榄树这无可羡慕的任务的人来说，称它是"令其敌人心惊胆战之物"或许颇有道理。

41. 2.57.2；参见 2.65.2。修昔底德似乎对这后四次入侵不太感兴趣。他对瘟疫、科西拉革命和皮洛斯战役的讲述全都值得予以更多注意。公元前 425 年以前，斯巴达军队被短暂地用于围攻普拉提亚和抗击在伯罗奔尼撒的几次袭击。然而，头七年期间不断进行战争这想象实属荒诞，因为直到公元前 425 年为止，一直未开始真正的步兵会战，此后才有就斯法克特里亚从事的冲突，还有在德塞利亚和在安菲玻里附近的搏杀。

42. 见战争前夕伯里克利的战略纲要：1.141.3—7。一旦斯巴达在阿蒂卡失败，它的战略思维的贫乏就一目了然：围攻边际城镇普拉提亚，只给莱斯博斯岛上的关键性反叛名义上的支持，挡开雅典人在伯罗奔尼撒的攻袭。就斯巴达的军事规划来说，直到伯拉西达向哈尔息狄斯的长途进军为止，没有任何或可改变战争进程的东西被激发出来。

43. 3.26.1—4. 关于斯巴达人怒于一个事实，即雅典人在他们北上置身阿蒂卡之际南下用兵伯罗奔尼撒，见 Diodorus 12.61.3。

44. 3.15.2—16.阿里斯托芬同时代喜剧的通常主题之一，在于对毁坏财产和庄稼的泛希腊反感。在他的《阿卡奈人》和《利西翠妲》两剧中，希腊人从乡下群来聚集，抗议摧毁财产这愚蠢行为。

45. 除了阿坎苏斯，难以举出任何城邦仅因为害怕丧失其作物收成而投降。在西西里，我们被告知，雅典人"焚烧谷物"，那属于叙拉古人的某些邻近的盟邦，但这样的蹂躏似乎没有效果，既未将重装步兵引出城墙外，也未引发饥荒。总的情况见4.84.1—2和4.88.1—2；关于西西里乡间的奢华和入侵期间撤离那里的富有条理的努力，见Diodorus 13.81。另参见Herodotus 5.34.1，6.101.2。

46. 4.66.1—3，2.31.2；关于梅加拉人的众所周知的苦难，参见Aristophones，*Acharnians*，535；*Peace*，246—250。穿经梅加拉一向引发争论，因为雅典人认识到他们占领梅加拉意味着一点：一支伯罗奔尼撒军队在抵达阿蒂卡之前可能被抢先，甚或被制止。见de Ste. Croix，*Origins*，190—195。

47. 德塞利亚显然令修昔底德着迷，他对阿蒂卡境内的"前沿要塞"(epiteichismos)谈论多多(1.122，6.91.6，7.18.1)。

48. 关于这反复说到的"恐惧"主题，见1.236；参见1.881，1.118.2和1.75.3。参见Van Wees，*Greek Warfare*，258n4。唐纳德·卡根往往强调修昔底德的评判的准确性；见Danald Kagan，*Origins*，8—9，71—74。对伯里克利战略思想的一番生气勃勃的辩护见Delbrück，*Warfare in Antiquity*，135—139，连同总的来说他的*Die des Pericles Erläutert durch die Strategie Friedrichs des Grossen*(Berlin，1890)。激情而非理性往往被援引来说明国家的动机；参见1.75.3，那里有雅典人自己的帝国借口："恐惧是我们的动机，继而有尊荣，最后有私利。"关于尊荣(*timê*)、恐惧(*deos*)和利得(*ôphelia*)的重要性，又见1.76.2。

49. 1.121.雅典的开支表见Zimmern，*Greek Commonwealth*，437。在就这场战争作的早期讨论中，金钱看来一向是主题，而两大对手的不对称性质成了伯里克利战前乐观主义的一个主要原因。关于这个新观念，即决定军事成功的是金钱，而非勇气、兵员数量或传统战法，见Kallet，*Money and Corrosion*，285—294。

50. 亚西比得与男青年公民资格宣誓：Plutarch，15.1；Hanson，*Warfare and Agriculture*，5。关于亚西比得的财产、家族和早年生活的信息，见Davies，*Athenian Propertied Families*，20—21。在修昔底德的叙述

(6.91.6)中，亚西比得是德塞利亚作战行动的战略设计师之一。或许作为一名早先的骑兵，他懂得假如斯巴达蹂躏者们留驻在经久的要塞里，要制止他们就变得何等困难。

第　三　章

1. 1.23.3.修昔底德关于瘟疫的这句话颇令人惊异；他隐约示意这场疫病是战争期间落到希腊人头上的最大灾难——糟过西西里惨败、科西拉的混乱、爱奥尼亚战争的大屠戮和从德塞利亚到弥罗斯多场不同的其他灾难。或许，我们所以觉得这概说难以置信，是因为瘟疫在冲突的第二年里爆发，而这冲突尽管如此，却仍持续了又四分之一个世纪。

2. *Hellenica Oxyrhynchia*，12.3.令人惊奇，考虑到雅典难得跨界攻袭，底比斯居然还经历了难民增长。有许多跨越帕尔内斯山高地的袭击，但大多是来自底比斯人的侵略。雅典鼓动的对密卡利苏斯和塔纳哥拉的进击仅是单纯的远足游弋。唯一规模可观的入侵——以第力安会战为顶点的德摩斯梯尼和希波克拉底的入侵——是一场凄惨的失败。

3. 关于长墙，见2.13.8；参见1.89.3，1.93.8，1.107.1，1.108.3和Gomme，*Commentary*，2.39—40。虽然这双重防御工事线延绵4英里，但建造完成费时甚短，只是建造帕特农神殿所用15年的很小部分。与先前的市墙一起，它们构成了一套在公元前5世纪的希腊几乎所有别处都见不到的防御工事网络。

4. 见2.51.2—5。第奥多鲁斯(Diodorus 12.45)在叙述瘟疫爆发方面有少数纰漏，强调过分拥挤的作用。

5. 修昔底德论瘟疫的社会后果：2.53。关于撤离前与撤离后的住宿条件反差，见2.17，2.52；参见Diodorus 12.45.2—3。效力于市政项目的雅典人的数量见Aristophanes，*Wasps*，709和Aristotle，*Constitution of the Athenians*，24.3。

6. *Wasps*，792—793；关于两处住房，见Plato，*Laws*，5.745B和Aristotle，*Politics*，6.1130a14—18。关于撤离的总的情况，见Hanson，*Warfare and Agriculture*，112—121。许多人论辩说难民使城里人能够首次真正地与阿蒂卡庄稼汉密切交往，打成一片，然而这是个与通常看法大为不同的景象，后者视古希腊城市少有城市与农村、乡下公民与城里公民的区分。关于这争论，见 Jones， *Rural Athens*，204—207。

7. 2.54.修昔底德所以很详细地讲述了公元前 431 年的撤离，部分的是因为它发生在瘟疫之前，看来是最广泛的。 关于阿蒂卡的那些在战争期间从未被撤离的地区，同样见 Hanson， *Warfare and Agriculture*，151，161—166。

8. Plutarch， *Pericles*，35.3.显然，希腊人懂得这疫病能由受感染的带病者传播，甚至由那些尚未显出任何真正病状的人传染。

9. 梭伦之据称使用化学战法见 Pausanias 10.37.7；另参见 Aenes Tacticus 8.4。 有一项有趣的讨论，即 Mayor， *Greek Fire*，99—118，谈了生物战的古典时代等同物，援引不少古文段落去显示希腊人是多么凶暴，在一个古远的时代，与我们现代的大规模毁伤性武器观念的出现离得很远。

10. 关于瘟疫与伯罗奔尼撒人，见 Pausanias 8.41.7—9 和 10.11.5；在雅典的神谕见 Thucydides，2.54.3；参见 2.54.4。 关于一项广泛的古代共识，即人口密度和城区拥挤导致疫病，见 Diodorus 12.45.2—4；参见 Mayor， Greek Fire，126—127，那里谈论战争背景下的古代瘟疫。

11. 对这辩论史与其所涉问题的一番优良的审视，见于 Sallares， *Ecology*，244—262 和 Gomme，*Commentary*，2.145—162。

12. Xenophon， *Hellenica*，2.2.10—11.对瘟疫再度爆发的畏惧是否影响了现在又一次挤入雅典的幸存者，使之对新一轮流疫怕得要死，从而以一种三十年前没有的方式更轻易地投降?

13. 2.51.流疫的两个关键方面——传染与所获免疫力——看来很快就被广泛认识到。 关于瘟疫的方方面面，连同对修昔底德用的词汇的细致关注，同样见 Gomme， *Commentary*，2.150—161。

14. 起初的叙述可见于一则简短的概说：Parlama et al.， *City*，272—274。 对这些古物抢救行动的充分讨论有待进一步的学术刊著。

15. John of Ephesus， fragment II E—G；Procopius， *Persian Wars*，11.23.君士坦丁堡有如雅典，是个大港口，而有来自三大洲的来回横渡地中海的商人造访。

16. 对新来者的愤怨：Plutarch， *Pericles*，34.4。 关于为何斯巴达人留在国内或早早离开阿蒂卡的各种不同原因，参见 2.71.1，3.89.1，4.61 和 Hanson，*Warfare and Agriculture*，135—137。

17. 关于未予埋葬的死者，见 Euripides， *Suppliant Women*，16—17，168—169，308—311 和 531—536。 关于迦太基战争期间阵亡的叙拉古人的遗骨，见 Diodorus 13.75.2—3。

18. 2.48.2. 在此意义上，他对瘟疫的分析还为讲述伯罗奔尼撒战争本身起了一个蓝图，那不是一个偶然事件，而是一场慢性流疫，有事先的清晰的症状，允许做个诊断，要求做个预测。

19. 2.52—53；参见2.53.4。我们不很知道因为瘟疫而来的狂高的死亡率延续了多久，但在修昔底德的叙述里，由此造成的社会病变看似差不多随瘟疫爆发接踵而来——且持续时间远超过大规模感染的终止。

20. 2.53.1. 我们有时忘记，在公元前427年投票决定处死约一千名密提林人的那个雅典公民大会，其成员们自己已经见过多得多的死亡和毁灭，远超过他们要认可在莱斯博斯岛上施予的。很可能，以某种极具讽刺性的方式，瘟疫还说明了普拉提亚的毁灭，因为假如它不爆发，那么斯巴达人本将在公元前428年前往阿蒂卡，绕过普拉提亚，后者显然不可能仅经底比斯人的努力就被猛烈攻破，或被饿得投降。假如瘟疫在战争的最后一年而非第二年爆发，假如8万雅典人在公元前404年而非公元前430年丧命，那么雅典人在战争中的行为性质本可能远远不同。

21. 3.87. 在公元前426年不那么暴烈的第二次爆发后，我们从未被告知究竟何时瘟疫一去不返。

22. 3.87.3；参见Diodorus 12.58.2。另见Strausss，*Athens After*，75—78；他详细地讨论了瘟疫对雅典军队的人力后备的影响。

23. 2.49.8. 虽然修昔底德说幸存者往往落得伤残，但我们没有在后来的文献中读到关于那些残废失能的人的轶事报道。参见Pausanias 3.9.2。

24. 3.3.1. 在其阵亡将士葬礼演说中，伯里克利以肯尼迪式的用语夸耀了雅典人，说他们将支付任何代价，迎对任何危险，去回应他们的国家安全需要。然而到公元前428年，修昔底德已经能说“雅典人，因为他们正遭皆新近爆发且现处高峰的瘟疫和战争，所以认为将敌方逐出莱斯博斯岛并非轻而易举。它有一支舰队和未受损伤的力量，因而起初他们不想使指控[即某些莱斯博斯人在煽动反叛]显得有理，相反却更强调希望它们不是真的”(3.3.1)。

25. 6.26.2. 尽管用了希腊语副词“适才”(*arti*)，已至少10年未有瘟疫大发作袭击该城。

26. 分别见2.31.2，2.61.3和3.13.3—4。仅战争开始后五年，密提林人就能公然论辩说雅典已毁(*ephtharatai*)——对一个仍然强有力的国家的一项古怪的描述，该国不久便将野蛮地镇压爱琴海对面的这场反叛，处死一千多名元凶。

27. Plutarch，36.4. 从普鲁塔克我们得知，伯里克利经过了一场与疫病的久拖不决的较量死去，那慢慢地削弱了他的强劲抵抗力，导致在他最后的岁月里悲惨纷至沓来，眼见他的合法继子、姊妹、亲戚和亲密朋友接连死于瘟疫，还有早先的离婚和后来与大儿子桑西普斯的疏离。他一命呜呼，未及见到他最小的私生子在紧随阿吉纽塞海战胜利而来的公众歇斯底里之中遭到处决：Plutarch，*Pericles*，36.7.

28. 伯里克利：2.65.10。我们必须记住，起初的雅典战略，即撤到长墙后面，是近三十年伯里克利领导的合乎逻辑的结果，那一直力求将提米斯托克利早先的一时特定想法——暂且放弃阿蒂卡乡村和规避步兵对阵激战——系统化和体制化。因而，伯里克利在战争初期死去意味着约三十年的军事政策随他而一去不返，将由种种不确定的战略取代，后者先前不是如下决定的一部分：建造工事，创建帝国，投资舰队，规避对阵激战。

29. Diogenes Laertius 26；Aulus Gellius，*Attic Nights*，15.20.6；参见 Plutarch，*Aristides*，27。大多数证据来自后来派生性的资料来源，那在某些场合将配偶死后再婚与一夫多妻混为一谈——或用道听途说流言蜚语的方式得来，以示意雅典名人中间的婚外关系。

30. Plutarch，*Pericles*，37.4—5.某种意义上，这延展全属徒然：在参与成功指挥高潮性的阿吉纽塞海战大捷后，小伯里克利被草率处决，依据的是一项疯狂的指控：与其他将领一起，他玩忽职守，未捞回雅典水手们的尸体。他的显赫血统没有为他赢得暴众的宽容——在他父亲死于瘟疫之后约 23 年。

31. Diodorus 12.45.古代观察家们所以对瘟疫着迷，恰恰是因为在古典希腊这样的巨大规模死亡相对罕见。

32. Plutarch，*Pericles*，38.2—3.任何遭受了一场令人衰弱失能的慢性疾病的人，都不会惊异对理性医学的信心如何迅速减退，于是一个人进入信仰、迷信和“病急乱投医”状态，以求病愈。

33. Diodorus 12.58.6；参见 Thucydides 3.104。我们不该对此类传统的缓解手段卷土重来感到惊讶。在前 431 年至前 430 年的初始爆发后，瘟疫减退，直到公元前 426 年有一番再度但较弱的发作，继而逐渐平息以至消失。而且，尽管有德塞利亚要塞（前 413 年至前 404 年）和莱山得最终封锁雅典城（前 405 年至前 404 年）导致的城内拥挤状态，但雅典从未再度经历任何类似于公元前 429 年这“恐怖之年”（*annus horribilis*）的情况，而这对大多数幸存的雅典人来说，足以成为有效的证据，证明此类虔诚和异教祭拜已大获报答。

34. Plutarch，*Pericles*，37.1—2.尽管有亚西比得的种种显著病变，我们的同时代资料来源——修昔底德、阿里斯托芬和色诺芬——却无不认为他有非凡的不可征服精神。自负无比，才华横溢，亚西比得简直从不放弃：不顾个人流亡、叛国、丑闻、钱财损失和军事失败，他在一大批敌人中间拼搏到底，死而后已。

35. 关于亚西比得家族的农庄，见 Davies，*Athenian Propertied Families*，20。他拥有的一切——他的不动产和动产也许值 100 塔兰特（以当今美元计大约 4 800 万美元！）——在他公元前 415 年被判放逐后全部没收，而在公元前 407 年他的课刑被解除时或许大致物归原主，继而当亚西比得在战争最后岁月里离去时再度丧失。

36. 苏格拉底没有感染瘟疫：参见 Diogenes Laertius，2.25 和 Aulus Gellius，*Attic Nights*，2.1.4—5，后者还错误地声称，这位哲学家是唯一未染瘟疫的人——这不可能，只要我们记起瘟疫在公元前 426 年的再度爆发尤为狂暴，而先前的感染给了成千上万早先的幸存者不再度被感染的免疫力。

37. 5.41.2. 这经提议但从未被确立的和约饶有趣味，因为它主张改用单独一场对阵激战去裁定潜在争端，以取代不知伊于胡底的持久冲突。斯巴达人，最佳的重装步兵，起初将这想法称作“鲁钝低能”（*môria*），然后许诺进一步讨论之。伯罗奔尼撒战争头十年的性质，加上关于在雅典的恐怖瘟疫的消息，显然已促使人回恋起如此爽直解决这传统的希腊理念。

38. 对这些后来的大瘟疫的叙述，见 Lucretius，*On the Nature of the Gods*，6.1138—1286；Virgil，*Georgics*，3.478；Ovid，*Metamorphoses*，7.523；Procopius，*History of the Wars*，2.23.1。

第 四 章

1. Plutarch，*Pericles*，34.1—2. 战争第一年（前 431 年）里，伯里克利亲自指挥对梅加拉的超大规模征伐（“所曾结合为一体的最大规模的雅典军队”，2.31.2）。而且，下一个战季里，甚至在斯巴达人离开阿蒂卡以前，同时瘟疫肆虐于城内之际，伯里克利就率领一支由 100 艘战舰、400 名重装步兵和 300 名骑兵组成的强大兵力，对伯罗奔尼撒进行惩罚性远征——这一切全出自一位年龄 64 和仅有一年可活的人。

2. 见 P. Krentz，“Deceptiuon，” 186—191；Pritchett，*Greek State*，2.163—170。鉴于我们的史料来源的不完全性，我们在作出此类笼统论断时必须小心；既然说了这一点，就需注意在随希波战争之后的 50 年里，克伦茨只累计出 10 个这样的非常规战术例子，这或可提示伯罗奔尼撒战争确实是希腊军事实践史上的一个分水岭式的事件。

3. 4.93.3 至 4.94.1。又见 Rawlings, “Alternative Agonies,” 234—249，谈论在伯罗奔尼撒战争中对重装步兵的与方阵大为有别的使用。公元前 424 年重装步兵在第力安遭到可怕的惨败(参见修昔底德一则评语的背景，他说雅典没有恰当地组织轻装部队)，其后雅典从未再度入侵维奥蒂亚——除了在公元前 415 年派遣第依特累斐麾下恶名昭著的色雷斯月牙盾标枪兵，此人屠杀了在密卡利苏斯的可怜的学童。

4. 4.28.4, 4.11.1; Xenophon, *Hellenica*, 1.2.1. “月牙盾标枪兵”起初意指一名色雷斯轻装武士，前臂上绑有一面月牙状皮盾(*peltê*)；可是后来，它看来差不多意指任何轻装战士，而不专门涉及色雷斯或其盾牌特性。

5. 6.43.2. 参见 2.81.8, 4.100.1。关于伯罗奔尼撒战争中的各类投石兵的一个列表，见 Pitchett, *Greek State*, 5.7—10。

6. 4.52.2. 参见 Bugh, *Horsemen*, 94—95。请记住，斯巴达人并非真的不熟悉多种多样的敌人。他们的重装步兵曾在公元前 479 年的普拉提亚会战中与波斯骑兵和弓箭手相战并击败之，而且此后 50 年里始终将希洛造反者镇压下去。斯巴达骑兵的不适性将是公元前 4 世纪里的一类主要抱怨；参见 Xenophon, *Hellenica*, 6.4.10—11。

7. 对新的战争方式的哀叹见 Hanson, “Hoplite Battle,” 204—206 所载古代引语。伯罗奔尼撒战争以前的农业社会战法有一前提假定，即一国不会将它的一切潜在资源统统投入冲突，而是按照占支配地位的文化、政治和社会规程作战。弓箭手在希腊文献中是普遍厌憎的对象；见对此类文字的一则谈论：Hanson, *Western Way of War*, 15—16。

8. 围绕伯里克利战略引发争议：他的辩护者们宣称，它不是失败主义的和消极的，而是事实上包含种种进攻措施，例如这些袭击。它的首要拥戴者是汉斯·德尔布吕克(*Warfare in Antiquity*, 135—143)，此人对第一次世界大战的大残杀深感幻灭，将伯里克利视作“耗竭”或“消耗”战略(*Ermattungsstrategie*)的先驱，那远比“歼灭”战略(*Niederwerfungsstrategie*)造成的浪费可取。因而，一个像雅典那样富有的帝国能靠不输而赢，在一系列遥远和分散的战区困住斯巴达人，同时避免被他们自夸的方阵一记猛击击倒。关于托尔米德，见 Diodorus 11.84.3。

9. 2.25—32; Diodorus 12.42. 这些袭击的现代目录见 Westlake, “Seaborne Raids” 和 Grunday, *Thucydides*, 346—359。它们的耗费见

Zimmern, *Greek Commonwealth*, 436—437。对雅典袭击的偶尔的抵抗能够颇为顽强。例如在伊利斯，公元前430年的第二度报复期间，雅典人不受惩罚地蹂躏和围攻了诸多小镇，直到伊利斯人终于群起涌出要打重装步兵会战，从而将雅典人迅速逐回他们的战舰才罢。

10. 雅典人首度海上回应包含的各不同要素见于2.23，2.25，2.26—27，2.31。关于希腊神庙的花费，见Gomme，*Commentary*，2.22—25，那掂量了关于雅典卫城建筑可能每座耗费1 000塔兰特以上的古代证据，而后断定它们大概没有耗费这么多。

11. 3.95.2.对锡拉亚的攻击见Diodorus 12.65.8；关于埃托利亚人，参见3.98.2—5。有约300名舰载重装步兵投入这场战役，因而120名遭屠杀意味着仅步兵损失就达40%左右。不清楚登上三列桨战舰的重装步兵(*epibatai*)究竟是出于据人口普查的重装公民(中产阶级)还是招自较穷的行列(第四等级)。

12. 3.111—113.这一切的讽刺意味在于，雅典人在埃托利亚遭到当地轻装部队伏击，继而几个月后他们自己对伯罗奔尼撒人做了同样的事情，依凭在安非罗基亚的类似的当地部落帮助。对那些被看到在此等山间僻地的人来说，寡头制对民主制之争即使有任何意义也微乎其微。

13. Plato，*Laws*，4.706 B—D.我们必须记住，柏拉图大多是在谈论雅典，利用关于年轻时候与苏格拉底过往甚密的清晰的记忆，以便勾勒他的对话的戏剧性场景。柏拉图中年时候，有数场公元前4世纪的重装步兵会战，即科罗尼亚、留克特拉和第二次门丁尼亚战役，那否定了他的悲观主义，即希腊人既不能也不再会打一种“公平仗”。

14. 2.67，2.90.5，2.92；参见Herodotus 7.137。整个战争期间，始终有梅加拉海岸外的伯罗奔尼撒战舰活动，有围绕皮洛斯和德塞利亚进行的巨大规模劫掠，还有维奥蒂亚人跨越阿蒂卡边界的不断袭击。在各不同时候，这些混乱场景全然不同于战争或和平，而显然是窃贼、浪人和杀手的天地；例如见3.51.2，5.115.2和*Hellenica Oxyrhynchia*，12.4—5。这匿名的奥克西林基亚史家提醒我们，维奥蒂亚人用车运走劫自阿蒂卡农庄的财物，那是雅典人本身已从别人那里劫掠来的。

15. 3.32；参见2.67.4。战争期间有一些被讲出来的高尚的低调话，其中之一出自某些当阿尔息达停泊在以弗所时造访他的萨摩斯特使，他们对他抗议说，他的处决无辜者的政策“并非解放希腊的一个很好方式”。关于阿尔息达的屠戮，连同伯罗奔尼撒战争期间残忍杀人的其他例子，见Pritchett，*Greek State*，5.212—215。

16. 3.34.2—4；3.36.在两支舰队的屠戮后面，有个更大的战略问题。阿蒂卡乡村遭四度入侵和因瘟疫丧失了四分之一人口以后，是否仍有物质实力和意志力去保住帝国？或者说，当地寡头和很少数斯巴达战舰能否引发广泛的造反，那将很快终止金钱和食物运入比雷埃夫斯？

17. 亦见 Thucydides 2.6.2 和 Diodorus 12.65.8—9；参见 4.57，5.84，6.61。虽然总是有恐吓当地人口和捕押显赫嫌疑者的紧迫道理，但难以揣测对任何这些人质的屠戮如何导致斯巴达或雅典在战略上得利。

18. Xenophon，*Hellenica*，2.1.30—32，2.2.3—4.公元前 404 年战争结束时，野蛮激情至少有所降温，指的是斯巴达人自己没有从事对被俘人口的大宗处死，一年内重新掌权的雅典民主派也没有将那些与三十僭主勾结的失败了的寡头判处死刑。参见 Plutarch，*Lysander*，9.5—7 和 Xenophon，*Hellenica*，2.1.31—32；我们不很肯定决定是砍去手臂（以全然杜绝划桨）还是只剁掉拇指（以保证没有被俘者能再度把持长矛）。另参见 Hamel，*Athenian Generals*，51—52。

19. 4.80.参见 Diodorus 12.67.3—5，那里说大多数斯巴达显要人物都被委以一项恐怖的差事：消灭这 2 000 人。尸体数目不提示什么吸引了古代史家的注意力。因而，这 2 000 名希洛人的命运故事只抵得以下叙述的一小部分：关于死在普拉提亚的几百人的叙事，或就帕契斯处决的 1 000 名密提林反叛分子作的漫长讲述。见 Cawkwell，*Thucydides*，9。1940 年 4 月，苏联人在斯摩棱斯克附近的卡廷森林诡秘地屠杀 4 000 名至5 000名波兰军官：一场更大规模喋血的组成部分，因为苏联人最终杀害了另外 20 000 名以上波兰人，那是他们 1939 年秋天与希特勒瓜分该国以后俘获了的。俄国人将这暴行归罪于纳粹——起初看似可信的一项指控，鉴于他们用德国子弹射杀了这些军官——而且直到戈尔巴乔夫时期为止不接受罪责。

20. 4.48；虽然要用铁刃武器杀死数以千计的人远为困难，但我们不应由此以为它令希腊人大伤脑筋：毕竟在短短四天内，一个不那么精致伶俐的阿兹特克祭司阶层可以用黑曜岩刃片杀害 8 万多人，超过多个世纪以后在奥斯威辛的工业谋杀者的日常屠杀量。阿兹特克国王奥威佐特尔为在特诺克蒂特兰的奉献给太阳神维奇洛波奇特利的大神庙举办落成仪式，用了四个凸圆石桌和一批轮换作业的生力刽子手，每分钟大约杀 14 名被害者，连续杀 96 小时左右。参见 Hanson，*Carnage and Culture*，194—195。

21. 有关实行反叛和双方利用叛徒有多项不同的统计数字，见 Losada，*Fifth Column*，16—29。

22. 雅典的属邦在西西里灾难后倾向于造反，反过来斯巴达人在一系列逆转如斯法克特里亚、塞西卡斯和阿吉纽塞战役之后，担心他们自己的盟友。玩世不恭者或可断定说，大多数希腊人对民主制或温和寡头制全无强烈的政治偏好，却只是更喜欢生活在提供和平和安宁的最大可能的政治制度之下，因而他们作出适当的矫正，以便跟上战局的起伏涨落。关于修昔底德将战争比作一位“严酷的教师”（*biaios didaskalos*）的著名类比，见3.82.2。

23. 关于革命口号与进行干涉的外部强国的作用，一般见3.82，特别见Lintott，*Violence*，94—103。“中间佬”（*mesoi*）的性质在有一处得到了讨论，即Hanson，*Other Greeks*，179—218。关于雅典的重装步兵的阶级同盟，见Hanson，“Hoplites into Democrats，”289—293。

24. 见Plato，*Seven Letter*，322B—C。雅典保守派对斯巴达的奇怪的吸引力部分地在于一个观念，即它约莫体现了雅典早先在帝国问世以前的农耕往昔。因而自然，战争结束时，斯巴达的部分要求是迫使雅典人接受“先辈的政体”（*patrios politeia*），那存在于公元前6世纪，民主制兴起以前。参见Aristotle，*Constitution of the Athenians*，34.3和Diodorus 14.3.2。

25. 3.36.4. 见3.25—50，一番令人抑郁消沉的长篇叙述。克里昂的印记看来见于雅典人的多项既大胆又嗜血的行动，从斯法克特里亚之捷到安菲玻里之败。确实，他很可能是雅典公元前430年提议背后的主使者，提议处死在色雷斯俘获的斯巴达诸使节；参见Gomme，*Commentary*，2.201。

26. 3.75.3—5. 现有内部敌人的想法在战争的其余时间里始终不断。公元前411年里，萨摩斯岛外的雅典舰队一度瘫痪，在该岛的政治动乱之后难以确信舰员们是否忠诚。

27. 3.81.5. 到头来，科西拉依旧是雅典的盟邦，那死了的数以千计的人对战争结局全无战略影响。见一项现代讨论：Price，*Thucydides*，34—5，274—277。在欲使密提林和科西拉之类重要的海军盟友和属邦脱离雅典一事上，斯巴达的战略旨在减小帝国舰队的数量优势，但也反映了一点，那就是在战争头十年的很大部分时间里，伯罗奔尼撒人干脆全无关于如何反制雅典军事资源的真正想法。

28. 关于那些被杀者的数量的概说，见Lintott，*Violence*，109；第奥多鲁斯谈论了科西拉后来的暴力动乱，连同为何“争掐”（*stasis*）折磨希腊世界，见Diodorus 13.48。

29. 关于在希俄斯的灾难和在萨摩斯的处决，见8.21，8.24，8.38，8.40，8.56和8.73—75。希俄斯、莱斯博斯萨摩斯跻身于雅典帝国最重要的属邦。雅典西西里惨败令它们(错误地)确信，有别于早先在瘟疫年代里的错误估算，雅典现在确实被削弱到那么严重的地步，以致无法以任何真正的力量巡弋爱琴海。

30. 参见2.27.1—2，5.1和5.116，连同Xenophon，*Hellenica*，2.2.9。这场战争当然以夺取普拉提亚的努力开始，它在投降时普拉提亚人遭到清洗，土地被交给维奥蒂亚机会主义者。

31. 西塔尔塞对马其顿的战争：2.98；梅萨纳：4.1，4.24；埃皮道鲁斯：5.54.3—4，5.55.2—4；迦太基人与西西里：Diodorus 13.44—115。

32. 4.2.4."如果他希望的话"(*ên boulêtai*)。通常，雅典公民大会对战场将领行使铁定的严格控制，后者懂得——像修昔底德本人可以证明的——失败意味着至少流放，死刑也不那么太异常。

33. 4.28.5.见*Kagan*，*Archidamian War*，322—333，那里恰当评价了克里昂的显然非同小可的军事才能，尽管在修昔底德的史书和阿里斯托芬的早期戏剧中，对他的品性的中伤是那么显著昭彰。克里昂可能是主要煽动家之一，导致修昔底德在几年后的安菲玻里战役期间被流放境外。

34. 出自修昔底德的各项引语，见4.32.4，4.34，4.40.1—2。修昔底德往往非常重视士气和声誉。虽然皮洛斯战役在战略上明智(而且本应导致更多的希洛人逃亡)，但它真正的重要性较为无形，涉及一个成功的强国传送畏惧和赢得敬重的能力。

35. 见Diodorus 11.27(西西里)；Herodotus 5.31(那克索斯)；Thucydidies 8.40(希俄斯)和7.27.5(超过两万名阿蒂卡奴隶逃往德塞利亚)。关于皮洛斯在公元前409年的陷落，见Diodorus 13.64.6。

36. 关于斯巴达的多疑狂，例如见4.41.3，4.55.1，4.80.2—3，4.108.7，4.117.1—2，5.14.3，5.15.1和5.34.2。双方参与战斗的奴隶的数量，连同他们在战争期间的战略重要性，见Hunt，Slaves，56—101。参见Thucydides 4.41。有一项很好的分析，即Kagan，*Archidamian War*，248—251，分析了斯巴达的损失造成的心理创伤如何转化为雅典的直接战略裨益。

37. 4.55.3—4.要探索伯罗奔尼撒战争，理解下面一点至关紧要：120名精英武士被俘对斯巴达的影响之大等同于瘟疫和西西里远征(总共约12万人丧命)对雅典的。斯巴达人像雅典人一样决绝，但在战争于公元前431年爆发时，只是没有许多斯巴达精英留下。

38. 关于修昔底德就雅典的新信心——对发兵袭击、筑防立足和四下劫掠伯罗奔尼撒的信心——有何效果作的观察，参见4.45，4.53，4.55.3—4和

4.80.1。

39. 关于伯拉西达在希腊北部的种种成功，见 4.85—87；4.105，4.110—113 和 4.120.35；这些事件中间有许多以后在围城战那章予以谈论。他的任职经历见 Cartledge，*Spartans*，185—197。还有，关于他的前希洛人部队，见 Hunt，*Slaves*，58—60，116—117。

40. 3.114，4.118，5.18，5.23，5.77 和 5.79；参见 8.18。铭刻在石头上的正式条约(如同由史家报道的)——作为国家文件而非私家叙事——很好地表明，曾经是战争中不正常的行事方式现在已被固定下来，奉为同时代希腊惯例和惯常做法的组成部分。

41. 5.84，6.61，8.65.2，8.90. 战争期间亚西比得的更邪恶的广泛谋划见 Ellis，*Alcibiades*，79—97 和 Henderson，*Great War*，291—297。

第 五 章

1. Herodotus 7.9；Plutarch，Pericles，33.4. 希罗多德或许在伯罗奔尼撒战争头十年里写完他的希波战争史书，其时这场冲突的总的进程和持续时间还不清楚。诚然，伯里克利很可能说了普鲁塔克写下的话；可是，这位传记作家是在差不多五百年后的罗马时代才编纂了他的传记，知道雅典重装步兵在第力安的惨祸和联盟在门丁尼亚的失败。

2. Xenophon，*Hellenica*，1.1.33；Diodorus 13.72.3. 据第奥多鲁斯的叙述，斯巴达人为将雅典人引出其城墙而进至可笑地步，竟在学园前面树立了一座胜利纪念柱，要激使雅典人开出城来，在野外方阵会战中一决胜负，以此洗刷耻辱。然而，从公元前 431 年往后，耻辱作为会战的激发剂已不再可信。

3. 3.91. 以某些方式，此类小胜可怕地误导了雅典人，使之错认了公元前 415 年至公元前 413 年西西里远征所需的领导的素质。将军尼西阿斯有在索利基亚和塔纳哥拉的优良记录，那俱为短暂和小型的规模有限的两栖作战。问题在于，这些微不足道的胜利有时被等用于战略智慧，从而对未来作战起了楷模作用——连同灾难性后果，正如第力安和西西里两大战役都表明了的。同理，德摩斯梯尼本人在埃托利亚和维奥蒂亚的挫败本可告诫雅典人，他的猛烈急动禀性不总是导致安菲玻里或皮洛斯那样的胜利——因而他实际上是个可疑的人物，不一定适合率领第二支大舰队去拯救在西西里的第一支。

4. Diodorus 12.69.2. 或许由于当代人着迷于特种作战(像例如在以色列的

种种反叛乱行动和救援使命中那样)，或着迷于情报神话(有如在第二次世界大战中截获德国意图的 ULTRA 解码行动)，我们倾向于将德摩斯蒂尼视为一位大有眼力的人，力求避免简单化的重装步兵会战或常规海战。事实上，他的大多数战役都被构想得不好，而且在它们出错的时候不是导致僵持，而是导致撤退，如果不是凄惨的失败的话。见一项清醒的评价：Roisman，*General Demosthenes*，73—74。

5. 5.14.1. 我们在此必须小心，慎重对待依据重装步兵会战在战争中的相对罕见去整个贬低它的作用。鉴于此类战斗的清晰性和神圣传统，它们仍保有一种心理重要性，远超出在任何一场冲突中阵亡的人数。假如雅典人在第力安赢了，或者他们的盟友在门丁尼亚赢了，那么他们本来能在几小时内真的改变战争进程。同理，确实改变了公元前 5 世纪后期和公元前 4 世纪的希腊历史的关键人物——伯拉西达、克里昂、莱山得、克莱奥姆布罗图、佩洛皮达斯和伊帕米浓达——无不披挂重装步兵盔甲战死沙场。

6. 对第力安战役的叙述见 4.93—96；参见 5.72—73，那里叙述了门丁尼亚会战。Diodorus 12.69—71 就第力安战役补充了某些被修昔底德删去的可贵细节，例如战后举行一场“第力亚”，即纪念性的底比斯喜庆节，资金出自这场会战的战利品。对这交战的一项现代叙述，见 Hanson，*Ripples of Battle*，171—243。关于雅典在战役中的诸项目的，详情见 Roisman，*General Demosthenes*，33—41。

7. 4.96.3—6. 误杀事故将再度发生，在雅典人夜攻俯瞰叙拉古的高地期间(7.44.1)，然而不熟悉崎岖地形和黑夜作战解释了大部分惑乱。在此，我们被提醒尘霭、阵列密度和沉重的步兵头盔能够如何损害视觉；或者，说明这不理性行为的是否也部分的不是知觉本身，而是此类近战造成的十足恐慌和惊吓？关于证实古代重装步兵会战固有的常见混乱的古文献段落，见 Hanson，*Western Way of War*，185—193。

8. 见 Thucydides 7.44.1，说的是在俯瞰叙拉古的高地上的灾难性夜攻。

9. 1.15.2. Plato，*Republic*，2.273E. 重装步兵意识形态的历史重要性，连同关于它在希腊文化和社会内的起源的学术争论，见一项论点审视：Hanson，“Hoplite Battle，” 230—232；参见 213—215，221。间或的例外和对重装步兵会战的替代通常受希腊人怨叹，遗憾竟然如此，但它们更可能是证明而非否定一个观念，即到公元前 5 世纪为止，受青睐和被理想化了的争端解决办法依然是方阵之间的决战。

10. Aristotle，*Politics*，4.1297b16；Herodotus 9.7.2；Strabo，10.1.12；

Polybius 13.3—6；Demosthenes，*ThirdPhlippic*，48—50.关于从6世纪到14世纪对重装步兵战法的改变着的看法有一项审视，连带讨论古代文献段落：Hanson，*Other Greeks*，321—349。

11. 1.106.2，4.113.1—2，4.40.2.“最优”和“精华”往往是修昔底德使用的词语，以便提示一名死去的重装步兵，特别是倘若被一名半蛮人、轻装散兵或某个较穷的人杀死，是个令人悲痛得多的损失，远甚于死了一名水手、标枪投掷者或弓箭手。关于重装步兵优越论，见 Aristophanes，*Peace*，1208—1264，1214—1217，1260—1263 和 Euripides，*Phoenician Women*，1095—1096。

12. 5.75.3.修昔底德并非那么多地示意门丁尼亚大捷证明斯巴达人在战争中总是不可战胜，或他们相信重装步兵会战优越无比是对的。宁可说，他的意思是，经过他们在门丁尼亚以这么一种明白可鉴的方式施予其他希腊人的创伤，他们令希腊认识到，他们自己先前的挫败归因于运气不好，而不是由于传统斯巴达勇气的致命衰减；还有，这样的流行观念在赢得这么一场战争上至关紧要：在其中，数以百计的希腊城邦国家没有真正可辨认出来的意识形态，除了保证它们到头来站在胜者一边。

13. “一桩可怕事”：Pindar，fragment 120.5；参见 Thucydides 5.70。拉赞比在校勘古代史料方面详尽无遗，以便支撑他对这场会战的重述，那由他本人对斯巴达方阵兵众的不可否认的赞誉促成，见 Lazenby，*Spartan Army*，42—44，125—134。对修昔底德的门丁尼亚会战叙述，有一项哲理讨论，即 Gomme et al.，*Commentary*，5.89—130。又见 Sekunda and Hook，*Spartan Army*，33—44，那里有对斯巴达重装步兵的想象性说明。又见 Thucydides 6.16.6；参见 5.74.1。

14. 4.126.总的来说，希腊人就什么构成一个“文明”社会，还有反过来什么将一个民族降至宽泛的“蛮族”范畴，持有种种奇怪的想法。在各项标准中间，有诸如说流利的希腊语，生活在中央集权的自治城邦，种植果木、葡萄和谷物而非放牧，吃类似的地中海食物(即既不饱餐怪异动物，也不喝畜奶)，还有像纪律严明的方阵队列中的重装步兵那样战斗。

15. 例解希腊军事指挥的各不同文段见 4.44.2，4.101.2，5.60.6，5.74.3，7.5.2—3 和 7.8.2。另参见 Hanson，*Western Way of War*，107—116。关于易变的雅典公民大会给雅典将领们的狭隘权限，有一项可贵的谈论，即 Hamel，*Athenian Generals*，44—74；关于他们的战死情况，见该书204—209。

16. 4.93.4；5.71.3.大多数学者认为，重装步兵会战中真正的战术创新只是伴随伊帕米浓达在留克特拉的指挥经历才出现。有一种不同观点，说希腊人早在伯罗奔尼撒战争期间就超出八排盾列纵深部署大量兵员，有时还使用骑兵和后备兵力与重装步兵一起作战，且在种种不同环境里将其最佳部队置于左翼；就此，总的来说见一项论辩概述，即 Hanson，“Epaminondas，”205—207。

17. Lysias 14.7，14.10—15；参见 Plato，*Republic*，8.556D。或许我们在两个人的经历中最好地见到了阶级分野：一个是出身贵族和有大地产的亚西比得，乃骑马武士；另一个是他的较穷的石匠导师苏格拉底，在两场会战和一场围城战中徒步战斗。有一项列举褒扬重装步兵、贬抑骑兵军役的古文献段落的长长的清单，见 Spence，*Cavalry*，168—172。

18. 4.96.3—6；7.44.7—8.比这更糟：不仅某些军队在其盾牌上没有与众不同的字母或徽章，而且大多数方阵使用大致同类的装备，因此即使没有通常的尘霭，也近乎不可能依照表象区别敌友。

19. 5.11，5.74，6.71.1；参见 4.97.1，4.134.2。以免我们认为重装步兵会战乃希腊文化的附带成分，对希腊文明的更受赞誉的遗产来说是边际性的，我们应当记住我们现代的“胜利纪念柱”(trophy)只是 tropê(“转折”)的一个按照字母的直译，后者的实意是纪念仪式地点，那里敌方方阵垮掉，胜利从而确定无疑。

20. 5.73.4.或许，斯巴达人之厌恶追击不仅反映了身着全副盔甲尾随败者奔跑的实际困难，或就在不那么公平的战斗中从事杀戮而言斯巴达人广受赞誉的节制，而且反映了根深蒂固的拉哥尼亚傲慢：如果一个人能在战败者竟蠢得力图再度冒险赌运气的场合轻易地击败他们，那么为何要追击他们？相反，例如维奥蒂亚人在第力安追击雅典人达几英里，一直追往奥罗珀斯并过了帕尔内斯山——很快转变为接下来几十年神秘的集体梦魇的一场溃退。

21. 对第力安战役的事后冲击的讨论见 Hanson，*Ripples*，199—212。对一个希腊人来说，至少在伯罗奔尼撒战争后期以前，一个人使其家庭欣喜或毁坏的途径不那么在于死，而在于英雄地死抑或可耻地死。关于嘲弄在第力安的克莱尼穆斯，见 Aristophanes，*Peace*，446，672，1295；参见 *Birds*，289，1475。关于勇武高尚的“持盾者”(*aspidephoros*)：*Birds*，1095—1096。

22. 斯特劳斯就战争中死去的雅典重装步兵和第四等级人员的总数提出了猜测(Strauss，*Athens After*，80—81)。关于战争期间斯巴达人死了多少，我们极少可靠的数字，必须记住修昔底德就门丁尼亚作的告诫，即在对待斯巴达披露的死亡数时，“难以知道真相”（5.74.3；参见5.68.2）。关于重装步兵会战中被杀的那些人占的百分比，见Krentz，“Casualties”。

23. 6.17.5—6.亚西比得还宣称各国难以获得重装步兵，言下之意是他们虽然想要这样的资产，但发觉在一场跨度从西西里到小亚细亚的新式战争中，构成方阵阵列的传统农夫阶级人数过于稀少。我不那么肯定他正确；紧随这场战争过后，存在大量雇佣重装步兵去参加在小亚细亚的“一万佣兵”，大多出自阿卡迪亚和亚该亚——其大部分未经战争波及的地区——但极少有出自遭受了广泛蹂躏的阿蒂卡的；参见Garlan，*War*，102—103。

24. 见Plato，*Laws*，4.707C—E。关于“蠢钝”，参见5.41.2。乔治·S.巴顿据说希望与隆美尔公平对打，坦克对坦克，他的谢尔曼对德国装甲军魁首的豹式。还有，在一直吹到2003年春伊拉克战争的热昏大话中，萨达姆·侯赛因据报道向乔治·W.布什挑战，要与之个人决斗，以便决定他的复兴社会党政权的命运。

25. 1.141.5.虽然雅典陆军在与斯巴达方阵的任何会战中将会输掉，但仍不清楚是否这么一支有三万步兵的强大本土兵力总是寡不敌众，在以后的年度入侵期间人数上逊于伯罗奔尼撒军队。

26. 4.34.1.修昔底德在此说，雅典人一想到去战斯巴达人，就“大为难受”：读到这里，我们便多少领略对重装步兵会战来说核心性的心理要素。

27. 83场交战：Paul，“Two Battles，”308。修昔底德史书里有太多证据，证明散兵和轻装部队的关键作用，连同重装步兵在此类兵力面前的易受伤害性。总的来说见轻装部队得到有效使用的情景，其样式之多令人吃惊：2.295，2.31.2—3，2.79.4，2.100，3.1.2，3.98，3.107—108，4.34.1—2，4.44.1，4.123.4，5.10.9，6.21，6.70.2—3，7.4.6，7.6.2—3，7.81—82。

28. 4.40.2，4.73.2—4.不清楚到战争爆发时，方阵士兵究竟是仍然大多为农夫，他们在过去靠拥有足够的、符合人口普查成规要求的土地(约10英亩)去挣得那么有威望的重装步兵军役，还是那些现在有足够的钱去购买武器和盔甲的人，或干脆是由国家征召和武装的较穷的人。

29. 非传统战：5.56.4—5；Aristophanes，*Clouds*，987—990；参见Plato，*Laws*，4.706A—B。对称战争——两个势均力敌的强国以类似的方式和在类似的地形上彼此相战——当然能导致极可怕的伤亡，如果双方遵循西方战争方式的殊死仪规的话。从罗马内战到凡尔登的多场战争够好地证明了这一点。

30. 4.42—44. 确实，伯罗奔尼撒战争期间，希腊社会的病态的一个征象，在于对死者的善置步步销蚀，那出自杀戮频频，死亡频频，而且希腊人之间仇恨愈深。我们从下列景象可以看到这一点：遭瘟疫袭击的雅典城里尸体任凭腐烂，第力安战役后死尸暴露于野，阿吉纽塞海战后弃置在海浪中漂浮的伤员和被杀者遗体，还有显然常见一种做法，即在甲板上将被俘的船员扔入大海。例如见 Pritchett，*Greek State*，4.235—41。

31. 见 4.134 和 3.91。修昔底德的天才在于，他认识到约 30 年里，希腊人的所有次要战斗都以某种方式与斯巴达和雅典之间的殊死斗争缠在一起，虽然对这战争的更大结果来说，这些边界遭遇战可能不相干。

32. 5.10—12. 关于伯罗奔尼撒战争中罕有的“正规会战”，见 Pritchett，*Greek State*，4.45—51。

33. 4.55.4，4.56.1. 我们吃不准修昔底德究竟是随事态显露而作出这些非常总括的评判，还是在战争打完以后得益于后见之明而将此类概括插入他的终稿。这含糊可以解释他在宣告一系列关键性转折点即瘟疫、门丁尼亚、斯法克特里亚、西西里的时候为何特别重复——它们全都据说改变了战争进程，但接着未能分辨这些中间究竟哪些事实上是更重要的里程碑事件。

34. 关于阿基斯的军队，见 5.60.3。就亚哥斯的新的独立态势的重要性，连同门丁尼亚的终极意义，修昔底德有种种宣称，见 5.29.1—3 和 5.66.2—3；参见 1.141.2。

35. 例如见：5.71—72；Xenophon，*Constitution of the Lacedaemonians*，II；Herodotus 9.53—55；Plutarch，*Moralia*，241F。

36. 关于可能记载了公元前 418 年会战死者的石刻铭文，见普里切特的论辩：Pritchett，*Topography*，2.50—52；另参见他的 *War*，4.143—144；他做的认同，即认那碑铭为公元前 418 年的门丁尼亚战死者，仍非定论。

37. 同样见 5.68.2；参见 5.74.2。门丁尼亚是修昔底德的楷模战役，我们要从它推测早先在第力安和索利基亚、或后来也在叙拉古战斗的模样大概如何。对这战斗的一种分析见拉赞比的著作：J. Lazenby，*Spartan Army*，125—134 和 *Peloponnesian War*，121—129。拉赞比的细致重现由下列著述得到增补：Kagan，*Peace*，107—135；Grote，*Greece*，7.75—93 和 Gomme，*Commentary*，3.89—127。

38. Diodorus 12.79.6. 对这关于“勾结”的见解，有某种不同看法。卡根简短地讨论了斯巴达的动机，见 Kagan，*Peace*，131—133。关于一个更大的问题，即各支军队在多大程度上按照跨过战线的敌人的确切性质去确定它们的战术，见 Hanson，“Hoplite Obliteration，” 206—207，那里有希腊史上的例子，在其中重装步兵军队似乎特别明白战场上直接与之对立的部队的秉性——而且有时相应地做出关键的政治决定。

39. 关于特斯皮埃人的战后命运，参见 4.133 和 Hanson，“Hoplite Obliteration，” 208—214。

40. 6.69—71.叙拉古战役的性质反映重装步兵战法的后勤难题，一旦它被要求超出通常作战行动半径即三日行军路程。要运送一支有约 5 100 名重装步兵的军队——大约是由第一支庞大舰队运往西西里的那人数——就不仅需要大量舰船，而且必须造就舱位，以容纳约 200 吨青铜制、铁制和木制全副装备，还有携持这些附带物的私仆。因此，即使重装步兵能像划桨手那样人数翻番(更常见的是他们不能，而是辅助性海军陆战人员，每艘战舰 10 人至 30 人)，也需要一支或许有约 60 艘战舰的舰队去运送这些士兵、仆人和装备。

第 六 章

1. 这场围城战臭名昭著，大多因为修昔底德对这经久煎熬的长篇叙述(2.3—4，2.71—78，3. 20—24，3.52—53，3.68)。无疑，伯罗奔尼撒战争期间有别的大得多的城邦惨遭洗劫或被夺占——波提狄亚、密提林、弥罗斯——其死亡阵痛我们所知极少。普拉提亚邻近雅典，而且攻击者在大战肇始方面作用显著，这就给了它一种与它的小规模或战略价值不相称的重要性。此外，由于它是战争中的第一场围城战，也是一场复杂的围城战，因而修昔底德将它用作一个类型样板，使后来的各场袭击能在他的史书里仅被略述。总的来说参见 Hornblower，*Commentary*，1. 236 —242；Kern，*Siege Warfare*，97—108。

2. 见 Pritchett，*Greek State*，5.218—229，载有一项编列此类小型版灭绝性大屠杀的清单，表明围城战更为频繁，那解释了大规模屠戮的增多。

3. 3.68.4.然而，在它是个希腊城邦国家自相残杀的问题时，没有什么真是“末日”。普拉提亚在战后重新由普拉提亚人定居——而且重新持有它对底比斯人的历史悠久的仇恨。

4. 修昔底德(1.11)认为，早先的希腊人干脆缺乏资金去打任何规模可观的围城战。此外，科林斯、雅典和叙拉古之类海上强邦兴起以前，绝大多数城邦是农业性质的，其农夫公民经不起几个月撇下自己的庄稼不管而去入侵或围困一个境外城邦。

5. 1.102.2.见 Herodotus 9.70.2 和 9.102.2—4，那里提示雅典人在希波战争以前就有擅长夺取筑防工事的名声。雅典民主派不惮帮助斯巴达人镇压骚乱的希洛人，那是一个被奴役的族裔，其解放必得等到伟大的解放者伊帕米浓达，等到他在公元前 369 年的著名入侵。

6. 5.91.1—2，5.111.1.2.在此，关键的保留是“因为害怕”。事实上，公元前 454 年在埃及，雅典人放弃了一场灾难性的围城战，而且与弥罗斯人这番对话过后几个月，他们将在西西里惨遭毁伤——但只是在承受了可怕的损失继而撤离之后。

7. 4.51；参见 4.133。城墙看来在雅典引发了一种恐惧，与“9·11”事件以后大规模毁伤性武器这想象的怪兽令美国政府恐惧一样。

8. 1.29.5；1.98.4.对这些残忍的围城战的叙述，见 Meiggs，Athenian Empire，68—174。我们有时忘记，当埃斯库罗斯和索福克勒斯演出其悲剧、伯里克利开始设想一座宏伟辉煌的雅典卫城时，雅典帝国系经血腥臣服多个自主城邦成长壮大，后者通过它们顽强的抵抗表明，它们显然几乎毫不想要这样的一种文化新生。对绝大多数希腊社会来说，当地自主可以是一种更强有力的愿望，甚至强于强加的民主。

9. Aristotle，*Politics*，1255A；参见 Xenophon，*Cyropaedia*，7.5.73和 Euripides，*Hecuba*，808—812。我们不知道在希腊世界大多数人如何落到奴隶地位，可是除了出生于奴隶父母或不幸成为绑架的受害者外，围城战的结果看来是变为奴隶的最常见途径。

10. Xenophon，*Hellenica*，1.6.12—15.雅典败后十年内，雅典人开始变得比恨斯巴达更恨底比斯。雅典人和斯巴达人后来在与小居鲁士一起的进军中(前 401 年)，并肩作为雇佣兵效力，而且在第二次门丁尼亚会战(前 362 年)中合力打伊帕米浓达。

11. 关于奴役，见 Pritchett，*Greek State*，5.227—230。我们极经常地被告知“所有人”或“不少人”沦为奴隶，而未被告知具体数字。

12. 4.115.1—3，4.116.1—2；参见 5.83.2。伯拉西达显然是修昔底德的青睐者之一，鉴于他那辉煌的远在北方打击雅典帝国的战略，而且大致以远离本土、没有供给线的独立行动的地面部队去这么做，其方式有似威廉·特库姆塞·谢尔曼 1864 年至 1865 年穿经佐治亚和南北卡罗来纳的长途进军，那里他同样就地补充给养，力求将战争打到传统战线后面的敌方要津。

13. 关于将军们的命运，见 Hamel， *Athenian Generals*，43—44。 通常，公民大会对战场上的军队操作行使近乎彻底的控制，任何独立思考的将军都很清楚一点：战役结束时，他们将不得不面对喜怒无常的全体雅典公民，那经过简单多数票，就很可以对他们觉得未大力进取的任何将帅处以放逐、罚金或死刑。

14. 5.111.1， 5.113.1；参见 Grote， *Greece*， 7.114。 修昔底德史书里的大讽刺之一，是他笔下的雅典人嘲笑弥罗斯人以“希望”（“希望——危险之安慰剂”）求慰藉——希望救星或许仍可能从斯巴达来临。 然而，不足三年后，尼西阿斯将提出一个差不多一样的弥罗斯式论辩，给他自己的陷入重围、行将被灭的大约 4 万人的军队，提醒他们不要逃，而是要记住“必须抱有希望”。 参见 7.77.1。

15. Euripides， *Hecuba*， 132—133， 454—457； *Trojan Women*， 95—98； *Phoenician Women*， 1195， 884；参见 882。 在我们能辨识出关于战争的一种首尾连贯的意识形态的限度内，更可能的是欧里庇得斯反对不必要地屠杀平民和中立者，那在他看来只能削弱雅典赢得希腊“人心”的努力。

16. Xenophon， *Hellenica*， 2.2.3—4；参见 *Hellenica*， 2.1.15。 什么救了雅典人，使之免受他们那么经常地施予别人的命运？ 也许是三个考虑：雅典是个有约 10 万城区居民的巨型城市，因文化成就而具备一种卓越的名声；一个右翼阴谋小集团正在努力，要造就一个亲斯巴达政府；斯巴达人本身已在滋长对其暂时盟友底比斯人的猜疑，后者在战争期间受苦较少，贡献亦较少，就搜刮自阿蒂卡的劫掠物斤斤计较，而且不久将为争霸希腊而挑战斯巴达本身。

17. 7.29.45. 在修昔底德的史述里，一个事实即月牙盾标枪兵是色雷斯人被提了出来，以说明他们的残暴，说明他们对动物和孩童的无缘无故的杀戮；然而，鉴于在科西拉对平民的胡乱屠杀，难以明白与希腊人有时相比，怎么色雷斯人更冷酷无情或懦怯卑劣。

18. 人食人：2.70.1。 几世纪后，苏拉围困雅典期间（前 87 年至前 86 年），据报道广泛发生同类相食；他的军团士兵进城时，在许多厨房里发现了人肉储备（Appian， *Mitbridatic War*， 38）。

19. 关于大流血的种种不同形式，见 2.57， 2.67.4， 3.32.1， 3.50， 3.81.2， 4.57.3—4， 4.80， 5.83.2， 5.116， 7.29.5， 8.21， 8.38.3 和 Xenophon， *Hellenica*， 1.6.19—20。 请将这些屠杀与第力安和门丁尼亚这两场重装步兵会战作比较，以便认识战争本身已经如何改变，或明白伯罗奔尼撒“战争”更多的是一场混乱不堪的内战，在拥有土地的亲斯巴达寡头与较穷的亲雅典民主分子之间，而不那么是一场城邦间冲突。关于俘虏，见 Pritchett, *War*, 1.78—79。他的数字只包括一个具体的俘虏数被给出的场合；真正的数目大得多。

20. Aeneas Tacticus 1.1.2. 伊尼阿斯在公元前 4 世纪中叶写作，其时城邦国家力求以前所未有的力度投资修建工事体系——或许是对伯罗奔尼撒战争这大残杀的反应。虽然重装步兵会战技术在公元前 404 年以后依然停滞不前，但围城战技艺——火焰炮、撞槌、砖石砌造和建筑术——随雅典陷落得到转变和优化。

21. 米诺斯：3.51；勒西修斯：4.115.3。难以得知创新性围城战技术——在普拉提亚的大土墩、在勒西修斯的攻城塔或在第力安的火焰炮——究竟是临时专用，还是围城战艺术方面初始突破的反映。关于老式重装步兵之难以攀登墙垒，见 Ober, "Hoplites," 180—188。

22. 萨摩斯：Diodorus 12.28；Plutarch, *Pericles*, 27；参见7.43.1。关于在波提狄亚的精心准备和攻城器械，见 Diodorus 12.45。"撞槌"是个含糊不清的术语；它可以涵盖任何东西，从专用大圆木和绳索，到装有金属护板的精致的棚车，那遮护嵌有青铜头的撞槌。

23. 4.88.1. 为何阿坎苏斯一经敌方蹂躏者抵达即告投降，而例如雅典却非如此？从修昔底德的叙述看，似乎阿坎苏斯完全依赖出自其葡萄酿酒的收入，而且很可能极少谷物储备，更没有一个受保护的港口和在海上的优势，那能确保稳定不断的进口食物供给。

24. 见 Ducrey, *Warfare*, 166—168。当然，叙拉古是大例外，它既未被攻破，也未经谈判被交出——毁了雅典围城工兵据称的自吹自擂声誉的一场大失败。

25. 斯巴达人的宣称，关于需有一个不设围墙的希腊：1.90.2，1.91.7。

26. Plato, *Laws*, 778D—779A. 关于厌憎城墙的一般哲学情感，见 Ober, *Fortress Attica*, 50—63，那里注意到伯罗奔尼撒战争过后公元前 4 世纪期间出现的一种态度差异，其时大众不再相信城镇工事或军队武勇足以保护全体公民。参见 1.5.1，修昔底德论早期希腊城邦的非工事筑防性质；关于紧随希波战争过后希腊城邦中间兴起城墙建造的历史，见 Winter, *Greek Fortifications*, 300—308。关于雅典在亚哥斯和帕特拉促进工事筑防，参见 5.82。

27. 经过公元前 413 年的灭顶之灾，雅典人力图围攻的其他城镇大约只有希俄斯，那里一场内战有导致帝国境内大规模造反的危险(例如见 8.55—56)。

第 七 章

1. 为何雅典人认为必须前往西西里？ 其种种原因——条约、帝国、自豪、利得和对斯巴达的优势——由修昔底德(6.15—18)和普鲁塔克(*Nicias*， 12.4)两人做了谈论。 在修昔底德笔下，亚西比得给了雅典人各项战前理由出航，继而事后向斯巴达人说明了雅典远征的真正意图，令我们陷于某种程度的困境，搞不懂亚西比得何时何处——以及是否——在说真话。

2. 8.2.1. 427 年首次远征西西里：3.86.4。 机会主义的中立城邦还错在它们的别的预料，那就是雅典在西西里之灾后将很快投降。 作为从头到尾历经整个战争的一项通则，观察者们通常在雅典成功后高估其权能，而在惨败后低估其复原力，未能懂得雅典是最强的城邦，但同时它本身并非强得足以主宰甚或联合希腊世界其他约 1 500 个邦国。

3. 关于谷物和前往西西里的战略，见 Diodorus 12.54.23。 彼得 · 格林对这次入侵的叙述基于一个想法，即食物是雅典入侵的首要动机，见 Peter Green，*Armada*， 16—19。 诚然，他的书写在关于阿蒂卡的食物生产能力的更精致的比较研究出现以前，倾向于低估雅典国内谷物资源的贫乏程度。 然而，格林仔细注意了我们的文献资料来源，正确地论辩说至少希腊人自己觉得阿蒂卡需要进口食物，而且觉得西西里是个获取它的好地方。 关于阻绝西西里对伯罗奔尼撒人的潜在援助的想法，参见 6.6.2 和 6.10.4。

4. 6.91.3—4. 如同在亚西比得的所有被报道的演讲中那般，问题不仅是他为自己的个人利益扭曲事实和分析，而且是尽管如此，他的评估依然锐利，即使是出于与他意欲的那些全然不同的原因。 毕竟，在雅典败于西西里之后，伯罗奔尼撒的安全得到显著加强，雅典本身的安全则遭到几乎无法弥补的伤害。修昔底德说，“最真实的借口”是雅典渴望将整个西西里纳入它的帝国(例如见 6.6.1)。

5. Kagan，*Peace*，159—191，那里审视了入侵的种种不同借口。 修昔底德对关于开赴西西里的大辩论的详细叙述见于各不同处，在6.8—25。 直到修昔底德领会西西里战役及其随后事态是阿基达马斯战争的后续为止，大多数希腊人很可能将它们视为两场彼此分隔的战争：一场与斯巴达的初始的冲突，在公元前 421 年终止于僵持，然后有一场全然不同的西西里战争，公元前 415 年爆发，终止于两年后雅典被叙拉古击败——导致与斯巴达的旧日战争有了分明的第二轮，那一直拖沓下去，直到公元前404年至公元前403年为止，其时雅典被最终击败和占领。雅典的财政：Andocides 3.8；Thucydides 6.26.2。

6. 7.55.2，8.1.4，8.96.5.从几世纪前的殖民风潮时起，西西里的大多数居民就说希腊语。关于雅典保护境外穷人的逻辑，见 Xenophon，*Constitution of the Athenians*，3.10—12。又见修昔底德同样著名的赞颂，对雅典在压倒性力量优势面前的适应能力的赞颂：2.65和7.27—28。关于古代民主国家在战争中的这些固有长处，参见 Hanson，“Democratic Warfare，”24—26；*Carnage and Culture*，27—59。

7. 6.43—44.第奥多鲁斯(13.2.5)给出的数目甚至更大。如果我们相信1万名雅典重装步兵和或许多达600名骑兵每年(或也许甚至每年两次)开出去劫掠和蹂躏梅加拉地区(且尚不能夺取附近的梅加拉城)，那就难以相信不多于5 000名重装步兵——基本上没有骑兵护送——能大大打击这么一座城市及其乡村：它有25万居民，还有多个盟邦和属邦，散布在一个约1万平方英里面积的遥远的海岛上。

8. 关于抵达时展示一种实力强大意象的重要性，分别见6.11.4，6.18和6.44.8—9。如果说亚西比得认为与西西里诸邦结成政治同盟可能击败叙拉古，而尼西阿斯指望变节背叛者将该城拱手交送，那么拉马胡斯至少懂得只有迅猛的战斗才能赢得战争。

9. 见2.79。在导致出海远航的各项演讲中，有一种重装步兵癖狂：亚西比得宣称叙拉古的乌合之众不是那类能将一支重装步兵军队投入战场的人(6.17.45)。反过来，尼西拉斯虽然一带而过地提到必得反制叙拉古骑兵的轻装步兵、投射兵和骑兵等部队，但他唠唠叨叨地说“在我看来，我们必须带大量重装步兵，我们自己的和盟邦的，此外还有我们能够经付酬或说服而从伯罗奔尼撒得到的任何重装步兵”(6.21.2)。可是，在防止雅典败北或保证叙拉古得胜方面，重装步兵将差不多完全不起作用——事实上公元前418年后他们就决定伯罗奔尼撒战争胜负而论将实不相干。

10. Diodorus 13.7.5—6.雅典人击败叙拉古重装步兵之轻而易举，连同他们在乘胜扩大战果方面的凄惨失败，都给将领们留下了深刻的印象，后者迟迟地认识到自己非常严重地错估了为拿下该城所必需的兵力类型。

11. 战役详情见6.64—82。关于马匹陷阱，参见 Polyaenus，*Stratagems*，1.39.2。尽管溃退和逃跑，只有260名叙拉古人被杀，占该城可用兵力的很小一部分。“叙拉古人的骑兵——数量众多且未在会战中被击败——挡住了他们；而且，如果他们发现任何在前面奔跑追击的重装步兵，他们就扑向他们，将他们驱离”(6.70.3)。

12. 注意，亚西比得就他的经提议的、对伯罗奔尼撒人的海陆合成作战讲的故事，实际上给雅典提供了击败斯巴达的唯一希望。讽刺性的是，这么一个富有洞察力的战略看来只对敌人吐露过，而且是在诚实性可疑的环境下。关于据称的雅典帝国野心，见 6.99。关于雅典人希望将他们的帝国扩展到还包括埃及在内的想法，参见 Plutarch，*Pericles*，20.3—4。

13. 6.95—98. 第奥多鲁斯宣称他们能集合 800 名骑兵。由于希腊围城术的粗劣状态，无论是被令召回前的亚西比得还是尼西阿斯，都更可能期望经种种政治计谋拿下叙拉古，当最佳希望总是在于直接驶往叙拉古和采取下述办法的时候：要么在一场大规模的重装步兵会战中击败轻率鲁莽的敌人，要么开始在陆上直接围闭和在海上进行封锁——像由拉马胡斯在公元前 415 年夏季抵达时提出的那样。

14. 叙拉古人的绝望：6.103.3。整个计划，即在数以千计的敌人入侵阿蒂卡之际，竟向境外派出数以千计的宝贵的水手和步兵，突出了西西里远征的讽刺意味。而且，疫病在这战役中起了一个关键作用，但大多是通过令雅典人衰弱无力，他们愚蠢地扎营于港口周围的低洼湿地。叙拉古较易受围障和海上封锁伤害，加上它很大部分外围的不利于健康的气候，使它在一场围城战期间易发瘟疫。然而，致命的疫病没有在公元前 414 年即雅典围城期间袭来，而是等到迦太基人力求锁闭该城的公元前 406 年——且有可取的效果，那就是将入侵者驱回北非，伴有数千人死亡，而未降服该城(Diodorus 13.114)。

15. 斯巴达人围攻普拉提亚成功，关键之一是早在建造他们那精致的双重环障以前许久，他们首先围绕该镇建造了一道粗糙的专用墙垒，以便尽可能快地开始造就逐日逼近的饥荒和孤立。假如雅典人在抵达后立即竖起一道临时搭砌的屏障，然后逐渐以一道经久的双重墙垒取而代之，那么叙拉古本可能到翌年春季就已接近投降。然而，这么一种勇猛大胆需有一位自信的将领，加上挡住反攻的骑兵。参见 5.28，那里说了斯巴达在公元前 421 年和约订立前夕的沮丧消沉，和约的概况则见 Lazenby，*Peloponnesian War*，106—110。

16. 7.2.4. 在此后残忍的第奥尼西乌一世暴政期间(前 405 年至前 367 年)，整个上城被纳入该城的筑防工事体系，以便防止恰是雅典人在公元前 414 年尝试了的那类围城战。关于提图斯围攻耶路撒冷(17 天被花费在土石劳作上，3 天被用于围闭该城)，见 Josephus，*Jewish War*，5.502，509；参见 5.46。

17. 玩世不恭者可能将希腊各邦——位于西西里、希腊主陆和在诸岛中间的各邦——突然渴望帮助叙拉古读作某种确证，证实许多族邦不可能怀抱什么意识形态，除了最终跻身胜者之列；参见7.18，19，21，从那里可列一个清单，上有重新振作了的叙拉古新得的各个不同盟友。

18. 见7.24，这位史家在那里说的著名话语，说叙拉古人见到德摩斯梯尼援军出现而“大为惊讶”，疑惑“他们的险境是否还会有救”——因为“尽管有德塞利亚要塞，一支兵力与第一支相等或近乎相等的军队现在仍来增援了它，而且雅典的力量似乎在差不多每一处都非同小可。”早先，他断定虽有战前的预测，说雅典不会坚持三年以上，但他们不仅已历时17年挺住伯罗奔尼撒人进攻，而且现在还从事了一场遥远的、全不亚于前者的追加冲突。在修昔底德想来，这一切全都近乎深奥难测，超出理解；参见7.27。

19. 7.44.1.甚至伯罗奔尼撒战争期间，希腊人也难得在夜里战斗，除了为接近城墙，以冀找到未加防守的墙垒，就像底比斯人袭击普拉提亚时发生的，也像后来阿基斯国王试图从德塞利亚奔袭雅典人时发生的，当时后者因小睡而不备(Diodorus 13.72—73)。

20. 7.69—73.或者，像第奥多鲁斯报道的，雅典人大叫：“难道你认为我们能陆路返乡？”

21. 7.87.6；参见Diodorus 13.19.2，13.21.1和13.30.3—7，那里有关于俘虏的谈论，还有在阿息纳鲁斯河被杀18 000人、被俘7 000人的数字，所有被派往西西里的人当中总共有40 000人损失掉。关于在战役最后几天里究竟有多少人实际丧命的争论，见Gomme et al.，*Commentary*，4.452；另见Green，*Armada*，352—353和340—344，那里有几个死者的名字。十年后，雅典公民大会上的一个演讲者能自夸说，作为一名骑兵，他曾坚持从卡塔那袭击叙拉古人，并且聚集劫掠物去从采石场赎救俘虏；参见Lysias 20.24。有个现代类比：1955年时，苏联领土上仍有在斯大林格勒惨败中活了下来的两千名德国俘虏——起初12万名俘虏中的一部分，他们在这场会战过后12年，经康拉德·阿登纳总理访问莫斯科而被释放。参见Antony Beevor，*Stalingrad*，430—431。

22. 就古代骑兵与其坐骑的性质，我们从瓶画和文献证据两者所知多多。关于古典希腊骑兵和马匹的语用学，见晚近四部权威著作中的讨论：I. Spence，*Cavalry*，35—120；Gaebel，*Cavalry Operations*，19—31；Bugh，*Horsemen*，20—35；Worley，*Hippeis*，83—122。

23. 或许，希腊人对马匹的鄙夷由色诺芬作的下述轻蔑的讽刺话得到了最佳例解(他写过手册，谈论对骑兵的恰当指挥和马术技艺)：与步兵不同，骑兵部队必然害怕摔倒，也必定畏惧与敌人的重装步兵作战(*Anabasis*，3.2.19)。事实上，希腊文献中有整整一大堆文段，反映对于骑兵的重装步兵沙文主义。参见 Hanson，*Other Greeks*，247—248。

24. 一大批研究强调了养马的不经济性。特别见 Sallares，*Ecology*，311，那里论辩说“古代希腊最无用的牲畜是马”。

25. 购马和养马的成本大多从出自雅典的石碑铭文得知，并与留存下来的文献证据相联，由斯潘塞加以谈论，见 Spence，*Cavalry*，272—286。

26. Hanson，*Other Greeks* 一书(特别参见 179—218)的中心主题，在于这个创建了城邦国家体制的新的农业阶级的重要性，其中许多人受到公元前 5 世纪和公元前 4 世纪的雅典激进民主挑战。关于雅典文学、艺术和辩术的一种影响，即抬高重装步兵的声誉，使之凌驾于轻装战士、投射兵员和骑兵之上，见 Pritchard，“TheFractured Imagery，” 44—49；Hanson，“Hoplites into Democrats，” 289—310；还有 Lissarrague，“World of the Warrior，” 39—45。

27. 例如，雅典富人曼提塞奥斯夸口说，在公元前 4 世纪早期的一场会战中，他作为一名重装步兵面对危险，而不是作为一名骑兵“安然”效命(Lysias 16.13)。提到对骑兵的鄙夷的地方可见于 Plato，*Symposium*，221b 和 Aristophanes，*Knights*，1369—1371。曼提塞奥斯熟知对骑兵的普遍偏见，那由于一种看法而更糟，即贵族出身的亲斯巴达的骑士在公元前 411 年和公元前 404 年两番未遂革命中都起了一种工具作用，它们试图以不同程度的寡头统治取代民主制。见 Bugh，*Horsemen*，116—153。

28. 对腓力和亚历山大的骑兵突破谈论甚多，他们构建了矛骑兵军团，其长矛与马匹和骑马人两者的铠甲一起，使之成为真正的突击兵力。然而，我们忘记了一点：仅在喀罗尼亚会战(前 338 年)中，马其顿人才面对一支通体划一的重装步兵敌军，而且他们所以在那里打赢，大体上不仅靠更大的冲击力，还靠雅典人缺乏纪律，以致在希腊阵线上开出了缺口。除此之外，亚历山大的骑兵猛烈痛击骑马的波斯人或低劣的步兵，后者缺乏希腊青铜盔甲、紧密阵列和密集的排矛。亚历山大死后，对大象的泛希腊狂热追求部分地出自击碎方阵兵纵列的需要，那依然极不易受到伤害，哪怕遭遇重装骑兵的冲击。

29. 4.68.5；参见 4.72.3。关于雅典骑兵作战的范围，见 Bugh，*Horsemen*，79—119；该作者就战争期间的部署编列目录，显示了重装步兵望尘莫及的一种使用频度。

30. 4.21.1至4.44.1。雅典骑兵在此次会战中的关键作用，连同他们靠海运登场的急剧性质，很快成了雅典自豪的一个原因。例如参见 Aristophanes, *Knights*，565—580，595—610。

31. 5.73.1，4.95.2；参见4.89。希波克拉底的惊恐主义逻辑令人不解，因为前一年雅典人从斯法克特里亚获取了斯巴达俘虏，威胁要将他们斩尽杀绝，如果斯巴达再度入侵的话。而且，从公元前425年到公元前413年建造德塞利亚要塞，根本全无斯巴达入侵——尽管斯巴达人有能力在他们希望的差不多任何时候招来维奥蒂亚骑兵。

32. 见西西里本地人第奥多鲁斯的骇人听闻的叙述(Diodorus 13.44—115)，关于公元前410年至公元前405年迦太基人力图夺取该岛的不成功的行动，一场特别残忍的冲突，耗费的生命可能超过在同时代的伯罗奔尼撒战争各主要战区里丧失掉的，并且部分地解释了公元前413年得胜的叙拉古人为何无力援助斯巴达了结雅典。

33. 关于如同一团乱麻的种种战后事态，见 Finley，*Sicily*，68—73，还有特别是 Lintott，*Violence*，191—196。在叙拉古造就防御工事的令人惊异的努力由第奥多鲁斯讲述，见 Diodorus 14.18.1—6。

34. 修昔底德的著名评估见2.65.11，那被大多数学者认作他在史书里做的最后评估之一，而且是参照战争结局写的。见 Hornblower，*Commentary*，1.347—348和 Gomme，*Commentary*，I.194—196。

35. 参见 Gaebel，*Cavalry Operations*，100—109。希腊战法的头号准则——骑兵永不能冲向重装步兵方阵的未折长矛——依然不受挑战。然而，伯罗奔尼撒战争证明，希腊的战斗不再必定仅决胜于小块封闭平原，在相距不过两三天行军路程的邻邦之间。

第八章

1. 见 Diodorus 13.37—38，还有修昔底德史书内(8.2)的一项著名讲述，说的是整个希腊世界的各城邦国家因为雅典惨败的消息而激动，准备弃脱中立，积极支持斯巴达的事业，而雅典帝国的属邦则准备随时“力所不及地”造反。

2. Aristophanes，*Frogs*，1074.喜剧和一般文献证明船员多患手疱和臀疱，精疲力竭，极度口渴，寒冷战栗，全都令人想到效力于三列桨战舰既危险又难受。见 Morrison，*Oared Warship*，324—340，以便了解船员的苦难和三列桨战舰划桨的复杂状况。

3. 关于船员，见 Xenophon，*Hellenica*，1.16.6。鉴于方阵阵列与三列桨战舰划桨手的明显的划一性，难以断定古代司令官是否浏览其征召花名册，以便找到有格外优秀的履历的重装步兵或划桨手。修昔底德说，在为西西里远征作准备时，三列桨战舰司令官给顶层划桨手发放津贴，将军们则试图经重装步兵花名册挑选到最佳划桨手(6.31.3)。

4. 有一项满是古代文献参照的很好的描写，描述一艘三列桨战舰的惊人外观，即 Amit，*Athens and the Sea*，12—13；参见 Torr，*Ancient Ships*，66—69。关于雅典舰队公元前 408 年的班师壮观，见 Diodorus 13.68.2—5。

5. 同时代三列桨战舰的景观、声响和动人印象见下列古代观察：Xenophon，*Oeconomicus*，8.8；Aristophanes，*Knights*，546；Aristotle，*History of Animals*，4.8.533B6；Thucydides 4.10.5。

6. 理论上，水手能像步兵一样听得见；划桨击水的喧哗显然不会比重装步兵的喧闹更嘈杂，在数以千计的后者向前进军、其青铜和木器乒乓作响的时候。关于作战呐喊和其他吼唱，见 Aristophanes，*Frogs*，1073；参见 *Wasps*，909。参见 Thucydides，1.50.5；Diodorus 13.15.31 和 99.1；还有 Pritchett，*Greek States*，1.105—108。

7. 2.89.9. 比数量本身重要得多的是航海技能。在大多数会战中，胜利取决于三列桨战舰的下述能力：迅速发动，形成紧密阵列，面对各种风吹仍稳驻战位，而后迎头冲撞前来的敌舰。

8. 被撞角撞上的战舰：Diodorus 13.16.1；一撞便撞沉一艘三列桨战舰：Diodorus 13.98.3；阵位的重要性：Thucydides 4.13.4；海战中的投石：Diodorus 13.10.4—6；参见 Thucydides 2.92.3—4。总的来说，我们有对海战的更多详述，多过对重装步兵战的描写。然而，当时在伯罗奔尼撒战争中，前者远比后者常见。不仅如此，或许还有某种事情在观察者中间激发起一种可怕的好奇心，那是关于溺死这意外危险和更常见的恐怖景象即不被收殓的浮尸的。

9. 2.92.3—4. 这战争中最著名的军事人物——伯里克利、修昔底德、德摩斯梯尼、尼西阿斯、莱山得——此时或彼时见到自己在海上指挥一支舰队。表面上，陆上效力与海上效力之间没有多大区别：伯里克利既组织过对伯罗奔尼撒海岸的海上袭击，也率领过重装步兵入侵梅加拉。莱山得，斯巴达最终成功的海军战略的设计师，战争结束后九年死在哈利阿图地方的一场小规模重装步兵交战中。

10. 1.49.修昔底德对海战的详细描写继续下去，按时间顺序逐场讲述水手在水上类似的混乱和杀戮。

11. 对三列桨战舰作战的各种描述见 Thucydides 7.23.3, 7.40.5 和 7.67.2。水流困难见 Diodorus 13.39—40。我们应当记住，这位史家既是一名水手，也是——作为海军将领——三列桨战舰战法的一位直接观察者。

12. Xenophon, *Hellenica*, 1.6.19—20.战舰能以某种方式由半数桨手驱动。事实上，说不准在什么程度上一艘三列桨战舰总是有全部170名桨手，或在什么程度上涉及一种战术谋划，即宁愿较少全员的战舰，较多减员(且较慢和较少灵活机动性)的战舰。

13. 在叙拉古的孤注一掷的港口战是海战典型事例，因为修昔底德的叙述再现了雅典人的绝望景况，同时强调了两支舰队非常庞大的总规模，参见7.25, 7.41.3—4。

14. 见7.41.2；Aristophanes, *Knights*, 764；Diodorus 13.78.4。这项战术是被围攻的普拉提亚人的努力的海上等同物，他们向伯罗奔尼撒人的撞城槌投坠重物。

15. 三列桨战舰作战的各不同方面见 2.90.6 和 8.105.1；参见1.50.2和7.23.4。关于与其战舰一起下沉的舰员的数量，见斯巴达在阿索山的损失的罕有详情，由第奥多鲁斯提供：Diodorus 13.41.23。关于诺丁姆，见 Diodorus 13.71.3—5，在阿吉纽塞的巨大损失见13.100.3—5。增援：Diodorus 13.46。

16. Aristotle, *Constitution of the Athenians*, 34.1；参见 Xenophon, *Hellenica*, 1.7.35。底比斯人在第力安会战后拒绝交还1 000名死了的重装步兵——他们在秋季炎日下暴尸多日——这同样激起了愤怒，而且可能促使欧里庇得斯写下《哀求的妇女》，一出悲剧，其中雅典在神话人物忒修斯麾下击败底比斯人，因为他们残暴地对待“反底比斯七壮士”的尸体。见 Hanson, *Ripples*, 187—188。

17. Xenophon, *Hellenica*, 2.1.31—32.普鲁塔克说(Plutarch, *Alcibiades*, 37.3)3 000人被处死，而波桑尼阿斯记载的是4 000人。前404年以前许久，莱山得就是最残暴的斯巴达将军之一。早先在米利都，他间接地导致340名米利都人被杀害，以图损坏那里的民主制(Xenophon, *Hellenica*, 1.6.12；Plutarch, *Lysander*, 8)。关于瓶画上显示的处死俘虏，见 Van Wees, *Greek Warfare*, 216—217。

18. 关于莱山得在伊哥斯波塔米海战后的行为，见 Plutarch, *Lysander*, 14。到公元前404年，斯巴达人已确信自己将赢，不见有任何理由不肆意报复，因为雅典舰队已被彻底摧毁，而且雅典人过去犯下了一系列罪孽。

19. 1.50.1，2.90.5—6.三列桨战舰海战往往不那么是一场海军冲突，而更多的是一场陆海两栖行动，有步兵为夺取近岸而战，因为预期将有许多战舰在拍岸的海浪中挣扎，其舰员近乎毫无防卫，容易被等候着的重装步兵拿下。

20. 见 Strauss，“Perspectives，” 275—276，那是一番令人着迷的叙述，讲为何雅典阵亡水手通常未被给予像阵亡重装步兵得到的同样程度的公民悼念，原因不仅涉及收尸和在海上准确清点死亡人数的种种困难，而且涉及一种对较低等阶级的广泛的偏见，这些阶级更经常地构成帝国舰队舰员。关于一个例子，例解在一场海战中甲板上的人大多丧命于冰雹般落下的石块，见 Diodorus 13.18.3—5。

21. 参见 2.24.2。随德国战列舰“俾斯麦号”1941 年突围而来的极端多疑，还有紧接 1941 年珍珠港事件而来的对日本主力舰的恐惧，都合乎逻辑，在这类初始的海上一边倒胜利之后：一旦一支舰队确立了它在轻易击沉敌舰方面的声誉，海上机动性之拥有和可信的威慑之缺乏便立即保证它能做很大部分它乐意做的，直到被制止为止。

22. 关于福米奥的成功，参见 2.87.3—4；赫摩克拉底：4.63.1。雅典的优势历经半个世纪形成，从萨拉米海战到伯罗奔尼撒战争爆发，其间雅典舰队近乎从不间断用武，以此一直在爱琴海和爱奥尼亚岸外获取和扩大帝国。

23. 关于福米奥和对雅典舰队的看法的改变，修昔底德所言见2.88.3 和 2.89.5—11；参见 8.106.1—4。

24. Strauss，*Athens After*，78—81.他接着提出，公元前 404 年的寡头革命，还有战后岁月里平民大众的相对虚弱，很可能缘于较穷的雅典水手惊人规模的死亡，他们到战争结束时已经实际上少于重装步兵。

25. 6.31.参见 3.17(公元前 428 年有 250 艘战舰的现役舰队)。修昔底德有一番很好的叙述，讲三列桨战舰司令官中间的竞争，在雅典舰队集合以启程前往西西里的时候(尤其参见 6.31.2—3)。总的来说，三列桨战舰司令官职务的古怪运作的复杂性质由下列两者作了详细讨论：Gabrielsen，*Athenian Fleet*，105—145 和 Jordan，Athenian Navy，61—111。这是一种近乎被伯罗奔尼撒战争的可怕代价和损失毁了的体制，从而在公元前 4 世纪被急剧重构。

26. 莫里森、寇蒂斯和兰科夫(Morrison，Coates，and Rankov，*Athenian Trireme*，179—230，115—117)讨论了古代文本中的多个段落，那显露出效力于三列桨战舰有多艰难——还有各邦海军如何采取种种非凡的步骤去确保它们的舰员饶有经验和状态良好。

27. Aeschylus, *Persians*, 396.修昔底德史书内多有段落证明航海专长的可贵和雅典对此类技能的战前垄断，例如见1.31.1，1.35.3，1.80.4，1.142.6—9和3.115.4。关于雅典人的优秀，见[Xenophon]，*Constitution of the Athenians*，1.19—20。

28. “工场”：Aristotle，*Rhetoric*，1411A24。给三列桨战舰命名：Jordan，*Athenian Navy*，277；Strauss，“Trireme，”318—319。许多学者已将划桨手——他们本身大多没有土地和生活贫穷——中间的紧密同步视为一种可贵的公民经验，将统一性和政治凝聚赋予雅典的下等阶级。一起划桨的纪律很可能使公民大会内的“海军群氓”能够团结有力——或反过来说也成立。关于海军军役的意识形态性质，例如见Strauss，“Trireme，”319—322。人们疑惑，在寡头制的科林斯或在伯罗奔尼撒舰队，三列桨战舰军役的团结性是否对那里的穷人有任何给力效应。

29. 见雅典海军将领福米奥的著名演讲，他勾勒了三列桨战舰的各种基本战术：2.89.8。往往，众多陆战兵员之间在甲板上的战斗被称作“古老式”会战(例如1.49.1)，这提示真正的海上专长是一种相对晚近和大致专属雅典的现象，着重于撞击和机动性，力求演化得超越一种战法，即战舰只是减速停下，互相毗连，以便登舰作战。雅典在撞击方面的优越：Diodorus 13.40。

30. 撞断桨杆见Diodorus 13.78；13.99.3—4，这么一种精致复杂的战术包含的物理过程见Morrison，*OaredWarships*，368—369。

31. 铁质抓钩被称为“铁手”，在对战斗的描述中到处可见。关于它们在某些海战中的使用，见Diodorus 13.67.2—3和13.78.1。三列桨战舰上的近距战斗见Diodorus 13.45—6。

32. 在西西里的如画的战斗见7.70.2，特别见Diodorus 13.9.3。“惊人奇观”：Diodorus 13.45.8。这么庞大的一支雅典舰队——此前大致百战不败——在数万人眼前这么近岸地战斗，且其目的是拯救离本土约800英里之遥的4万人：这事实使之成了史家热衷的一个写题，而且或许是所有古代文献里所载的最著名最详细的海战。

33. “优良战舰”(显然是指舰员和造舰两者)：Aristophanes，*Birds*，108。[Xenophon]，*Constitution of the Athenians*，1.19颇不情愿地对雅典航海术表示尊敬。关于修昔底德史书里的各不同文段，它们反映雅典与斯巴达之间的海军战略差异和两支舰队在其下运作的环境，包括伯拉西达的话，见2.87.5—7；参见2.83.3，2.94，3.13.73；还有3.32.3；参见4.25.2—6。

34. 7.34.4—8和7.36.5。这同一个观念，即平局便是得胜，在涉及斯巴达人的陆战场合同样真确。在斯法克特里亚，他们数量上比敌人少好几千人，但仅仅几百名斯巴达精英武士的投降仍然令希腊世界震惊，成为直到6年多后在门丁尼亚获胜为止一直未得到弥补的一大打击。

35. Xenophon, *Hellenica*, 1.6.33.古典时代似乎全无这么一场史载的重大陆战：在其中，一位将领活下来，而他的军队被击败。可是，伯罗奔尼撒战争中多有战败了的海军将领驶舰逃离，尽管他们的舰队遭到毁灭。德摩斯梯尼、尼西阿斯和科浓间或都经灾难性的海军毁损而活了下来。关于科浓的备战，参见 Diodorus 13.77。

36. 有关舰员和桨手素质的信息，见修昔底德史书里的不同引述，在7.14.1和7.31.5；参见7.18.3和7.19.3。

37. 风平浪静的水域：Vitruvius 4.43；修昔底德对科林斯湾海战的叙述：2.84.3—4。赫勒斯滂的汹涌波涛见 Diodorus 13.46.4—6。雅典在萨拉米的伟大胜利(前480年)大概出自这么一点：与薛西斯的舰员反过来能够钩住和登上希腊三列桨战舰的相比，更快更高效地撞击波斯战舰。因而，这场胜利给了雅典舰队一种自信感，相信灵活机动和撞击敌舰有效，那在伯罗奔尼撒战争中并非总是有利。

38. 关于损害三列桨战舰航行表现的种种因素的现代评估，见 Morrison, *Oared Warship*, 326—327。

39. 疲劳乏力：7.40.4—5；筹集补给：7.4.6；伊哥斯波塔米：Xenophon, *Hellenica*, 2.1.15—28。总而言之，鉴于现代海战的环境，我们现代人难以充分认识古代海战如何那么密切地与陆战结为一体，从需要找水和在夜里将战舰靠岸停泊，到依赖舰载步兵和在附近海岸上的己方部队。对基地的需要见一处援引的证据：Amit, *Athens and the Sea*, 53—54。

40. 关于给一支航行途中的三列桨战舰舰队提供补给的种种问题，见 Casson, *Ships and Seafaring*, 70—73。拉马胡斯舰队在卡勒斯河的命运见 Diodorus 12.72.5。

41. 船壳本身也不断需要修理，而且因此被拆开和拼装起来；例如见 Xenophon, *Hellenica*, 1.5.1—11。

42. 例如见7.11和7.39.2。正是这对依赖己方市场和海港的古已有之的惧怕，才解释了战舰的终极演进，即进至核动力航母或潜艇，那在理论上难得需要靠岸，因为它的燃料近乎无可耗竭，它的饮用水和洗澡水附带地出自它的推进力，而且食物可由附属货船海上渡运。

43. 比雷埃夫斯周围的景象见 Plutarch, *Themostocles*, 2.6。尼西阿斯

的哀叹：7.12.5。建造一支有300艘战舰的舰队一举，见Andocides，*Peace*，7；Aeschines，*Embassy*，174。另见Amit，*Athens and the Sea*，27—28，那里谈论规定每年建造20艘三列桨战舰的雅典法律，还谈论船壳的损耗。

44. 关于那“第二艘”三列桨战舰的著名航行——它为废除由第一艘携载的死刑令而全不停顿地划桨疾行——见3.49；另参见8.101。筋疲力尽的舰员见Diodorus 13.77.3—5。

45. 见Plutarch，*Themistocles*，4.3，这个著名段落提到柏拉图(Plato，*Laws* 4.706B—C)。参见Jordan，*Athenian Navy*，18—20。

46. 战舰保养见2.94.3—4。对一艘现代复制的三列桨战舰的复杂和脆弱性的认识见Morrison，Coates，andRankov，*Athenian Trireme*，179—230，对三列桨战舰之潜在速度的一项优良的讨论见该书102—106。

47. 一位古代保守分子大不情愿地承认了海洋国家得到的优势，见[Xenophon]，*Constitution of the Athenians*，2.2—4。一般来说，在古代世界，货物海运的成本只及陆上运输的约十分之一。

48. 2.94.1.显然，有一个想法像6万伯罗奔尼撒人进入阿蒂卡一样令雅典人胆战心惊，那就是一股较小的伯罗奔尼撒突袭兵力可能潜入比雷埃夫斯，毁坏三列桨战舰，而且长久驻留，久得足以阻绝商船进入。

49. Aristophanes，*Acharnians*，544—54；[Xenophon]，*Constitution of the Athenians*，1.2—3.这位匿名的好发脾气的人系统地列举了种种方式，以此海洋城邦的“更糟的”人民享有众多好处：海上强邦能管控其他国家产品的进口；它们能比步兵兵力远为容易地先袭后撤，而且能有广泛得多的作战范围；它们的舰队保障更多的商业；它们熟悉远更多种多样的各族人众。关于公元前411年在雅典的革命的复杂性质，最先参阅Lintott，Violence，135—55。

50. Xenophon，*Hellenica*，2.2.14—15.战后，曾被夷平的长墙不仅得到重建，还在边境筑防工事上做了种种辅助性努力，或许是为强化一种观念，即拒绝重装步兵会战，同时不势所必然地将全部庄稼地牺牲给敌方入侵者。见Ober，*Fortress Attica*，551—566，那里讲了关于公元前4世纪的防守心理的一般观念，它出自雅典人对伯罗奔尼撒战争的失望。

51. 见修昔底德关于海军成本和伯里克利的评论：2.62.2—2。也许不足惊奇，整个冷战期间，有其优越舰队的美国始终发觉自己远更容易地沿苏联边界投射权势和进行干涉，不管是在朝鲜、越南，还是在中东，甚于苏联人能在拉丁美洲弄出附庸国和在古巴扩展其前沿据点。

52. Meiggs，*Athenian Empire*，104—108，那里审视了小数50艘战舰和

大数 200 艘，断定修昔底德所提在埃及丧失了 200 艘三列桨战舰可能是对的——如果我们懂得 4 万名失掉了的帝国舰员中间或许只有 1 万名是雅典公民。

53. 见这种抒发反海军情绪的连祷文的样板：6. 24. 3；［Xenophon］，*Constitution of the Athenians*， 1. 2 和 1. 10—12； Plato， *Laws*， 704D，705A， 706B， 707A； Aristotle， *Politics*， 1327A10—1327B6。极少数古典作家能表示由衷地同情公元前 5 世纪后期的雅典划桨手，其中之一是阿里斯托芬（例如见 Aristophanes， *Knights*， 545—610； *Frogs*， 687—705； *Acharnians*，677—678）。

54. 关于雅典的财政拮据，见 Meiggs， *Athenian Empire*， 320—339。如同就雅典民主制的特征而言一贯真确的，这个制度的核心处有一悖论：仇恨穷人的雅典富人获得威望，靠的是装备战舰去雇用他们，与此同时境外较富的人被征以贡金，以便给一支舰队配备人员，而这舰队通常将阻止他们任何时候取得对他们各自的当地城邦的控制。

第 九 章

1. 有时，在通常的每名舰员每日薪饷 3—4 奥波尔之外仅增加 1 奥波尔给付，就可以使雅典和斯巴达各自舰队的规模有巨大差别。雅典人据称将桨手的薪饷压得相当低，为 3 奥波尔，而非最佳薪饷 1 德拉克马，因为他们古怪地相信，划桨阶级中间的富足可能使他们不会继续在如此艰苦的条件下劳作。关于一般的海军给付，见 Morrison， Coates， and Rankov， *Athenian Trireme*，118—122。

2. 没有钱：8.1.2。第奥多鲁斯（Diodorus13.37.1）声称，战争所以未在公元前 413 年结束，是因为亚西比得被召回和他努力干预波斯给斯巴达人的援助。修昔底德认为，雅典人害怕叙拉古人可能在得胜大港后直接驶入比雷埃夫斯。然而，在叙拉古人晚近的海军经历中，没有任何东西提示他们有能力从事一趟 800 英里的武力航行——反倒可能在雅典海港遭受灾难，他们前不久在他们自己的海港里施加的那种灾难。

3. 2.65.11—12. 阿基达马斯战争期间，雅典舰队大多活动于伯罗奔尼撒周围和科林斯湾敌方水域，在那里受挫仅危及进一步的进攻性行动。爱奥尼亚战争是个全然不同的战区，在那里单独一次大败就威胁阿蒂卡的谷物供给、商业和帝国收入。

4. Xenophon, *Hellenica*, 1.1.25—26.色诺芬展示了波斯人的老套看法，即相信只有经物质优势才能打赢战争，那是一种像老式的斯巴达谬信一样不现实的见解，后者以为只有勇气和纪律才会带来胜利。

5. 7.39.2.第奥多鲁斯(Diodorus 13.10.1—3)设想阿里斯顿认识到一点：在港口的相对狭窄的水域，又短又粗、位置较低的撞角可能损害速度和机动性，但这不利被绰绰有余地弥补了，因为它们有机会能以往往迎头而上的单独一击撞沉敌舰。

6. Xenophon, *Hellenica*, 1.6.3—4.西西里远征后伯罗奔尼撒人反应笨拙，未能利用雅典人的大挫败，这与雅典令人惊异的重振并列，对修昔底德来说证明了一点，即民主政府能以一种在寡头们中间不可想象的方式堕入灾难和摆脱灾难。8.13—4；参见7.28和8.96.4—5。

7. Xenophon, *Anabasis*, 1.2.9.这场持久战的肮脏的最后十年有大量舰只残骸被浪冲上海岸，恰如小居鲁士——他本人是爱奥尼亚战争的积极参与者——所购的庞大军队中的阵亡雇佣兵。“一万佣兵”的泛希腊性质，还有他们对高薪饷的期望，反映了伯罗奔尼撒战争最后几年的特性，在其中数以千计的希腊人乘船往东，去为斯巴达舰队效力，从而得到优厚的波斯薪饷。

8. 关于这些不同的海战，见8.10，8.41—42，8.61和8.95。像在西西里战败之后，雅典人再度极端疑惧，深恐伯罗奔尼撒人将直扑比雷埃夫斯——直到伊哥斯波塔米海战后的最终灾难为止从未实现的一种可怕情景。

9. 8.104—6；Diodorus 13.39—40.对这场海战的描述见于以下讨论：Morrison, Coates, and Rankov, *Athenian Trireme*, 81—84。很可能的是，在爱奥尼亚战争的这些地处遥远的最后几场会战中，海上死亡数上升(例如见Thucydides 8.95)，因为双方现在都较少可能抓获俘虏，附近岸上往往没有己方部队。而且可用的雅典熟练桨手的总数成了一个真正的关切：杀死被俘或受伤的水手现被视为伯罗奔尼撒战争更大战略的组成部分。

10. 8.106.2.关于雅典重大会战的后果，有某些广泛的老生常谈：并不总是符合战场实际形势的突然的乐观或沮丧；政府的急剧改换(所谓“四百寡头”、“五千公民”和“三十僭主”政府都紧接雅典败北而出现)；降临到将军们头上的突如其来的狂怒或赞誉，像克里昂、德摩斯梯尼、亚西比得和色雷西布卢斯的反复多变的任职经历证实的。

11. Xenophon, *Hellenica*, 1.1.14.关于色雷西布卢斯，见Cornelius Nepos, *Thrasybulus*, 1.3。理论上，一个没有钱的陆上强邦仍能战斗一段时

间，因为事实上他们的重装步兵拥有他们自己的盔甲，可以劫掠乡村，而且也许会在没有给付的情况下效力，以便服务于他们的私利，即保护当地的庄稼地。可是，三列桨战舰乃国家财产；而且，如果说建造战舰花费多多，那么要给它们配备人员和保养它们就更是代价高昂。

12. Xenophon, *Hellenica*, 1.5.5—9.不久，遍及爱琴海各处，雅典属邦开始认真造反，例如在安得罗斯；参见 Xenophon, *Hellenica*, 1.4.21。

13. 希波克拉底的短简远异于尼西阿斯的长信，后者解释雅典人在西西里的苦境。与尼西阿斯不同，这位斯巴达人没有提供任何真正的评估，也没有提出任何主张。参见 Xenophon, *Hellenica*, 1.1.24。这份书简据称反映了“拉哥尼亚”[“Laconic”，即斯巴达的，又作“简短的”(laconic)。——中译者注]风格：在这场合，即使处于最伤痛的环境中，情感和精致也未渗入给国内的公函。一般而言，关于这场会战和随伯罗奔尼撒舰队战败后斯巴达提出的媾和建议，见 Diodorus 13.50—53；关于围绕塞西卡斯海战的种种环境，参见 Lazenby, *Peloponnesian War*, 198—204。

14. Xenophon, *Hellenica*, 1.5.11—14; Diodorus 13.71; Plutarch, *Alcibiades*, 35.很大部分难题在于，斯巴达人现在有一位将军完全像亚西比得一样狡猾，且在玩弄波斯牌以求其全部价值方面远更巧妙。而且，一旦亚西比得与斯巴达和波斯双方搞三角关系，那就真的无处可去，唯有遭到放逐——在与雅典公民大会打交道时如此缺乏选择余地从来就不是个好处境。并非偶然，野心勃勃的斯巴达人如莱山得、卡利克拉提达斯和吉利普斯不真是斯巴达精英武士，而大概是 *mothakes*，即非斯巴达精英母亲所生，由富裕的施主抚养长大；他们在战争中的才能鼓舞他们前进，全不期望自己在和平时期的平凡背景会给他们带来任何特殊境遇。

15. 关于雅典的人力危机、科浓在密提林的败北和斯巴达舰队的崛起，见 Xenophon, *Hellenica*, 1.6.15—18 和 1.6.24—25；参见 Diodorus 13.77—79。关于阿吉纽塞问题，见 Lazenby, *Peloponnesian War*, 229—234。

16. Xenophon, *Hellenica*, 1.6.26—34; Diodorus 13.97—99.

17. 关于阿吉纽塞战役后斯巴达的媾和提议，见 Aristotle, *Constitution of the Athenians*, 34.1。大概，克莱奥丰再次说服雅典人一脚踢开和平试探，要求光复雅典曾经控扼的所有城邦。

18. Xenophon, *Hellenica*, 2.1.28.如果说斯巴达人的三列桨战舰正在海上改善技能，那么他们的步兵依然优越无疑。因而，若对雅典人来说将其战舰拖上未经保护的岸区实属不智，在无防御工事的情况下离位于伊哥斯波塔米的补给那么远的地方扎营堪称愚蠢，那么发觉他们自己如下行事就如同自杀，即令水手们在被拖上滩头闲置的三列桨战舰旁边打一场陆战，与斯巴达人拼杀。

19. 关于处死，见 Xenophon，*Hellenica*，2.1.28；Diodorus 13.106.6—8；Plutarch，*Lysander*，10—11。从雅典帝国舰队俘获的三列桨战舰可能达160艘，因而应有3万名以上俘虏。不知道有多少奴隶和属邦人被放走，或有多少只是投降以前被处决的雅典人。

20. 关于这场战役，见 Xenophon，*Hellenica*，2.1.18—28 和 Diodorus 13.105—106。在萨拉米往后这最紧要的海军战斗中，擅长航海的雅典人根本上说是在陆上输掉了它，甚而未等到交战开始。

21. Xenophon，*Hellenica*，1.2.13.于是，一名堂兄弟证明一次当叛徒且一命呜呼，另一名堂兄弟则三次当叛徒——分别投靠雅典、斯巴达和波斯——却熬过战争活了下来。

22. 见 Plutarch，*Alcibiades*，38.1—2。战后，亚西比得的第二次流亡被雅典人承认是“他们所有的错误和愚蠢当中的最大蠢举”。

23. 他一生最后岁月的详情见 Ellis，*Alcibiades*，93—98；Plutarch，*Alcibiades*，38。

24. Xenophon，*Hellenica*，2.2.3.雅典舰队在伊哥斯波塔米之后的确实状况究竟如何？大概有不足20艘三列桨战舰分散在爱琴海各处，或在比雷埃夫斯的舰棚里朽烂。而且，缺钱和缺原材料意味着雅典人这次无力无中生有地再建造出第四支舰队。

25. Xenophon，*Hellenica*，2.2.19；Plutarch，*Lysander*，15.2；Pausanias 10.9.9.土地变为“绵羊牧场”（*mêloboton*）是个出名的高调威胁，威胁终极报复；参见 Hanson，*Warfare and Agriculture*，10。摩根索计划往往被漫画化了，未得到恰当理解，对它的一则简短的讨论见 Weinberg，*World at Arms*，794—798。丘吉尔也主张战后德国“主要是农牧业性质的”。

第十章

1. 见 Henderson，*Great War*，489—490；Zimmern，*Greek Commonwealth*，432。

2. 见 Ober，*Fortress Attica*，209—213，谈论在雅典改变了的战略思维，同时参见 Hanson，*Warfare and Agriculture*，174—184，论述战后岁月里阿蒂

卡的农业大多繁荣昌盛。就总的状况而言，见 Cartledge，“Effects，”114—117，那很好地概说了广泛通行的看法，即与其灾难性和即时性相比，战争的影响更多的是复杂微妙和令人萎靡的。

3. 不仅申说雅典帝国的积极作用，而且申说它在属邦各族草根民众中间的声誉，成了杰弗里·德斯特·克罗伊克斯的终生工作，他的猛烈和往往错得离奇的痛骂大有吸引力，正如他的精妙的学问给人留下深刻印象。他的刊物文章的简短概要可见于他的下列著述：G. E. M. de Ste Croix，*Origins of the Peloponnesian War*，289—293；*Class Struggle*，1—49。

4. 1.23.科洛丰、密卡利苏斯、普拉提亚和锡雷亚之类城镇乃凄惨的屠杀场所，索利安姆、波提狄亚、安那克托里安、锡翁尼和弥罗斯则遭到种族清洗，改由新来人口居住。

5. Isocrates，*On the Peace*，86—87.伊索克拉底的数字或许可疑，因为第奥多鲁斯(Diodorus13.21)说 200 艘战舰失于西西里，180 艘失于伊哥斯波塔米。然而，在总的雅典集体记忆里，必定有某种意念，即在这两场极可怕的败战中，惨遭毁灭的帝国三列桨战舰为 400 艘左右——几乎完全在合理的讹误限界内的一个损失数。关于伊索克拉底就雅典显贵家族所受损伤的宣称，亦见第奥多鲁斯史书(Diodorus 13.4，13.88)。

6. 参见两项敏锐的观察：Cartledge，“Effects，”106—109 和 Strauss，“Problem，”170—175。

7. 关于 22 位将军，见 Paul，“Two Battles，”308 和 Strauss，*Athens After*，70—86，172—174。此外，斯特劳斯还论辩说，战争期间第四等级人众大得不成比例的死亡多少解释了一点，即寡头政府何以在公元前 411 年和公元前 404 年兴起，似乎一时间，较穷和较激进者的缩减了的队伍丧失了在当时民主政治中的影响。

8. 差不多紧接战争结束，底比斯就给流亡的雅典民主派提供庇护。因而，伯罗奔尼撒战争伴着这么一幕结束：雅典民主派在一个以派遣极端寡头分子袭击民主普拉提亚而开始了战争的国家寻求避难所。这又一次着重表明，“现实政治”和互相争斗的城邦中间的权势制衡渴望那么经常地胜过意识形态。关于错综复杂的战后利益迷宫，见 Buckler，*Aegean Greece*，3—6。

9. *Hellenica Oxyrhynchia* 12.3，亦见 Hanson，*Warfare and Agriculture*，153—173，那里援引其他种种史料。

10. 例见 Davis，*Propertied Families*，例如 44(阿契达摩斯被俘后丧失其财产)；61(克里托德摩斯在伊哥斯波塔米被杀，留下三个孤儿)；93(阿米特昂在西西里被杀，留下三个儿子)；152(第奥多图斯在以弗所被杀，留下三个子女)；347(利科米德于公元前424年被杀，身后遗留一个儿子，即在弥罗斯的将军之一克莱奥米德)；404(攸克拉底被三十僭主杀死，身后留下两个儿子)；467(波利特拉托斯在德塞利亚战役后丧失土地，身负战伤，有三个儿子在雅典军中)。

11. 关于斯巴达的战后繁难，见下列著述中讨论的古代证据：Cartledge，*Agesilaos*，34—54和Lewis，*Cambridge*，16—32；后者尤需参阅。“生食其肉”：Xenophon，*Hellenica*，3.3.7。

12. 战争法则：Ober，“Classical Greek Times，”24—26。有一种做法看来在方法上不正确，即指出间或的例外，例如攻击平民中心或亵渎神殿，以此质疑围绕希腊战法的战前仪规。这有似当代史学家依据执法者给违章超速驾驶者下罚单的证据，就可以怀疑是否真有关于违章超速驾驶的法律，连同公众是否真的倾向于服从它们。然而有一种不同的观点，就此例如再次见Krentz，“Strategic Culture，”65—72和“Fighting，”36—37。

13. Demosthenes，*Third Philippic*，48—52.对老式简单战争的这一和其他复旧式怀恋，见一篇文章里援引的古代文献：Hanson，“Hoplite Battle，”202—206。

14. 5.41.3.参见Herodotus 7.9.2。有一项通则：战争持续得越久，暴力的升级和制约的销蚀也就越甚。1861年初，没有任何人想到竟会有安德森维尔俘虏营暴行和“向海进军”大扫荡。1914年时，也没有任何人预见到短短三年里大战任一方竟会或竟能以毒气覆盖对方；同样，德国常规部队对波兰的入侵没有预示对广岛投掷原子弹。

15. 关于早先的“战争法则”和伯罗奔尼撒战争期间对它们的违背，连同就随后的战争而言的重要性，有巨量参考文献，附有对同时代史料的丰富征引。例如见：Hanson，*Other Greeks*，317—349；Ober，*Fortress Attica*，32—50；Krentz，“Invention，”25—35。就对古代和现代资料来源的审视而言，这最后一项尤需参阅。

16. 出自人口统计的阶级划分之渐次销蚀有其衍生后果，就此详见Hanson，“Democratic Warfare，”16—17。到战争结束时，许多“重装步兵”已很可能甚至没有财产(Lysias 34.4；参见Thucydides 6.43.1)；富有的骑兵自夸说他们充当步兵(Lysias 16.13)；而且，某些划桨手曾是重装步兵农夫(Xenophon，*Hellenica*，1.6.24—25)。

17. 在现代读者看来，柏拉图对新战法的众多猛烈抨击显得不仅令人不快，而且近乎背叛国家。特别见 *Laws*，4.707C；参见 706B。某种意义上，他的抨击类似于罗马、不列颠和美利坚时代的模式化的农村保守派，他们将帝国的摄取视为一种对现存规范的破坏性影响：太多外国人，太多新货币，还有太多毁掉往昔旧土地等级制的种种职责。

18. 见亚里士多德《政治学》中论城邦兴起的著名段落：Aristotle，*Politics*，4.1297B16—24。我们应当记住，城邦——西方文明初始的体现——更多的是为一个施行精英统治的新的土地所有者中产阶级确保财产保护，而非那么多地旨在保障所有居民的个人自由。

19. 关于据称素质更好的伯罗奔尼撒舰员，见 Xenophon，*Hellenica*，1.6.31。亨特(Hunt，*Slaves*，83—101)作出了一番好论辩，辩说为何在阿吉纽塞海战中巨量使用奴隶可能并非那么罕见，而宁可说是一种长久做法的极致，即伯罗奔尼撒战争期间在所有各方的海军内使用奴隶桨手。到战争结束时，爱琴海上任何时候都很可能有 500 艘三列桨战舰，分属雅典人、盟邦人、伯罗奔尼撒人和西西里人，那需要有约 10 万名桨手可供使用，而鉴于步兵的需要和生产食物所需，他们不可能都是自由公民。

20. 关于这佯谬，即以城邦的传统农业排他性为代价去增进军事效率，见一番长篇讨论，附有古典史料引证表：Hanson，*Other Greeks*，351—396。

21. 1.83.2；参见 1.80.3—4 和 2.24.1.2。关于战争中金钱的作用，有一番很好的大加修辞的哀叹，见于 Isocrates，*On the Peace*，8.48。

22. 雅典哲学家对这新型战争的愤怒最好地表现在柏拉图和亚里士多德的下列文段：Plato，*Laws*，4.706B—C 和 Aristotle，*Politics*，8.1326A。关于钱币和资金在伯罗奔尼撒战争中的作用，连同这种财政复杂性标志的与往昔战争方式的断裂，总的来说见 Kallet-Marx，*Money and Naval Power*，201—206 和 Kallet，*Money and Corrosion*，227—284。

23. 4.40.2.希腊文献中有整个一大堆复旧思想，吼声抗议标枪、弓箭和火炮石炮，将它们当作不知怎地不公平或不道德的。见一项讨论：Hanson，*Other Greeks*，338—349。

24. 关于紧随伯罗奔尼撒战争之后攻城术的种种技艺上迅即发生的军事革命，见 Winter，*Greek Fortifications*，310—324；Kern，*Ancient Siege Warfare*，163—193；还有下列两者间的辩论，即 Ober，*Fortress Attica*，197—207(论辩说有一种战后新的防御政策，即公元前 4 世纪的乡村工事防御)与 Munn，*Defense of Attica*，15—25(坚持认为没有任何尝试要依凭在阿蒂卡乡村的新基地和新要塞去保证真正的边界防御)。

25. Archilochus, fragment 114. 希腊文献中将军乃普通人的观念见 Hanson, "Greek Warrior," 112—113。关于一种不同观点，参见 Wheeler, "General," 140—149。

26. 对这两个人的古代赞颂，见 4.81.1—3 和 4.108.2—3；另参见 Plutarch, *Lysander*, 30。

27. 在紧随伯罗奔尼撒战争之后的那个时代的文献里，有一种关于公元前 4 世纪初将领的适当战术作用(智识方面抑或精神方面？)的新观念。对古代史料的讨论见 Hanson, *Other Greeks*, 258—261, 308—310 和 Wheeler, "General," 145—153。

28. Xenophon, *Memorabilia*, 3.1.1；Xenophon, *Anabasis*, 2.1.7；参见 Plato, *Laws*, 828E—834A。关于伯罗奔尼撒战争后出现的新型军事指挥官——他们从事劫掠和突袭以支付其运作成本——见 Pritchett, *Greek State*, 2.59—117。

29. 以类似的方式，1861 年时，大多数人觉得南方邦联将在美国内战中产生优越的军事领导，因为南方素以骑士气概和精良武功扬名。然而，尽管有一位李将军或杰克逊的全部战术辉煌，南方根本未产生多名颇像格兰特、谢尔曼或谢里登那样的军事智士，这些人在选择何处作战和怎样作战方面，把握了战术、战略、士气和经济力的罕见互动。

30. 见 Powell, *Athens and Sparta*, 200—201，那里颇好地核对整理了出自修昔底德史书的诸多文段，它们反映这位史家相信与其说斯巴达赢了，不如说雅典输了。

31. 关于恐惧和惊恐裁定国家政策的这些例子，见 2.21(雅典人徒然希望，斯巴达人可能返回，但不像他们威胁的那样真的蹂躏阿蒂卡)和 4.40—42(斯巴达人担心，在他们败于斯法克特里亚之后，敌人将意识到他们的虚弱)；参见 5.102—103(弥罗斯人仰仗无用的希望，即危险仍可被扭转)。关于战争期间的机会主义，连同被认为软弱的危险，有个事例列表，见 Powell, *Athens and Sparta*, 144—147。

32. 平达论战争：Pindar, fragment 120.5。中老年人和青年人对战争的态度例如见 1.72.1, 2.8 和 6.24。阿斯蒂马克和拉孔见 3.52—53；绍根内斯见一处文献(R. Higgins, *Tanagra and the Figurines*[Princeton, 1986], 52—53)所载的他的墓碑；锡尔芬达见 7.30.3；色纳雷见 5.51.2。

被援引论著

Amit, M. *Athens and the Sea: A Study in Athenian Sea-Power*. Brussels, 1965.

Anderson, J. K. *Military Theory and Practice in the Age of Xenophon*. Berkeley, 1970.

Anglim, S., et al. *Fighting Techniques of the Ancient World: 3000 B. C.—500 A. D.* New York, 2002.

Badian, E. *From Plataea to Potidaea*. Baltimore, 1993.

Beevor, A. *Stalingrad*. New York, 1998.

Buckler, J. *Aegean Greece in the Fourth Century B. C.* Leiden, 2003.

Bugh, G. *The Horsemen of Athens*. Princeton, 1988.

Cartledge, P. *Agesilaos and the Crisis of Sparta*. Baltimore, 1987.

____. "The Effects of the Peloponnesian (Athenian) War on Athenian and Spartan Societies." In D. McCann and B. Strauss, *War and Democracy*, 104—123.

____. *The Spartans*. New York, 2003.

Casson, L. *Ships and Seafaring in Ancient Times*. Austin, 1994.

Cawkwell, G. *Thucydides and the Peloponnesian War*. London, 1997.

Davies, J. K. *Athenian Propertied Families*. Oxford, 1971.

Delbrück, H. *Warfare in Antiquity: History of the Art of War*. Vol. I, translated by W. Renfroe. Lincoln, Neb., 1975.

De Souza, P. *The Peloponnesian War, 431—404 B. C.* Oxford, 2002.

Ducrey, P. *Warfare in Ancient Greece*. New York, 1985.

Ellis, W. M. *Alcibiades*. London, 1989.

Finley, M. I. *A History of Sicily: Ancient Sicily to the Arab Conquest*. New York, 1968; 2nd ed. 1979.

Fisher, N. "*Hybris*, Revenge and Stasis in the Greek City-States." In *War and Violence in Ancient Greece*, edited by H. Van Wees, 83—123.

Foxhall, L. "Farming and Fighting in Ancient Greece." In *Warfare and Society in the Greek World*, edited by G. Shipley and J. Rich. London,

1993, 134—145.

Gabriel, R., and K. Metz. *From Sumer to Rome: The Military Capabilities of Ancient Armies*. New York, 1991.

Gabrielsen, V. *Financing the Athenian Fleet: Public Taxation and Social Relations*. Baltimore, 1994.

Gaebel, R. *Cavalry Operations in the Ancient Greek World*. Norman, Okla., 2002.

Garlan, Y. *War in the Ancient World*. London, 1975.

Garnsey, Peter. *Famine and Food Supply in the Graeco-Roman World*. Cambridge, 1988.

Gomme, A. W. *A Historical Commentary on Thucydides*. Vols. 1—5. (Vols. 4—5 with A. Andrewes and K. Dover.) Oxford, 1945—1981.

Green, P. *Armada from Athens*. New York, 1970.

Grimsley, M., and C. J. Rogers, eds. *Civilians in the Path of War*. Lincoln, Neb., 2002.

Grote, G. *A History of Greece*. 4th ed. London, 1872.

Grundy, G. *Thucydides and the History of His Age*. Oxford, 1948.

Hackett, J., ed. *Warfare in the Ancient World*. New York, 1989.

Hamel, D. *Athenian Generals: Military Authority in the Classical World*. Leiden, 1998.

Hanson, V. D. "Epaminondas, the Battle of Leuktra, and the 'Revolution' in Greek Battle Tactics." *Classical Antiquity* 7.2(1988): 190—207.

____. ed. *Hoplites: The Ancient Greek Battle Experience*. London, 1991.

____. "Thucydides and the Desertion of Attic Slaves During the Decelean War." *Classical Antiquity*11.2(1992):210—228.

____. "Delium." *Quarterly Journal of Military History* 8.1(1995): 8—35.

____. "Hoplites into Democrats: The Changing Ideology of Athenian Infantry." In *Dêmokratia: A Conversation Democracies, Ancient and Modern*, edited by J. Ober and C. Hedrick, 189—312, Princeton, 1996.

____. *Warfare and Agriculture in Classical Greece*. 2nd ed. Berkeley, 1998.

____. *The Western Way of War: Infantry Battle in Classical Greece*. 2nd ed. Berkeley, 1998.

____. "Hoplite Obliteration: The Case of the Town of Thespiai." In *Ancient*

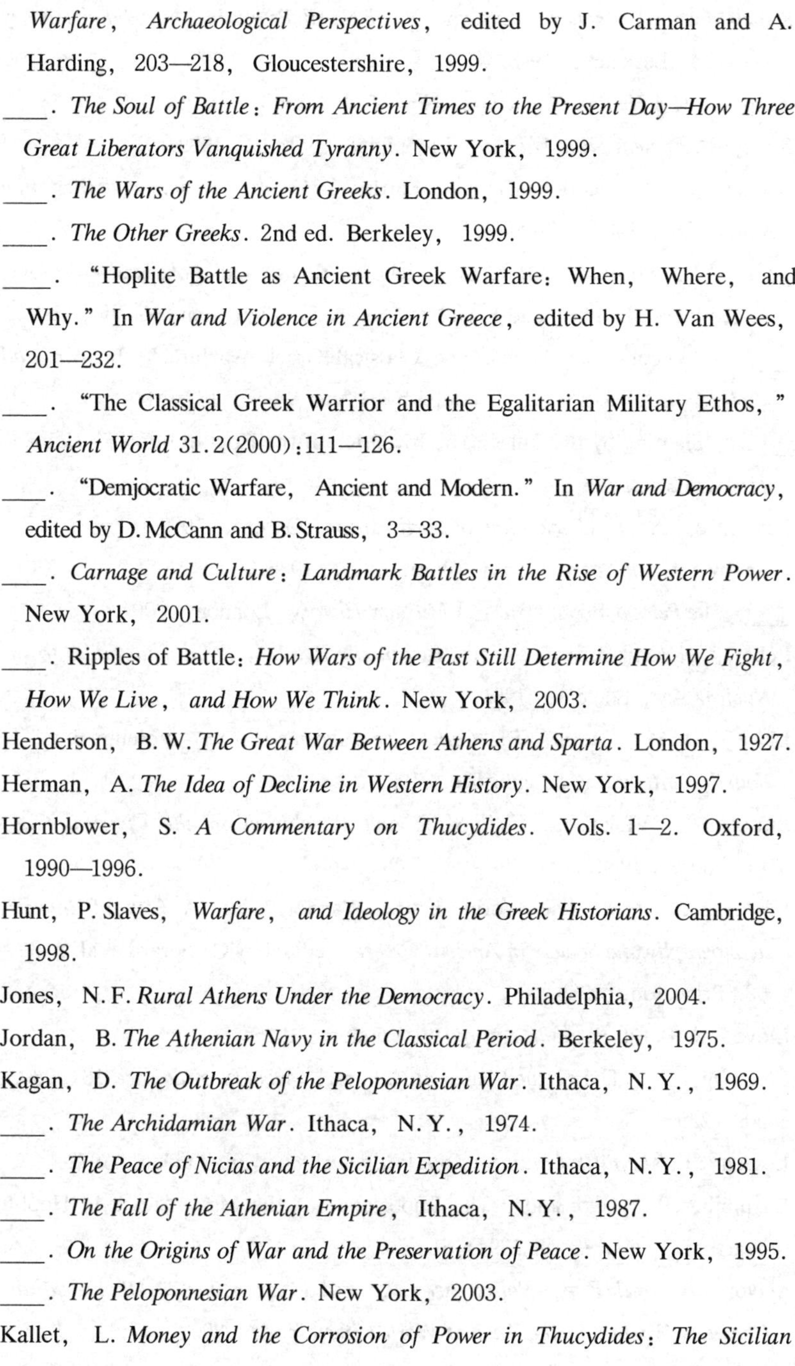

Warfare, Archaeological Perspectives, edited by J. Carman and A. Harding, 203—218, Gloucestershire, 1999.

____. *The Soul of Battle: From Ancient Times to the Present Day—How Three Great Liberators Vanquished Tyranny*. New York, 1999.

____. *The Wars of the Ancient Greeks*. London, 1999.

____. *The Other Greeks*. 2nd ed. Berkeley, 1999.

____. "Hoplite Battle as Ancient Greek Warfare: When, Where, and Why." In *War and Violence in Ancient Greece*, edited by H. Van Wees, 201—232.

____. "The Classical Greek Warrior and the Egalitarian Military Ethos," *Ancient World* 31.2(2000):111—126.

____. "Demjocratic Warfare, Ancient and Modern." In *War and Democracy*, edited by D. McCann and B. Strauss, 3—33.

____. *Carnage and Culture: Landmark Battles in the Rise of Western Power*. New York, 2001.

____. Ripples of Battle: *How Wars of the Past Still Determine How We Fight, How We Live, and How We Think*. New York, 2003.

Henderson, B. W. *The Great War Between Athens and Sparta*. London, 1927.

Herman, A. *The Idea of Decline in Western History*. New York, 1997.

Hornblower, S. *A Commentary on Thucydides*. Vols. 1—2. Oxford, 1990—1996.

Hunt, P. Slaves, *Warfare, and Ideology in the Greek Historians*. Cambridge, 1998.

Jones, N. F. *Rural Athens Under the Democracy*. Philadelphia, 2004.

Jordan, B. *The Athenian Navy in the Classical Period*. Berkeley, 1975.

Kagan, D. *The Outbreak of the Peloponnesian War*. Ithaca, N. Y., 1969.

____. *The Archidamian War*. Ithaca, N. Y., 1974.

____. *The Peace of Nicias and the Sicilian Expedition*. Ithaca, N. Y., 1981.

____. *The Fall of the Athenian Empire*, Ithaca, N. Y., 1987.

____. *On the Origins of War and the Preservation of Peace*. New York, 1995.

____. *The Peloponnesian War*. New York, 2003.

Kallet, L. *Money and the Corrosion of Power in Thucydides: The Sicilian Expedition and Its Aftermath*. Berkeley, 2001.

Kallet-Marx, L. *Money, Expense, and Naval Power in Thucydides' History 1—5.24*. Berkeley, 1993.

Keegan, J. *A History of Warfare*. New York, 1993.

Kern, P. *Ancient Siege Warfare*. Bloomington, Ind., 1999.

Krentz, P. "Casualties in Hoplite Battles." *Greek, Roman and Byzantine Studies* 26.1(1985):13—20.

____. "The Strategic Culture of Periclean Athens." In *Polis and Polemos*, edited by C. Hamilton and P. Krentz, 55—72, Claremont, Calif., 1997.

____. "Deception in Archaic and Classical Greek Warfare." In *War and Violence in Ancient Greece*, edited by H. Van Wees, 167—200.

____. "Fighting by the Rules: The Invention of the Hoplite Agôn." *Hesperia* 71.1(2002):23—39.

Lawrence, A. W. *Greek Aims in Fortification*. Oxford, 1979.

Lazenby, J. *The Spartan Army*. Warminster, 1985.

____. *The Peloponnesian War: A Military History*. London, 2004.

Lebow, N. and B. Strauss, eds. *Hegemonic Rivalry: From Thucydides to the Nuclear Age*. Boulder, 1991.

Lewis, D. M., et al. *The Cambridge Ancient History*. Volumn 6, *The Fourth Century B.C.* Cambridge, 1994.

Lintott, A. Violence, *Civil Strife and Revolution in the Classical City*. Baltimore, 1982.

Lissarrague, F. "The World of the Warrior." In *A City of Images: Iconography and Society in Ancient Greece*, edited by C. Bérard et al., 39—52. Princeton, 1989.

Lloyd, A. B. Ed. *Battle in Antiquity*. London, 1996.

Longrigg, J. "The Great Plague at Athens." *History of Science* 18(1980): 209—225.

Losada, L. *The Fifth Column in the Peloponnesian War*. Leiden, 1972.

Luginbill, R. "*Othismos*: The Importance of the Mass—Shove in Hoplite Warfare." *Phoenix* 48(1994):51—61.

Mayor, A. *Greek Fire, Poison Arrows, and Scorpion Bombs: Biological and Chemical Warfare in the Ancient World*. New York, 2003.

McCann, D., and B. Strauss, eds. *War and Democracy: A Comparative*

Study of the Korean War and the Peloponnesian War. New York, 2001.

Meiggs, R. *The Athenian Empire*. Oxford, 1972.

Mitchell, S. "Hoplite Warfare in Ancient Greece." In *Battle in Antiquity*, edited by A.F. Lloyd, 87—106.

Montagu, J. *Battles of the Greek and Roman Worlds*. London, 2000.

Morrison, J.S. *Greek and Roman Oared Warships*. Oxford, 1996.

Morrison, J.S., J.E. Coates, and N.B. Rankov. *The Athenian Trireme*. Cambridge, 2000.

Munn, M. *The Defense of Attica: The Dema Wall and the Boiotian War of 378—375 B.C.* Berkeley, 1993.

Ober, J. Fortress Attica: *Defense of the Athenian Land Frontier*, *404—322 B.C.* Leiden, 1985.

____. "Hoplites and Obstacles." In *Hoplites: The Ancient Greek Battle Experience*, edited by V. Hanson, 173—196.

____. "Classical Greek Times." In The *Laws of War: Constraints of Warfare in the Western World*, edited by M. Howard, G. Andreopoulous, and M. Shulman, 12—16. New Haven, 1995.

____. "Thucydides, Pericles, and the Strategy of Defense." In *The Athenian Revolution*, J. Ober, 72—85. Princeton, 1996.

Parlama, L., et al. *The City Beneath the City: Antiquities from the Metropolitan Railway Excavations*. Athens, 2000.

Paul, G.M. "Two Battles in Thucydides." *Classical Views* 31.6(1987):307—312.

Powell, A. *Athens and Sparta*. London, 1988; 2nd ed. 2000.

Prince, J.J. *Thucydides and the Internal War*. Cambridge, 2001.

Pritchard, D.M. " 'The Fractured Imagina' : Popular Thinking on Military Matters in Fifth Century Athens." *Ancient History* 28.1(1998):38—58.

____. *The Greek State at War*, Parts I—V. Berkeley, 1971—1991.

Raaflaub, K., and N. Rosenstein, eds. *War and Society in the Ancient and Medieval Worlds*. Cambridge, Mass., 1999.

Rawlings, L. "Alternative Agonies: Hoplite Martial and Combat Experience Beyond the Phalanx." In *War and Violence in Ancient Greece*, edited by H. van Wees, 233—259. London, 2000.

Rich, J., and G. Shipley, eds. *War and Society in the Greek World*. London, 1993.

Rodgers, W. L. *Greek and Roman Naval Warfare: A Study of Strategy, Tactics, and Ship Design from Salamis (480 B. C.) to Actium (31 B. C.)*. Annapolis, 1964.

Roisman, J. *The General Demosthenes and His Use of Military Surprise*. Stuttgart, 1993.

Sabin, P. "Athens, the United States, and Democratic 'Characteristics' in Foreign Policy." In *Hegemonic Rivalry: From Thucydides to the Nuclear Age*, edited by R. N. Lebow and B. Strauss. 235—250.

Ste. Croix, G. E. M. De. *The Origins of the Peloponnesian War*. Ithaca, 1972.

____. *The Class Struggle in the Ancient Greek World: From the Archaic Age to the Arab Conquests*. Ithaca, 1981.

Sallares, R. *The Ecology of the Ancient Greek World*. Ithaca, 1991.

Santosuosso, A. *Soldiers, Citizens, and the Symbols of War*. Boulder, 1997.

Sekunda, N., and R. Hook. *The Sparta Army*. London, 1998.

Spence, I. "Perikles and the Defence of Attika During the Poloponnesian War." *Journal of Hellenic Studies* 101(1990):91—109.

____. *The Cavalry of Classical Greece: A Social and Military History with Particular Reference to Athens*. Oxford, 1993.

Strauss, B. *Athens After the Peloponnesian War: Class, Faction and Policy, 403—386 B. C.* Ithaca, N. Y., 1986.

____. "The Athenian Trireme: School of Democracy." In *Dêmokratia: A Conversation Democracies, Ancient and Modern*, edited by J. Ober and C. Hedrick, 313—325. Princeton, 1996.

____. "The Problem of Periodization: The Case of the Peloponnesian War." In *Inventing Ancient Culture: Historicism, Periodization, and the Ancient World*, edited by M. Golden and P. Toohey, 165—175. London, 1997.

____. "Perspectives on the Death of Fifth-Century Athenian Seamen." In *War and Violence in Ancient Greece*, edited by H. van Wees, 261—284.

Thorne, J. A. "Warfare and Agriculture: The Economic Impact of Devastation in Classical Greece." *Greek, Roman, and Byzantine Studies* 42(2001):225—253.

Torr, C. *Ancient Ships*. Chicago, 1964.

Van Wees, H., ed. *War and Violence in Ancient Greece*. London, 2000.

____. *Greek Warfare: Myths and Realities*. London, 2004.

Wallinga, H. T. *Ships and Sea-Power Before the Great Persian War: The Ancestry of the Ancient Trireme*. Leiden, 1993.

Weinberg, G. L. *A World at Arms: A Global History of World War II*. Cambridge, 1994.

Westlake, H.D. "Seaborne Raids in Periclean Strategy." *Classical Quarterly* 39(1945):75—84.

Wheeler, E. "The General as Hoplite." In *Hoplites: The Ancient Greek Battle Experience*, edited by V. Hanson, 121—171.

Winter, F.E. *Greek Fortifications*. Toronto, 1974.

Worley, L. *Hippeis: The Cavalry of Ancient Greece*. Boulder, 1994.

Zimmern, A.E. *The Greek Commonwealth*. Oxford, 1924; 5th ed. 1931.

索　　引

（按汉语拼音字母顺序排列。
所附页码为英文原书页码，即本书边码。）

A

索 引

B

C

D

E

F

G

H

J

K

L

M

N

O

P

Q

R

S

T

W

X

Y

Z

图书在版编目(CIP)数据

独一无二的战争:雅典人和斯巴达人怎样打伯罗奔尼撒战争/(美)维克托·戴维斯·汉森(Victor Davis Hanson)著;时殷弘译.—上海:上海人民出版社,2025
书名原文:A War Like No Other: How the Athenians and Spartans Fought the Peloponnesian War
ISBN 978-7-208-18752-8

Ⅰ.①独… Ⅱ.①维… ②时… Ⅲ.①伯罗奔尼撒战争-研究 Ⅳ.①K125

中国国家版本馆 CIP 数据核字(2024)第 034449 号

责任编辑 史桢菁 张笑天
封面设计 路 静

独一无二的战争
——雅典人和斯巴达人怎样打伯罗奔尼撒战争
[美]维克托·戴维斯·汉森 著
时殷弘 译

出 版 上海人民出版社
(201101 上海市闵行区号景路159弄C座)
发 行 上海人民出版社发行中心
印 刷 上海商务联西印刷有限公司
开 本 635×965 1/16
印 张 27
插 页 2
字 数 406,000
版 次 2025年1月第1版
印 次 2025年1月第1次印刷
ISBN 978-7-208-18752-8/E·85
定 价 98.00元

A War Like No Other: How the Athenians and Spartans Fought the Peloponnesian War
Victor Davis Hanson